오래된 도시의 골목길을 걷다

오래된 도시의 골목길을 걷다
다시 가보고 싶은 그곳, 매혹적인 지방도시 순례기

한필원 지음

Humanist

저자의 글

나를 사로잡은 오래된 도시, 그리고 골목들

산골에서 나고 자란 나는 어렸을 때 도시를 동경하고 좋아했다. 그러나 고교 진학과 더불어 집을 떠나 대전에서 살게 된 이후 도시는 내내 마음 불편한 곳이었다. 도시의 속도, 밀도, 소음, 관계……, 모든 것에 익숙지 않았던 나는 도시라는 공간에 쉽게 동화되지 못했다. 대학에서 서양 이론 일색인 도시계획과 설계를 배우고 이를 토대로 우리의 도시를 비판하는 일을 일삼으면서 그런 생각은 더욱 깊어졌다.

도시를 멀게만 느낀 나는 주로 농촌의 민가와 마을을 연구해왔으며, 그 결과물로《한국의 전통마을을 찾아서》를 펴내기도 했다. 그 책에서 나는 오래된 공간과 장소, 그곳에 깃든 재미있는 이야기와 조상들의 지혜, 그리고 진실한 디자인을 기록하고 분석하고 해석해나갔다. 대상은 '오래된' 과거의 것이지만 앞으로 새로운 공간과 환경을 만들어나가는 일을 염두에 둔 작업이었다. 이를 일단락하고 나니 '내가 연구할 만한 의미 있는 공간이 꼭 농촌마을에만 있는 것은 아닐 텐데, 그렇다면 우리가 지금 살고 있는 오래된 도시는 어떨까?' 하는 호기심이 밀려왔다. 공교롭게도 이런 고민이 한창일 무렵 고교 동창 양문규 시인이 오랜만에 연락을 해왔다. 그러고는 새롭게 창간한 문학계간지《시에》에 우리 도시의 재미있는 공간을 소개하는 글을 써달라고 했다. 2006년 초의 일이었다.

이후 오래된 역사도시 가운데 어디로 향할 것인지 정하고 나면, 그때부터는 무작정 그 도시로 가서 이 골목 저 골목을 계속 걸어 다녔다. 현장에서 시작한 도시 공부의 맛은 참으로 근사했다. 자연의 섭리를 따라 태어나고 성장한 도시라 그럴까, 그 도시들은 사람을 밀어내는 듯한 대도시와 달리 내 마음을 이끌었다. 내 생활터전인 대전으로 돌아와서도 방금 떠나온 그 도시가 생각나고 무의식중에 떠올랐다. 길을 걸을 때도, 운전 중에도, 잠자리에 들 때도……. 그렇게 역사도시들은 나를 사로잡았다. 그리고 마침내 이 도시들을 제대로 공부하고 온전히 정리해야겠다는 생각에 이르렀다. 이후 나는 내 마음을 사로잡았던 역사도시에 대한 자료를 모으고 도시들을 여러 차례 찾아가 사진을 찍고 스케치를 하고, 글을 써나갔다. 돌이켜보면 지난 몇 년 동안 나는 주말이면 언제나 어느 도시의 골목을 걷고 있었다. 지나고 보니 앞으로 과연 내가 어떤 일에 또다시 이렇게 빠질 수 있을까 하는 생각이 든다.

나는 오래된 역사도시에 대해 공부하면서 기성의 이론이나 틀을 빌려오지 않고 현장에서 각 도시 나름의 존재 방식과 논리를 찾으려고 애썼다. 적어도 이 책에서 다룬 도시들은 그런 도시 이론이나 틀이 나오기 전에 형성된 공간임을 잊지 않았다. 그동안의 내 얕은 공부에 스스로 호도되는 일이 없도록 현장에서 보고 느끼고 확인한 것들을 글과 스케치, 그리고 도면에 담았다.

7년간 찾아다녔던 역사도시 중에서 이 책에는 아홉 도시에 대한 이야기만을 실었다. 수많은 우리 도시 중에서 이 아홉 곳을 선정한 이유가 궁금할 터인데, 여기에는 내 나름의 세 가지 기준이 있다. 첫째, 역사가 긴 도시다. 대전과 같은 근대도시가 아니라 적어도 조선시대부터 도시 역할을 해온 곳들을 선정했다. 천년 넘게 행정 중심지였던 나주와 안동은 도시 공간 자체가 흥미진진한 역사책이자 이야기 창고다. 또한 안성과 강경은 상업이 우리 도시에서 어떻게 시작됐고, 새로운 상업공간이 어떻게 만들어졌는지 잘 보여준다.

둘째는 걸어서 다닐 수 있는 비교적 작은 도심부를 가진 도시다. 내 연구 역량을 생각해서 그렇게 정한 면도 있지만, 대도시는 앞으로 도시가 나아갈 길이 아니라고 믿기 때문이다. 성벽으로 둘러싸였던 통영과 충주의 옛 도시 공간은 천천히 걸어도 하루에 답사를 마칠 수 있을 만큼 작다. 그런 작은 도심에는 밋밋하게 확장된 신시가지에서는 맛볼 수 없는 도시생활의 감흥이 생생하게 살아 있어 우리의 문화적 감수성을 일깨워준다. 지난 세기에는 정치와 경제가 대도시의 전성시대를 불러왔지만, 새로운 시대에는 이렇게 좀 더 공동체적인 작은 도시가 부상하리라고 본다. 이와 관련해서는 앞으로 다른 자리에서 여러 가지 객관적인 지표를 바탕으로 논의할 생각이다.

선정 기준의 마지막 세 번째는 현대도시로서 매력과 잠재력이 큰 역사도시다. 이 기준은 지극히 주관적이지만 매우 중요한 관점이기도 하다. 내가 역사도시 연구를 진행해온 것은 해당 도시의 과거만을 논하는 데서 머무르는 것이 아니라 그 도시의 앞날을 새롭게 모색하고자 했기 때문이다. 그래서 현대의 삶을 잘 담아내는 건강하고 흥미로운 도시들을 찾고자 노력했다. 이 세 번째 기준 때문에 나는 역사도시 하면 떠오르는 삼국시대의 고도(古都)들을 이 책에 포함시키지 않았다. 대신 밀양, 춘천, 전주와 같이 평화롭고 편안하고 품위 있는 생활을 하며 미래를 꿈꿀 수 있는 도시를 택했다.

이 세 기준을 두루 만족시키는 밀양, 통영, 안동, 춘천, 안성, 강경, 충주, 전주, 나주, 이 아홉 도시야말로 한국의 오래된 도시 중에서도 반짝이는 별과 같다. 공동체 생활이 사라지고 개인의 이익에만 골몰하는 현대의 대도시에서는 찾아보기 어려운 인간적이고 아름다운 공간과 장소를 만날 수 있는 곳이기 때문이다. 이들 도시 곳곳에서 발견한 지혜와 교훈, 그리고 아이디어는 앞으로 우리 세대와 후손들의 삶을 담아낼 도시 공간을 모색하는 데 중요한 지침이자 자료가 될 것으로 기대한다.

이 책에는 아홉 도시 이야기에 덧붙여 독자를 위한 글을 두 편 더 준비했다. 특집 '한국의 역사도시를 말한다'에서는 한국의 역사도시가 동아시아의 다른 나라 역사도시와 그 뿌리는 같으나 다르게 변주돼왔음을 들려주고자 했다. 역사도시론이라고까지 이야기하기에는 부족한 면이 있지만 현재 한국의 혼란스런 역사도시의 모습을 이해하는 데 도움을 줄 것이라 믿는다. 더불어 '키워드로 읽는 도시 답사 노하우'에서는 지난 7년간 역사도시 답사를 통해 터득한 답사 노하우를 공개했다. 중심과 경계, 가로 축과 물길, 골목과 주택, 공동체, 이야기와 장소 등은 어느 도시를 가더라도 유용한 도시 읽기의 틀이 될 것이다.

나는 아홉 도시를 탐방하고 이해하고 그 앞날을 궁리하면서 다양한 감흥과 감동을 느꼈을 뿐 아니라 뜻하지 않은 호사를 누렸음을 고백해야겠다. 도시를 무대로 펼쳐진 문학과 예술을 현장에서 감상하며 마음이 한껏 풍요로워졌고, 북쪽 춘천의 닭갈비부터 남쪽 통영의 싱싱한 회에 이르기까지 도시 특유의 음식을 본 고장에서 맛보았다. 아직 이들 도시에 가본 적이 없거나 낯설게 느껴진다면, 그런 분이야말로 내가 이 책을 쓰면서 염두에 둔 독자이다.

이 책을 쓴 긴 시간 동안 실로 많은 분의 신세를 지고 도움을 받았다. 일일이 이름을 밝히기 어려울 정도로 많은 분이 낯선 답사객을 친절히 대해주고, 자신이 사는 도시의 숨은 이야기를 다정하게 들려주었다. 그 토박이 분들의 배려와 도움에 감사드린다. 또한 밀양의 이호열 교수, 통영의 설종국 건축사, 안성의 조용훈 교수, 강경의 전재홍 박사, 그리고 나주의 손승광 교수는 도시에 관한 자신의 연구를 소개해주고 귀한 자료를 제공해주었을 뿐 아니라 직접 도시 공간 곳곳을 안내해주었다. 그분들의 선행 연구에 경의를 표하며 감사의 말씀을 드린다. 책을 기획하고 편집하는 과정에서 휴머니스트 편집자가 베풀어준 인내와 도움에도 깊이 감사한다. 덕분에 좀 더 읽을 만한 책이 되어 많은 독자를 마음 놓고 기다릴 수 있게 되었다.

　엄밀히 말하면 이 책은 내 개인의 저작이라기보다 ATA(아시아건축연구실) 연구원들과의 공동창작이다. 이주옥 박사를 비롯해 이종빈, 서호석, 이성경, 이명래, 이미경 씨는 방대한 자료를 찾고, 답사와 현장조사를 하고, 도면을 그리고, 사진을 찍고, 원고를 읽고 수정하는 등 이 책의 출간을 위한 거의 모든 작업을 함께 해주었다. 사진작가인 전재홍 박사와 김철현 교수는 좋은 사진을 제공해주고 사진 작업을 도와주었다. 동고동락한 연구원들께 마음 깊이 고맙게 생각하며 책의 출간을 함께 자축하고 싶다. 언제나 그랬듯이 이 책을 쓰는 데도 가족의 이해와 도움이 컸다. 아내 강서혜는 이 책의 글을 가장 먼저 읽고 귀한 조언을 해주었고, 정윤·경우와 함께 마땅히 동행자를 찾기 어려운 답사에 함께 해주었다. 이 책이 가족의 이해와 지지에 대한 작은 답례가 된다면 다행이겠다.

2012. 10. 3.
'소리결' 벽을 타고 내려오는 맑은 가을 햇살을 바라보며
한필원

차례

■ 저자의 글 — 나를 사로잡은 오래된 도시, 그리고 골목들 5

1 **밀양** 곡선으로 흐르는 강, 직선으로 흐르는 시간   14

강을 건너 성장한 큰 둑의 도시 16 | 도시와 강이 만나는 두 가지 방식 22 | 도시의 시간축, 중앙로 27 | 내일동은 복원 중 29 | 도시의 섬마을, 삼문동 31 | 삼문동의 잠 못 이루는 밤 34 | ㅁㅁㅁㅁ 37 | 밀양의 현대적 이미지를 만들어갈 가곡동 39 | 아름다운 밀양강과 영남루의 타자화 41 | 사람이 집보다 높은 곳에 우뚝 설 수 있는 도시 44

2 **통영** 바다와 예술가들이 빚어낸 도시의 지혜   46

군사도시에서 예술의 도시로 48 | 통영의 랜드마크, 세병관 54 | 통영, 또 하나의 텍스트 56 | 생활과 예술의 만남 59 | 이중섭이 통영으로 간 까닭은 62 | 흐르는 길과 오르는 길 67 | 도시 공간의 이성과 감성, 그리고 보행 본능 69 | 청마거리의 시간 71 | 도시의 중앙, 여황산 남쪽 자락 73 | 도시의 주변, 동피랑과 서피랑 75 | 마당 높은 집들 77 | 마음이 머무는 오감의 도시 79

3 **안동** 막다른 골목에 살아 있는 양반도시의 품격   84

동쪽이 편안한 도시 86 | 좋은 도시는 학교다 93 | 도시에서 서러운 보물찾기를 하다 95 | 남문루 동종이 오대산으로 간 까닭은 98 | 막다른 골목의 도시 100 | 막다른 골목과 공간 이용의 경제성 104 | 서문 밖 종교회의장 106 | 건축문화의 발원지, 건축 교류의 중심지 109 | 거리에서 느끼는 도시의 지역성 113 | 도시 공간을 연결하는 '시간의 회랑' 116

4 **춘천** 역사의 무게를 이겨낸 도시 공간의 봄 120

빼어난 산수, 유구한 역사 122 | 물의 도시 128 | 사람들의 발길을 이끄는 마당과 경사진 길 131 | 도시의 자연: 망대 아래 마을 135 | 망대 아래 마을엔 박수근과 권진규가 없다 140 | 살아 있는 도시 가로: 명동길, 닭갈비골목, 중앙시장, 브라운5번가 142 | 다양한 자의 슬픔 147 | 도시 가로는 어떻게 죽어가는가? 151 | 답은 언제나 내 안에 있다 153

5 **안성** 상업도시의 휴머니즘 156

편안한 고을에서 번성한 상업 158 | 연암, 18세기 후반의 안성 시가지를 걷다 165 | 이 사람, 도구머리에서 왔나? 167 | 남북으로 난 동서로와 좌우로 난 중앙로 169 | 장터만으로는 좋은 도시가 될 수 없다 175 | 1.1km의 가로를 걷는 느낌 179 | 편안한 고을에서 생각하는 도시의 휴머니즘 181 | 장하다 문간채여! 184 | 한옥의 진화와 뼈대 있는 건축의 힘 187

6 **강경** 오래된 포구도시의 외래 풍경 192

호남과 호서가 만나는 근대 포구 상업도시 194 | 문학작품으로 만나는 20세기 초의 강경 201 | 강의 풍경 208 | 도시로 나온 마당 212 | 도시 주거 유형의 탄생, 장옥형 주택 216 | 강경에서 만나는 낯선 풍경들 220 | 욕망의 확대와 풍경의 파괴 225 | 쇼핑객이 관광객이 되는 도시 227

7 **충주** 도시를 움직이는 두 개의 문화 바퀴 232

틀에 갇히지 않은 역사도시 234 | 성벽의 안과 밖 240 | 풍물패를 따라 도시 공간을 돌다 244 | 우륵과 임경업 247 | 자전거로 달려본 인문과 자연의 길 249 | 인문의 길 하나: 우륵, 예(藝)를 찾아서 251 | 인문의 길 둘: 임경업, 무(武)를 찾아서 257 | 자연의 길 하나: 충주천이 시작되는 곳을 찾아서 259 | 자연의 길 둘: 교현천이 시작되는 곳을 찾아서 262 | 솟은 땅들이 도시를 에워싸다 263 | 두 개의 문화 바퀴를 굴리자 265

8 전주 한옥이 지켜온 도시의 전통 … 268

조선왕조를 낳고 거둔 따스한 전통도시 270 | 도시 경계에서 만난 아름다움 그리고 파괴 276 | 전통도시의 상징, 성벽과 시장 281 | 성벽 철거와 함께 불어온 근대의 바람 284 | 초록바위와 객사, 그리고 미원탑 287 | 한옥과 마을, 그리고 도시의 품격 290 | 살아 있는 도시 전주 297

9 나주 천년 고도의 세 가지 선 … 302

물과의 인연으로 성장한 도시 304 | 두 장의 그림을 이어주는 세 가지 선 310 | 나주 천사의 시 314 | 도시의 두 선을 차지한 공장과 집들 315 | 한 켜를 사이에 두고 공존하는 가로와 마을 319 | 연애의 파괴 324 | 객사와 경찰서 325 | 서로 다른 시기의 정치적 공간, 세 개의 남북축 328 | 활기찬 상업공간, 동문길 331 | 물길이 있어 시(詩)가 되는 도시 333

특집 한국의 역사도시를 말한다 … 336

역사도시란 무엇인가? 340 | 동아시아 문명 속의 한국 역사도시 342 | 한국 역사도시가 걸어온 길 345 | 도시의 선과 면, 그리고 휴머니즘 349 | 새로운 역사도시를 꿈꾸며 353

- ■ 키워드로 읽는 도시 답사 노하우 356
- ■ 본문의 주 363
- ■ 참고문헌 364
- ■ 찾아보기 367

1

곡선으로 흐르는 강, 직선으로 흐르는 시간

밀양

강을 건너 성장한 큰 둑의 도시

낙동강의 지류인 밀양강이 휘돌아가면서 수려한 경치를 이뤄내는 밀양(密陽)은 동래에서 서울로 가는 길목에 위치한 역사 깊은 고을이다. 밀양강은 주변 농토를 적시고 삼랑진 남쪽에서 낙동강을 만나 부산 앞바다로 빠진다. 1872년의 밀양 옛 지도를 보면, 북쪽에서 온 밀양강과 서쪽에서 온 낙동강이 만나는 지점에 세창(稅倉)·조창(漕倉)·삼랑사창(三浪社倉)이 삼랑장터와 함께 표기되어 있다. 삼랑진이 낙동강을 이용해 세곡(稅穀)을 서울로 운송하는 조운(漕運)의 요지였고, 밀양강은 그와 연결된 중요한 교통로였음을 보여준다.

밀양은 3세기 후반을 기록한 《위지(魏志)》 '동이전(東夷傳)'에 변진(弁辰) 12국 가운데 하나인 '미리미동국(彌離彌凍國)'이라는 이름으로 처음 등장한다. 신라 때 이 지역은 추화군(推火郡)으로 편성되었다가 경덕왕 때(757) 밀성군(密城郡)으로 바뀌었고, 고려 때 밀주(密州)로 승격되었다. '밀양'이라는 이름을 붙인 것은 고려 공양왕 때다. 밀양의 한자 말 뜻인 '비밀스런 햇볕'은 'secret sunshine'이라는 영어 제목을 붙인 영화 〈밀양〉(이창동 감독, 2007)을 통해 널리 알려졌다. 그런데 도시 이름치고는 너무 멋있어서 그 어원을 찾아보았다.

밀양의 이름에 쓰인 추(推)와 밀(密)은 모두 미리미동국의 미리(彌離)에서 유래한 것으로 추정된다. '미리'란 용(龍) 또는 장(長)의 의미라 한다. '비밀스럽다'는 뜻이 아니고 '크다'는 의미다. 미동(彌凍)은 제방을 뜻하는데, 밀양에 큰 둑이 있어서 생겨난 이름으로 짐작된다. 낙동강 유역 충적평야 지대에 자리한 밀양은 시작부터 하천의 범람이라는 큰 고민을 떠안았다. 그래서 하천의 범람을 막아 편안히 거주하고 농사짓기 위해 큰 둑을 만들었으리라. 이렇게 추적해보니 밀양의 본래 의미는 '비밀스런 햇볕'이 아니고 '큰 둑이 있는 지역'이었다.

밀양읍성의 성벽은 성종 10년(1479)에 처음 축조되었다. 아북산과 아동산의 능선을 이은 밀양성은 강까지 끼고 있어 방어의 측면에서 산성 못지않은 역할을 할 수 있었다. 한번은 아동산 능선 성벽에서 산길을 따라 보물로 지정된 석조여래좌상이 있는 무봉사로 내려

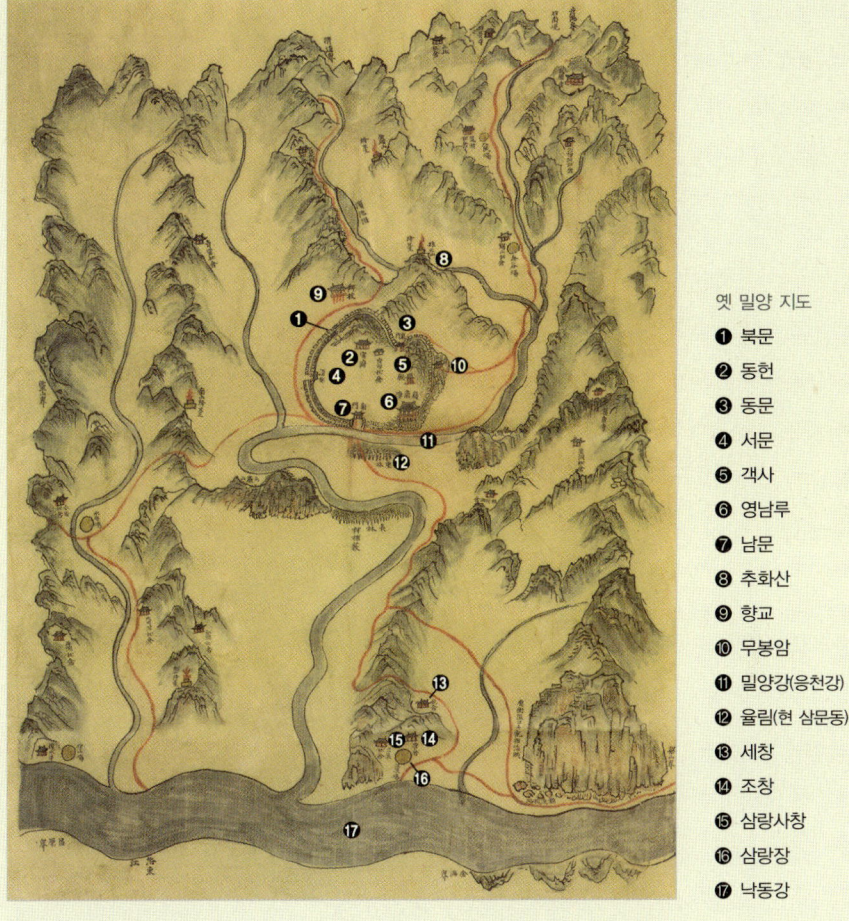

옛 밀양 지도
❶ 북문
❷ 동헌
❸ 동문
❹ 서문
❺ 객사
❻ 영남루
❼ 남문
❽ 추화산
❾ 향교
❿ 무봉암
⓫ 밀양강(응천강)
⓬ 율림(현 삼문동)
⓭ 세창
⓮ 조창
⓯ 삼랑사창
⓰ 삼랑장
⓱ 낙동강

1872년, 서울대학교 규장각 소장.

왔는데, 그때 밀양성의 입지 조건을 온몸으로 깨달았다. 낙엽이 쌓인 산길 바닥은 눈썰매장같이 미끄럽고 경사는 그야말로 절벽이어서 밧줄이 없었다면 밀양강으로 빠지고 말았을 것이다. 이 절벽은 왜구들이라 해도 쉽게 기어오르지 못했으리라.

밀양 출신으로 영남학파의 우두머리로 꼽히는 점필재(佔畢齋) 김종직(金宗直, 1431~1492)이 마무리한 지리서 《동국여지승람》에 따르면, 밀양읍성은 둘레가 4,670척, 높이가 9척으로, 4개의 우물과 연못이 있었다. 당시에는 한 자가 44.75 혹은 46.73cm인 포백척(布帛尺)을 사용한 것으로 보이는데, 이를 환산하면 성벽 높이는 약 4m, 둘레는 2km 정도이다. 사방에 성문을 설치했고, 동·서 두 곳에 야문(夜門)을 내 시신이나 상여는 이 문을 통해 성 밖으로 나갔다. 하지만 현재 성문들은 흔적도 없다. 남·북의 성문을 잇던 남북길은 작은 길로 남아 있고, 그 동쪽에 넓고 곧은 중앙로가 났다. 동·서문을 잇던 동서길 역시 작은 길로 남아 있고, 그 북쪽에 큰길이 나서 도시의 동·서를 이어준다.

관아 건물들을 대부분 생략한 1872년 지도와 달리 밀양의 다른 옛 지도들에는 추화산에서 남서쪽으로 내려온 아북산 자락에 관아 건물들이 그려져 있다. 관아 정문인 응향문(凝香門)을 지나 내삼문(3칸으로 된 안대문)에 이르고, 그 안에 수령이 정무를 보는 청사인 동헌(東軒)과 수령 가족의 살림집인 내아(內衙)를 비롯해 많은 건물들이 자리했다. 중층 누각인 응향문은 오늘날 중앙로 재래시장 입구에 해당하는 지점에 있었던 것으로 추정된다.

동헌인 근민헌(近民軒)은 조선 초에 지어졌는데, 1592년 임진왜란 때 불에 탔고 1611~1622년에 중건되었다. 그 사이 기간에는 역시 임진왜란 때 불타버린 영남루(嶺南樓: 보물 제147호) 경내에 임시로 초가를 짓고 집무했다고 한다. 동헌은 1894년 동학농민전쟁으로 다시 피해를 입었으며 일제강점기 때 철거되었다. 그 자리에는 밀양군청이 지어졌고 이후 밀양읍사무소, 내일동사무소로 차례로 바뀌었다가 2010년에 복원되었다.

동헌은 일반적으로 내아의 동쪽에 있으나 밀양에서는 특이하게도 내아의 서쪽에 있었다. 그뿐 아니라 중앙에서 출장 온 관리가 거처하는 객사(客舍)를 대개 동헌과 나란히 배치하는데, 밀양의 객사는 동헌에서 상당히 떨어진 영남루 경내에 있었다. 이런 특이한 배치는 임진왜란 때 객사와 관아 건물들이 불타버리자 새로 건물을 마련하는 과정에서 생긴 것으로 보인다.

객사에서는 임금을 상징하는 나무패를 모셔두고 수령이 매월 삭망(朔望: 음력 초하룻날과 보름날)에 배례(拜禮)를 올린다. 영남루는 밀양의 객사인 밀주관(密州館)에 부속된 누각으로, 밀양을 찾은 귀빈들에게 잔치를 베푸는 장소였다. 일찍이 신라 경덕왕 때 그 자리에 영남사라는 사찰에 딸린 작은 누각이 있었고, 1365년 고려 공민왕 때 진주 촉석루(矗石樓)를 모델로 다시 크게 지은 것이 영남루이다. 1592년 임진왜란 때 불타버린 뒤에도 복구와 화재가 여러 차례 반복되었다. 현재의 건물은 1844년에 밀양부사 이인재가 중건한 것이다. 영남루는 동쪽으로 능파각(凌波閣), 서쪽으로 침류각(枕流閣)을 각각 마루와 층계로 연결해 동적인 균형감을 갖춘 특색 있는 건물이다.

오늘날의 밀양 도심 지도

성벽과 옛 건물들의 위치는 자료를 바탕으로 추정한 것이다.

나에게 밀양은 부산으로 가는 기차 안에서 종착역이 멀지 않았음을 알려주는 하나의 이름에 지나지 않았다. 그나마 잠결에 지나치곤 해서 내 의식에서는 그 존재조차 희미했다.

그러던 어느 날, 책상 위에 펼쳐진 밀양 지형도와 항공사진을 보고는 도시가 참 재미있게 생겼다는 생각을 했다. 가운데에 만두 모양의 섬을 두고 그 양쪽으로 직선 가로를 따라 도시 공간이 길게 이어져 있었다. 그 특이한 모습이 이곳을 한 번 걸어보지 않겠냐고 묻는 듯했다.

결국 나는 그 유혹에 넘어가 부산행 기차를 타고 처음으로 밀양에 내렸다. 그러고는 도시의 세 부분을 잇는 중앙로를 걷고 또 걸었다. 가곡동, 삼문동, 내일동, 그리고 다시 내일동, 삼문동, 가곡동······. 길과 다리를 따라 시간이 흐르고 다리 아래로는 강물이 흘렀다. 내가 시간의 축을 거슬러 가곡동에서 내일동으로 갈 때, 낙동강 하구에서 올라온 은어도 수박 냄새를 향기롭게 풍기며 강물을 거슬러 헤엄치고 있었으리라.

도시와 강이 만나는 두 가지 방식

을자강(乙字江)이라는 별명이 말해주듯 밀양강은 뱀처럼 굽이치는 사행천(蛇行川)이다. 사행천은 장구한 시간 동안 지형을 바꾸어놓는다. 하천이 굽이굽이 흐르면서 그 바깥쪽을 쉼 없이 깎아내고 토사를 안쪽에 쌓아놓기 때문이다. 이것은 인간들이 잠깐 깔짝거리는 토목공사로는 거스를 수 없는 대자연의 사업이다. 이렇게 생겨난 퇴적 지형을 포인트바(point-bar)라고 하는데, 이는 우리 국토에서 발견되는 대표적인 마을 입지의 유형이다. 삼문동은 바로 이런 강물이 만든 포인트바 지형이다. 낙동강 줄기에 면한 하회마을 역시 이런 지형에 자리했다.

밀양강의 강물은 쉼 없이 흐르고 흘러 대지를 육지·섬·반도 형상의 세 토막으로 나누어놓았다. 지금의 내일동, 삼문동, 가곡동이 각각 그것들에 해당한다. 1175년, 고려 무신난 때 개성을 탈출해 밀양의 영남루에 와서 놀았던 시인 임춘(林椿)이 살아나 다시 이곳을 찾는다면 지형이 바뀌어 어리둥절해 할 것이다. 밀양강이 강의 북쪽 면을 쉼 없이 공격하고 거기서 얻은 흙을 남쪽인 삼문동 쪽에 쌓는 바람에 지형이 상당히 변했기 때문이다. 밀양은 이렇게 지형적으로 강북이 축소되고 강남이 확대되는 운명을 타고난 도시다. 옛것을 침식해 새것을 증식하는 것은 자연의 섭리일 터. 밀양강이 그랬던 것처럼 사람들 역시 자연의 섭리를 따라 강 건너로 도시를 확장해갔다.

밀양강에 의지해 도시를 만든 사람들은 밀양강변을 상징적인 건축의 장소로 삼았다. 가장 양기(陽氣) 어린 곳에 웅장한 남성미를 자랑하는 누각인 영남루를, 가장 음기(陰氣) 서린 곳에는 아랑사(阿娘祠)를 지었다. 아랑사는 영남루로 달구경을 나왔다가 치한의 습격을 받아 죽임을 당하고 대숲에 버려진 밀양부사 딸, 아랑의 원혼을 달래는 사당이다. "날 좀 보소"로 시작해 "남천강 굽이쳐서 영남루를 감돌고 벽공에 걸린 달은 아랑각을 비치네"로 끝나는 경쾌한 가락의 밀양아리랑은 이런 도시의 역사를 말해준다.

그런데 강을 따라 모여 살던 사람들은 점점 강물을 두려워하기 시작했다. 툭하면 애써 만든 도시를 물바다로 만들곤 했기 때문이다. 결국 그들은 둑을 쌓고

밀양 삼문동의 항공사진 가운데에 밀양강이 빚어낸 만두 모양의 섬이 있고, 양쪽으로 도시 공간이 직선 가로를 따라 이어져 있다.

소나무를 빼곡히 심어 방수림(防水林)을 조성하기 시작했다. 대구-부산고속도로 밀양 나들목에서 빠져나와 밀산교 부근에 이르면 도로변에 오래된 아름드리 낙락장송 수천 그루가 떼 지어 있다. 이곳이 '기회송림'인데, 150여 년 전 마을 주민들이 북천강의 범람을 막아 마을과 농토를 보호하려고 계를 조직해 조성한 방수림이다. 여름철 캠핑장소로 안성맞춤이라 부산, 대구, 울산, 마산, 창원 등 인근 도시에서 많은 사람들이 이곳을 찾는다. 그런데 이곳을 즐겨 찾는 사람들은 이 숲이 간직한 탄생의 비밀을 알고 있을까?

기회송림 이외에도 삼문동 동쪽 끝에는 삼문송림이 있다. 이런 밀양강변의 송림은 자연을 두려워한, 그러나 도시화 과정에서 자연을 길들이려 노력한 인간의 징표이다. 이런 노력이 있었음에도 1959년 사라호 태풍 때는 강물이 삼문동으로 범람해 집들이 많이 유실되었다. 그래서 나이 든 이들에게 밀양강은 여전히 두려움의 대상이다.

도시화는 밀양강처럼 두려움의 대상인 자연을 순화시키는 과정이기도 하다. 사람들은 사나운 물을 길들여 도시의 아름다움을 구성하는 요소로 삼았다. 강좌

밀양강변의 상징적 건축물들 밀양강에 의지해 도시를 만든 사람들은 밀양강변을 상징적인 건축의 장소로 삼았다. 가장 양기 어린 곳에는 영남루(왼쪽)를, 가장 음기 서린 곳에는 아랑사(가운데 낮은 곳)를 지었다. ⓒ 이주옥

칠현(江左七賢)의 한 사람으로 꼽히는 고려시대의 시인 임춘은 〈유밀주서사(遊密州書事)〉에서 밀양의 "뛰어난 경치가 항저우(杭州)보다 낫다(絶景甲餘杭)"라고 읊었다. 그가 밀양의 비교 대상으로 지목한 중국 항저우의 아름다움은 그 절반 이상이 소동파(蘇東坡)가 항저우 지사로 재임하던 시절에 제방을 쌓아 순화시킨 물, 곧 서호(西湖)라는 광활한 호수의 덕이다. 도시의 서쪽 경계를 이루는 그 잔잔한 호수의 수면을 보며 사람들은 비로소 자연의 '불인(不仁)'을 잊고 서호십경(西湖十景)의 아름다움을 찾는다.

　　강 무서운 줄 알던 밀양 사람들도 강 양쪽에 제방을 쌓았다. 그리고 밀양강 북쪽, 곧 내일동 쪽에는 제방까지 집들이 들어설 수 있도록 대지를 조성했다. 대지의 남쪽인 제방 쪽에는 마당이나 텃밭을 두고 계단을 설치해 제방에서 바로 집으로 내려갈 수 있게 했다. 이렇게 제방은 도시의 길이기도 했다. 건물은 대지의 북쪽에 제방을 바라보고 남향으로 앉혔다. 집을 제방에 바짝 붙여 지으면 남쪽의 햇볕을 받을 수 없지만 이렇게 제방 쪽에 마당이나 텃밭을 두면 마당과 텃밭은 물론이고 집에도 햇볕이 잘 들 수 있다.

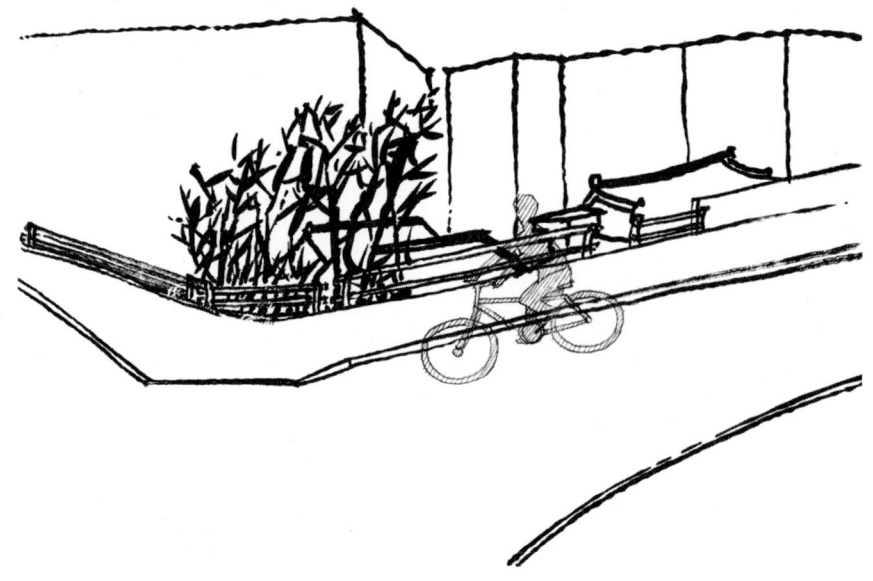

밀양강 북쪽 제방에서 본 도시 공간 대지의 북쪽에 제방을 바라보고 건물을 앉혔다. 제방에서 계단을 통해 집으로 내려갈 수도 있다.

밀양강 남쪽, 곧 삼문동 쪽에서는 제방에 바짝 붙여 대지를 조성하지 않고 제방과 대지 사이에 꽤 너른 길을 냈다. 둑 아래쪽 '둑밑길'에 면해 대지를 조성하고 집들은 대지의 북쪽, 곧 '둑밑길'에 바짝 붙여 지었다. 그리고 집의 남쪽에 마당이나 텃밭을 두었다. 그럼 밀양강 남쪽에서는 왜 북쪽처럼 대지를 제방에 붙이지 않고 제방과 대지 사이에 길이라는 공간의 켜를 두었을까? 제방이 있다 해도 그것에 바짝 붙여 집을 지을 만큼 마음이 놓이지 않았기 때문이리라. 그만큼 밀양강은 두려운 존재였나 보다.

밀양강의 북쪽 제방을 걸으며 한쪽으로는 남쪽 햇살에 빛나는 강물을 내려다보고, 다른 쪽으로는 낮은 곳에 있는 집 뜰에서 자란 키 큰 나무들의 이파리를 만져본다. 이런 도시생활의 여유도 밀양강이 두려워 쌓은 제방 덕분에 가능한 일이다. 제방은 여러 면에서 밀양이라는 도시의 중요한 구성요소다.

북쪽 제방은 낮은 마당과 텃밭들, 그리고 거기서 자란 키 큰 나무들로 그 존재를 드러낸다. 이와 달리 밀양강 남쪽 제방은 남쪽에 난 낮은 길로 그 존재를 드

밀양강 남쪽 제방에서 본 도시 공간 제방과 대지 사이에 꽤 너른 길을 내서 둑 위와 그 아래쪽 길, 이렇게 두 높이에서 도시 공간을 볼 수 있다.

러낸다. 밀양강은 남과 북의 도시 공간에서 모두 한 길이 넘는 제방을 통해 자신의 존재를 암시한다. 그러나 근래에 북쪽 제방에 바짝 붙여 높은 건물을 지음에 따라 제방의 존재가 콘크리트 속에 묻힌 채 하나의 평범한 가로로 전락하고 말았다. 제방과 하나가 된 건물들에게 한마디 하지 않을 수 없었다. "너희들은 강을 알지 못한다."

도시의 시간축, 중앙로

밀양역에서 내리면 역 광장의 경사진 바닥이 발길을 왕복 2차선의 가로로 이끈다. 신작로의 근대적인 분위기를 아직 간직하고 있는 이 가로가 밀양의 도시 공간을 직선으로 관통하는 중앙로다. 이 길을 따라 왼쪽(남쪽)으로 가면 삼랑진이고, 오른쪽(북쪽)으로 가면 역사도시 밀양이다.

오른쪽으로 발길을 트니 곧게 뻗은 길을 따라 다방, 점집, 방앗간, 얼음집이 차례로 나타난다. 바로 밀양이라는 도시의 반도(半島)인 가곡동이다. 하지만 아직은 밀양이 오래된 도시임을 실감하기 어렵다. 북쪽으로 길을 계속 따라가면 용두교가 나오고 이 다리를 건너면 도시의 섬인 삼문동이다. 계속 걸어서 이번에는 밀양교라는 다리를 건너니 드디어 도시의 뭍인 내일동이 나온다. 남에서 북으로 발길을 이끈 직선의 길이 동·서 양쪽으로 갈리는 곳에 복원된 관아 건물들이 있다. 조선시대 관아에서 시작해 삼랑진으로 곧게 이어지는 가로, 우리는 지금 역사도시 밀양의 시간축을 거슬러온 것이다.

밀양의 도시 공간은 전근대·근대·현대의 공간으로 뚜렷이 나뉘고, 이 세 시기는 각각 내일동·삼문동·가곡동의 세 영역에 대응한다. 물론 한 영역에 한 시대에 조성된 건물과 장소만 있다는 뜻은 아니다. 영역의 골격이 일정한 시기에 조성되어 당시 특성을 반영한다는 의미다. 아무튼 이렇게 도시의 각 영역이 서로 다른 시간성을 가짐으로써 밀양은 진화하는 도시의 모습을 잘 보여준다.

내일동의 '향촌식당' 같은 전통한옥이 삼문동에서는 일식(日式) 주택으로, 가곡동에서는 양옥으로 바뀐다. 그리고 가곡동에는 앞으로 집들이 지어질 빈터가 많다. 내일동에서 가곡동에 이르는 동안 곡선의 기와집들은 직선의 기하학적인 건물들로 바뀐다. 내일동에는 중앙로와 직각으로 난 길을 따라 주로 농수산물과 수공업 제품을 파는 재래시장이 조성되어 있다. 이에 비해 삼문동과 가곡동에는 주로 공산품 상점이나 음식점 등의 서비스업, 그리고 공장들이 늘어서 있다. 내일동과 삼문동의 곡선 길들은 가곡동에서 직선으로 바뀐다. 밀양에서 강의 양쪽을 비교하다 보니 "회수(淮水)의 북쪽에서 나면 탱자이고 남쪽에서 나면 귤이 된다"라는 옛말이 떠오른다.

밀양에서 서로 다른 시간성을 갖는 영역들을 꼬치처럼 하나로 꿰어주는 시간의 축인 중앙로는 곡선으로 흐르는 강물 위를 직선으로 가로지른다. 내일동 중앙로는 과거 의식(儀式)의 축이었던 남문–동헌 사이 남북길의 동쪽에 나란히 난 신작로이다. 그것이 밀양강을 건너자 삼문동에서는 공공생활의 축이 된다. 관아와 영남루 등 내일동의 장소들에서는 역사적·상징적 의미가 중시되나, 삼문동·가곡동에서는 접근이 편리한 공공성과 효율성이 중시된다.

밀양과 달리 전근대·근대·현대의 세 시기가 하나의 영역에 혼재하는 도시들이 많지만, 그렇다고 밀양에서 보이는 영역과 시간성의 대응이 그다지 신기한 현상은 아니다. 크게 보아 서울은 근대 이전의 강북과 현대의 강남으로 구성되고, 내가 사는 대전도 밀양처럼 전근대의 회덕, 근대의 원도심, 현대의 둔산지구 등 세 영역으로 나뉜다. 다만 밀양에서 특이한 것은, 이들 세 영역 사이로 강이 흘러 각각의 영역이 분명한 경계를 가지며 또렷이 인지된다는 점이다. 이같이 도시의 영역이 강이라는 자연요소로 나뉘어 각기 다른 시간성을 갖는 것은 다른 도시에선 보기 드문 밀양의 큰 매력이다.

내일동은 복원 중

돌로 쌓은 성벽으로 둘려 있던 밀양의 읍성, 곧 전근대의 도시 영역은 대체로 오늘날의 내일동 지역에 해당한다. 늦어도 조선시대 초에 이 영역의 기본 틀이 만들어졌으며 이후의 변화 역시 그 틀을 바탕으로 하고 있다. 읍성 정문인 남문과 수령의 집무공간인 동헌을 연결하는 남북길, 동문과 서문을 연결하는 동서길이 구불구불하게 변형되며 T자를 이루었는데, 옛 도심은 이 길을 중심으로 구성되었다. 그리고 이 두 방향의 길이 만나는 지점에 동헌을 비롯한 조선시대의 관아가 있었다.

밀양강에서 서문을 거쳐 북문에 이르는 성 서쪽 평지 구간에는 성벽 바깥을 따라 인공으로 낸 해자(垓字)가 있었다. 이는 교동 뒷산에서 내려온 물길을 성벽을 따라 인위적으로 돌린 것인데, 바로 성안 방어를 목적으로 만든 수로이다. 해천(海川)이라 불리던 밀양의 해자를 1993년에 복개하여 골목길을 만들었는데, 이것이 내일동과 내이동의 경계다.

임진왜란 때 부산에 상륙한 왜군은 송상현(宋象賢)이 죽음으로 지키던 동래성을 함락시키고 파죽지세로 밀양으로 몰려들어 밀양읍성을 초토화시켰다. 그때 성벽이 허물어졌고 관아는 불타버렸다. 그 뒤 성벽을 복구했으나 1902년에 다시 철거했다. 거기서 나온 석재를 당시 부설한 경부선 철도공사에 갖다 썼다고 한다. 성벽과 성문이 사라지고 해자는 복개되었지만 내일동은 여전히 전통의 분위기를 물씬 풍긴다. 과거의 중심 가로인 남북길 주변에는 향촌식당 같은 한옥들이 여전히 남아 있다. 중앙로 동·서 양쪽에 조성된 약전시장과 재래시장도 옛 분위기를 전해준다.

내일동 지역은 늘 무언가를 발굴하고 복원하는 현장이다. 2009년 봄, 내가 밀양 답사를 시작했을 때는 아동산 능선을 따라 성벽 동쪽 부분이 복원되었다. 동문고개에서 영남루에 이르는 이 성벽은 높이가 낮고 폭이 넓어 그 위를 걷는 느낌이 참 편안하고 좋다. 여름철에는 동쪽에서 바람이 불어와 땀을 식혀주기도 한다. 하루는 성벽 위를 걷는데 소녀 2명이 종종걸음으로 내 옆을 스쳐 지나간다. 내가 말을 거니 그들은 "우리만의 아지트를 만들러 가요"라고 밝게 대답한다. 어린이들이 가장 좋아하는 놀이 가운데 하나가 아지트 만들기다. 성벽 어딘가에 아지트를 만드는 소녀들, 도시에서 모처럼 본 어린이다운 정겨운 모습이었다.

최근 영남루 주변과 관아를 복원했으며, 2010년부터는 해천을 복원하고 있다. 다른 역사도시들에서도 문화재청과 지방자치단체 주도로 도심 곳곳에 관아를 복원한 모습을 심심찮게 보게 된다. 그런데 도심의 너른 터를 차지하며 복원된 옛 건물들은 텅 비어 있기 일쑤고, 방문객이라고는 삼삼오오 모여 담배를 피우는 중고생들이 고작이다. 밀양에서도 간혹 주말에 전통혼례를 올리기는 하지만 평소에는 모형 졸개들만이 텅 빈 관아를 지키고 있다.

옛 시설을 원형대로 복원하는 것도 좋지만 복원된 시설을 잘 활용하는 것이 더 중요하리라. 복원된 역사적 건축이 도시생활의 진정한 장소가 되지 못하고 관광의 대상에 머문다면 그것은 '타자화된 건축'일 뿐이다. 그러한 건축은, 별 하는 일도 없이 떡하니 자리를 차지하고 월급만 타가는 노쇠한 상사처럼, 끊임없이 유지·관리의 손길만 기다리며 결국은 도시에 공간적·재정적 손실을 안겨줄 것이다. 시민에게 도움이 되는, 시민들이 도시의 옛 공간에 자긍심을 가질 수 있는 프로그램이 절실하다.

무봉사에서 본 삼문동 밀양강이 장구한 세월 동안 토사를 옮겨와 터를 넓혀준 덕에 삼문동은 20세기에 도시의 한 영역이 될 수 있었다. ⓒ 이주옥

도시의 섬마을, 삼문동

19세기 말 사진에 포착된 삼문동 일대는 집들이 눈에 잘 띄지 않는 늪지대였다. 그곳에 시체를 갖다버렸다는 말이 사실이었을 것 같다. 조선 숙종 때 편찬된 《밀주구지(密州舊誌)》에서는 삼문동을 '사문교(沙門郊)'라고 했다. 신라 때의 절인 영남사 밖에 있는 곳이라는 뜻으로 추정된다. 1872년에 발간된 밀양의 옛 지도에는 '율림(栗林)'이라고 표기되어 있다. 유명한 밀양 황률(黃栗: 말려서 속껍질을 깐 밤)을 생산한 밤나무가 가득해서 율림 또는 남림(南林)이라 불렀다 한다. 또한 강 건너 동네라는 뜻에서 '수월리(水越里)'라 부르기도 했다.

밀양강이 실로 장구한 세월 동안 토사를 옮겨와 터를 넓혀준 덕에 삼문동은 20세기에 도시의 한 영역이 될 수 있었다. 일제강점기에 일본 사람들은 강변에 제방을 쌓고 삼문동을 거주공간으로 조성했다. 초기에는 나룻배를 타고 도심인 내일동을 오갔으며, 이어서 남천교(南川橋)라고 불린 배다리를 놓아 두 영역을 더욱 긴밀히 연결했다.

　1927년, '새 술은 새 부대에'라는 말처럼 내일동 관아 자리에 있던 밀양군청·법원·세무서 등 새로운 근대의 관청들이 삼문동으로 옮겨감으로써, 도시의 무게중심이 전근대의 공간인 내일동에서 근대의 공간인 삼문동으로 이동했다. 공공시설들이 속속 이전해옴에 따라 삼문동 중앙로는 점차 공적인 활동의 축이 되었다. 반면 주민센터를 제외하고 관공서가 모두 옮겨간 내일동 중앙로를 보면 도시의 중심이 통째로 이동했음을 실감할 수 있다.

　삼문동 중앙로는 공공시설들이 연이어 있는 도시의 중심이지만, 그 안쪽은 한 길 남짓한 너비의 골목들로 촘촘히 조직된 매우 안정적인 주거지다. 이곳의 골목 네트워크는 전국 최고다. 특히 골목이 직선이 아닌 고리 모양이어서 외부인은

고리형 골목과 대문간　대문간과 골목은 사람과 강아지가 설레며 기다리고 또 아쉽게 작별하는 '사이공간'이다.

길을 잃기 쉬운데, 나 역시 답사 중에 한 골목에서 같은 사람과 개를 여러 번 마주치고는 의아하게 생각했던 적이 있다. 그들도 나를 이상한 눈초리로 보는 듯했다. 나중에 생각해보니, 그 사람과 개는 제자리에 있었는데 내가 그 골목을 뱅뱅 돌고 있었던 것이다.

　그럼, 왜 골목이 고리형으로 생긴 것일까? 주거지를 휘감아 도는 강물, 이 땅을 만들어준 강물의 움직임을 반영한 것이리라. 강은 도시 공간의 큰 틀을 정해줄 뿐만 아니라 이렇게 세부조직에도 영향을 끼친다. 대개 골목의 안쪽(큰 가로의 반대쪽)에 위계가 높은 집을 배치하는 직선형 골목과 달리, 고리형 골목은 집들의

위계를 구분하지 않는 평등한 길이다. 또한 고리형 골목에서는 동선과 시선의 방향이 시시각각으로 변해 호기심이 발동한다. 막다른 골목과 달리 어느 집이건 두 방향에서 접근할 수 있어서 움직임의 방향을 선택하는 재미도 있다. 그뿐 아니라 고리형 길에서는 대문의 방위가 집집마다 모두 다르다. 어느 방위에 대문을 내야 길(吉)하다는 식의 교조적인 풍수 원칙은 자연의 흐름을 따르는 더 큰 원칙 앞에 의미를 잃는다.

고리형 골목을 따라 집들이 다양한 방위로 배치되어 있는 그곳에서 나는 뜻밖에도 혼돈 대신 '집에 있는 편안함(at home)'을 느낀다. 내가 언제부턴가 '집 없는 상태(homelessness)'에 놓여 있기 때문일까? 왠지 그 편안함이 그리 익숙지는 않다. 생활의 편리함에 모든 것을 내줘버린 아파트, 질보다 양으로 세상을 보는 '셈하는 존재'(언제나 자기 집의 평수를 계산하고 친구 집과 비교하는 호모 칼큘루스 Homo Calculus라고나 할까?)로 인간을 변화시키는 아파트, 그 속에서 현대인들은 '집 없는 상태'가 되고 만다. 그들은 이제 이렇게 집을 떠나서야 비로소 집에 돌아온 느낌을 받는다.

삼문동 주거지에서 느끼는 안정감과 편안함은 많은 부분 고리형 골목들 덕이다. 대문간이 설치된 골목은 도시의 공적인 공간과 주택이라는 사적인 공간을 이어주는 '사이공간'이다. 도시의 개방된 공간에서 아늑한 이 사이공간으로 들어올 때, 공적인 분위기가 점차 사적인 분위기로 변화한다. 거꾸로 그곳을 나갈 때는 사적인 분위기가 점차 공적인 분위기로 바뀐다. 공(公)과 사(私)만 있을 뿐 그것들을 매개하는 사이공간이 매우 취약한 현대도시에서는 맛보기 힘든 경험이다.

좋은 디자인은 좋은 분위기를 자아낸다. 삼문동의 골목도 그렇다. 그것은 '통일감 속의 변화'라는 디자인의 기본 원리에 충실한 골목이다. 골목을 이루는 벽에는 동일한 재료와 색채를 사용했고, 골목에서 일정한 간격으로 나타나는 대문간의 틀도 서로 비슷하다. 이런 통일성은 거주자들이 서로 같은 골목을 사용하는 공동체의 일원이라는 의식을 가지고 있음을 말해준다. 한편, 대문의 문짝은 주인의 취향에 따라 그 재료와 디자인이 다양하다. 대문짝에 다시 작은 문을 내어 집 안팎을 편리하게 드나들고, 이것을 통해 집 안에서 골목에 있는 사람들과 이야기를 나누는 집도 여럿 보인다. 대문간 색을 집의 색에 맞춘 것도 흥미롭다. 이렇게 삼문동 대문들은 비슷한 양복들 속에서 남성 직장인의 개성을 드러내는 넥타이처럼 집주인의 미적 감각을 한껏 드러낸다.

삼문동의 잠 못 이루는 밤

삼문동 옛 시장을 돌아보다 친절한 동네 아저씨의 안내로 우시장에 나온 소를 매두던 골목의 건물 옥상으로 올라갔다. 거기서 내려다본 한 건물이 뜻밖에도 지나간 시절의 이야기를 전해주었다. 경제 조건을 제외하고는 그 안에서 살아가는 사람들에 대해 거의 아무것도 말해주지 못하는 요즘 건물들과 달리, 그 건물은 그곳에서 사람들이 어떤 삶을 살았는지, 지난 반세기 동안 우리가 무엇을 잃었는지에 대한 이야기로 우리를 끌어들인다.

  건물 옥상에서 갑자기 어린 시절 생각이 났다. 그때 나는 계룡산 속 외딴집에서 살았다. 당시 농사를 짓지 않던 우리 집에 가축이라고는 닭 몇 마리가 고작이었다. 손님이 많이 오거나 솔개가 창공을 빙빙 돈 날이면 그나마 닭장도 텅 비곤 했다. 그러던 어느 날, 산길에서 소를 뜯기던(소를 이리저리 끌고 다니며 풀을 뜯어 먹도록 하는 것) 동네 친구가 건네준 굵은 동아줄을 당겼을 때, 커다란 체구의 소에게서 전해지는 묵직한 느낌을 지금도 잊을 수 없다. 지금 생각해보면 그것은 왠지 모를 신뢰감 같은 것이었다. 그 뒤로는 툇마루에 책가방을 집어던지고 들로 산으로 소를 뜯기러 가는 친구들이 마냥 부러웠다. 그러다 소를 한 번 더 끌어보고 싶은 마음이 솟구칠 때는 소를 뜯기는 친구를 찾아가 아쉬운 소리를 하곤 했다. 2009년 1월에 개봉한 이충렬 감독의 〈워낭소리〉가 독립영화로서는 믿기지 않는 흥행 기록을 세웠을 때, 나는 그 친구들이 생각났다.

  소를 인간의 본성, 본마음에 비유했던 사찰 외벽의 〈십우도(十牛圖)〉에서 보듯이, 일상생활에서 소는 자연을 개척하는 사람의 동반자였다. 〈워낭소리〉에서 늙은 농부 부부와 삼각관계를 이룰 만큼 소는 당당한 존재였다. 소와 동고동락한 한국인들에게 소를 무시하지 않고 존중하는 정서가 내재된 것은 자연스런 일이다. 소설《대지》로 유명한 펄 벅(Pearl S. Buck, 1892~1973)은 이런 우리의 정서를 예리하게 짚어내는데, 한국을 방문했을 때 그는 "소달구지의 짐을 덜어주기 위해서 지게에 짐을 지고 소의 뒤를 따르는 농부의 모습에서 큰 감명을 받았다"라고 술회했다.

삼문동에서 내가 내려다본 건물은 다름 아닌 여관이었는데, 그 구성이 매우 독특했다. 마당을 사이에 두고 회랑형 부속채와 네모난 본채가 서로 마주 보며 마치 대화를 나누고 있는 듯했다. 본채는 사람들이 묵던 공간이고 부속채는 소가 묵던 공간이다. 소가 묵던 부속채도 단지 벽이 없을 뿐 규모나 높이 모두 당당하다. 〈워낭소리〉에서 할머니가 "나는 저 소보다도 못해.…… 저 소새끼가 빨리 저거 뭐 죽던 둥 뭐 끝을 내야……"라고 늘 불평하듯, 소는 배우자에 버금가는 삶의 동반자였음을 이 여관 건물은 말해주고 있다. 이 여관에서 많은 사람과 소들이 그들의 인연을 정리하는 마지막 밤을 뜬눈으로 보냈으리라.

우시장이 이곳을 떠난 지도 40여 년이 되었다. 누구에겐가 신뢰의 느낌을 전해주던 소들이 모여 초조하게 새 주인을 기다리던 공터에는 속속 새 집들이 들어섰다. 그리고 우시장이 옮겨가자 그 옆 장터도 함께 문을 닫았다. 지금은 국밥 식당들이 칸칸이 입주했던 긴 건물들만 간판을 떼거나 바꾼 채 나란히 서서 그곳이 한때 사람들과 소들로 붐비던 시장이었음을 말해준다. 이젠 소 주인도, 소도 그리고 집주인도 없는 텅 빈 여관을 보고 있자니, 맡은 배역을 충실히 마치고 무대 뒤편으로 사라지는 연극배우를 보는 듯하다. 이미 조명을 받던 무대에서 내려오긴 했지만, 이 여관은 여전히 근대화 이전에 이 땅에서 인간과 소가 맺었던 관계를 또렷이 말해주고 있다.

우시장의 여관처럼 건축은 언제나 사회적 관계를 표상한다. 밀양 교동의 전통한옥과 가곡동의 도시 한옥이 다른 점도 여기에 있다. 안채와 사랑채로 나뉜 전통한옥에 전근대기 성리학적 사회의 남녀관계가 반영되어 있다면, 본채와 문간채로 구성된 도시 한옥에는 근대 자본주의사회의 소유관계, 곧 집주인과 세입자의

우시장의 여관 마당을 사이에 두고 회랑형 부속채와 네모난 본채가 서로 마주 보며 마치 대화를 나누고 있는 듯하다.

관계가 투영되어 있다. 그래서 공간을 구성하는 일은 그것을 사용하는 사람들의 관계를 정하는 일이기도 하다. 이런 측면에서 생각하니 삼문동에서 이웃 사람들이 일상적으로 만날 수 있는 장소를 발견하지 못한 것이 참으로 아쉽다. 심지어 가축과도 마당을 공유했던 시절이 불과 얼마 전인데……. 앞으로 그런 공간이 마련된다면 답사 중에 아픈 다리를 쉬려고 커피숍을 찾아 하루에도 몇 잔씩 커피를 마셔야 하는 일도 없으리라.

□ □ □ □

삼문동에는 근대의 영역답게 기하학적인 입면을 가진 2층 건물들이 중앙로변에 늘어서 있다. 비슷한 시기에 지어진 것으로 보이는 이 건물들 중 길 중간쯤에 있는 한 건물이 내 눈길을 끈다. 격자형 프레임을 돌출시켜 시멘트벽돌 외벽을 구획하고, 프레임 부분은 밝은 회색 타일로, 나머지 부분은 시멘트모르타르 뿜칠로 마감한 차분한 근대의 건물이다. 유독 그 건물이 눈에 들어온 것은 높은 난간 벽에 붙어 있는 같은 크기의 네모난 철판 때문이다. '□ □ □ □' 그런데 자세히 보니 그것은 장식이 아니라 돋을새김이 된 건물 이름 네 자를 가리기 위한 장치였다.

도시 공간을 한 세트의 수수께끼로 보는 나의 호기심이 또 한 번 발동한다. 일단 숨은 글자들을 알아맞혀보려 했으나 네 글자 모두 팔다리만 조금씩 삐져나와서 감질나기만 했다. 마침 점심때도 되고 하여 맞은편 '미락식당'으로 들어갔다. '바로 앞집이니 이 비밀을 아는 이가 있지 않을까? 밥을 먹은 뒤 친절한 설명을 들을 수 있으리라…….' 그러나 일하는 아주머니들은 내 궁금증을 풀어주지 못했다. 식당에 있던 나이 든 손님들에게 물어도, 밖을 오가는 노년의 행인들에게 물어도 역시 매한가지였다.

'집(ZIP)'이라는 이름에 끌려 그 건물 1층 옷가게의 주인아주머니에게 물었지만 역시 세 든 집의 이름을 알지 못했다. 그들은 오히려 '왜 그것이 궁금할까?' 하는 표정이었다. '한 도시에 살면서 왜 그것을 모를까?' 나도 의아했다. 그렇게 한참이나 서성이며 여러 사람에게 들은 대답은 이렇다. "머꼬? 우데?", "왜 자꼬 물어사야?" 그건 대답이 아니라 질문이었다.

겨우 알아낸 것은 이 건물이 과거 병원이었다는 사실뿐. 근대도시에서는 병원이 중요한 시설로 대두되어 중심 가로에 면하는 경향이 있었으니 믿을 만한 이야기다. 그러나 네 글자의 삐져나온 다리를 한 번 더 자세히 살피니 뒤의 두 글자가 '병원'이 아님은 분명했다. 궁금증은 더해만 갔다.

근대의 건물과 하나가 된 이름, 그리고 이후 진행된 이름 지우기에는 어떤 사연이 있을까? 근대기에는 이처럼 건물과 이름을 하나로 보아 그 입면에 이름을

삼문동 중앙로변의 옛 병원 건물 이 병원 건물도 자신의 이름을 감추고 여러 간판을 걸어 익명성을 확보함으로써 비로소 근대의 촌티를 벗고 현대 건물들과 나란히 도시 가로를 구성할 수 있었다.

새기는 일이 흔했다. 이름을 가린 것은 근대의 건물이 현대의 맥락으로 옮겨가는 과정에서 나타난 일이다. 현대도시에서 건물 정면에 이름 하나를 또렷이 새기는 경우는 매우 드물다. 그 대신 나누어 사용하는 사람 수만큼 많은 간판으로 건물을 도배한다. 이 병원 건물도 자신의 이름을 감추고 여러 간판을 걸어 익명성을 확보함으로써 비로소 근대의 촌티를 벗고 현대 건물들과 나란히 도시 가로를 구성할 수 있었다. 이렇게 간판걸이로 전락해가는 현대 건물은 우리 도시 경관의 매우 심각한 문제이다. 그러나 간판을 좋아하는 사회라서 어쩔 수 없다는 자조적인 이야기만 있을 뿐 아직 좋은 해법을 찾지 못하고 있다.

'간판과의 전쟁'이라는 표현까지 써가며 여러 지자체에서 간판을 정비하려 노력하고 있지만 효과는 일시적일 뿐 대개는 다시 원위치로 돌아가고 만다. 규제만으로는 근본적인 해결이 불가능한 문제인 것이다. 이제는 간판에 대해 전쟁을 선포하는 히스테리로서가 아니라, 근대와 현대 간판의 서로 다른 의미를 깊이 생각해봄으로써 그 해법을 찾아보는 것은 어떨까? 벽과 동일한 재료와 색으로 새긴 근대의 건물 이름과, 벽에 걸린 크고 자극적인 현대의 간판이 각각 무엇을 뜻하는지 생각해보자.

근대까지는 상업 건물이라도 주인이 대개 한 사람이고 자주 바뀌지도 않았다. 그러나 현대의 상업 건물은 대개 주인이 여러 명이며 또 자주 바뀐다. 건물과 사용자의 관계가 영속적이고 전면적인 관계에서 일시적이고 부분적인 관계로 바뀐 것이다. 더 이상 사용자들은 건물을 통해 자신(이 팔려는 물건)을 드러낼 수가 없다. 지금 옷을 팔려는 건물이 본래 식당으로 사용되던 것이라면 그 건물이 가진 본래의 입면을 드러내는 것은 옷가게에 도움이 되지 않는다. 따라서 건물은 익명성을 가져야 하고 간판을 통해 현재의 일시적인 상태를 드러낼 수밖에 없다. 건물이 아름다운 입면을 드러내는 것은 이제 위험하기까지 하다. 한마디로, 건물의 간판화는 건물과 사용자가 따로 놀기 때문에 발생한 현상이다. 이제 건물들은 말할지 모른다. "내가 나일 수 있는 시대는 갔다. 이제 생존할 수 있는 길은 간판 뒤에 숨어 나를 감추는 것뿐."

이렇게 보니 현대 건물의 간판 문제는 정말 어찌할 수 없는 것 같다. 유럽이나 미국처럼 간판의 크기, 위치, 색상 등을 구체적으로 제한하고 강력하게 규제하는 것 외에 다른 방도가 없을 듯하다. 간판이 크고 화려하다고 해서 상품이나 서비스의 품질이 좋은 것이 아니라는 인식이 자리 잡으면 해결되지 않을까? 결국 모든 도시 문제의 해법은 올바른 시민의식에서 찾을 수밖에 없다.

밀양의 현대적 이미지를 만들어갈 가곡동

가곡동(駕谷洞)은 우리말로 '멍에실', 곧 멍에가 있던 골짜기다. 가곡동의 골짜기에는 아직도 이 이름이 남아 있다. 부산에서 낙동강을 거슬러 혹은 육로로 서울 방면으로 갈 때 쉬어가던 곳이라 말이나 소가 많이 모여 그런 이름이 붙었는데, 1905년 1월 1일에 경부선이 개통되어 용두산 남쪽 기슭에 밀양역이 들어선 뒤로는 소나 말 대신 기차가 선다. 밀양으로 오는 기차는 19세기까지 밀양을 지켜주던 성벽의 돌들이 받치는 철로 위를 힘차게 달렸다.

　근대기까지 도시의 변두리였던 가곡동 곳곳에는 도자기, 유리 등을 만드는 공장들이 있었다. 몇몇 공장들은 지금도 여전히 운영되고 있다. 어린 시절 하루에 세 번씩 빠지지 않고 밥상에 올라왔던, 바닥에 '囍(희)' 자가 새겨진 사기그릇도 알고 보니 가곡동 철길가 '밀양도자기'에서 생산한 것이었다.

　이 글에서는 가곡동을 현대의 영역으로 규정했지만 이곳이 도시 공간으로 조성되기 시작한 것은 근대기이다. 그래서 중앙로 뒤쪽에는 괜찮은 근대 건물들이 여럿 남아 있다. 동서방향 이면도로변에 자리 잡은 정말순 씨 댁은 근대 가곡동의 모습을 보여주는 일식 상점주택으로, 건물 앞부분에 내부 마당과 너른 마루로 점포를 구성해놓았다. 군산이나 강경같이 일제강점기에 번성한 항구도시에서도 이와 유사한 일식 상점주택을 볼 수 있는데, 이 집의 특징은 측면으로 마당과 살림채를 두어 생활공간을 넓게 구성한 점이다. 또한 가곡3동에는 100년 이상 된 기와집 동네가 있다. 근래에 새로 지은 집들도 섞여 있으나 그 동네는 여전히 품격을 잃지 않고 있다. 앞으로는 이것들을 보존하면서 그와 조화를 이룰 수 있는 현대의 디자인을 궁리해야 한다.

　밀양의 도시 공간을 바라보며 내게 가장 어려운 과제로 다가온 것은 가곡동 영역을 어떻게 이끌고 갈 것인가 하는 점이다. 단층의 다방, 점집, 방앗간, 얼음집 등이 많은 가곡동의 중앙로는 어느 도시에서나 볼 수 있을 것 같은 특색 없는 가로다. 이곳에서 영화 〈밀양〉을 촬영해 '전도연거리'라는 별명이 붙었지만 사실 영화를 찍을 만한 길로 보이지는 않는다. 이곳을 촬영지로 택한 것은 아마 본래 의미와 전혀 관계없는, '비밀스런 햇볕'이라는 도시 이름의 한자말 뜻에 끌렸기 때문이 아닐까?

　그러나 실망할 필요는 없다. 가곡동은 중앙로변이나 그 안쪽에 빈터가 많아 새롭게 변화할 가능성이 큰 도시 공간이기 때문이다. 정확히 말하자면 가곡동은 특색이 없는 것이 아니라 아직 나름의 성격을 갖추지 못했다. 앞으로 가곡동에 밀양의 미래를 보여주는 장소들이 조성된다면 밀양은 과거와 현재, 그리고 미래가

가곡동의 중앙로 근대기의 2층 방앗간과 현대의 건물들이 공존하는 이 2차선 가로가 밀양의 미래가 펼쳐질 중심축이다.

공존하는 역사도시의 매력을 온전히 갖추게 될 것이다. 밀양의 현대적 이미지를 만들어낼 진정한 장소는 어떤 속성을 갖추어야 하는가? 가곡동의 중앙로는 어떤 성격의 건물들로 정의되어야 하는가? 이런 고민의 결과들이 가곡동의 빈터를 채워나가기를 기대한다. 이것이 내가 가곡동을 '현대의 영역'으로 규정한 진정한 이유이다.

아름다운 밀양강과 영남루의 타자화

2천 년 전쯤 사람들이 밀양강 유역에 정착한 이래 밀양강은 그들에게 가장 중요한 생활터전이 되었다. 그들은 바다에서 겨울을 나고 온 은어를 기다렸다는 듯이 잡아 살은 떠서 회로 먹고, 뱃속에 든 콩팥과 알은 도려내 양념을 넣고 조려 먹었다. 그래서 밀양에는 "내 몸은 상놈한테 먹히더라도 콩팥만은 사또 상에 올려주세요"라는 어떤 은어의 기특한 유언이 전한다.

정월 대보름이 되면 성안에 사는 사람들이 강바닥에서 두 패로 나뉘어 '응천강변 큰줄당기기'를 했다. 그리고 추석을 전후해서는 큰 씨름판을 벌였다. 그들은 강에서 하는 일에만 유독 '큰'이라는 말을 붙였다. 밀양의 '밀'이 본래 크다는 뜻이었음을 고려할 때, 사람들은 은연중에 밀양을 관통하는 밀양강을 '큰 강이자 큰 일을 벌이는 장소'로 생각해왔던 것 같다.

밀양강처럼 생활터전과 가까이 있는 자연을 순화시키는 일은 인간이 도시를 만드는 데 필연적인 과정이다. 그러나 현대의 인간은 더 욕심을 낸다. 도시에서 순화된 자연을 편하게 바라보려 하고, 바라볼 때 아름다운 자연요소로 변화시키려 한다. 이런 태도는 필연적으로 자연을 타자화한다. 20세기 후반 우리의 역사도시에서는 이런 '오만한 도시화' 현상이 공통적으로 나타났다. 밀양도 예외가 아니었다. "오늘 내가 본 밀양강은 아름답다. 그러나 나는 그저 바라볼 뿐 그곳에 가까이 갈 수 없다."

배다리를 놓은 20세기 초반의 남천강 사진과 오늘 바라보이는 밀양강의 모습을 비교해보면, 이 '오만한 도시화' 현상이 근래에 일어난 변화임을 알 수 있다. 과거 배다리를 건널 때는, 실로 장구한 세월 동안 언덕을 만들어 도시의 경계를 이루고 새로운 도시를 위한 땅을 마련해준 강물의 힘, 그 엄청난 자연의 에너지를 느낄 수 있었다. 흐르는 강물의 수위에 따라 시시각각 높이가 달라지는 배다리를 건너는 것은 강물의 리듬에 인간의 몸동작을 맞추는 춤이었다. 그런데 1934년, 어떤 강물에도 끄떡없도록 철근콘크리트 구조로 설계된 밀양교를 건설한 뒤 사람들은 더 이상 강물에 맞춰 춤을 추지 않게 되었다.

밀양강을 순화시키는 데는 제방을 쌓는 것으로 족했다. 하지만 사람들은 거기서 멈추지 않았다. 이제 용두교에서 바라본 삼문동 쪽 강변은 야성이 제거된 밀양강을 놀리기나 하듯, 깔끔하나 단조로운 일본식 조경으로 단장되었다.

영남루는 진주 촉석루, 평양 부벽루(浮碧樓)와 함께 우리나라 3대 명루(名樓)로 이름을 떨쳤다. 영남루의 아름다움은 무엇보다도, 달리던 산이 멈춰 생긴

영남루 영남루는 동쪽으로 능파각, 서쪽으로 침류각을 각각 마루와 층계로 연결해 동적인 균형감을 갖춘 특색 있는 건물이다. ⓒ 이주옥

언덕 위에서 강을 향해 우뚝 선 대형 목조 구조물이 자아내는 장엄함과 비장함에 있으리라. 고을 원의 딸이 이곳에서 이 지역 출신인 사명대사에게 구혼을 하는 일생의 마지막 이벤트를 벌였다는 전설은 그런 비장미를 느낀 사람들이 만들어낸 것이겠다. 아북산·아동산과 한 몸인 양 축조된 성벽에서 느꼈던 것처럼, 자연과 함께하는 영남루의 모습에서 한국 건축의 시대를 초월하는 보편적인 가치를 발견할 수 있다.

밀양은 영남루만으로도 도시 전체가 품위를 얻는다. 많은 사람들은 그 당당한 모습에 압도되어 반사적으로 사진기를 꺼내 든다. 그러나 정작 그들은 영남루에 가지 않는다. 요즘 '셀카'라는 말이 있긴 하지만 사진은 본래 자신이 아닌 남을 찍는 것이다. 그렇다면 영남루는 이제 남이 되어버린 것일까?

사람들은 모두 밀양교 중간 지점에 마련된 둥근 바닥 위에 일행을 세워놓고 영남루를 향해 셔터를 눌러댄다. 이렇게 해서 영남루의 사진은 누가 찍든 언제 찍든 똑같다. 건축을 멀리서 바라보는 아름다움의 대상으로만 생각하는 현대의 건축관으로 인해, 경험자와 관계를 맺으며 고정되지 않은 모습으로 존재하던 영남루가 이제는 하나의 객관적인 대상물이 되어버렸다. 이런 과정을 거쳐 건축에 대한 우리의 경험은 점점 획일화되고 있다.

답사에서 돌아와 무심코 《조선고적도보》(조선총독부의 후원 아래 일본인 학자 세키노 다다시關野貞 등이 1915~1935년까지 20년간 조선의 고적과 유물 도판을 모아 간행한 책)에 실린 영남루의 사진을 보니, 마당에 지게를 받쳐놓고 누에 오른 사람들이 난간에 기대어 휴식을 취하고 그 아래에서 아이들이 놀고 있다. 오늘 내가 본 영남루는 이제 과거의 영남루가 아니다. 영남루에서는 더 이상 한양에서 출장 온 관리가 밀양강을 바라보며 여독을 풀지도 않으며, 서민들이 지게를 받쳐두고 올라가 강바람에 땀을 식히지도 않는다. 이제 그것은 일정한 거리를 유지해야만 아름다운 모습을 드러내는 피사체일 뿐이다. 그것은 이제 우리의 사진 속에만 존재하는, 철저한 남이다.

사람이 집보다 높은 곳에 우뚝 설 수 있는 도시

산자락에 면해 있어 시골 간이역 같은 밀양역을 나와 중앙로를 따라 걷는다. 가곡동, 삼문동, 내일동을 거쳐 관아터까지 걸으니 역사 속으로 서서히 빠져드는 느낌이다. 도시의 영역이 강으로 나뉘어 각기 다른 시간성을 갖는 특성을 잘 살려나가면 밀양은 매우 독특하고 매력 있는 도시가 될 것이다. 이를 위해서는 지난 반세기 동안 멀어져버린 강물과 화해하고 그것을 시민의 곁으로 다시 데려오는 일이 필요하다. 이 도시를 만들어준 것은 바로 그 강물이기 때문이다.

2009년 말에 가곡동과 삼문동을 잇는 용두교가 새로 놓였다. 그러나 웅장해 보이는 용두교는 밀양강을 오히려 더 멀리 떠나보냈고, 상판을 아치형으로 만들어 공연히 사람을 오르내리게 한다. 다리의 조형적인 아름다움에만 치중했기 때문이다. 용두교 자리에 이런 다리가 있었다면 어땠을까? 차량은 눈에 띄지 않게 강을 건너고, 사람들은 자동차 대신 강물을 좀 더 가까이 느끼면서 강물의 높이에 따라 그 높이도 달라지는 그런 다리 말이다.(이것은 과거의 배다리에서 얻은 개념이다.) 미래의 밀양에서 자연과 하나된 이런 다리를 기대해볼 수는 없을까?

밀양강을 바라보며 한국의 소중한 역사도시 밀양이 나아갈 길은 타자화된 자연을 다시 '우리'로 만드는 것이라는 생각을 해본다. 그것이 관아 복원사업보다 더 중요할지도 모른다. 도시마다 비슷비슷해 보이는 관아를 복원해봐야 활용하기도 어렵고 관광객을 지속적으로 끌기도 어렵다. 관아 건물이 보고 싶어 어떤 도시를 반복해서 찾을 사람이 과연 몇이나 있겠는가? 그러나 강물의 기운을 느낄 수 있는 도시가 있다면, 그래서 맥 빠진 현대인들이 삶의 활력을 되찾는 도시가 있다면 그들은 아마 그곳을 자주 찾을 것이다. 현대도시에서 살아가려면 어쩔 수 없이 조금씩 맥이 빠지게 되어 있으니까.

북쪽과 남쪽에서 서로 다른 방식으로 이루어지는 밀양강과 도시의 만남은 밀양이라는 곳을 더욱 특별한 색깔로 물들인다. 이런 도시의 특색은 제방을 온전히 드러내고 그것을 불필요하게 확장하지 않음으로써 유지될 수 있다. 언제나 두 제방 위를 걸으며 한쪽으로는 은어들이 노니는 맑은 강물을, 다른 한쪽으로는 도시의 집들을 볼 수 있어야 한다. 사람이 집보다 높은 곳에 우뚝 설 수 있고, 뚜벅뚜벅 강을 따라 걸을 수 있는 도시는 얼마나 매력적인가? 그런 도시라면 고층건물 앞에서 의기소침해지는 현대인들의 가슴을 쫙 펴게 해주리라.

2

바다와 예술가들이 빚어낸 도시의 지혜

통영

군사도시에서 예술의 도시로

1962년에 발표된 박경리(1926~2008)의 《김약국의 딸들》은 조선 말부터 일제강점기까지 통영(統營)을 무대로 펼쳐지는 장편소설이다. 이 소설 첫 절의 제목이 바로 '통영'인데 그 시작은 이렇다. "통영은 다도해 부근에 있는 조촐한 어항이다. 부산과 여수 사이를 내왕하는 항로의 중간 지점으로서 그 고장의 젊은이들은 조선의 나폴리라고 한다." 소설의 묘사 그대로, 당시 20세기를 눈앞에 둔 통영은 군사도시의 무게를 벗고 점차 어업도시, 해상 교통도시, 상업도시로서 활기를 띠고 있었다.

통영은 따스한 남쪽 바닷가의 도시다. 1981~2010년까지 30년간의 통계를 보니, 통영의 겨울철(1월) 평균기온은 3.1°C로 제주도를 제외하고 부산(3.2°C) 다음으로 높았다. 《김약국의 딸들》에서 말하듯 "우물가에 살얼음이 얼었다면 그 고장에서는 가장 추운 날이다." 일조시간도 하루 평균 6시간이 넘어 전국에서 단연 가장 길다. 통영의 건물들은 온통 흰색인데 맑은 햇볕이 흰 벽에 부딪히면 온 도시가 명랑해진다. 게다가 파도를 잠재우는 미륵도·한산도·거제도 덕에 바다는 늘 잔잔하고, 한류와 난류가 만나는 앞바다의 고급 재료로 인해 먹을거리도 풍부하다. 이로써 통영은 관광·휴양도시의 자연조건을 두루 갖추고 있는 셈이다.

151개의 크고 작은 섬을 거느린 남해안 거점도시, 윤이상(1917~1995)을 기리는 '통영국제음악제'로 상징되는 문화예술의 도시, 통영은 임진왜란 전까지만 해도 보잘것없는 어촌이었다. 그러나 1604년 논란 끝에 조선 수군의 본영인 통제영(統制營)이 이곳에 설치되면서 촌놈 출세하듯 일약 조선을 대표하는 군사도시가 되었다.

통영은 통제영, 그리고 통제영은 '삼도 수군통제영'의 약칭이다. 임진왜란 당시 오늘날의 해군본부 격인 삼도 수군통제영이 한산도 제승당(制勝堂) 일원에 창설되었고, 이순신(李舜臣, 1545~1598)이 초대 통제사로 부임했다. 그후 거제도로 통제영을 옮겼으나 1604년 6대 삼도 수군통제사로 이경준(李慶濬)이 부임하면서 거제도에 있던 통제영을 거제현 두룡포(頭龍浦), 곧 현재의 통영시로 옮겼다. 세병관(洗兵館)으로 가는 마당 오른쪽

옛 통영 지도

① 북포루
② 여황산
③ 세병관
④ 공방
⑤ 운주당
⑥ 서문
⑦ 북문
⑧ 중영
⑨ 동문
⑩ 서포루
⑪ 동포루
⑫ 암문(暗門)
⑬ 남문(청남루)
⑭ 충렬사
⑮ 장시
⑯ 수항루

1865년경, 서울대학교 규장각 소장.

구석에 있는 '두룡포기사비(頭龍浦紀事碑)'에는 이렇게 통영이 군사도시로 출발한 사연이 잘 나타나 있다. 원래 1625년에 남문 밖 바닷가에 세웠던 것을 1904년에 이곳으로 옮겼는데, 이례적으로 비석에 도시 형성의 역사를 상세히 전하고 있다.

통영은 1895년에 통제영이 폐지될 때까지 292년 동안 조선 수군의 총 지휘부 자리를 지켰다. 통영읍은 1955년에 '충무공'이라는 이순신의 시호(諡號)를 따서 충무시로 승격되었고, 1995년에 주변 통영군을 통합해 통영시가 되면서 다시 본래 이름을 되찾았다.

통영에는 세병관을 비롯하여 수십 채의 관아와 12공방, 병영시설, 창고 등이 세워졌다. 그중 현재까지 전하는 것은 세병관뿐이다. 세병관은 통제영의 역사적 기억을 이어가는 가장 소중한 증표다. 앞면 9칸, 옆면 5칸의 대규모 단일공간 건물인 세병관은 5칸에 달하는 깊은 공간을 만들기 위해 도리(서까래를 받치는 가로 부재)를 9열로 설치한 9량 구조의 한옥 건물이다. 건물 바닥은 우리의 고유한 마루 형태인 우물마루로 되어 있다. 시원하게 뻗은 독수리 날개 같은 팔작지붕 아래 대규모 공간을 담고 있는 세병관은 한국 건축이 왜소하다는 편견을 한 방에 날려 보낸다. 국보(제305호)로 지정될 만하다. 1963년 세병관을 해체·보수할 때 발견된 '세병관 중수상량문(洗兵館重修上樑文)'에 따르면, 통제사 이경준이 통제영을 이곳으로 옮긴 이듬해인 1605년에 목수 50여 명을 동원해 6개월간 세병관을 세웠다고 한다. 이경준은 2년 8개월(1603년 2월~1605년 9월)의 짧은 임기 동안 통제영을 옮기고 세병관을 완공하는 등 도시의 기틀을 마련했다.

세병관은 통제영의 객사다. 세병관에는 45cm를 높여 만든 뒷부분의 단에 임금을 상징하는 '전(殿)' 자와 궁궐을 상징하는 '궐(闕)' 자를 새긴 2개의 나무패를 모셨다. 객사는 중앙에서 출장 온 관리가 거처하는 건물이기도 한데, 세병관에는 온돌방이 없어서 숙박의 기능을 했는지는 분명하지 않다. 아무튼 왕권을 상징하는 객사는 과거 우리 도시에서 가장 중요한 건물이었다. 통제영이 폐지된 뒤 1950년대까지 세병관은 통영국민학교 교실로 사용되기도 했다.

2003년에는 세병관 동쪽, 과거 법원과 검찰청이 있던 곳에 통제사 집무실인 운주당(運籌堂)과 경무당(景武堂), 병고(兵庫), 그리고 통제사의 관사인 내아를 복원했다. 나머지는 현재 발굴, 복원 중이다.

오늘날의 통영 도심 지도

성벽의 위치는 유구와 자료를 바탕으로 추정한 것이다.

나도 남들처럼 통영의 매력에 이끌려 한두 번 그곳을 여행한 적이 있다. 그러나 그런 수박겉핥기식 여행은 맛있는 해산물과 해저터널 같은 유명 관광지의 기억만 남길 뿐 도시 공간을 이해하는 데 별 도움이 되지 않는다. 통영의 기억이 가물가물해져가던 2006년 가을, 그곳을 자주 오갈 일이 생겼다. 한산도에 있는 한 어촌 마을을 새롭게 가꾸는 일을 맡게 된 것이다. 그래도 한동안은 통영여객선터미널 부근 충무김밥집에서 간단히 요기한 후 배에 차를 싣고 섬으로 들어가기 바빠 통영의 도시 공간에는 별 관심을 두지 못했다. 그저 한산도를 오가는 배 위에서 가끔 도시를 무심히 바라볼 뿐이었다.

여황산 자락의 거대한 세병관이 점점 멀어지는 것으로 하루를 시작하고 다시 점점 가까워지는 것으로 하루를 마감하던 어느 날, 우연히 뉴스에서 이중섭(1916~1956)의 〈통영 앞바다〉란 작품을 접했다. 내가 배 위에서 흘낏거린 그 도시가 정신분열증을 겪을 만큼 고독과 생활고에 시달리던 이중섭이 홀로 서서 바다를 바라보던 바로 그곳이었다. 그날로 〈통영 앞바다〉, 〈남망산 오르는 길이 보이는 풍경〉, 〈통영 풍경〉 등 이중섭이 그린 통영 그림들을 찾아보았다. 도시에서 바다를 그런 이 그림들은 통영이라는 도시에 대한 궁금증을 더욱 불러일으켰다.

비로소 나는 스쳐 지나치기만 했던 도시로 들어갔다. 이리저리 헤매면서 사람들에게 또 공간에 말을 걸기 시작했다. 작은 도시지만 많은 예술가를 낳았고, 예술작품들의 무대가 되었으며, 수많은 관광객을 불러들이는 곳답게 공간은 다양하고 이야깃거리는 많았다. 어느새 통영의 흥미로운 이야기에 매료되어 3년간의 한산도 일을 끝내고도 답사를 계속 이어갔다. 이제 그동안 도시가 들려준 많은 이야기 구슬들을 하나하나 꿰어보려 한다. 그렇게 마음속에 보배로 간직하면 통영은 내게서 영원히 잊히지 않으리라.

통영의 랜드마크, 세병관

세병관은 통영 어디서도 눈에 잘 띈다. 이른바 통영의 랜드마크(landmark)다. 나는 통영에 올 때마다 도시를 지키는 조상께 인사를 드리는 마음으로 가장 먼저 세병관으로 향하곤 한다. 24절기를 뜻하는 24개의 계단(맨 아래 두 단은 땅에 묻혀 있음)을 올라 망일루(望日樓) 아래를 거쳐 세병관으로 오른다. 우리 전통건축에서 흔히 사용하는 이런 누하(樓下) 진입은 긴장감 있게 특별한 영역으로 들어가도록 우리를 이끈다. 누 아래를 통과하면 오른쪽에 수항루(受降樓)가 보인다. 임진왜란의 전승을 기념하기 위해 1677년에 세운 건물로, 본래 남문 앞 부둣가(현 우리은행 자리)에 있던 것을 옮겨놓았다. '항복을 받는 누각', 직설적이고 자신감 넘치는 이름이다. 이 누 앞에 있던 '병선마당'에서는 모의 왜병에게 항복을 받는 의식을 했다고 한다.

다시 24계단을 올라가 일각대문인 지과문(止戈門)을 거치면 사방을 개방한 세병관이 웅장한 모습을 드러낸다. 그런데 '지과문'이라는 이름이 예사롭지 않다. '창을 거둔다?' 군사시설의 대문이라면 '창을 겨누다'가 더 적당하지 않았을까? 지과문을 통과하면 136대 서유대(徐有大) 통제사가 글씨를 쓴 '洗兵舘'이라는 큰 현판이 힘겨운 듯 걸려 있다. 여기서 '세병'은 병사를 목욕시킨다는 뜻이 아니다.

세병관 마당의 오른쪽 모서리에서만 겨우 전경을 촬영할 수 있는 초대형 목조건물로, 도시의 품격 있는 랜드마크이다. '세병관'이라는 이름에는 '전쟁을 종식시켜 삶을 지키자'는 메시지가 담겨 있다.

그렇게 해석하면 세병관은 큰 목욕탕이 되고 만다. 그것은 당나라 두보(杜甫)의 시 〈세병마행(洗兵馬行)〉에서 따온 말이다. 그 시는 "安得壯士挽天河, 淨洗甲兵長不用(어찌하면 장사를 구하여 은하수 끌어다 갑옷과 병기 깨끗이 씻어 오래 쓰지 않을 수 있을까)"으로 끝난다.

　대문과 건물 이름 모두 필승의 의지를 다지는 것이 아니라 전쟁을 하지 않겠다는 다짐을 담고 있다. 조선의 군사도시 통영에 있는 핵심적인 건물 이름의 메시지는 전쟁에 승리하여 패권을 차지하자가 아니라 '전쟁을 종식시켜 삶을 지키자'이다.

　세병관의 운동장 같은 마루에 걸터앉아 그 이름의 뜻과 전쟁에 대해 생각해 본다. 남북한이 무력 충돌을 빚을 때 전쟁을 잠시 생각하기도 하지만 전후세대인 내게 사실 전쟁은 완전히 딴 나라 이야기다. 그 딴 나라 가운데 전쟁 이야기를 가장 많이 전해주는 나라가 미국이다. 3천여 명의 사망자를 낸 2001년 9·11테러로 미국은 아프가니스탄에서 10년 넘게 '테러와의 전쟁'을 벌였다. 미군의 전략은 테러집단을 뿌리 뽑겠다는 것이었지만 저항은 계속되고 피해는 늘어났다.

그런데 초대와 3대 통제사로 초기 통제영을 이끈 이순신의 전쟁전략은 이와 크게 달랐다. 그것은 완전한 승리, 곧 필승의 전략이 아니라 패하지 않겠다는 불패의 전략이었다. 미국의 아프간전쟁에서 보듯이 필승의 전략으로는 아군도 큰 피해를 입을 수밖에 없다. 이와 달리 불패의 전략은 아군의 피해를 최소화하는 것이다. 이순신의 위대함은 적을 많이 죽였다는 데 있지 않다. 오히려 많은 전투에서 한 번도 패하지 않아 아군의 피해를 최소화했다는 데 있다. 이러한 이순신의 전쟁관과 전략은 손자(孫子) 이래 동아시아에 전해내려오는 전통이다.《손자병법(孫子兵法)》'모공편(謀攻篇)'에 전하는 것처럼 "싸우지 않고 이기는 것이 최선이다(不戰而屈人之兵, 善之善者也)."

통영, 또 하나의 텍스트

공간의 역사가 17세기 초까지 거슬러 올라가는 통영의 도심은 걸으며 사색하기에 적당한 크기이다. 통영 도심에서 나는 중앙로처럼 아무 생각 없이 또는 효율성만을 생각해 쭉쭉 뻗은 단세포적인 길보다는 '초정김상옥거리'처럼 끊임없이 구부러지는 길을 좋아한다. 그 길의 구부러짐은 우연이 아닐 것이다. 역사도시의 공간에 서서 세심히 귀 기울이면 마치 어린 시절 할머니와 마주한 듯 흥미로운 이야기가 흘러나온다.

어느 날 아침, 내가 좋아하는 초정김상옥거리를 걷다가 아침 햇살을 받는 서피랑을 올려다보니 골목을 오르고 싶은 충동이 일었다. 팻말에는 '창동2길'이라고 적혀 있었다. 사다리타기를 하듯 몇 번이나 선택을 거듭하면서 언덕을 오르니 검은 개가 지키는 곳에서 길이 끝난다. 동백나무, 종려나무, 금목수 등이 원시림처럼 우거진 속에 집이 한 채 숨어 있었다. 개 짖는 소리에 새소리가 멈추더니 곧 할머니 한 분이 나오셨다. 이 할머니와 긴 이야기를 나누고 헤어지면서 문득 성함을 여쭈었다. '성·차·연'.

순간 나는 멈칫했다. 80대 할머니의 성함으로는 믿기지 않는 그 세련됨 때문이 아니었다. 당시 나의 머릿속에는 이미 '차연'이란 단어가 맴돌고 있었기 때문이다. 차연(差延, la différance)은 프랑스의 철학자 자크 데리다(Jacques Derrida, 1930~2004)가 주창한 핵심 개념으로, 공간적 개념인 차이(差異, la différence)와 시간적 개념인 연기(延期, le délai)를 합성해 데리다가 새로 만들어낸 단어이다. 그는 모든 현상이 차연이라는 차이작용에 의해 나타나거나 사라진다고 본다. 현상은 차이들로 구성되며, 그 차이들의 배후에는 그것들을 생산하는 차연이 있다는 것이다.

데리다의 철학은 한마디로 '텍스트이론'이라고 할 수 있는데, 여기서 텍스트란 문장이나 교재라는 뜻이 아니라 직물조직처럼 이질적인 것들이 얽혀서 만들어진 것을 말한다. 말하자면 이 글을 쓰는 나나 독자들에게 이질적이고 다양한 공간 요소들이 결합된 통영이라는 도시는 또 하나의 텍스트이다. 그런데 차연이라는 관념에 따르면 동일성(identity)을 가진 텍스트란 존재하지 않으며, 텍스트는 공간적·시간적으로 끊임없이 변모하며 떠다닌다. 그래서 근원이 되는 하나의 텍스트란 존재하지 않으며, 그 의미 또한 확정되어 있지 않다. 그것은 차이를 통해서만 이해되고, 하나의 해석에서 다른 해석으로 옮겨간다. 우리 이야기로 바꾸어보면, 고유하고 원형적인 하나의 통영은 없다. 이 글에 있는 통영도 내가 이 시점에서 나의 해석을 통해 생산해낸 통영일 뿐이다.

우리 사회는 '근원'에 집착하는 경향이 있다. 그래서 통영여객선터미널 근처 충무김밥집은 모두들 원조를 내세우거나 할머니 사진을 걸어놓는다. 충무김밥집만이 아니다. 유명한 예술가의 생가를 둘러싸고도 원조 논란이 일고 있다.

청마(青馬) 유치환(1908~1967)의 생가는 정량동에 청마문학관이 지어진 뒤에 초가로 복원되었다. 물론 그가 태어난 곳은 아니다. 그런데 이상하게도 청마의 생가는 거제에도 있다. 통영과 거제가 서로 청마의 출생지라고 주장하다 각각 생가를 복원한 것이다. 통영은 청마의 자작시 해설집인 《구름에 그린다》에 청마 스스로 통영에서 출생했다고 밝혔다는 것을 근거로 그가 통영 태생이라고 주장한다. 거제시와 유족들은 그가 거제에서 태어났고 통영으로 이사했다고 주장한다. 이것은 법정 다툼으로 비화하여 대법원까지 갔다. 법원이 무슨 수로 청마 생가의 근원(origin)을 밝힐 수 있을지 궁금하다.

많은 예술가들의 고향인 통영에는 도시 곳곳에 그들의 생가가 있었다. 예술가 생가의 밀도로는 통영이 세계 제일일지 모른다. 나는 한때 이 생가들을 보행로로 연결하면 세계적인 문화관광 상품이 될 수 있으리라 생각했다. 그래서 예술가들의 생가가 어떤 상태인지 궁금해 물어물어 찾아가 보았다. 도천동 윤이상 생가는 2010년에 준공된 윤이상기념관에 묻혀 사라졌다. 항남동 김상옥(1920~2004) 생가는 여인숙이 되었고, 남망산공원 입구의 김춘수(1922~2004) 생가는 한옥 같기도 양옥 같기도 한 집으로, 서문고개 아래 박경리 생가는 벽돌집으로 바뀌었다. 한마디로 온전한 생가는 없었다.

나는 결국 통영에서 예술가들의 본래 생가를 찾을 수 없다는 결론에 이르렀다. 그리고 더 이상 생가를 추적하지 않기로 했다. 통영시에서는 여전히 생가를 중요한 장소 마케팅의 자료로 활용하고 있다. 계속해서 생가 부근 가로를 누구누구의 거리로 지정하여 동상·시비·안내문 따위를 세우고, 디자인에도 해당 인물의 모티프를 반영하고 있다. 그런데 안타깝게도 누구누구의 거리에서 정작 그의 생가를 찾는 것은 대단히 어렵고, 또 찾았다 해도 변화가 너무 커서 별 감흥이 없다. 통영에는 이제 생가의 원본은 사라지고 그 확대 복사본만 남았다.

아무튼 데리다보다 한 살 위로, 그보다 훨씬 앞서 '차연'이라는 이름을 사용해온 성씨 할머니는 그간 내가 통영에서 생각한 '차이'와 '연기'들을 다시금 떠올려주었다. 그리고 그것들을 드러냄으로써 통영이라는 텍스트를 현시점에서 이야기할 수 있게 해주었다. 그러나 나는 이 정도에서 데리다를 잊고자 한다. 이제 중요한 것은 나뭇가지형으로 분절되어 도통 사람을 헷갈리게 하는 데리다의 개념들이 아니라, 나뭇가지형으로 나뉘는 길이 엮어내는 통영의 복잡한 공간일 뿐이다.

생활과 예술의 만남

좀 자세한 한반도 지도를 펼쳐보면 통영은 한반도 끝에 닭 모가지같이 가늘게 붙어 있다. 일제강점기에 2등로로 개설된 국도 14호선이 이 도시를 육지와 연결해 주지만 1970년대까지만 해도 그것은 비포장도로였다. 과거 통영에서 서울을 가려면 배를 타고 부산까지 가서 다시 기차를 타야 했다. 지세의 방향으로 보나 사람들의 움직임으로 보나 바다 쪽이 통영의 입구이고 정면이었다. 우여곡절로 이어져온 육지 길은 통영에 와서 갓처럼 솟은 2개의 언덕을 휘감으며 긴 여정을 마감한다. 그 언덕들 앞에서 들려오는 바다 소리가 여로에 지친 여행객의 심신을 달래준다. 생활에 쫓기고 지쳐 거친 길을 온 사람들에게 바다를 아늑하게 감싸는 아름다운 항구도시 통영은 또 하나의 고향이다.

그래서일까, 한국 예술사에 굵은 글씨로 기록되는 여러 예술가들이 통영을 고향으로 두었거나 제2의 고향으로 삼았다. 극작가 유치진(1905~1974), 시인 유치환 형제를 필두로 화가 전혁림(1916~2010), 작곡가 윤이상, 시인 김상옥과 김춘수, 소설가 박경리가 모두 통영 사람이다. 이 작은 도시가 20세기 초의 짧은 시간에 그렇게 많은 예술가를 낳았다는 사실이 경이롭다. 이들이 향우회 모임을 가졌다면 바로 한국 예술가 대표회의였을 것이다.

평안북도 정주 사람인 시인 백석(1912~1995)은 통영에 살지는 않았으나 오감을 모두 동원해 통영의 공간구성과 인물상을 표현한 3편의 시를 남겼다. 통영에서 산 유치환의 시에는 '통영'이라는 말이 직접 등장하지 않는 데 반해 백석의 이 시들은 모두 제목부터 '통영'이다. 평안남도 평원 사람인 화가 이중섭은 아예 이곳에 와서 집중적으로 창작활동을 했고 최고의 걸작들을 남겼다. 고향에서 가장 먼 남쪽 바닷가로 이들을 이끈 것은 무엇일까? 백석은 아름다운 바다에 더해 그의 시에 등장하는 '명정골에 사는 난'이라는 여자 때문에 통영을 마음에 품었던 것 같다. 그러면 열일곱 살 때 집이 원산으로 이사해 바다를 늘 가까이했던 이중섭이 통영에 온 것은 왜일까?

아늑하고 아름다운 도시지만 통영에서 산다는 것은 바다의 거친 파도까지 품

통영항 생활에 쫓기고 지쳐 거친 길을 온 사람들에게 바다를 아늑하게 감싸는 아름다운 항구도시 통영은 또 하나의 고향이다.

어야만 하는 일이었다. 바다란 본디 잔잔하고 푸르다가도 심심치 않게 흰 파도로 부서지지 않는가. 통영국제음악제를 닷새 앞둔 2007년 3월 18일, 시내에는 온통 'TIMF(통영국제음악제: Tongyeong International Music Festival)'라고 쓴 현수막이 나부끼고 있었다. 여객선터미널 근처 식당에서 점심이 나오기를 기다리는데 TV에서 통영국제음악제 광고가 흘러나왔다. 그때 낮 술잔을 내려놓는 소리와 함께 본토박이의 거친 목소리가 들려왔다. "통영놈들이 음악을 아나? 바닷게기 축제나 함은 몰라도……." 이 도시를 자주 오가다 보면 이런 무뚝뚝함, 좋게 얘기해서 강한 삶의 표현들을 심심치 않게 목격한다. 정말이지 처음에는 도시가 온통 싸움판 같았다.

그런데 바로 이 대목에서 의문이 생긴다. 바다의 도시, 군사도시로 출발한 통영의 거친 풍토에서 어떻게 내로라하는 예술계 거목들이 줄지어 나왔을까? 또한 어떻게 우리나라를 대표하는 공예품들이 제작될 수 있었을까? 이에 대해 박경리는 《김약국의 딸들》에서 이렇게 문답한다.

> 이밖에도 소라 껍데기로 만든 나전 기물이 이름 높다. 원료를 바다에서 채집하는 관계상 그랬는지 알 수 없으나 진주 빛보다 미려하고 표질이 조밀한 소라 껍데기, 혹은 전복 껍데기를 갖가지 의장으로 목재에 박아서 만든 장롱, 교잣상, 경대, 문갑, 자〔尺〕에 이르기까지 화려 찬란한 가구 제작은 일찍부터 발달되었다. 대부분의 남자들이 바다에 나가서 생선 배나 찔러 먹고사는 이 고장의 조야하고 거친 풍토 속에서 그처럼 섬세하고 탐미적인 수공업이 발달되었다는 것은 좀 이상한 일이다. 바다 빛이 고운 탓이었는지도 모른다. 노오란 유자가 무르익고 타는 듯 붉은 동백꽃이 피는 청명한 기후 탓이었는지도 모른다.[1]

그러나 군사도시로 출발한 도시가 예술의 도시가 된 데에는 그만한 이유가 있었다. 군사와 예술, 언뜻 서로 나란히 하기 힘든 단어들 같지만 통영에 설치되었던 12공방을 생각하면 의문이 풀린다. 통제영 12공방은 세병관 뒤, 옛 통영국민학교 자리에 있었던 장인들의 작업장이다. 초대 통제사인 이순신이 시작했다고 전하는 통제영 공방은 군수품 및 생활용품을 자체 조달하고, 나라에 바치는 진상품을 생산하는 시스템이었다. 각 공방에는 장인들의 우두머리인 편수(片首)가 1~2명 있고 적게는 1명, 많게는 82명의 장인들이 배속해 있었다. 팔도에서 모여든 그들은 기술이 예술의 경지에 이른 사람들이었을 것이다. 이 도시의 예술은 이들 장인의 손길에서 꽃피기 시작했다.

1895년 통제영이 폐지된 뒤에도 상당수 장인들이 통영에 눌러살았다고 한다. 좋은 기후, 풍부한 먹을거리 때문이었는지도 모르겠다. 아무튼 그들의 맥이 오늘날까지 이어져 통영나전칠기, 통영소목, 통영소반, 통영갓 등의 공예품이 유명해진 것이다. 특히 통영나전칠기는 과거 어려운 살림 속에서도 여성들의 혼수로 애호되었던 이른바 명품이다. 통영 출신 예술가들은 알게 모르게 그 장인들의 예술혼을 이은 사람들이 아니었을까?

이중섭이 통영으로 간 까닭은

평남 평원에서 대지주의 막내로 태어난 이중섭은 평북 정주의 오산고등보통학교에 진학해 백석의 후배가 된다. 오산학교를 졸업한 뒤 일본으로 유학을 떠난 이중섭은 미친 듯이 그림 공부에 몰두한다. 그리고 공모전에 출품하여 일본 화단에서 당당히 인정받는다. 28세 때 징병을 피해 귀국한 이중섭은 이후 결혼, 첫아들의 사망과 두 아들의 탄생 등 순탄치 않은 인생 여정을 시작한다. 이어 6·25전쟁으로 가족들과 피난길에 올라 부산, 제주를 전전하다 휴전 뒤에 드디어 통영을 찾는다.

　1953년, 짧은 생은 벌써 마지막을 향해 가고 있었지만 통영에서 이중섭의 예술은 학창 시절 꿈꾸던 이상향을 실현하려는 듯 불타올라 절정에 이른다. 이중섭이 통영에 온 직접적인 동기는 통영의 나전칠기 강습소 교육책임자인 공예가 유강렬의 권유 때문이었다. 이중섭은 강습소 한편에 작업공간을 마련하고 창작에 몰두한다. 이때 통영의 여러 곳을 다니면서 풍경화 그리기에 심취했고 특히 소 그림에 몰두한다. 이중섭이 아내에게 보낸 편지에 따르면 통영에서 겨울을 나면서 그린 그림이 100점이 넘는다.

　2010년 1월 8일, 통영으로 들어가던 나는 '여황로'라는, 세병관 뒤쪽 산비탈 도로에 차를 세우고 도시와 바다를 내려다보며 스케치를 한 장 했다. 흰 벽의 집들은 한결같이 파란 물탱크를 물동이인 양 머리에 점점이 이고 있다. 물의 도시에서 물을 이고 있는 이 역설적인 풍경에서 이 도시의 녹록지 않은 생존조건과 그에 맞선 사람들의 생활력을 느낀다. 통영의 상수원은 진주 남강이다. 그곳에서 서피

세병관 뒤에서 본 통영 스케치 전경에 나무가 있고, 중경에는 바다, 그 너머 원경에는 산이 있다. 바다가 산으로 둘러싸여 아늑하게 느껴지기까지 한다.

랑 꼭대기의 배수지로 물을 끌어와 오전 6시에서 오후 1시까지 시간제로 수돗물을 공급하기 때문에 물을 받아두어야 한다. 세병관 뒤에서 앞을 바라보면 바다 너머 산들이 파노라마로 펼쳐진다. 도시의 안산인 남망산 중턱을 떡하니 차지하고 있는 통영시민문화회관은 크면 다인 양 눈치도 없이 '남망산 오르는 길이 보이는 풍경'을 깨뜨리고 있다.

그 뒤 나는 이중섭의 그림들을 초기부터 꼼꼼히 살펴보았고, 내 스케치와 이중섭의 풍경화에 공통점이 있음을 발견했다. 전경에 나무가 있고, 중경에는 바다, 그 너머 원경에는 산이 있다. 이중섭이 그린 바다는 수평선이 시원하게 펼쳐지는 망망대해가 아니다. 그것은 산으로 그 끝이 정해진 바다, 인간이 생존을 위해 고깃배를 띄우는 실존의 장소다. 이렇게 나무, 바다, 산으로 이루어진 구도는 그가 20대에 그린 〈망월〉이나 〈망월 2〉부터 말년에 그린 가장 큰 작품인 〈도원〉에 이르기까지 대체로 이어진다. 30대 작품인 〈통영 앞바다〉, 〈남망산 오르는 길이 보이

이중섭의 〈도원〉 이중섭이 말년에 그린 가장 큰 작품으로, 그가 평생 품어온 이상향의 모습을 보여준다. 종이에 유채, 65×76cm, 1954, 서울 설원식 소장.

는 풍경〉 같은 통영의 풍경화 역시 이런 구도로 그려졌다. 혹시 이런 구성이 이중섭이 생각한 대향(大鄕), 곧 이상향이 아니었을까? 대향은 이중섭의 모교인 오산학교의 설립자 이승훈이 신조로 삼은 대이상향을 줄인 말로, 이중섭은 1941년부터 그것을 호로 삼았다.

    오산학교 시절 이중섭에게 영향을 준 임용련 선생의 부인인 백남순의 〈낙원〉을 보면 이런 추정이 더욱 굳어진다. 역시 산으로 둘러싸인 물을 그린 이 병풍 형식의 그림에는 고기잡이배들이 떠 있어 물이 인간화된 자연, 곧 장소가 되었다. 이중섭은 산과 바다가 어우러진 〈낙원〉의 구성에 근경·중경·원경의 차이, 곧 원근감을 뚜렷이 부여해 일찍이 이를 자신의 이상적 구도로 삼은 듯하다. 그가 학창 시절부터 지녀온 이상적인 구도에 이미 통영이 있었다.

통영에서 이중섭의 생활은 그의 예술세계와는 반대로 아래로 곤두박질쳤다. 일본인 부인은 생활고를 못 이겨 두 아들과 함께 일본으로 되돌아간 터라 가족도 없었다. 그가 통영에서 도쿄에 있는 가족에게 보낸 그림편지를 보면, 밝은 표정으로 얼굴을 맞대고 둥글게 어깨동무를 한 부부와 두 아들을 붓으로 만든 삼발이가 지탱하고 있다.

하지만 가족의 재회는 그림엽서 속에서만 이루어지고 1954년 여름, 이중섭은 짧지만 뜻깊은 시간을 보낸 통영을 떠나 서울로 향한다. 그리고 삶의 시련은 절정에 달한다. 그의 그림은 제값을 받지 못하고 평론가들은 그를 폄하한다. 이중섭에 대한 미술계와 사회의 평가는 후대의 몫으로 넘겨졌다. 극심한 생활고와 월남했다는 이유로 색깔론에까지 시달리던 그는 결국 정신병원에 드나들다 1956년 마흔한 살의 이른 나이에 처절한 삶을 마감한다.

죽은 지 반세기가 지난 오늘날, 이중섭은 미술품 시장에서 박수근·김환기와 함께 '블루칩 작가' 3인방으로 꼽힌다. 그러나 이런 반전이 무색하게도 이중섭은 여전히 통영의 도시 공간을 떠다니고 있다. 업무관계로 자주 들른 통영에서 이중섭의 작업공간 근처를 여러 번 지나쳤지만 내가 그곳을 알아본 것은 한참 뒤의 일이었다. 그나마 '소 소주방'이라는 간판 덕이었다. 이중섭의 대표작인 〈흰 소〉를 반으로 나누어 가운데에 크게 '소' 자를 쓰고 위에는 머리 부분을, 아래에는 꼬리 부분을 180도 돌려서 붙여놨다. 위에 붙인 소의 머리 부분은 소주 마시기 전의 소이고, 아래 꼬리 부분은 소주를 많이 마시고 정신이 물구나무섰을 때 보이는 소이다. 실제로 이중섭의 작품에는 얼굴과 몸이 서로 반대방향으로 그려진 사람들이 많이 등장한다.

나는 그때 '왜 이제야 발견했지?'라며 자책하지 않았다. 그럴 만했기 때문이다. 우선 그곳을 지나는 골목 이름이 '대향길' 또는 '소그림길'이 아니라 '동충안길'이다. 외지인에게는 겨울 벌레 이상을 시사하지 못하는 이름이다. 안내문은 딱 눈에 안 띌 만한 벽에 무심코 기대놓은 듯 보이는 거무튀튀한 돌 위에 아주 절제된 문장으로 적혀 있었다. "서양화가 이중섭 李仲燮 LEE CHUNG-SEOB(1916~1956)

피난 시절 작품활동하였던 곳."

그는 부산과 제주로 피난 갔고 통영에는 휴전 뒤에 왔으니 정보도 정확지 않다. 아무튼 경량 철골트러스의 지붕을 이어 큰 공간을 만들고 벽에 일식 건물에서 흔히 쓰는 비늘판벽을 댄 것을 보면, 검은 돌이 기대고 있는 그 2층 건물이 1951년에 설립된 나전칠기 강습소가 맞는 것 같다.

이중섭은 대향이라는 호를 썼으나 그가 그림으로 재현한 '대향'들은 오히려 매우 작았다. 그가 뒤에 부인이 된, 일본 학창 시절의 후배 야마모토 마사코(山本方子)에게 보낸 그림엽서들은 손바닥만 한 화폭에도 복잡하거나 웅장한 광경을 너끈히 담을 수 있음을 보여준다. 통영의 공간도 이중섭의 그림 같다. 크고 흐물흐물한 것이 아니라 작고 감칠맛 난다. 마치 충무김밥에 딸려 나오는 쫄깃한 오징어처럼.

통영에서 성벽으로 둘린 곳, 다시 말해 주산(여황산)과 좌청룡(동피랑)·우백호(서피랑)로 둘러싸인 도시 공간은 큰 마을 하나가 들어가면 좋을 정도의 작은 공간이다. 이런 도시의 조건에 오랫동안 적응해오면서 공간을 좁게 쓰는 지혜가 생겨났으리라. 이 도시의 곳곳에서 그런 삶의 지혜를 엿볼 수 있다. 여객선터미널 근처 충무김밥집들은 대부분 폭이 2m 남짓으로, 한 사람이 누우면 꽉 찰 정도다. 이 좁은 공간을 두 부분으로 나누어 한쪽에는 식탁을 놓고 다른 쪽에는 구들을 설치해 좌식과 입식 식사가 모두 가능하도록 했다. 구들의 높이는 35cm다. 배를 타면 고구려시대 주택의 쪽구들을 연상시키는 40cm 남짓 폭의 좌석들이 창가를 따라 둘려 있다. 좁은 배지만 역시 입식과 좌식 모두 가능하다.

대지가 넉넉지 않은 통영에는 큰 아파트단지가 없다. 대신 저층에 상가를 두고 고층부에 아파트를 구성한 주상복합 아파트가 여기저기 눈에 띈다. 아파트를 담장으로 둘러싸지 않고 저층 상가 부분을 다른 상점 건물들과 연속시킴으로써 도시 가로의 연속성을 확보하고 있다. 통영의 가로를 걷는 것이 즐거운 이유는 가로가 담벼락으로 토막 나지 않고 건물과 소통하고 있기 때문이다. 이제 본격적으로 통영의 도시 공간으로 들어가보자.

통영의 오르는 길 위로 가면서 계속 둘로 갈라지는 나뭇가지 모양의 길이다. 골목은 이내 두 갈래로 갈라지고 거기서 하나를 선택해 좀 더 올라가면 다시 두 갈래로 갈라진다.

흐르는 길과 오르는 길

지도에 표기된 통영의 길체계를 보면, 이 도시가 주로 두 종류의 길로 조직되었음을 알 수 있다. 등고선을 따라 완만하게 흐르는 길, 그리고 이들 사이를 연결하는 오르는 길, 이 길들이 통영이라는 텍스트를 짜는 씨줄과 날줄이다. 전자는 느슨하게 이어지는 고리 모양이고, 후자는 위로 가면서 계속 둘로 갈라지는 나뭇가지 모양이다. 이 두 종류의 길은 통영이 바다도시이자 구릉도시임을 말해준다.

나뭇가지형 길은 큰 줄기가 계속되고 그것에서 잔가지가 나오는 형태가 아니라 한 가닥이 그것과 균등하게 둘로 갈리는 형태이다. 따라서 갈리기 전이나 후나 길의 폭에는 차이가 없다. 이런 길들로 조직되는 공간은 어떤 위계나 중심이 없는 균질의 공간이 된다.

오르는 길 중에서 이런 특성을 따르지 않은 유일한 길이 바로 '청마거리'이다. 중앙동우체국 앞과 세병관을 잇는 250m의 길인데, 시인 청마 유치환을 기리는 거리이다. 그렇다고 20세기에 만들어진 길은 아니다. 통제영 시대에 성벽 건설과 함께 조성된 이 길의 역사는 도시의 역사와 함께한다. 1865년경에 그려진 통영 옛 지도의 중앙에 얇은 선으로 표시된 것이 바로 이 길이다.

이 길은 다른 오르는 길들과 달리 활꼴로 완만하게 휘어진 하나의 줄기다. 형태로 볼 때 이 도시에서 위계가 가장 높은 길이다. 해변이 매립되기 전에는 이 길이 바다에 닿아 있었고, 바닷가에서 남문(청남루)을 거쳐 객사인 세병관에 이르는

서피랑의 흐르는 길 등고선을 따라 완만하게 흐르며 이어지는 커다란 고리 모양의 길이다.

도시의 중심 도로였다. 행정 중심지로 시작한 우리 역사도시에서 청마거리처럼 남문과 객사를 잇는 남북방향의 길은, 통제사 부임 등 정치적 의식이 이루어지는 '의식의 축'이었다.

항남1번가 같은 해변로는 등고선을 따라 형성된 고리형 길 중 가장 낮은 길로, 본래 길의 표고가 해발 0m에 접근했다. 이 해변로에서 언덕을 따라 올라가며 길들이 갈라진다. 거꾸로 이야기하면 통영의 길들은 해변로로 모인다. 항남1번가에서 서쪽 언덕으로 좁게 난 골목을 따라 올라가면 나뭇가지형 길을 체험할 수 있다. 골목은 이내 두 갈래로 갈라지고 거기서 하나를 선택해 좀 더 올라가면 다시 두 갈래로 갈라진다. 마치 어린 시절 나무를 기어오를 때 갈라지는 가지들 중 어느 하나를 계속 선택해야 했던 것처럼. 선택에 선택을 거듭해 걷다 보면 나뭇가지형 길은 그 끝에 나뭇잎 같은 대문을 매단 막다른 골목이 되어 끝난다.

최근 주소체계를 바꾸면서 이 골목들에 모두 이름을 붙이고 팻말을 세워놓았다. 그런데 도시를 걷다 보면 이런 식의 길 이름은 헷갈리기만 할 뿐 별 도움이 되지 않는다. 하나의 길이 어디서 어디까지인지 애매하기 때문이다. 분기점 사이를 길의 단위로 보고 이름을 붙인 듯한데, 나뭇가지형 길에서는 시작점은 하나지만 점차 가짓수가 기하급수적으로 늘어나기 때문에 서로 다른 이름을 붙이는 데 한계가 있다. 그래서 통영에서도 무슨무슨 1길, 2길, 3길과 같은 방식으로 이름을 붙여놓았다. 그런데 맨해튼처럼 격자형 가로망을 가진 도시에서는 이런 주소체계가 유효하지만, 나뭇가지형 가로망에서 그것들을 서로 구별하는 것은 사실상 도시의 모든 집들을 기억하는 것만큼이나 어렵다. 주소체계를 새로 만든 사람들은 과연 끊임없이 갈라지는 통영의 길을 걸어보았을까?

도시 공간의 이성과 감성, 그리고 보행 본능

우리의 역사도시에서는 도시를 가로지르는 곧고 너른 길 바로 안쪽에 있는 골목을 걸어보라 권하고 싶다. 통영에서는 중앙로 안쪽에 난 항남1번가가 그런 길이다. 이 길은 빵집에서 시작해 레코드가게에서 끝나는 상점 가로이다.

2007년부터 항남1번가는 '초정김상옥거리'로 불린다. 1920년에 이 길가의 어느 집에서 시인 초정(艸汀)이 태어났기 때문이다. 초정이 태어날 당시에는 지금처럼 도시의 안쪽에 이 길이 숨어 있지 않았다. 이 길은 해변에 면한 도시의 가장 앞쪽 도로였고, 길을 따라 통영갓을 만들어 파는 갓방들이 줄지어 있었다. 초정의 부친은 12공방 장인들의 맥을 잇는, 갓 만드는 장인이었다고 한다.

뒤에 해안을 매립하고 항남1번가 앞으로 도시 공간을 관통하는 신작로인 중앙로가 났다. 그 뒤 항남1번가는 일개 골목으로 위상이 바뀌었고 갓방들도 자취를 감추었다. '갓 쓰고 자전거 탄다'는 말이 있듯이, 선비 패션의 필수요소였던 갓이 구식의 상징으로 전락했기 때문이다. 초정이 태어난 1920년대는 자전거의 보급과 갓의 소멸이 성쇠의 쌍곡선을 그리기 시작한 때이다. 그렇게 가세가 기울어 초정은 보통학교만 졸업하고 인쇄소에서 문선공(文選工)으로 일하며 독학을 해야 했다. 길과 그곳에서 살았던 사람들이 운명을 같이했던 것이다.

항남1번가 이 길은 빵집에서 시작해 레코드가게에서 끝나는 상점 가로이다. 이 길에는 해변을 따라 걸었던 수많은 사람들의 흔적이 쌓여 있다. ⓒ 김성철

    불과 몇 발자국 차이인데도 초정김상옥거리에서는 큰길에서 느낄 수 없는 정감이 전해진다. 자동차의 위협과 소음이 없기 때문일까? 이 골목에서는 길가 창문 안쪽에서 전해지는 삶의 풍경과 소리, 그리고 냄새가 감지된다. 오감을 통해 도시를 느낄 수 있는 것이다. 그곳에서는 비로소 내가 온전한 나로 돌아와 마음의 여유를 찾는다.

    무엇이 이런 차이를 만들었을까? 자동차의 영향도 무시할 수 없을 것이다. 하지만 무엇보다 길이 만들어진 과정에서 그 해답을 찾을 수 있다. 중앙로는 등고선으로 나타나는 자연의 흐름과 그에 순응해 오랜 세월에 걸쳐 형성된 도시 조직을 무시하면서 되도록 넓고 곧고 짧게 만들어진 근대적 이성의 산물이다. 그 길은 인간의 이성이 파괴적이고 폭력적일 수 있음을 보여준다. 그런 길은 도시의 과거를 알지 못한다. 그래서 도시의 옛이야기에 귀 기울이고 과거와 현재의 차이에 관심을 갖는 사람들에게 그 길은 아무 이야기도 들려주지 못한다.

이와 달리 항남1번가는 바닷물이 육지와 만나는 방식과 지형의 변화를 살피며 생겨난 감성적인 길이다. 이 길에는 해변을 따라 걸었던 수많은 사람들의 흔적이 쌓여 있다. 그 길을 걷는 것은 보행의 흔적을 더함으로써 도시를 만들어가는 부단한 과정에 참여하는 것이다. 그 길에서 보행자와 도시 공간은 서로 교감한다. 신병 훈련소의 절도 있는 군인이 아닌 바에야 중앙로처럼 곧게 가다가 일정한 지점에서 일정한 각도로 꺾으며 길을 걷지는 않으리라. 발바닥을 통해 온몸으로 전해지는 지형의 변화를 느끼며 부드럽게 몸을 움직여나가는 것이 바로 진정한 인간의 보행 본능이다. 불필요하게 인간의 본능을 억압하지 않는, 이성적이기보다는 감성적으로 건축과 도시를 만나게 해주는 길, 그 길이 바로 항남1번가이다.

청마거리의 시간

남문과 세병관을 잇는 의식의 거리였던 청마거리는 근대 시기에 도시생활의 거리로 변모했다. 교회를 가고 편지를 부치고 차를 마시고 전시나 연극·영화·음악회를 구경하는 등, 여러 도시생활이 일어나는 장소들을 연결하면서 청마거리는 도시의 중심 가로가 되었다. 지금은 차가 지나다녀 분위기가 흐려졌지만 기울어지고 휘어진 이 길이 사람의 거리였음을 여전히 느낄 수 있다.

이 길을 따라 걸으면 남문터, 통영중앙동우체국, '시선집중', 봉래극장터, 충무교회, 벽수, 중영(中營)터, 향토역사관을 거쳐 마지막으로 세병관에 이르게 된다.

남쪽 길 입구에는 작은 쌈지공원이 있어 도시를 답사하는 중에 잠시 쉬어갈 수 있다. 그곳에는 유치환의 〈향수〉를 새긴 시비가 통신회사 매장을 배경으로 세워져 있다. "……나의 고향은 머언 남쪽 바닷가, 반짝이는 물결 아득히……"를 읽고 있자니, 누군가 '이제 향수 따위는 휴대폰으로 달래시죠!'라고 말할 것만 같다. 매체의 홍수에 떠밀려 시를 느끼는 일조차 쉽지 않은 현실이다.

우체국과 이문당서점 건물이 60년 넘게 청마거리의 보이지 않는 입구를 만들어내고 있다. 본래 두 건물 사이 T자로 길이 만나는 지점에는 통영의 4대문 가운데 가장 큰 2층 문루인 청남루(淸南樓)가 있었다. 그러나 지금은 웅장했던 남문의 흔적을 어디에서도 찾아볼 수 없다.

통영중앙동우체국은 당시 통영에서 교사생활을 하던 청마가 여류 시조시인 이영도(1916~1976)에게 5천여 통의 연서를 보낸 곳으로 알려져 있다. 우체국 앞에는 청마의 〈행복〉을 새긴 시비가 있다. 이름은 통영우편국, 통영우체국, 통영중앙동우체국으로 바뀌었으나 1922년부터 이 자리에는 언제나 우체국이 있었다. 청마가 "에메랄드빛 하늘이 환히 내다뵈는 우체국 창문 앞에 와서 너에게 편지를 쓴" 통영우체국은 원래 근대풍의 2층 건물이었으나 지금은 3층의 못생긴 건물로 바뀌었다.

우체국 앞쪽 2층짜리 일본식 건물의 1층에는 호심다방이 있었다. 호심다방과 그 전신인 녹음(綠陰)찻집은 예술인들의 사랑방이자 전시장이기도 했다. 통영에 머물며 작품활동을 하던 이중섭도 호심다방에서 전시회를 연 적이 있다. 호심다방은 '뮤즈'로 이름이 바뀌었다가 최근에 다시 '시선집중'이라는 옷가게가 되었다.

연극, 영화, 음악회 등이 이루어지던 다목적 예술공간인 봉래극장은 2005년에 철거되어 주차장으로 변했다. 〈원술랑〉, 〈마의태자〉 등 청마의 형인 유치진의 작품을 올리던 도시문화의 산실이 자동차에 밀려 사라져버렸다. 차가 이 아름다운 예술의 도시에서 많은 이야기를 빼앗아가고 있다.

청마거리를 따라 세병관으로 향하다 보면 차도를 건너자마자 오른쪽으로 돌장승 하나가 서 있다. 통영에서는 장승을 벅수라고 한다. 《김약국의 딸들》에서도 멍하니 서 있는 모습을 "벅수같이 서 있다"라고 표현했다. 국가 지정 중요민속문화재인 이 벅수는 도로 확장을 피해 인근에서 옮겨졌다. 우리 도시에서는 사람이나 문화재나 차에 쫓기는 신세는 똑같다.

장승은 마을이나 사찰 입구 등에서 경계를 나타내거나 잡귀의 출입을 막는 수호신 역할을 하던 민간신앙의 한 표지물이었다. 사방이 산으로 둘러싸여 지대가 낮은 이곳에 기(氣)를 보강해주고 마을의 평안을 기원하기 위해 이 벅수를 세웠다고 한다. 남녀 한 쌍이 짝을 이루어 서 있는 것이 일반적이나, 이 벅수는 보기 드물게 홀로 서 있는 독장승이다. 이마에는 주름이 깊게 파여 있고, 둥근 눈은 튀어나왔으며, 코는 삼각형으로 뭉툭하다. 머리에는 벙거지를 썼고 턱 밑에는 굵은 세 가닥의 수염이 났다. 활짝 웃고 있는 입에서 송곳니가 길게 삐져나왔는데 무섭기도 하고 웃기기도 하다. 몸통 앞면에는 '토지대장군(土地大將軍)'이라는 이름이 새겨져 있고, 등에는 "광무십년병오(光武十年丙午)……"라고 음각되어 있다. 광무 10년은 1906년이니, 100년 이상 이 도시에 상징과 해학을 선사해준 고마운 존재다.

도시의 중앙, 여황산 남쪽 자락

농촌 지역에 있는 전통마을과 통영 같은 역사도시의 주거지, 이 두 곳의 차이는 무엇일까? 겉보기에 우선 집들의 높이와 밀도가 서로 다르다. 그러나 더 깊이 들여다보면 근본적인 차이가 있다. 요약하면, 농촌마을에서는 앞-뒤의 개념이 강한 반면, 도시 주거지에서는 중앙-주변의 개념이 강하다. 도시에 농촌마을에는 없는 '변두리'라는 말이 있는 것은 이 때문이다. 농촌마을에서는 뒤쪽 높은 곳에 있을수록 위계가 높으나 도시에서는 그렇지 않다. 달동네가 그렇듯 도시 주거지에서 높은 곳은 사회경제적으로 위계가 낮은 경향이 있다. 대신 중앙에 가까울수록 위계가 높다. 도성의 경우 가장 중앙에는 왕이 있었고, 지방 행정도시에는 왕권을 상징하는 객사가 있었다.

통영에서는 여황산 남쪽 자락이 도시의 중앙이다. 여황산은 통영을 안고 있는 주산(主山)으로, 《김약국의 딸들》에 자주 나오는 '안뒤산'이 바로 이 산이다. 바로 성안의 뒷산이라는 뜻이다. 여황산 남쪽 자락은 뒤로 큰 산에 기대고 앞으로 바다를 둔 배산임수(背山臨水)의 좋은 입지이다. 게다가 좌청룡(동피랑)과 우백호(서피랑)까지 갖추었으니 가히 명당이라고 할 수 있다. 그래서 이곳에 세병관을 비롯한 통제영의 핵심시설들이 들어섰다. 군사도시의 기능이 약해진 20세기에는 법륜사, 충무천주교회, 충무교회 등 종교 건물들이 이곳으로 들어왔다.

법륜사는 1609년에 운주당 아래에 지어진 영리청(營吏廳) 건물을 20세기 초부터 대보전(법당)으로 사용하고 있다. 아전들이 사용하던 건물이 종교시설이 된 것이다. 사찰로 사용하면서 근대풍의 ㄱ자형 요사채를 더해 마당을 둘러싸는 아늑한 공간을 조성했다. 충무교회는 호주 선교부의 손안로(A. Adamson) 선교사가 1905년에 창립했다. 현재의 건물은 1984년에 새로 지은 것인데, 날이 긴 포크처럼 보이는 2개의 탑이 오랜 시간 유지해온 여황산 자락의 부드러운 스카이라인을 여지없이 깨고 있다.

지금의 태평천주교회 자리에는 원래 충무천주교회가 있었는데, 해방 후인 1947년 일본 사찰인 본원사(本願寺) 건물을 불하받아 내부를 개조해 성당으로 사용했다. 이처럼 불교 건물을 천주교가 인수해 사용한 것은 터키 이스탄불의 성 소피아(Hagia Sophia) 성당을 이슬람사원으로 사용했던 일을 연상시키는 매우 희귀한 사례이다. 현재의 건물은 1969년에 본원사 건물을 철거하고 새로 지은 것이다. 법륜사와 태평천주교회는 통제영 복원사업에 따라 곧 이전할 예정이다.

여황산 자락, 관아 건물들 아래(남쪽)에는 간창골이라는 마을이 있다. 원래는 '관청이 있던 골짜기'라는 뜻의 관청골이었으나 차츰 이름이 바뀌었다. 이 마을은 바다가 내려다보이는 고급 주거지다. 통영 성안 중심에 자리 잡은 오래된 주거지로, 100년은 된 집들이 곳곳에 숨어 있다. 서울로 치면 경복궁과 창덕궁 사이에 있는 북촌에 해당한다. 구한말 사진을 보면 통영의 주택들 대부분이 초가이나 세병관 주변에는 기와집들이 몰려 있는데, 바로 관아 건물과 간창골의 기와집들이다.

《김약국의 딸들》에서 본래 부자였던 김약국의 집이 있던 곳도 간창골이다. 간창골에는 남북방향으로 골목이 2개 있는데 동쪽이 간창골 1길, 서쪽이 간창골 2길이다. 폭 2m 정도의 간창골 골목들은 사람을 사색하게 만드는 차분하고 아늑한 공간이다. 하루의 해는 이 골목의 두 벽을 교대로 밝히고 서피랑을 넘어간다. 비극적인 문학작품의 무대라고 보기에는 너무도 평화롭고 안정된 분위기다.

간창골 1길을 오르다 동쪽으로 갈라진 골목으로 빠지면 세병관 앞 청마거리와 만난다. 간창골 2길을 오르면 왼쪽으로 서문 1길이 나오고, 그 길 왼쪽으로 등록문화재인 통영문화원 건물이 있다. 1923년에 지어진 지상 2층의 붉은 벽돌조 건물인데, 일제강점기 때 조국광복을 위해 활동하던 통영청년단이 회관으로 사용하던 곳이다. 현재 1층은 통영문화원, 2층은 충무고등공민학교로 쓰인다. 충무고등공민학교는 요즘 보기 드문 초·중·고교 과정의 야학이다. 그 길을 쭉 따라 올라가면 서문에 이른다.

도시의 주변, 동피랑과 서피랑

도시 중앙에 자리 잡은 최고급 주거지 간창골을 사이에 두고 동피랑과 서피랑이라는 주변 공간이 마주 보고 솟아 있다. 서민들의 마을이다. 동피랑과 서피랑은 땅을 깊숙이 파고들어온 통영항을 내려다볼 수 있는 '벼랑', 곧 언덕배기에 있다. 간창골의 좌청룡과 우백호에 해당하는 야산에 조성된 주거지라 경사가 간창골보다 훨씬 더 급하다.

집들은 자극을 향해 모여드는 쇳조각들처럼 작은 산봉우리를 중심으로 등고선을 따라 다닥다닥 모여 있다. 경사가 급한 지형 덕에 집들이 밀집해 있어도 서로를 방해하지 않는다. 아무렇게나 놓인 듯한 집들에 질서를 부여해주는 것은 같은 높이의 지점을 잇는 등고선이다. 도시의 집이란 땅과 관계없이 죽죽 그은 선을 따라 지어지기 마련이라는 우리의 섣부른 생각에 일침을 가하는 장면이다.

해안선은 등고선 높이가 영이 되는 지점을 이은 선이다. 그것과 입체적으로 나란히 그어진 등고선을 따라 들어앉은 집들은 자연히 해안을 바라보게 된다. 배가 들어오고 나가는 가장 긴장되고 극적인 순간을 집 마당에서 내려다볼 수 있는 곳이 동피랑과 서피랑이다. 이렇게 동·서피랑은 같이 출발했다. 그러나 시간이 흐르면서 이 두 주거지의 '같음'에 균열이 생기고 '차이'가 나타나고 있다.

서피랑에는 오래된 집들과 오래 산 사람들이 보인다. 예쁜 담쟁이넝쿨이 담

동피랑 집들은 자극을 향해 모여드는 쇳조각들처럼 작은 산봉우리를 중심으로 등고선을 따라 다닥다닥 모여 있다.

을 장식한 집들도 있다. 집들은 길보다 낮은 곳에 겸손하게 자리 잡아 작은 마당에 있는 화분과 꽃나무가 열린 대문 틈으로 언뜻언뜻 보인다. 장독대에는 된장, 고추장 항아리가 옹기종기 붙어 있다. 길에서는 할머니들이 삼삼오오 모여서 한담을 나눈다. 소파와 평상이 길에 나와 앉을자리를 마련해준다. 길은 긴 거실과도 같다. 좁은 골목이 만나는 지점이나 길이 조금 넓어지는 곳에는 가게가 있어 길에서 손님을 대접할 수도 있다.

그런데 동피랑에서는 최근 이런 장면들이 깨지고 있다. 길로 온몸을 드러내는 뻣뻣한 집들이 나타났고, 사람들이 머물러 있는 모습은 보이지 않는다. 벼랑을 오르는 길을 넓혀 찻길을 냈기 때문에 사람들이 길로 나오지 못한다. 아기자기한 만남이 있던 사람의 길이 사라지고 도시의 세밀한 조직을 깨는, 편리한 듯하나 위험한 차의 길이 만들어졌다. 서피랑과 달리 동피랑에서는 공간의 변화와 재미, 그리고 다정함이 차에 밀려나고 만 듯하다. 도시의 성벽이 있던 곳이자 도시의 풍수를 이루는 중요한 지형인 이곳에 굳이 차가 올라와야 하는지 의문이다.

한때 통영시는 동피랑 꼭대기에 있던 동포루를 복원하고 그 주변을 공원으로 조성하려는 계획을 세웠다. 그에 따라 집들이 철거될 위기에 놓이자 뜻있는 사람들이 모여 공공미술 작업으로 집 담벼락에 벽화를 그렸다. 이로써 그 황당한 계획은 연기되고 동피랑은 많은 사람들의 관심을 끌었다. 그러나 이제 그 역할을 다한 울긋불긋한 벽화는 지워져야 한다. 그리고 다시 흰 벽들이 햇살을 반사시켜 도시의 오후를 밝혀야 한다. 도구로 사용된 예술이 주어진 수명을 연장하려 할 때 우리의 삶은 교란된다. 동피랑은 과거에도 현재도 그리고 앞으로도 외부인의 그리기를 위한 바탕으로 존재하는 곳이 아니다. 동피랑도 서피랑도 바다도시의 주변부다. 그것들이 의미를 갖는 것은 바다를 바라보며 사는 사람들의 삶의 현장일 때뿐이다.

마당 높은 집들

백석은 1936년 《조선일보》에 발표한 〈통영—남행시초〉에서 "갓 나는 고당은 갓갓기도 하다"라며 좀 유머러스한 운율로 통영을 묘사한다. 시인의 눈에 포착된 대로 '갓 나는 고장' 통영의 지형은 뽈록 솟은 것이 '갓 같기도 하다'. 덧붙이자면 갓이 2개이다.

백석은 같은 시에서 "녕 낮은 집 담 낮은 집 마당만 높은 집에서 열나흘 달을 업고 손방아만 찧는 내 사람을 생각한다"라며, 마음의 연인이 살고 있는 통영의 집을 묘사한다. 통영의 집들이 '이엉과 담이 모두 낮지만 마당만은 높은' 것은 경사가 급한 언덕에 위치하기 때문이다. 통영에는 '먼당'이라는 말이 있는데, 멀리 있는 땅이라는 뜻이 아니라 높은 땅을 말한다. 서피랑 꼭대기의 길 이름도 '뚝지먼당길'이다.

2007년 5월의 통영 답사에서 우리를 안내했던 설종국 건축사의 추억담에 따르면, 어린 시절 세병관 일곽에 있던 통영국민학교 운동장에서 공을 잘못 차면 간창골 어느 집의 기와지붕 위에 떨어지곤 했다고 한다. 도시 중앙부의 가장 높고 큰 마당에서 공을 찼으니 얼마나 신났겠는가.

통영에서 집들은 결코 '플랫(flat)' 하지 않다. 식빵처럼 가지런히 썰린 아파트를 영어로 '플랫'이라고 하는데, 우리나라 사람들의 절반 이상이 그렇게 얄팍하고 속이 빤한 식빵에서 살고 있다. 반면에 통영의 집들은 먹음직한 것들이 깊숙이 박혀 있는 두툼한 빵이다. 통영에는 위층과 아래층으로 들어가는 골목이 서로 다른 2층집들이 많다. 내가 스케치한 중앙동의 어떤 집 2층은 골목에서 작은 다리를 통해 연결된다. 그 아래로 1층 대문을 스쳐

중앙동의 마당 높은 집 2층은 위쪽 골목에서 작은 다리를 통해 연결되고, 그 아래로 1층 대문을 스쳐온 또 하나의 골목이 휘돌아 지나간다. 한 집에 높이가 서로 다른 3개의 작은 마당이 있다.

온 또 하나의 골목이 휘돌아 지나간다. 집이 급경사지에 있기 때문에 아랫길에서는 이중섭의 그림에 나오는 아이처럼 고개를 젖혀도 집의 전체 모습을 파악할 수 없다. 그런 집들은 서로 높이가 다른 작은 마당을 2, 3개씩 가지고 있다. 이 마당들이 서로 다른 높이의 골목들을 이어주는 셈이다. 다른 도시에서는 길의 움직임이 집에서 끝나곤 하지만, 통영의 길은 집을 관통해 쉼 없이 흐른다. 통영에서 길과 집은 더 이상 둘이 아니다.

이렇게 높낮이 변화가 큰 주거지가 부두를 둘러싸고 있는 것은 전형적인 어촌마을의 모습이다. 이런 곳이 농촌마을이 되기는 어렵다. 높은 곳에 있는 집으로

무거운 농기구와 농작물을 수시로 들이고 내는 것은 사실상 불가능하기 때문이다. 그러나 바닷가 어촌마을은 이런 입지를 선호한다. 해일을 피할 수 있고 생업의 터전인 바다를 늘 바라볼 수 있기 때문이다.

중앙에 있든 주변에 있든 통영의 집들은 모두 바다를 향하고 있다. 사람들의 시선도 바다로 모인다. 해 질 녘이면 통통배들이 쇠붙이가 자석에 이끌리듯 얌전하게 부두로 들어온다. 그 배들을 이끄는 것은 바다로 향했던 시선들이다. 시선의 이끌림을 받지 못한 늦은 배들만 북포루의 불빛에 의지한다. 동피랑 아래에 있는 덩치 큰 나포리모텔이 나쁜 건물인 이유는 이런 자기장을 방해하기 때문이다.

통영처럼 급경사지에 위치한 마을은 오르내리기 힘든 단점이 있다. 특히 노인들에게는 가파른 수직 이동이 여간 고역이 아니다. 또 자칫하면 아랫집 마당이 윗집에서 내려다보이는 것도 문제이다. 뒷집에 보일세라 마당을 온통 가릴 정도로 큰 지붕을 이고 있는 집이 많은 것은 이 때문이다. 과거 통영국민학교 운동장에서 공을 잘못 차도 아랫집 기왓장을 깼을망정 마당의 장독을 깬 일은 드물었을 것이다.

그러나 경사지의 이점도 많다. 먼저, 도시에서 매우 중요한 문제인 밀도를 높이는 데 유리하다. 평지처럼 앞집이 뒷집을 가리지 않으니 집들 사이를 띄울 필요가 없다. 통영이 소도시지만 밀도가 매우 높은 것은 집들이 경사지에 위치했기 때문이다. 또한 경사지에서는 너른 평지를 확보하기가 어렵기 때문에 공간을 알뜰하게 쓸 수밖에 없다. 결과적으로 대지와 집들의 규모가 비슷한 평등한 주거지가 된다. 환경적인 이점도 크다. 경사지에서는 집의 그림자가 거의 생기지 않는다. 따라서 모두들 자연이 주는 햇볕과 바람을 충분히 누린다. 조망권이나 일조권은 딴 나라 이야기다.

마음이 머무는 오감의 도시

수년간 통영을 답사하면서 통영의 가장 큰 가능성은 바다와 경사지형에 있다는 생각을 했다. 그런데 오늘날 통영에서 바다가 자꾸 멀어지고 있다. 큰 찻길 때문이다. 해변을 따라 4차선 차도가 나면서 바다로 접근하는 것이 어려워졌다. 그 빛이 문학가를 낳고 그 소리가 음악가를 낳았건만 바다가 도시에서 멀어지면 예술의 도시 통영에서 우리는 무엇을 느낄 수 있을까?

중앙시장 안쪽의 노천 어물전을 보며 문득 이런 생각을 해본다. 통영 곳곳에서 발달시켜온 좁은 공간을 사용하는 지혜를 살린다면 멀어져가는 바다를 다시 도시의 품으로 끌어들일 수 있지 않을까? 근래에 바닷가에 낸 큰 찻길들을 과감하게 재구성하면 어떨까? 차의 통행은 일부 구간에서만 허용하고 그곳에 노천 어물전 같은 곳을 만든다면…….

통영에는 일찍이 조선 후기부터 상업이 발달했고, 교역의 장소인 장시(場市)도 조성되어 있었다. 특정한 구조물이 없어서 장시를 허시(虛市)라고도 불렀는데, 바닷가 노천 어물전은 그 전통을 잇는 현대판 허시라고 할 수 있다.

강구안이라 불리는 우묵한 만에 면해 있는 중앙시장은 과거 통영장터 자리다. 조선 정조 연간(1776~1800)에 쓴 것으로 추정되는 《통영지》에는 "성 아래의 장터가 원래 협소하여 다 수용하지 못했는데, 채동건(蔡東健) 통제사가 임신년(1872)에 강구(江口)를 넓게 새로 매립하여 많은 백성들이 장을 보는 데 편리하게 했다"라는 기록이 있다. 또 2일과 7일에 장이 섰는데, 장에는 "미전(米廛) 35곳, 포목전 23곳, 물화전(物貨廛) 17곳, 남초전(南草廛) 20곳, 해삼도가(海蔘都價) 8곳이 있다"라고 전한다. 당시 통영장터에서 쌀, 베·무명, 잡화, 담배, 해삼 등을 팔았음을 알 수 있다.

1865년경에 그려진 통영 옛 지도를 보면, 바닷가에 회랑과 같은 긴 건물이 하나 있는데 그 안에 가게들이 설치되었던 것으로 보인다. 또한 1910년대 사진을 보면 가운데에 큰 마당을 두고 양쪽에 단층 혹은 2층의 일식 건물들이 늘어서 있다. 현재 그 건물들은 대부분 현대식 건물로 대체되었다.

이런 중앙시장에서 여전히 통영다운 공간은 안쪽 넓은 길에 서는 노천 어물전이다. 이른 아침 이 공터에 일정한 크기의 자줏빛 고무대야들이 두 줄로 나란히 놓인다. 그 안에는 각종 싱싱한 해산물이 담겨 있다. 두 줄의 대야 사이에 아주머

중앙시장의 노천 어물전 중앙시장에서 여전히 통영다운 공간은 안쪽 넓은 길에 서는 노천 어물전이다. 이곳에서는 공간을 작고 알뜰하게 쓰는 도시의 지혜를 읽을 수 있다.

니 상인들이 서로 등을 지고 앉는다. 그리고 대야 바깥으로 해산물을 사려는 사람들이 줄을 선다. 한낮이 되면 이곳에서 빈 공간을 찾아보기 어렵다. 고무대야 하면 흔히 둥근 것을 떠올리지만 이곳의 대야는 비슷한 크기의 직사각형으로 그것들 사이에는 조금의 빈틈도 없다. 이곳에서도 공간을 작고 알뜰하게 쓰는 도시의 지혜를 읽을 수 있다. 다시 밤이 찾아오면 줄 바깥쪽 사람들부터 차례로 자취를 감추며 아침의 영사기가 거꾸로 돌아간다.

통영은 오감을 자극하는 도시다. 우리가 이렇게 즐거운 마음으로 모든 감각을 동원해 만나고 싶은 도시도 사실 드물다. 세병관 뒤로 가서 바다를 바라보며 대향이 그랬듯 이상향을 그리고, 바닷가를 거닐며 백석이 그랬듯 "조개 울"음도 듣고, "김 냄새 나는 비"를 맞을 수도 있다. 세병관 마룻바닥에 앉아 부드럽고 따스한 나무의 촉각을 느끼고, 부둣가로 가서 맛있는 해산물을 맛볼 수도 있다.

그런데 이런 오감의 도시를 자동차가 위협하고 있다. 오직 편리함만을 생각하는 사람들이 세병관 코앞에 커다란 주차장을 만들어 도시의 감각을 앗아가려 한다. 어디서나 볼 수 있는 자동차의 도시가 되면 그것은 우리가 찾고 싶은 통영이 아니다. 자동차를 배제하고 조금 느린 도시, 조금 불편한 도시를 만드는 것이 통영의 살길이다.

어촌에서 출발한 통영의 역사는 경사 주거지에 잘 남아 있다. 그래서 이 도시의 역사와 전통을 잘 이어가는 방법은 앞으로도 그 경사지에서 사람들이 대를 이어 사는 것이다. 사람들은 오래된 집을 고쳐서 살기도 하고 새집을 짓기도 할 것이다. 그러나 지금처럼 다른 데서 유행하는 생뚱맞은 양옥들이 지어져서는 곤란하다. 사람들이 그런 집을 짓는 것은 간창골과 동·서피랑에 어울리는 통영다운 주택의 모습을 아직 찾지 못했기 때문이다.

새로운 통영의 집을 고안해내려면 오래된 집들이 가지고 있는 공간구성과 논리를 잘 살펴야 한다. 급경사지에 위치한 통영의 집들은 불규칙한 모습이 많다. 몸을 비틀어서라도 경사지형에 대응하고 또 이웃집과도 좋은 관계를 맺기 위해서다. 이런 관계 맺기를 잘 연구하면 통영에 딱 맞는 집의 유형을 디자인할 수 있으리라. 큰 지붕을 아깝게 버려두지 않고 뒷집의 마당으로 사용하는 테라스하우스는 어떤가? 단독주택이라면 벽돌 2장을 물려 쌓듯 1층과 2층을 어긋나게 배치해서 1층 옥상 부분을 2층에서 마당으로 사용할 수도 있다. 아무튼 통영에 적합한 집이 되려면 통영 특유의 흐르는 길과 오르는 길이 직물처럼 잘 짜여야 한다.

어촌에서 군사도시로, 그리고 예술의 도시로 진화해온 통영, 그 도심에서 사람들이 아름다운 집을 짓고 대를 이어 산다면 누가 그 도시의 유혹을 떨칠 수 있겠는가?

3

막다른 골목에 살아 있는 양반도시의 품격

안동

동쪽이 편안한 도시

한국 정신문화의 수도를 자처하는 안동(安東)은 전통에 대한 자부심이 그 어느 곳보다도 강한 역사도시다. 2014년에 경북도청이 대구에서 안동과 예천의 접경 지역으로 옮겨감에 따라 경상북도 북부권의 행정 중심지 역할을 해온 안동은 머지않아 경북 행정의 중심지로 자리매김할 것이다.

통일신라시대에 고창군(古昌郡)이었던 안동은 고려시대를 맞아 '동쪽이 편안하다'는 뜻의 이름을 얻으며 역사의 전면에 나선다. 930년, 안동 북쪽 10리쯤에 있는 병산, 곧 현재의 안동시 와룡면 서지리에서 왕건의 고려와 견훤의 후백제가 최후의 전투를 벌였다. 이때 성주(城主) 김선평(金宣平)과 장군 권행(權幸)·장길(張吉) 등 고창의 호족세력은 왕건을 도와 이 전투를 승리로 이끌었다. 이를 기반으로 후삼국을 통일하고 고려 태조가 된 왕건은 그해에 고창군을 안동부로 승격시키고, 세 사람에게 지방관직을 내렸다. 권행은 본래 김씨였으나 태조가 권도(權道: 목적 달성을 위해 임기응변으로 일을 처리하는 방도)에 능하다 하여 권씨 성을 내려 안동 권씨의 시조가 되었다. 이들은 죽은 뒤 안동에 마련된 삼태사묘(三太師廟)라는 사당에 개국공신으로 모셔진다.

안동이 경상도 내륙의 중심 도시로 발돋움한 것은 고려 31대 왕인 공민왕과의 인연에서 비롯되었다. 안동과 공민왕의 이야기는 거란족의 침입에 쫓겨 나주로 피난 간 고려 현종을 연상시킨다. 원나라에 대항하는 한족(漢族) 반란군인 홍건적의 2차 침입 때(1361) 공민왕은 안동, 당시 복주(福州)로 피난했다. 고려 개국을 도왔던 안동 땅을 가장 믿을 만한 곳으로 보았기 때문일까? 그때 안동은 약 세 달간 고려의 임시 수도가 되었다.

복주 사람들은 피난 온 왕실을 정성을 다해 받들고 많은 군사를 동원해 개경 수복을 도왔다. 당시 복주 사람들의 충성심을 말해주는 전설이 있다. 충주와 문경새재를 거쳐 예천을 지나 복주로 향하던 공민왕과 왕비 일행이 다리가 없는 시내를 건너게 되었다. 추운 겨울 왕실이 난감한 상황에 처했을 때 복주의 부녀자들이 시내로 뛰어들어 허리를 구부려 사람 다리를 만들었다. 그리고 노국공주(魯國公主: 원나라 위왕의 딸로 공민왕과 결혼하여 왕

옛 안동 지도
❶ 북문
❷ 태사묘
❸ 안동 김씨 종회소
❹ 객사
❺ 동헌(현 웅부공원)
❻ 서문
❼ 관지(官池)
❽ 동문
❾ 남문
❿ 향교
⓫ 법흥사지 7층전탑
⓬ 임청각
⓭ 운흥동 5층전탑

18세기 말, 국립중앙도서관 소장.

비가 됨)는 그것을 밟고 시내를 무사히 건넜다. 이것이 안동지방에서 전승되는 놋다리밟기의 기원이다.

이에 보답하는 의미에서 공민왕은 주민들에게 백옥대(白玉帶)·쌍은식기(雙銀食器) 등 여러 가지 선물을 하사하고, 복주목을 안동 대도호부(大都護府)로 다시 승격시켰다. 공민왕이 환도한 다음 해인 1363년, 서후면 태장리에 있는 봉정사 극락전의 지붕을 크게 수리한 것도 우연이 아니리라. 이것만으로 부족했던지 공민왕은 '安東雄府(안동웅부)'라는 친필을 하사했다. 이 글씨의 현판은 지금의 웅부공원 자리에 있던 군청 현관에 걸렸는데, 군청 건물을 철거하면서 안동시립민속박물관으로 옮겨 전시되고 있다.

안동은 전국에서 독립유공자를 가장 많이 배출한 고장이다. 전국 시·군 평균 독립유공자 포상자 수는 40명인데 안동은 310명에 이른다. 임시정부 초대 국무령을 지낸 이상룡(1858~1932), 6·10만세운동을 주도한 권오설(1897~1930), 베이징 감옥에서 해방을 한 해 앞두고 죽은 민족시인 이육사(1904~1944) 등이 안동 출신이다. 성리학을 체득한 안동의 지식인들은 의병활동을 활발히 전개했고, 이어 등장한 일제를 시대적 대세로 받아들이지 않고 독립운동 또는 자결로 항거했다. 1905~1910년까지 일제에 항거하며 스스로 목숨을 끊은 인물 60여 명 가운데 10명이 안동 출신이다. 20세기 초 안동의 많은 유력 인사들이 독립운동을 하기 위해 떠나자 도시가 침체될 정도였다. 천안의 독립기념관과는 별도로 지역 기념관인 안동독립운동기념관이 2007년 8월에 문을 연 것은 이런 까닭에서다.

과거 안동은 성벽이 둘린 읍성이었다. 17세기 초(1602~1608)에 편찬된 안동의 읍지(邑誌)인 《영가지(永嘉誌)》에 따르면, 성벽 둘레가 2,947자, 높이가 8자였으며, 동서남북 네 곳의 성문에 문루가 세워져 있었다 한다. 그런데 내가 추정한 성벽의 위치를 기준으로 할 때 성벽의 길이는 2,281m이다. 《영가지》의 성벽 치수를 조선시대 건축과 토목공사에 많이 사용한 영조척(營造尺: 약 31cm)으로 환산하면, 성벽 둘레가 914m, 높이가 2.5m 정도이다. 높이는 그 정도라는 것이 이해되나 성벽 둘레는 지나치게 짧다. 성벽을 원형이라고 가정하면 지름이 291m인데, 안동 대도호부의 성벽이 그렇게 작았을 리가 없다. 따라서 그 기록은 착오인 것으로 보인다. 현재 성벽과 문루는 전혀 남아 있지 않다.

1995년에 안동군청 건물을 철거하고 웅부공원을 조성했다. 그리고 2002년에는 그곳에 '영가헌(永嘉軒)'이라는 이름의 동헌을 복원했다. 그 옆, 안동법원과 검찰청이 있던 자리에는 문화공원을 조성하고, 전통문화콘텐츠박물관과 안동문화원을 한옥형 건물로 지어 도시의 역사와 문화를 이어가려 애쓰고 있다.

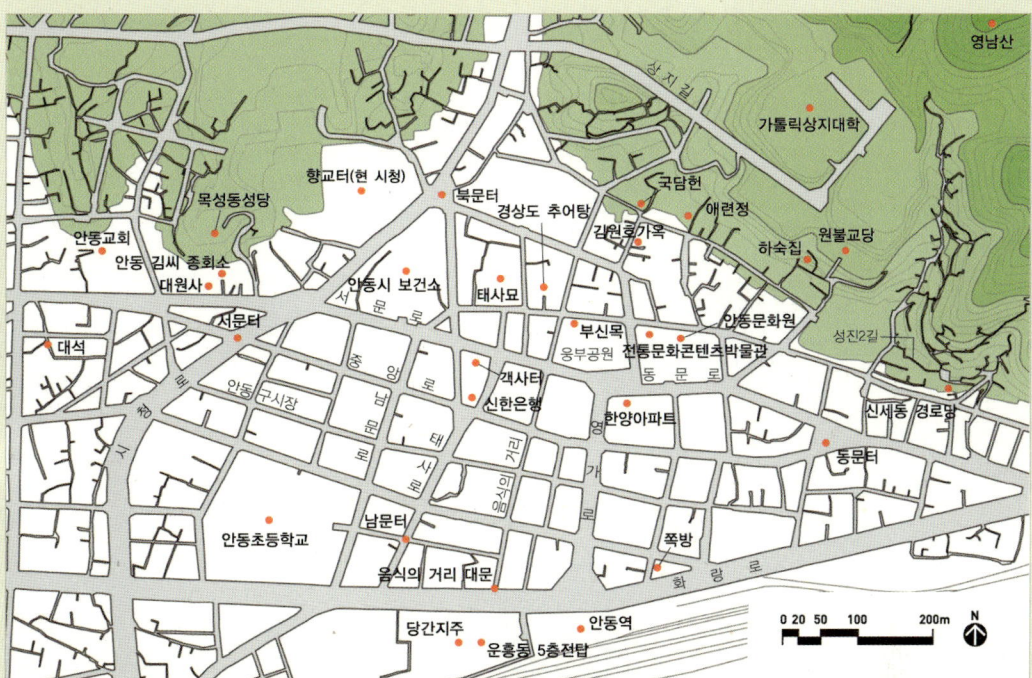

오늘날의 안동 도심 지도

변형된 격자형 가로망이 기본 틀을 이루고 막다른 골목이 발달했다.

대학 때 건축학과 동기생 50여 명 가운데 여학생은 단 1명이었다. 엠티나 답사에 그 여학생은 으레 빠졌다. 3학년 때 안동으로 답사를 가는데 빠질 줄 알았던 그가 나타나 우리를 어리둥절하게 했다. 알고 보니 안동으로 간다는 말에 집안의 결재권자인 할머니가 쉬이 허락하셨다는 것이다.

이 시대에 양반고을이라 해서 무엇이 다를까 할 수도 있지만 실제로 안동에 오면 다르긴 다르다. 일단 사람들이 친절하고 예의 바르다. 자동차는 반드시 정지선을 지킨다. 택시는 물론이고 신속 배달을 생명으로 여기는 중국집 오토바이도 그렇게 한다. 다른 도시에서는 익숙지 않은 모습이다.

옥정동 '정다운길'의 '도시에서 제일 높은 하숙집' 주인아저씨는 "어서 오세요"라고 먼저 인사를 한다. 도시를 답사하며 뭣하러 돌아다니냐는 추궁이 아니라 환영의 인사를 받아보기는 처음이다. '경상도 추어탕' 주인은 "어느 분 먼저 드릴까요?"라고 우리 답사팀에게 일일이 물었다. 나이 드신 어른들은 꼭 어디서 왔냐고 물어보고는 충청도 양반이라고 추켜세워준다. '너도 양반이라면 제대로 하라'는 말 같기도 하다.

퇴계 이후 영남학파의 중심지가 된 안동은 조선의 양반·선비문화를 대표하는 도시였다. 그러나 안동이 역사적으로 이른바 잘나가는 지역은 아니었다. 안동은 당쟁이 치열했던 조선 중기 이후 잠시 정권을 잡았던 남인세력이 300여 년 세월을 묻혀 지낸 야당 지역이었다. 무오사화에서 을사사화에 이르는 4대 사화에서 안동 지역의 여러 사림파 선비들이 탄압을 받았다. 연산군 4년(1498) 무오사화 때는 김종직의 문인인 용재(慵齋) 이종준(李宗準, ?~1499)이, 명종 즉위년(1545) 을사사화 때는 안동부 내성현(乃城縣: 현 봉화읍)에 닭실마을을 조성한 개혁파 사림인 충재(冲齋) 권벌(權橃, 1478~1548)이 화를 입었다. 그렇지만 오늘날 안동에서 소외되고 억압받은 지역에서 자기도 모르는 사이에 삐져나오는 삐딱함 또는 냉소를 찾아볼 수는 없다.

안동은 '열 끼 굶어도 내색을 안 할' 정도로 체면을 차리는 도시, 품위를 지키는 도시다. 도시에서 사람들이 체면을 가장 쉽게 포기하는 곳은 대개 상업가로다. 그런데 안동 도심의 여섯 블록을 남북으로 관통하는 매우 긴 특성화 거리인 '음식의 거리'에서도 사람들은 점잖다. 그런 거리에서 흔히 보는 '원조'와 'TV 방영'이라는 간판 문구도 보이지 않는다.

《안동시사》에 까치가 안동시의 새인 것은 농작물을 크게 해치지 않는 '양반새'이기 때문이라는 설명이 있다. 그러나 백과사전을 보면 까치는 "식성이 잡식성이어서 쥐 따위의 작은 동물을 비롯하여 곤충, 나무열매, 곡물, 감자, 고구마 등을 닥치는 대로 먹는다"라고 되어 있다. 만물이 다 땅의 기운을 따르는 것이니, 안동에서는 까치조차도 욕심을 절제하는 양반의 미덕을 갖추었을지 누가 알 수 있으랴.

안동에서는 음식 이름 앞에 모두 전통이라는 말이 붙는다. 우리 답사팀은 저녁에 전통 메밀묵밥을, 아침에는 전통 뚝배기를 먹곤 했다. 모두 '전통'이 무색하지 않게 괜찮았다. '뿌리교복사'라는 상호에서 알 수 있듯이 안동에서는 뿌리 없는 것을 무엇보다 경계한다. 많은 상호들이 전통에 근거한다. 소주방 이름은 왕건, 목욕탕 이름은 영가탕, 모텔 이름은 이스트(East) 모텔……. 그 모든 이름의 기원이 이 도시의 역사와 공간 속에 깃들어 있다.

안동 도심 전경 한국 정신문화의 수도를 자처하는 안동은 전통에 대한 자부심이 그 어느 곳보다 강한 역사도시다. 도심에 20세기 중반에 지어진 한옥들이 많이 남아 있다. ⓒ 이주옥

좋은 도시는 학교다

안동으로 들어가면서 우리 답사팀 학생들은 도시 곳곳에 걸려 있는 한자만으로 된 현수막에 수시로 고개를 숙여야만 했다. 다음 날 아침에는 나 역시 드러나지 않게 고개를 숙였다. 숙소에서 음식의 거리에 있는 식당으로 가는 길에 횡단보도에서 무심코 용문약국의 창문을 보았다. 다른 도시라면 '새로운 약 입하'라고 쓰여 있을 자리에 '立春大吉 建陽多慶'과 함께 그 뜻을 알 수 없는 두 줄의 경구가 적혀 있었다.

소주방 간판도 '왕건'이 아니라 '王建'이다. 안동은 시대에 따라 14개의 서로 다른 이름으로 불렸으나 안동 사람들은 고려시대에 15년 동안만 공식적으로 사용된 '영가(永嘉)'라는 이름을 좋아한다. 그래서 읍지의 제목을 '영가지'로 정했

고, 동헌의 이름은 영가헌이며, 오늘날 영가탕이라는 목욕탕이 그 작명의 전통을 잇고 있다. 영가는 영양군 일월산에서 내려온 반변천이 안동시 앞에서 낙동강에 합류하는 모양을 표현한 이름이다. 이것은 '永＝二＋水'라는 한자 구성을 알지 못하면 이해하기 어렵다.

길거리 간판이나 현수막조차 공부하라고 얘기하는 듯한 도시, 안동에서는 역시나 공부하는 사람들이 눈에 많이 띈다. 도심의 커피숍에도 장소에 어울리지 않게 항상 공부하는 사람들이 있다. 공부를 하지 않는 자는 이 양반의 도시에서 살아가기 힘든 것일까? 하긴 양반이란 원래 공부하는 사람이었으니…….

뜻밖에도 우리 답사팀은 태사묘에서 관리인에게 한참 동안 야단을 맞았다. 그 이유는 소속과 신분을 밝혀 인사를 하지 않았다는 것과 알지도 못하면서 묻지 않았다는 것이었다. 한마디로 배울 자세가 안 돼 있다는 것이다. 학생들에게 언제나 인사를 강조하던 나도 안동이라는 도시 학교에서는 학생이었다. 이렇게 관광객을 꾸짖는 도시가 안동 말고 또 어디에 있을까 생각하며 고개를 숙이고 태사묘를 나오는데 고성이 담을 타고 들려왔다. 아직도 우리에게 야단칠 것이 남았나 하고 귀 기울여보니 두 사람이 항렬(行列)을 따지는 논쟁을 하고 있었다. 그때 내 옆을 지나가던 젊은 아낙이 비아냥거리는 어투로 "또 시작하네"라며 자주 있는 일이라 했다.

좋은 도시는 학교 같은 도시, 배울 것이 있는 도시다. 예전에는 모두들 가정뿐만 아니라 마을에서, 그리고 도시에서도 배웠다. 시간이 퇴적되어 있는 도시에는 세대에서 세대로 이어지는 지혜가 그만큼 쌓여 있어 훌륭한 학습의 장이 된다. 그러나 1980년대 이후 우리의 많은 도시는 재개발이라는 일종의 분서갱유를 거치면서 배울 것이 없는 장소로 전락하고 말았다.

다행히 안동에서는 아직 배울 것이 많다. 도시를 걷는 것 또한 공부이다. 문화공원 뒷길을 한번 걸어보자. 그곳에는 기와지붕을 이은 한옥, 지붕 박공면을 앞으로 내민 일식 주택, 슬래브 위에 경사지붕을 얹은 양옥 등 서로 다른 유형의 주택들이 나란히 서서 길과 만나고 있다. 한국 사람들이 시대에 따라 어떤 주거공간에서 살았는지 잘 설명해주는 교육의 현장이다. 나는 이 길에서, 한 가지 양식의

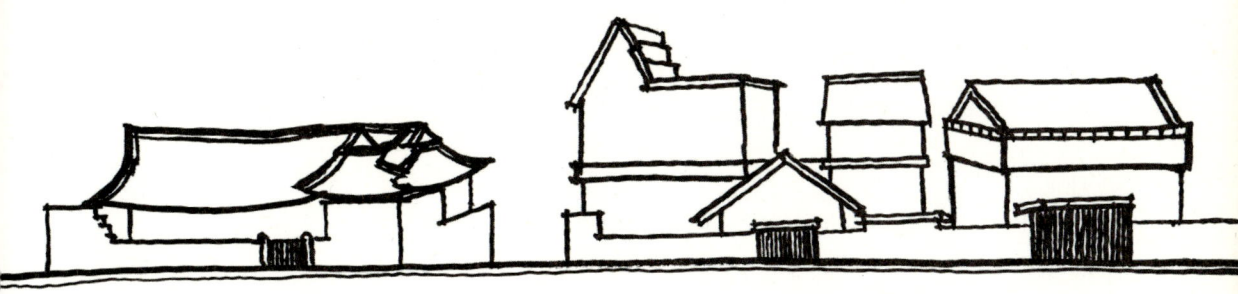

문화공원 뒷길의 주택들 문화공원 담 너머로 왼쪽부터 한옥, 일식 주택, 양옥이 나란히 있다. 서로 다른 주택 양식에서 가로의 시간성을 느낄 수 있다.

오래된 집들만 있을 때보다 여러 시대 양식을 보여주는 집들이 섞여 있을 때 도시의 시간성과 역사성이 오히려 더 강하게 느껴진다는 중요한 사실을 깨달았다.

도시에서 서러운 보물찾기를 하다

안동은 누가 봐도 우리의 대표적인 역사도시지만 밖으로 그다지 알려지지는 않았다. 안동이 유명한 것은 주변에 하회마을, 병산서원, 도산서원, 봉정사, 임청각, 의성 김씨 종택 등 명소가 워낙 많아서이지 그 도심이 관심의 대상은 아니다.

29년 전 대학생 시절, 청량리역에서 기차를 타고 안동역에 내려 안동 시내 한 여관에서 묵은 적이 있었다. 그러나 나에게 안동 도심에 대한 기억은 전혀 없다. 그 뒤로도 안동 지역에 자주 답사를 왔지만 한 번도 시내에 들르지 않았다. 자동차가 대중화되면서 지역 교통망을 이용할 일이 줄어들어 안동이 주변에 묻힐 가능성은 더욱 커졌다. 최근에는 안동역 옆에 있던 시외버스터미널마저 도심 밖 멀리 이전하여 도심 접근성이 크게 약화되었다.

건축 분야에서 발표된 논문을 조회해보니 뜻밖에도 2011년 8월 현재, 안동 도심에 대한 연구논문이 단 한 건도 없다. 서울은 물론이고 전주, 나주, 강경 등에 관해 여러 편의 논문이 발표된 것과 대조적이다. 안동 지역을 소개하는 책자는 많지만 정작 안동의 도심을 다룬 것은 매우 드물다. 심지어 영가헌 앞 안내판에도 하회마을 등 주변 지역 소개만 있을 뿐 도심에 대한 안내는 없다. 역사도시 안동의 공간은 학계는 물론 안동 시민들의 주목도 받고 있지 못하다.

지금으로서는 안동 도심에 대한 연구에 가장 참조가 되는 책은 17세기 초에 권기(權紀, 1546~1624) 등이 8권 4책으로 펴낸 《영가지》이다. 안동 지역 최초의 지방지인 이 책을 편찬한 권기는 삼태사 중 한 분인 권행의 23대손이다. 여러 인물들이 《영가지》의 편찬에 기여했다. 서애(西厓) 류성룡(柳成龍, 1542~1607)은 제자인 권기에게 책의 편찬을 강력히 권했으며, 갑자기 타계하기 전 초고를 교열하기도 했다. 그런데 이 책의 편찬을 마칠 수 있었던 것은, 1607년 안동부사로 와 그해에 사임함으로써 아주 짧은 기간 재임했음에도 편찬을 적극 지원한 한강(寒岡) 정구(鄭逑, 1543~1620)의 덕이다. 서애와 한강 모두 퇴계의 직계 제자로서 스승에 대한 존경의 마음으로 스승의 본향인 안동의 읍지 편찬을 지원했으리라. 특히 수많은 제자를 길러낸 대학자 한강은 지방관으로 부임하는 곳마다 지방지를 편찬하게 했다. 《영가지》를 비롯해 《창산지》, 《함주지》, 《임영지》, 《동복지》, 《통천지》, 《관동지》 등은 그래서 편찬될 수 있었다.

안동 도심이 알려져 있지 않은 탓에 우리는 답사를 위한 사전학습을 제대로 할 수 없었다. 그러다 보니 현장에서 헤매기 일쑤였다. 대석동에서도 그랬다. 서문터 서쪽에 있는 이 동네 이름은 안동 지역에 거석문화가 있다는 이야기를 떠올려주었다. '옳거니, 대석을 찾아보자!' 답사팀을 몇 조로 나누어 대석동 골목들을 구불구불 따라가 보았으나 성과가 없었다. '바위를 어디로 치워버리기라도 한 것일까?' 할 수 없이 골목을 지나가는 사람들에게 대석의 소재를 물었다. 한 아주머니가 어디라고 자신 있게 설명해준다.

그분이 알려준 곳으로 가 아무리 주위를 둘러보아도 우뚝 솟은 바위는 보이지 않았다. 다시 물으니 "아니, 그 발치에 있잖아요!"라고 한다. 대운장 모텔 앞, 조금 넓은 골목에 섰을 때 대석은 내 발밑 도로면의 일부였다. 아래에 묻힌 부분이 얼마나 큰지 모르겠지만 드러난 것은 별로 크지 않은, 그냥 넙적한 바위였다. 골목을 한 번만 더 포장하면 그것은 지면 아래에 묻혀 먼 훗날 고고학적 발굴의 대상이 될 것이다.

'대석 찾기'는 숨은그림찾기처럼 재미있었지만 왠지 씁쓸했다. 나같이 대석을 밟고도 눈치채지 못하고 지나가는 사람이 얼마나 많을까? 또한 애써 대석을 찾고도 의문이 남는다. 이 넓적한 바위는 도시 공간에서 어떤 의미를 가졌을까? 역시 《영가지》에 해답이 나온다. 성의 서문 밖 200보쯤 되는 곳에 광암석(廣巖石)을 둔 이유는, "부(府)의 모양이 배가 가는 형태〔行舟形〕이므로 이 돌로 눌러두어 배의 흔들림을 진정시키기 위해서이다."

남문터의 표지석은 노래방 입간판 뒤에서 겨우 찾아냈다. 오랜 답사의 경험으로 사냥개처럼 냄새를 맡은 내가 노래방 입간판을 치우자 그 표지석은 나보다 더 놀라는 듯했다. 운흥동 5층전탑을 찾기도 쉽지 않았다. 역 대합실 한복판에 있지 않은 이상 안동역 구내에 있다는 설명은 전혀 도움이 되지 않았다. 안동역 서쪽 한적한 곳에 있는 이 탑을 힘겹게 찾고도 의문이 인다. 이 못생긴 탑이 보물로 지정된 까닭은 무엇일까? 또, 시청 앞 너른 공간 어디에도 그곳에 향교가 있었다는 안내판은 없다. 객사의 위치도 정확히 확인하지 못했다.

서문의 위치는 뿌리교복사 사장과 권택근성형외과 앞을 지키는 경비 아저씨 등 여러 분이 이리저리 전화하면서 애써주었지만 결국 확인하지 못했다. 도시의 거주자는 난처했고 방문자는 의아했다. 경비 아저씨는 미안한 듯 안동을 떠나는 우리들에게 "아직 못 찾았어요?"라며 인사를 건넸다. '오늘날의 안동 도심 지도'에 표시한 서문터와 객사터는 과거의 지도, 그리고 지형과 가로체계를 살펴 내가 추정한 것이다. 나의 추정이 역사의 왜곡으로 이어지지 않기를 바랄 뿐이다.

안동의 역사를 증명하는 건물들이 재해와 병화로 상당 부분 사라졌다. 1934년 갑술년 수해 때 낙동강 제방이 붕괴돼 시내가 초토화되었고, 6·25전쟁 때는 북한군 본부가 있던 안동 시내가 폭격당해 향교가 불에 타는 등 큰 피해를 입었다. 이것이 우리가 안동에서 나이에 맞지 않게 보물찾기를 한 직접적인 이유다. '이것이 우리의 역사도시다!'

남문루 동종이 오대산으로 간 까닭은

초등학교 시절 나는 당시 유행하던 우표 모으기에 합류했다. 처음에는 사용된 우표들을 모았으나 새것이 더 수익성이 좋다는 소문을 듣고 1974년 '대통령 영부인 육영수 여사 추모' 우표부터는 주머니 사정에 따라 2장 혹은 4장을 세트로 사 모으기 시작했다. 새 우표들은 지문이 묻을까봐 비닐로 싸서 우표첩에 고이 꽂았다. 정말 오랜만에 우표첩을 들춰보니 나의 우표 모으기는 고등학교 2학년 때인 1978년까지 이어졌다. 대학 입시가 내 10대의 고상한 취미이자 평생의 유일한 재테크 활동마저 중단시켰나 보다. 지금도 이 우표첩이 내 책장에 모셔져 있으니 우표 재테크의 수익률은 아직 미지수다. 생활이 어려워져서 이 재테크의 수익을 실현하는 날이 오지 않기를 바랄 뿐이다.

이 우표첩의 맨 앞과 맨 뒤에 '상원사 동종 비천상' 우표가 꽂혀 있다. 맨 앞의 것은 1968년에 발행된 1원짜리이고, 맨 뒤의 것은 1978년 9월에 발행된 1,000원짜리인데 모두 사용된 것이다. 맨 뒤의 것은 내가 새 우표를 사 모을 시기에 나왔고 첫 고가 우표여서 투자가치가 컸지만, 4장짜리 세트 가격이 당시 하숙을 하던 내 한 달 용돈보다도 비싼 탓에 사용된 것을 모을 수밖에 없었다. 아무튼 당시 나는 같은 문양이 반복해서 우표에 등장하는 것을 의아하게 생각하며 그 문양이 새겨 있다는 종을 한번 봤으면 했다.

그 종은 예종 즉위년(1468)까지 안동의 남문루인 진남문루(鎭南門樓)에 걸려 있었다. 안동뿐만 아니라 동아시아 역사도시에서 종은 매우 중요한 요소였다. 주민들에게 시간을 알려주었기 때문이다. 밤 10시경에는 인정(人定)이라 하여 28번 종을 쳐서 통행금지를 알리고 성문을 잠갔다. 그리고 새벽 4시경에는 파루(罷漏)라 하여 33번 종을 쳐서 통행금지를 해제하고 성문을 열었다. 종을 치는 횟수는 불교의 우주관에서 나온 것으로, 28숙(宿: 별자리)과 33천(天)을 상징한다. 요즘 새해 첫날을 맞아 서울 보신각 종을 33번 치는 것은 파루의 전통을 따르는 것이다. 33번이 3·1독립선언서에 서명한 민족대표 33인을 상징한다는 이야기도 있는데, 이는 숫자가 같다고 억지로 갖다 붙인 말이다.

안동에서만 볼 수 있는 것 가운데 하나가 '18:00시 편의점'이다. 2008년까지 안동에는 '24시 편의점'이 없었다. 안동의 편의점들은 적어도 6시간 동안 문을 닫는다. 과거에 인정과 파루 사이 6시간은 도시가 잠들어 있었는데, 전통의 도시 안동의 편의점들이 이 6시간 수면의 전통을 지켜가려는 듯하다. 이 도시에서 사람들은 가장 품위를 잃기 쉬운 돈벌이에서도 품위를 지킨다. 뜻밖에도 그 비결은 욕심을 줄이고 충분히 자는 것이다.

진남문루에 걸렸던 종은 키가 1.67m, 아래 입지름이 90.3cm, 두께가 4.8cm로, 에밀레종이라는 별명으로 더 유명한 성덕대왕 신종이 키 3.663m, 입지름 222.7cm, 두께 20.3cm임을 생각할 때 그리 큰 편은 아니다. 그런데도 소리가 웅장할 뿐 아니라 꺼질 듯하다가 다시 살아나는 특성이 있어 멀리는 100리까지 갔다고 한다.

1468년에 즉위한 예종은 다음 해에 아버지 세조가 지병을 고쳤다는 오대산 상원사로 이 종을 옮긴다. 아마 전국에서 가장 좋은 종을 찾았던 것 같다. 이때부터 이 종은 '상원사 동종'으로 불린다. 그런데 진남문루에서 내려진 종이 죽령에 이르렀을 때 땅에서 떨어지지 않아 애를 먹었다고 한다. 그때 종의 윗부분에 젖꼭지같이 돌출한 종유(鐘乳) 하나를 떼어 안동으로 보내고서야 종을 옮길 수 있었다 한다. 그래서 9개씩 모여 있는 종유 중 하나가 없어졌다는 것이다. 종이 오대산 산속보다 도회를 좋아했던 것일까? 아마 당시 안동 사람들이 좋은 종을 빼앗기는 데 불만을 가졌음을 암시하는 얘기가 아닐까 한다.

이 종이 처음부터 안동 관아의 것은 아니었다. 신라 성덕왕 24년(725)에 절에서 사용하는 범종(梵鐘)으로 만들었다 하니 도시에서 사용하려고 제작한 것은 아니다. 아마 어느 절의 누각에 걸려 있었을 것이다. 고려시대까지 불교가 매우 번성했던 안동에서는 조선시대에 불교가 쇠퇴하자 절에 있던 물건들을 도시에 갖다 놓는 일이 많았다. 남문 밖 길가 양쪽에 있던 개 모양의 돌도 본래 석증사(石增寺)에 있던 것을 1512년에 옮겨놓은 것이다. 상원사에 종을 빼앗긴 다음 안동에서는 잠시 종 대신 뿔나팔로 시간을 알리기도 했으나, 결국 인암사(仁巖寺)에서 종을 갖다가 진남문루에 걸었다. 이것으로 미루어보면 상원사 동종도 본래 어느 사찰에 있던 것이었을 가능성이 높다. 범종을 연구한 황수영은 〈오대산 상원사 동종의 반이(搬移) 사실〉에서 "상원사 종은 신라 성덕왕에 의해 진여원(眞如院: 신라 귀족 자제들의 교육원)에서 사용했던 것으로, 신라가 망한 후 안동 누각에 옮겨졌고 다시 오대산 상원사 종이 되었다"라고 한다. 그런데 진여원 자리에 상원사가 세워졌다는 이야기가 있다. 이 두 이야기가 모두 맞는다면 상원사 동종은 제자리를 찾아간 것이다.

　상원사 동종의 출생과 이력은 이렇게 명확하지 않다. 그러나 분명한 것은 그것이 한국에서 가장 오래된 종이며, 한국 종의 모든 구성요소를 갖춘 원조이자 전형이라는 점이다. 그것은 성덕대왕 신종(771년 제작) 등 뒤에 만들어지는 종들의 모델이 되었다. 상원사 동종은 소리는 물론 문양이 아름다워 시각과 청각을 모두 만족시켜주는 한국 종의 최고봉이다. 특히 고대 현악기인 공후(箜篌)와 관악기인 생(笙)을 연주하는 2명의 악사가 경쾌하게 구름 위를 나는 비천상의 부조는 우표에 반복해서 실릴 만큼 아름답다.

막다른 골목의 도시

한국의 어느 도시보다도 안동은 막다른 골목이 발달했고 여전히 많이 남아 있는 도시다. 안동의 막다른 골목들은 한 사람이 겨우 지나갈 만큼 좁기도 하고 조금 더 넓기도 하다. 또 몇 발짝이면 끝날 만큼 짧기도 하고 좀 길기도 하다. 곧게 뻗기도 하고 부드럽게 휘어지기도 한다. 등고선을 따라 평평하기도 하고 좀 거슬러 올라가기도 한다. 이렇게 안동의 막다른 골목은 '인간적인 척도(human scale)'를 가지고 있으며, 제각기 모양이 달라서 더욱 흥미를 자아낸다. 또 그만큼 다채로운 도시 이야기를 숨기고 있다. 그것은 짧은 시간에 계획해 만든 현대의 도시에서는 도저히 찾아볼 수 없는 귀중한 요소다.

　막다른 골목을 영어로는 '쿨더삭(cul-de-sac)'이라고 하는데, 프랑스어('뀌드삭'이라고 발음함)에서 빌려온 말이다. 웹스터사전을 찾아보니 이것이 영어로 사용

안동의 막다른 골목 막다른 골목 앞에서는 판단을 해야 한다. 들어갈 것인가 말 것인가. 호기심이 들어도 볼일이 없으면 들여다본 것으로 만족해야 한다. ⓒ이성경

된 기록은 1738년부터라고 한다. 자루나 부대·주머니를 뜻하는 'sac'과 밑바닥을 의미하는 'cul'이 붙어서 자루의 바닥이라는 뜻인데, 비유적으로는 막다른 처지, 궁지, 장래성이 없는 지위나 직업을 나타낸다. 그 비유적인 의미는 우리말과 비슷하다.

서양에서 막다른 골목은 주거지를 통과하는 교통을 제한하기 위해 현대 도시계획에서 고안된 것으로 알려져 있다. 그러나 우리 역사도시에는 막다른 골목이라는 특이한 접근로 형식이 일찍부터 발달했다. 서양은 물론 중국이나 일본 등 동아시아의 오래된 도시에서도 막다른 골목을 찾아보기란 쉽지 않다. 중국에서는 아무리 좁은 골목도 주거지를 뚫고 나가 큰길과 만난다. 다만 일본에는 도쿠가와(德川) 가문에서 16세기 말부터 계획적으로 조성한 에도(江戶: 메이지유신 이후 도쿄로 이름이 바뀜)에 '후쿠로코지(袋小路)'라는 막다른 골목이 있다.

막다른 골목은 귀가하는 여성의 뒤를 따라오는 치한과도 같은 도시의 사나운 기운과 번잡함을 따돌리는 차분하고 안전한 영역이다. 또한 그곳은 아이들의 안전한 놀이공간이자 이웃 사람들이 자연스레 만나는, 꽃나무와 과일나무가 지붕을 대신하는 사랑방이다. 실제로 한옥의 1칸 폭(2.4m 정도)과 비슷한 폭의 막다른 골목이 많다. 도시의 골목들이 주차장으로 바뀌어도 막다른 골목은 예외다. 차를 어찌 댄다 해도 한 대밖에는 댈 수 없다. 다른 차가 막아서면 빠져나갈 수가 없기 때문이다.

막다른 골목 앞에서는 판단을 해야 한다. 들어갈 것인가 말 것인가. 호기심이 들어도 볼일이 없으면 들여다본 것으로 만족해야 한다. 무심코 들어갔다가는 그곳 사람의 눈총을 받거나 개의 사나운 인사를 받아야 한다. 골목 안의 개들도 골목의 주인들을 알아본다. 이렇게 그곳은 상호감시를 통해 사람을 걸러주는 안전망이기도 하다. 이는 어디론가 이어지는 통과 골목과 다른 점이다.

다양한 모양의 막다른 골목은 그 길에서 다양한 한옥들과 만난다. 집의 모양이 일자·ㄱ자·ㄷ자 등으로 다양하고, 마당도 네모나기도 하고 좁고 길기도 하다. 언제나 마당을 중심으로 구성되는 한옥은 건물 안에 모든 공간을 집어넣으려는 양옥에 비해 공간을 개방적으로 구성한다. 이런 개방적인 주택이 도심에 있는

갈라지고 오르며 도시를 누비는 골목 막다른 골목의 모양 만큼이나 그 길에서 만나는 한옥들의 모습도 다양하다.

것은 전적으로 막다른 골목 덕이다.

옥정동과 북문동에는 특히 한옥이 많이 남아 있다. 대부분 근현대 시기에 지어진 것들이다. 좁고 긴 마당에 영산홍이 활짝 펴서 화사하기 그지없는 옥정동 김원호가옥은 1976년에 지어졌다. 큰 대지를 6개 필지로 나누고 필지마다 ㄱ자형 한옥을 똑같이 지어 분양했다고 한다. 집들 사이에 막다른 골목을 내서 세 집이 같이 사용한다.

전통한옥과 달리 김원호가옥에서는 건물 앞면에 유리문을 설치했고, 마당과 건물을 두 단의 쪽마루 같은 기단으로 연결했다. 기단과 건물의 앞쪽 벽에는 작은 타일을 붙여 관리가 쉽도록 하고 현대적인 멋도 부렸다. 장식적인 창살 디자인도 눈에 띈다. 이 집 주인 부부는 겨울에 좀 추운 것만 빼고 모두 다 좋은데, 특히 여름철에 통풍이 잘 되어 좋다고 한다.

본격적으로 아파트가 등장해 투기상품으로서 위력을 발휘하기 시작했을 때도 안동 사람들은 여전히 한옥을 선택함으로써 우리 주거의 전통을 지켰다. 이재(理財)의 측면에서는 상대적으로 불이익이 있었음이 분명하다. 김원호가옥 아주머니가 내게 "한옥을 살려야 돼요"라고 말하자 옆집 아주머니는 "이제 아파트 사는 사람 코를 납작하게 해야 해"라며 가세했다. 나는 그분들에게 요즘 한옥이 뜨고 있다는 이야기를 하지는 않았다. 그들이 내 우표들과 나이가 비슷한 한옥을 지킨 것은 수익 때문이 아님을 알아서이다. 내 우표들과 마찬가지로 이 한옥들의 수익도 실현되지 않기를 바란다.

막다른 골목과 공간 이용의 경제성

도시의 땅을 잘게 나누어 집들을 빽빽이 지을 때 가로에 면하지 못하는 대지가 생겨난다. 이때 새로운 도로를 적게 내면서 모든 대지에 접근로를 대는 가장 효율적인 방식은 막다른 골목을 두는 것이다. 안동의 막다른 골목도 도시 공간이 한정된 상태에서 집들이 늘어나고 밀도가 높아지면서 나타난 듯하다.

《세종실록》(권4) '10년 윤4월 임진'의 기록을 보면, "안동은 땅이 좁고 사람이 많아서 비어 있는 땅이 없습니다. 그리고 그 지방 사람들은 모두 쓰는 것을 절약합니다"라는 내용이 나온다. 여기서 땅이란 농지를 말하지만 이를 최대화하기 위해서는 도시 공간도 절약해야만 했다. 그 뒤 여러 역사서에서 종종 '안동의 풍속이 근검하다'는 내용이 나오는데, 안동 사람들의 근검함은 공간에 대해서도 마찬가지였으리라.

막다른 골목이 최소의 통로공간으로 마련될 때는 그 폭이 한 길이 안 되는 경우가 많아 막다른 골목에 면해 건물을 바짝 지을 수 없다. 건물 앞면 대부분이 담으로 가려지기 때문이다. 그래서 이럴 때는 한옥의 긴 앞면이 아니라 짧은 옆면을 골목 쪽으로 들이대고 한 칸을 대문간으로 할애한다. 한옥이 도시 공간의 특성에 맞게 변형되는 과정에서 전통한옥에서는 볼 수 없는 이런 현상이 나타났다.

현행 민법에서는 대지 경계선에서 50cm를 띄고 건물을 짓도록 규정하고 있다. 이에 따르면 대지가 연속될 때 두 건물 사이에는 최소 1m 폭의 빈 땅이 생긴다. 이런 애매한 빈 땅은 쓰레기장으로 변하기 십상이어서 도시 미관을 해칠 때가 많다. 그런데 안동에서는 이 공간을 막다른 골목으로 이용했다. 심지어 안동초등학교 후문도 두 동의 긴 상가 건물 사이에 이런 방식으로 냈다. 그 짧은 막다른 골목 위에 등나무를 얹어 '환경친화적인 막다른 골목형 학교 후문'이 탄생했다.

또한 한옥은 하나의 건물이 아니라 두세 채가 모여 하나의 집을 이루는 경우가 대부분인데, 앞뒤 채를 별도의 용도로 구분해 사용할 때는 길에 면하지 않는 뒤채로 접근하는 것이 문제였다. 이때 뒤채로 가는 막다른 골목을 내면 한 집을 이루는 두 채를 서로 간섭하지 않고 각각 사용할 수 있다. 안동 도심 곳곳에서 이

안동역 부근의 쪽방 막다른 골목이 집으로 들어간 특이한 모습이다. 집이 길을 너그럽게 받아들여 재미있는 공간이 탄생했다. ⓒ 이주옥

런 예를 볼 수 있다.

　안동에는 집을 뚫고 들어가거나 위로 올라가기도 할 만큼 기운찬 막다른 골목도 있다. 안동역 부근에 몸가짐과 주머니 모두 가벼운 여행자를 노렸을 법한 집이 한 채 있다. 길에서 이 집을 보면 구멍이 2개 나 있는데, 왼쪽에서는 막다른 골목이 집으로 조금 파고 들어가 현관이 되었다. 오른쪽에서는 막다른 골목이 아예 집을 관통하여 그 안의 작은 마당으로 이어진다. 집이 진입 골목과 하나가 된 모습이다. 도시의 길을 무표정하게 맞닥뜨리는 요즘 건물들과 달리 집이 길을 너그럽게 받아들여 재미있는 공간이 탄생했다.

　가톨릭상지대학 언덕 아래 '정다운길'에는 도도하면서도 정다운 하숙집이 있다. 밝고 아늑한 안마당을 둘러싸는 ㄷ자형 집 뒤로 돌아가면 예상 밖의 막다른 골목이 언덕을 타고 올라간다. 그 끝으로 가보면 3개의 하숙방이 점점 높아지며

막다른 골목에 살아 있는 양반도시의 품격　**105**

차례로 나타난다. 그냥 옹벽으로 처리하거나 버려두었을 경사지를 위로 올라가는 골목을 이용해 효율적으로 사용했다.

위로 올라가는 이런 막다른 골목의 아이디어는 안동 도심에서 건물을 증축할 때 유용하게 쓰였다. 단층건물을 위로 1층 증축할 때는 대개 건물 안에 계단을 새로 설치한다. 그러면 새 계단 때문에 기존 공간이 깨질 때가 많은데 안동 도심의 상점들은 위로 올라가는 막다른 골목의 논리로 이 문제를 해결했다. 집집마다 계단을 설치해 공간을 잡아먹는 대신 인접한 두 집이 합의해 집 사이의 빈 공간에 계단을 설치하고 두 집에서 같이 사용하는 것이다. 이는 근검한 공간 활용이자 도시 공동체의 싹이다.

서문 밖 종교회의장

서문 자리를 조금 벗어난 시청 아래에서는 '대원사'라는 불교 선수와 '안동 김씨 종회소'라는 유교 선수가 샅바를 맞잡고 있다. 뒤쪽 목성산 위에서는 천주교, 길 하나를 건너서는 개신교라는 후배가 지켜보는 가운데 고려시대에 전성기를 보낸 백전노장 선수와 조선시대부터 꼬장꼬장하기로 유명한 선수가 맞붙었다.

시청 자리에 있던 안동향교라는 터줏대감이 떠난 뒤 이곳은 종교의 씨름장으로 변한 듯하다. 그런데 이상하게도 중동 지역 같으면 총성이 요란했을 이곳에서 큰소리 하나 나지 않는다. 씨름을 하려다 말고 조용히 종교회의라도 하는 것일까?

이곳에서는 조계종 사찰인 대원사에서 운영하는 어린이집 아이들이 유교와 천주교 건물을 배경으로 재미있는 놀이를 한다. 중동이나 서양에서 기독교도들이 내려다보는 곳에서 이슬람교 아이들이 유대교 신전을 배경으로 놀이를 한다고 생각해보라. 생각만 해도 등골이 오싹해진다. 이와 대조적으로 서문 밖 종교회의장은 서로 다른 종교가 공존하는 한국사회의 독특한 한 단면을 보여준다.

'한국 정신문화의 수도', 바로 안동시청 현관에도, 시내버스에도 대문짝만

서문 밖 종교회의장 왼쪽부터 대원사, 목성동성당, 안동 김씨 종회소(한옥)와 종회소 신관 건물이 한데 모여 있다. 과거에는 성리학으로 무장한 관리가 사찰 전탑에서 벽돌을 뜯어내 객사 바닥에 깐 일도 있었으나, 이제는 사찰의 울긋불긋한 어린이 놀이시설이 성리학적 종법제도의 상징이라 할 안동 김씨 종회소의 얼굴을 가리고 있다.

하게 쓰여 있는 문구다. 정치적·물질적·경제적으로는 변방이었을지언정 정신적으로는 가장 중심지였다는 자부심의 발로다. 안동 도심과 주변 지역을 답사하고도 이 자부심 넘치는 문구에 항변할 수 있는 사람은 없으리라. 그러면 안동은 어떻게 역사적으로 정신문화의 중심지가 될 수 있었을까? 바로 이 종교회의장에 그 단서가 있지 않을까?

통일신라시대와 고려시대에 안동은 불교의 중심지였다. 의상(義湘, 625~702)이 당나라에 유학 가서 받아들인 새로운 불교 이념인 화엄사상은, 그가 676년 영주에 창건한 부석사를 시작으로 안동을 거쳐 전국에 확산되었다. 이와 함께 불교 건축의 상징인 전탑(塼塔)이 안동에 집중적으로 세워졌다.《영가지》에는 안동부 부근 절터 41곳과 5기의 전탑이 소개되어 있다.

고려 말, 당시 안동부에 속한 흥주현(현 영주시 순흥면) 출신의 안향(安珦,

1243~1306)이 성리학을 도입한 뒤, 안동 지역 향리층은 안동향교를 토대로 성리학을 보급하는 데 앞장섰다. 조선시대에는 퇴계가 도산서당을 중심으로 성리학을 꽃피운다. 그리고 안동 김씨와 권씨 등은 이 새로운 철학을 바탕으로 문중을 정치세력화한다. 그런 현장이 안동 김씨 종회소다.

안동 김씨 종회소는 1770년 삼태사의 한 분인 김선평을 모시기 위한 사당으로 건립되었다. 이 사당은 뒤에 문중의 대소사를 의논하는 종회소로 용도가 바뀌었으며, 1804년에 건물을 다시 지었다. 6·25전쟁 중 육군통신대가 이곳을 사용할 때 화재가 발생해 서까래와 기둥이 검게 그을렸다.

또한 안동은 근대 이후로 기독교를 적극 받아들였다. 안동에는 대구와 나란히 천주교 교구청과 개신교의 노회(老會)가 각각 설치되었다. 노회란 장로교에서 입법·사법의 역할을 담당하는 중추기관인데, 안동의 경안노회는 1921년에 설치되었다. 목성동성당은 안동 도심이 한눈에 내려다보이는 목성산을 차지했다. 안동에 세워진 첫 개신교회인 안동교회는 서문로에 접한 3,000평의 요지를 차지하고 1937년에 석조로 2층 예배당 건물을 지었다.

고려시대까지 안동에서 정신문화의 기둥은 불교였으며, 조선시대에 와서 유교가 그것을 대신했다. 근대 이후 불교가 회생하고 기독교가 더해져 지금은 세 종교가 마치 솥의 발처럼 안동의 정신문화를 지탱하고 있다. 안동이 장구한 시간 동안 정신문화의 중심지일 수 있었던 것은, 적잖은 갈등 속에서도 결국은 대척관계의 종교를 수용하고 다수의 정신적 지주를 과감히 인정한 데 있다. 어떻게 그런 유연성과 수용성을 가질 수 있었는지 일면 이해가 잘 되지 않지만, 아무튼 중요한 것은 정신이지 종교 자체는 아니었던 것으로 보인다.

또한 새로운 종교를 차례로 수용해온 안동에서 여러 종교가 병존할 수 있었던 데는 새 종교의 적응전략이 주요하게 작용했던 것 같다. 이를 보여주는 일화가 있다. 초기에 안동에 온 개신교 선교사 중에 권찬영이란 사람이 있었다. 그의 이름은 존 영 크로더스(John Young Crothers)인데, 본래 한국 이름을 영어 이름과 발음이 비슷한 구찬영으로 지었다. 그런데 안동에 와보니 구씨는 별로 없고 권씨가 세력을 떨치고 있어서 자신의 한국 성을 안동 권씨로 슬그머니 바꾸었다 한다.

그 뒤 1921년에 이원영이라는 사람이 권찬영 선교사에게 세례를 받고 1930년에 목사가 되었다. 목사가 된 직후 그는 일제의 신사참배 반대운동을 벌이다 구속되어 해방 다음 날에야 풀려났다. 뜻밖에도 이원형은 퇴계의 14대손이다. 많은 성리학자의 후손들이 기독교를 극단적으로 배척했음을 생각할 때 성리학 본거지인 안동에서 이런 일이 있었던 것은 기독교의 적응전략이 그만큼 뛰어났기 때문이 아닐까?

아무튼 안동처럼 한 도시에 여러 종교시설들이 공존하면 도시 경관도 더불어 다양해진다. 종교마다 특유의 건축 유형과 양식이 있기 때문이다. 서로 다른 종교를 유연하게 수용하는 우리 사회의 특성은 통일성보다 다양성을 특징으로 하는 역사도시의 경관을 만들어냈다. 이렇듯 도시 경관은 시각적인 문제일 뿐 아니라 문화의 문제이기도 하다.

건축문화의 발원지, 건축 교류의 중심지

우리나라에서 가장 오래된 건물은 안동시 서후면 태장리의 봉정사 극락전으로 알려져 있다. 1972년에 이 건물을 보수했는데, 그때 고려 공민왕 12년(1363)에 지붕을 크게 수리했다는 기록이 담긴 상량문이 발견되었다. 그 전 해에 공민왕이 안동에서 받은 환대에 대한 보상의 일환인 듯하다. 전통 목조건물은 신축 후 지붕을 크게 수리하기까지 대개 100년 정도 걸리므로 극락전의 건립 연대는 1200년대까지 거슬러 올라간다. 이 정도면 목조건물치고는 매우 나이가 많은 것이다. 목조건물은 화재, 습기, 벌레 등에 약해 서양의 석조건물에 비하면 남아 있는 건물의 나이가 어릴 수밖에 없다. 안동에는 이렇게 한국에서 가장 오래된 건물 외에도 여러 훌륭한 전통 건축물이 널려 있다. 그래서 안동은 한국 건축사에 가장 많이 등장하는 지역이다.

나이가 좀 든 사람이라면 "낙양성 십리허에 높고 낮은 저 무덤은"으로 이어지는 김세레나의 흥겨운 노래, '성주풀이'를 들어보았을 것이다. 김세레나의 노랫

말에는 빠져 있지만, 본래 '성주풀이' 민요 가사에는 "성주 근본이 어디메뇨, 경상도 안동 땅의 제비원이 본이 되야 제비원에다 솔씨 받어……"라며 성주의 본향을 논한다.

여기서 '성주(成主)'는 우리 조상들이 집터를 관장하고 집안의 복과 덕을 맡아 다스린다고 믿었던 신이다. 그래서 집을 새로 짓거나 이사를 하면 성주굿을 하고, 곡식을 넣은 항아리 등을 성주의 신체로 모셨다. 성주굿에서 무당이 부르는 노래를 민요화한 것이 '성주풀이'다. '성주풀이'의 가사를 계속 들어보면 "그 솔이 점점 자라나서 목재가 되고 도리와 기둥이 된다"라는 이야기가 나온다. 잘 알려져 있다시피 한옥은 대개 소나무로 지었으니 매우 사실적인 가사이다.

그런데 경상도든 전라도든 '성주풀이'에서 성주의 본향은 안동의 제비원이라고 한다. 조선시대의 역원(驛院)인 제비원은 안동 시내에서 영주 방면으로 6km쯤 떨어진 곳이다. 이곳에 흔히 제비원 미륵불로 불리는 '안동 이천동 석불상'이 있다. 10세기에 만들어진 것으로 추정되는 이 불상은 산기슭 암벽에 몸을 새기고 머리를 따로 조각하여 얹은 마애불이다. 미래에 올 구원의 부처인 미륵의 어깨 너머에 소나무 한 그루가 있는데 그 솔씨가 온 나라에 퍼져 성주, 곧 모든 건축의 기본이 되었다고 한다. 이 정도라면 안동을 한국 건축문화의 발원지라고 할 수 있지 않을까?

남한에 현존하는 전탑과 전탑지는 모두 10곳인데 그중 7곳이 안동에 있다. 탑신이 남아 있는 전탑 5기 중 3기가 또한 안동에 있는데, 법흥사지 7층전탑, 운흥동 5층전탑, 조탑동 5층전탑이 그것이다. 모두 통일신라시대에 만들어졌고 우리나라에서는 보기 드문 전탑이라 각각 국보 제16호, 보물 제56·57호로 지정되었다.

지금 보면 너나없이 비례가 맞지 않고 탑의 꼭대기 부분인 상륜부(相輪部)도 없어 결코 아름답다고는 할 수 없다. 《영가지》에 따르면 법흥사지 7층전탑의 상륜부는 금동으로 화려하게 장식되었으나, 탑 옆에 임청각(臨淸閣)을 세운 이명(李洺)의 아들 이고(李股)가 떼어내서 안동부사한테 갖다 주니, 그가 상륜부로 객사에서 사용하는 집기를 만들어버렸다고 한다. 법흥사지 7층전탑처럼 본래 7층이

법흥사지 7층전탑 전경 안동에는 다른 곳에서 찾아보기 어려운 전탑이 여러 기 만들어졌는데, 법흥사지 7층전탑은 남아 있는 전탑 가운데 규모가 가장 크다. ⓒ 김성철

었던 운흥동 5층전탑에도 금동제 상륜부가 있었으나 1598년 임진왜란 직후 명나라 군사들이 도둑질해갔다. 이미 1576년에 안동부사 양희(梁喜)는 운흥동 5층전탑을 허물어 그 벽돌을 객사 대청에 깔았다고 한다. 게다가 이후 거칠게 해체·복원하거나 보수하는 과정에서 탑 모양이 일그러지고 말았다. 안동의 전탑들이 일그러진 과정은 우리나라에 남아 있는 문화재의 고단한 역정을 대변한다.

그뿐이 아니다. 법흥사지 7층전탑은 2011년에 이름을 바꾸기까지 신세동 7층전탑이라는 잘못된 이름으로 불렸다. 이 탑이 있는 곳은 법흥사라는 절이 있었다 하여 법흥동인데, 1962년에 문화재로 등록할 때 옆동네 이름을 잘못 붙여 신세동 탑이 되고 말았다. 어수룩하던 시절 면서기의 실수로 아이 이름을 잘못 올렸다는 이야기는 들어봤지만 문화재 이름을 잘못 올린 것은 듣느니 처음이다. 요즘은 사람 이름도 쉽게 바꾸는 시대인데 호적이 있는 것도 아닌 문화재 이름을 바꾸는 데 50년이 걸렸다.

아무튼 안동에는 국토의 다른 곳에서 찾아보기 어려운 전탑이 여러 기 만들어졌는데 이는 중국, 당시 당나라로부터 수입된 것으로 생각된다. 모델이 된 것은 당의 수도 시안(西安)에 새로운 양식으로 선보인 대안탑(大雁塔)과 소안탑(小雁塔)으로 추정된다.

대안탑은 본래 당의 3대 황제인 고종이 인도에서 현장(玄奘, 602~664)이 가지고 온 불경과 사리를 안치하려고 652년에 세운, 60m 가까이 되는 5층전탑이었다. 현장이 실제로 본 인도 불탑 형식을 모방해 만든 것이라 한다. 현재의 대안탑은 본래의 탑이 풍화로 붕괴하기 시작해 701년에 7층으로 다시 세운 것이다. 이때 탑의 양식도 중국식으로 바뀌었다. 소안탑은 대안탑을 재건한 직후인 8세기 초에 세운 불탑으로, 본래 15층이었으나 현재는 46m 높이의 13층전탑이다.

우리나라에 현존하는 가장 높은 전탑인 법흥사지 7층전탑이 16.4m이고 대안탑의 현재 높이가 64.5m이니 규모에 큰 차이가 있다. 그렇지만 중국에서 건립된 지 얼마 안 된 새로운 불탑 양식을 큰 시간 차이 없이 받아들여 우리 여건에 맞게 안동 지역 곳곳에 건립했다면 당시 안동이 국제적 건축 교류의 중심이었다는 말이 아닐까?

아마도 시안에서 수입한 것은 전탑만이 아니리라. 당시 유라시아대륙 최고의 국제도시였던 시안이 전 세계 문화의 중심이었음을 생각할 때, 안동이 시안과 연결망을 구축하고 세계 문화의 흐름에 맥을 대고 있지 않았을까? 그렇다면, 통일신라의 수도인 경주가 아니라 그와 어느 정도 거리를 둔 안동에서 새로운 문화와 활발히 접촉하고 교류했다는 말이 된다. 변방의 개방성, 이는 역사에서 종종 보이는 현상이 아닌가?

안동을 우리 건축문화의 시작과 교류라는 시각으로 바라보면서, 거의 모든 문화의 시작과 교류가 서울을 중심으로 일어나는 현대의 문화현상을 이제는 극복해야 한다는 문제의식이 한층 더 강하게 들었다. 뚜렷한 지역성을 바탕으로 문화를 생성하고 전파했던 역사도시의 모습들이 좀 더 많이 밝혀지면 거의 메말라버린 지역문화의 새로운 활로를 모색하는 데 큰 도움이 되리라.

거리에서 느끼는 도시의 지역성

최근 여러 도시에서 경쟁이나 하듯 '문화의 거리'를 만들고 있다. 그런데 실제로 보면 그것은 차 없는 거리일 뿐 대개 문화와는 먼 상업거리이다. 그러나 문화 없는 문화의 거리도 나름의 위력을 드러낸다. 적어도 도시 공간이 활력을 되찾는 데는 차를 배제하는 것보다 좋은 특효약이 없음을 보여준다. 그리고 그런 가로에서도 시간이 지나면서 문화가 싹튼다.

안동에서는 남문에서 객사터로 이어지는 남북축이 문화의 거리다. 1997년에 조성한 이 문화의 거리는 이제 안동에서 가장 상업적인 거리가 되었다. 사실 조선시대에도 2일과 7일에 객사 앞에 부내장(府內場)이 서서 이 거리는 5일 간격으로 상업가로가 되었다.

'태사로'라는 이름보다 문화의 거리로 더 알려진 이 가로는 갖가지 정치 캠페인이 벌어지는 곳이기도 하다. 대선과 총선 때 후보들이 한 표를 호소하는 곳은 넓은 웅부공원이나 문화공원이 아니라 바로 이곳 문화의 거리다. 이곳에서 점차 이런저런 전시도 열리고 야외공연 등 문화의 거리다운 행사도 이어지고 있다. 2008년 3월 1일에는 대형 태극기에 시민들의 소망을 적고, 역사 속의 다양한 태극기를 종이에 찍어보는 등 태극기를 주제로 한 '3·1만세 기획전시회'가 열렸다. 자동차를 없애니 문화가 싹트기 시작한 것이다.

알고 보니 과거에도 이곳은 문화의 장소였다. 한 예로, 20세기 초까지 정월 대보름 저녁이면 지금의 신한은행 앞 너른 공간, 곧 '삼웃들'에 사람들이 모여 안동의 민속놀이인 놋다리밟기를 했다. 그래서 이곳에서 구성된 놋다리패를 '삼웃들패'라고 한다. 이렇게 보면 이 문화의 거리는 역사의 맥을 잇는 적절한 곳에 조성된 셈이다.

안동의 문화의 거리는 활발히 이용될 수 있는 좋은 조건을 갖추었다. 이 가로 양쪽으로 보행전용 가로가 이어져 보행자의 유입이 원활하기 때문이다. 안동은 도시 규모를 고려할 때 차 없는 거리가 상대적으로 가장 긴 도시일 것이다. 이 차 없는 거리는 안동찜닭 맛처럼 화끈하게 하나로 이어진다. 가로는 연속성이 생명

문화의 거리 과거 읍성의 중심축이 상업가로로 변모했다. 이 가로 양쪽으로 보행전용 가로가 이어져 도시 공간에 활력을 불어넣는다. ⓒ 이성경

이니 이렇게 이어지고 흘러야 제 역할을 다할 수 있다. 도시 공간을 동서·남북으로 잇는 번영길과 음식의 거리를 차 없는 거리로 만듦으로써 안동 도심의 소통이 한결 원활해졌다.

그런데 문화의 거리에 대해 지역 정체성을 드러내지 못한다는 비판이 많이 제기된다. 강박관념에 시달리는 정신질환자의 돌출행동처럼, 지역성이라는 강박관념이 유치한 디자인으로 나타난 사례도 많다. 지역에 따라 건축양식의 차이가 두드러지지 않은 우리나라에서 특정한 건물이나 구조체에서 도시 정체성이나 지역성의 단서를 찾기란 쉽지 않은 일이다. 아마도 그것은 도시의 땅에 조용히 새겨져 있어 순간적으로 스쳐 지나면 누구도 알아보기 어려운 것인지도 모른다.

안동의 문화의 거리도 정체성 문제에서는 비판을 피하기 어렵다. 그런데 문

화의 거리로 변모한 태사로는 역사적으로 지역의 정체성을 드러내는 장소가 아니었다. 조선시대에 남문과 객사를 이어주던 이 가로는 정치적 의미를 갖는 가로였지 일상 활동을 위한 장소가 아니었다. 부사가 부임하고 떠나는 등 정치적 행렬과 의례의 동선이었던 이 남북축은 왕권을 드러내는 장소였다. 전국의 도시에서, 좀 더 범위를 넓히면 중국 문화권의 도시에서 이런 가로의 성격은 모두 같았다. 그런 태사로에서 안동의 정체성을 살리려고 애쓰는 것은 역사적인 맥락에 맞지 않는다. 역설적으로 들릴지 모르나 도시의 모든 곳에서 지역성이 물씬 풍긴다면 오히려 세계화 시대의 도시로서 존속하기 어려울지도 모른다. 한글 간판은 없고 '던킨도넛', '배스킨 라빈스' 등 다국적 기업의 외국어 간판만 즐비한, 이른바 세계화된 지금의 태사로를 자연스럽게 받아들일 필요도 있다. 그 길은 시작부터 보편성 또는 세계성을 가진 가로였다.

　　안동 도심에서 여러 가지 의미로 관심을 끄는 또 하나의 가로가 동문로와 서문로다. 우리의 오래된 도시에서는 일반적으로 성의 동문과 서문을 잇는 가로가 가장 번화한 상업가로인데, 안동에서 그 가로는 중앙로다. 중앙로는 상업가로로 안동의 패션을 선도하고 있다. 이에 비해 동·서문로의 북쪽 변에는 서쪽부터 안동성소병원, 안동교회, 옛 교육청(현 권택근성형외과), 대원사, 중구동 주민센터, 안동시 보건소, 중앙파출소, 옛 군청(현 웅부공원), 옛 안동법원과 검찰청(현 문화공원) 등이 접하고 있어 공공기관의 축이 된다. 이 건물들이 근대적 도시 시설임을 감안할 때 동·서문로가 중앙로를 능가하는 큰길이 된 것은 그리 오래되지 않은 일이다.

　　동·서문로의 공공건물에는 전통 또는 양반의 이미지를 표현하려 애쓴 흔적이 역력하다. 그 방식은 다양하나 서에서 동으로 갈수록 노골적이다. 안동성소병원에서 갓의 이미지가 풍기더니 안동시 보건소에서는 확실하게 건물에 갓을 씌웠다. 보건소 뒤쪽 시청 종합민원실에는 아예 말끔한 현대 건물에 한옥 지붕을 과감하게 덧붙였다. 동문로로 넘어오면 전통건축을 재현한 영가헌, 전통문화콘텐츠박물관, 안동문화원이 전통의 이미지를 직설적으로 이어간다.

　　안동이 양반의 도시라 해서 굳이 현대 건물에 한식 기와지붕을 얹거나 갓을

안동시 보건소 서문로를 걷다가 이 포스트모던 건물을 보는 순간 나도 모르게 "오 마이 갓"을 외쳤다.

올려놓을 필요가 있을까? 역사도시 안동의 지역성이 그런 형태 요소에 있는 것만은 아니다. 오히려 막다른 골목과 그 짝인 한옥의 다양성에서 '안동다움'을 찾아볼 수 있다. 막다른 골목과 한옥, 이들은 우리의 역사도시 어디에도 있는 것이지만 이렇게 다양한 모습으로 남아 있는 도시는 보기 드물다. 조선시대 안동의 양반들이 그랬듯이, 퇴계의 마지막 학문공간인 도산서당의 전면 5칸 길이가 3·7·8·9·6.5자로 각각 다르듯이, 지킬 것은 꼭 지키면서도 현실 조건과 필요에 따라 다양성을 인정하는 안동의 정신에 그 도시만의 지역성이 있는 것은 아닐까?

도시 공간을 연결하는 '시간의 회랑'

안동에는 1~2백 년 된 어린 도시에서 느낄 수 없는 성숙한 품격과 감동이 있다. 한눈에 잘 드러나지는 않지만 안동의 도심을 걷다 보면 곳곳에서 역사의 숨결이 느껴진다. 양반의 삶을 흔히 봉제사(奉祭祀)·접빈객(接賓客)으로 요약하는데, 양반도시 안동에서 만나는 사람들은 무척 친절하다. 그러나 도시 공간이 그렇게 친절하다고 보기는 어렵다. 그래서 안동의 많은 이야기들 곧 이 도시의 콘텐츠를 친절하게 안내해주는, 안동의 '시간의 회랑' 같은 공간이 있었으면 좋겠다.

2007년 7월에 개관한 전통문화콘텐츠박물관에서는 고창전투를 그린 입체 애니메이션을 상영하는데, 15분 정도의 이 영상은 흥미진진하다. 그밖에도 3D 시뮬레이션 등이 비교적 충실해서 3,000원의 입장료가 아깝지 않다. 문제는 아무리 가상현실을 상영하고 시뮬레이션을 보여줘도 콘텐츠의 장소성을 느낄 수 없다는 데 있다. 장소성이란 그 땅에서 느껴지는 기운을 말한다. 이 대목에서 혼란스러운 것은 바로 그 애니메이션의 주인공을 모신 사당이 너무도 가까이 있다는 점이다. 실재를 옆에 두고 가상을 구경하고 있는 꼴이다.

콘텐츠를 증명하는 물건이 흔적 없이 사라졌다 해도 우리가 이야기를 알고 그 장소에 가면 느낌을 가질 수 있다. 하물며 드러나지 않았을 뿐 옛 자취가 곳곳에 남아 있는 안동 도심에서 역사와 문화를 느끼는 것은 얼마든지 가능하다. 따라서 콘텐츠를 박물관에만 모아둘 것이 아니라 도시 공간 곳곳에서 그것을 드러내고 연결하는 것이 훨씬 좋은 방법이다. 이것은 가상이 아니고 실재이기 때문에 사람들에게 진정한 감동을 줄 수 있다.

서쪽으로는 대석이 있는 곳까지, 동쪽으로는 임청각과 법흥사지 7층전탑까지 도시 공간이 이어지고 그 콘텐츠가 연계되어야 한다. 이 과업을 담당할 적임자는 동·서문로다. 그러나 현재로서는 동·서문로가 도시 가로의 역할을 제대로 하고 있지 못하다. 심하게 말하면 그것은 두 번 죽은 길이다. 동문로에 면해 주차장을 조성해놓은 한양아파트가, 그리고 가로와 대응하거나 소통하는 장치 없이 어정쩡한 빈 공간을 만들어낸 웅부공원과 문화공원의 조성 방식이 이 가로를 또 한 번 죽게 만들었다. 역사적으로 막다른 골목을 잘 활용해 도시 공간을 경제적으로 사용해온 안동에서 중요한 가로가 도시 공간으로 규정되지 못하고 낭비되는 모습은 참으로 안타깝다.

두 번 죽은 이 가로를 살리는 방안으로 고려, 조선, 근대, 현대를 잇는 '시간의 회랑'을 만들어보자. 이것이 실현된다면 죽었던 가로가 살아나 도심이 활기를 되찾고 역사성과 지역성도 확보할 수 있을 것이다. 안동은 이 탐방로를 통해 역사 교실로 다시 태어날 수 있으리라. 동·서문로는 안동 도심 안쪽의 동서방향 길 중에서 가장 넓지만, 인도를 포함해도 그 폭이 15m에 불과하다. 이는 안동 규모의 도시에서 콘텐츠를 연결하는 가로로서 좁지도 넓지도 않은 딱 알맞은 폭이다.

'시간의 회랑'이 만들어지면 사람들은 동문로에서 태사묘로 움직여갈 것이다. 태사묘에서는 항렬 논쟁 대신 고창전투의 입체 애니메이션 음향이 울려 퍼진다. 그리고 이어서 '영남만인소(嶺南萬人疏)' 편이 상영된다. 고종 18년(1881), 영남 유생들이 태사묘 숭보당(崇報堂)으로 속속 모여들어 정부의 개화정책에 반대하며 위정척사(衛正斥邪)를 주장하는 상소에 대해 논의하는 장면에 모두들 숙연해진다. 태사묘에 유생들이 넘쳐나자 자리를 안동향교로 옮겨 밤늦게까지 토론이 이어진다. 곧이어 퇴계의 11세손인 이만손이 중심이 된 수백 명의 유림들이 정부정책을 규탄하고 척사를 주장하는 상소를 올리는 장면이 방문객들을 사로잡는다.

'시간의 회랑'을 걷다가 피로를 느끼면 남쪽으로 한두 블록 내려와 중앙로나 그 남쪽 안동 구시장 또는 번영길의 어느 가게에 들러 살얼음을 살짝 얹은 안동식혜를 한 잔 마시면 된다. 제대로 식사를 하려면 '시간의 회랑' 중간쯤을 직각으로 관통하는 음식의 거리로 잠깐 빠져도 좋다. 저녁때라면 마음 놓고 안동소주를 맛볼 수 있으리라. 원나라가 일본 정벌을 준비할 때 안동에 주둔시킨 군사들에게 소주를 공급하면서 만들기 시작한 안동소주를 무형문화재인 조옥화 할머니가 이어가고 있다. 91세의 노련한 손끝에서 빚어진 45도의 안동소주는 국내 민속주 중 최고 도수의 술답지 않게 부드러운 향과 조용히 잦아드는 맛으로 도시 방문자의 피로를 씻어줄 것이다. 정 피로가 안 풀리면 쌀과 보리의 만남, 이른바 '바이오주'를 한 잔 하면 된다. 쌀로 만든 안동소주에 보리로 만든 맥주를 혼합한, 지역성이 분명한 폭탄주다.

임청각에서 숙박이 가능하니 모텔에 실증난 사람들은 아이들과 함께 한옥에서 한번 묵어보는 것도 좋겠다. 1515년에 건립된 임청각은 현존하는 가장 크고 오래된 전통한옥 가운데 하나이다. 석주 이상룡의 생가이기도 한 임청각에는 독립운동에 대한 이야기도 많이 담겨 있다. 이렇게 도심 인근의 콘텐츠를 갖춘 한옥에서 숙박하는 것도 뜻깊은 경험이다.

시장이 새해 첫날 시민들과 일출 광경을 바라보며 만세를 부르는 도시는 많아도, 정월 대보름 밤 800살의 부신목(府神木) 앞에서 도시의 안녕을 비는 제사를 올리는 도시는 드물다. 이것이 다른 도시에서는 따라 할 수 없는 안동만의 차별성 있는 풍속, 요즘 말로 콘텐츠다. '시간의 회랑'은 안동의 도시 공간에 펼쳐진 콘텐츠를 구슬 꿰듯 엮어내어 '정신문화의 수도'로서 그 진면목을 보여줄 것이다.

안동을 떠나면서 "구슬이 서 말이라도 꿰어야 보배"라는 말이 생각났다. 여러 번 이 도시를 답사하면서 오래되고 예쁜 구슬을 이렇게 많이 가진 도시가 또 있을까 싶었다. 그리고 아직도 많은 구슬이 도시 어딘가에 묻혀 있을 거라 생각하니 안타까움이 더했다. 그 구슬들을 하나하나 찾아내서 '시간의 회랑'으로 꿰어 안동이 우리 모두의 보배가 되는 날을 그려본다.

근대기에 우리 사회는 역사와 문화의 소중한 구슬들을 찾아 세상에 드러내는 일을 소홀히 했다. 그 반작용일까, 밀린 숙제를 하룻밤 새에 하려는 아이처럼 21세기의 우리는 너무 서두른다. 그러나 우리가 보배로 만들고 싶은 이 도시는 천년의 역사를 가진, 아주 오래되고 느린 도시임을 잊지 않아야겠다.

4

역사의 무게를 이겨낸 도시 공간의 봄

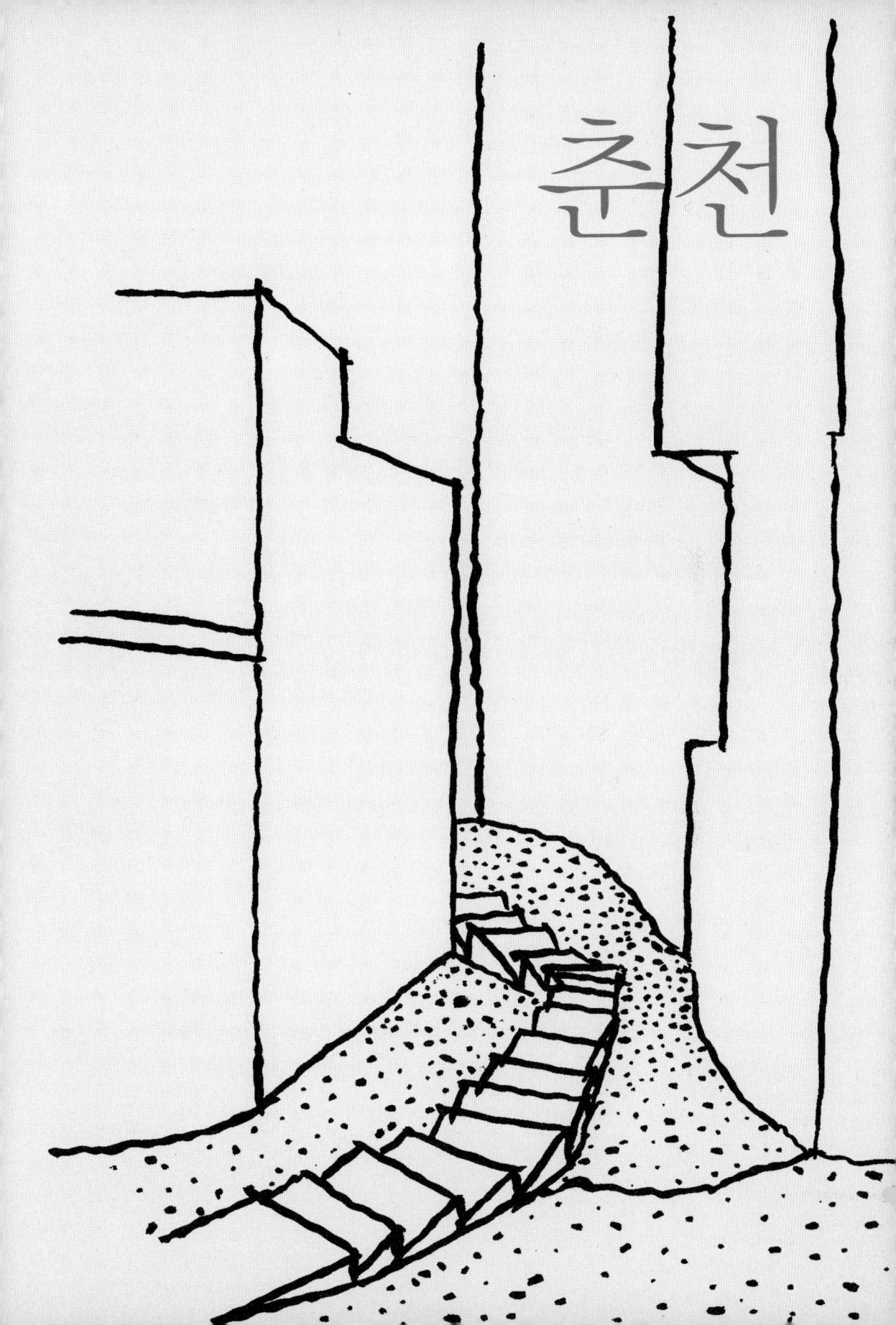

빼어난 산수, 유구한 역사

한반도 중앙에 자리 잡은 춘천(春川)은 강원도청 소재지다. 강원도는 태백산맥 대관령을 중심으로 그 동쪽인 영동과 서쪽인 영서로 나뉜다. 역사적으로 영동의 중심 도시가 강릉과 삼척이라면, 영서의 중심 도시는 원주와 춘천이었다.

춘천은 고려 태조 23년(940)부터 춘주(春州)로 불렸고, 그 이전에는 우수주(牛首州), 우두주(牛頭州), 수약주(首若州), 삭주(朔州: 통일신라 9주의 하나), 광해주(光海州) 등으로 불렸다. '춘천'이라는 이름은 조선 태종 13년(1413)에 8도 체제를 완성할 때 생겼다. 1895년, 원주에 있던 강원감영이 춘천으로 이전하고 다음 해 8월 춘천에 관찰부가 설치되면서 춘천은 강원도 행정의 중심 도시가 되었다.

춘천이 언제 도시의 모습을 갖추었는지는 명확지 않지만, 늦어도 고려 때에는 봉의산을 배경으로 이곳에 고을이 형성되었을 것으로 추정된다. 춘천 시가지에 남아 있는 고려시대의 뚜렷한 흔적은 강원도청 서쪽 야산 너머에 있는 춘천 7층석탑(보물 제77호)이다. 2층 기단이 7층 탑신을 받치고 있는 이 석탑은 고려 중기에 만들어진 것으로 보인다.

남아 있는 자료로는 춘천의 19세기 모습까지 거슬러 올라갈 수 있다. 먼저 다산(茶山) 정약용(丁若鏞, 1762~1836)이 1823년의 춘천을 기록한 《산행일기(汕行日記)》를 보면, 당시 춘천은 산수가 빼어나 벼슬에서 물러난 사람들이 은거하는 지역이라는 이미지를 가지고 있었다. 다산은 도호부사가 임기를 채우지 않고 떠날 정도로 피폐한 춘천의 실상을 묘사하면서도, 춘천 지역 산수의 아름다움을 "이루 다 표현해낼 수 없다"라고 고백했다.

1872년에 발간된 춘천의 옛 지도는 19세기 춘천의 공간을 잘 보여준다. 이 지도와 현재의 도시 공간을 비교하면 지난 140년 동안의 변화를 파악할 수 있다. 이 지도에는 진산(鎭山: 읍을 뒤에서 보호해주는 큰 산)인 봉의산과 소양강, 북한강, 공지천으로 둘러싸인 춘천부 상황이 잘 그려져 있다. 성벽은 보이지 않는데 강원도에서 대도호부가 있던 강릉과 도호부가 설치된 춘천, 양양, 삼척, 회양, 철원 중에서 춘천과 회양에만 성벽이 없었다. 두 곳은 왜구들이 출몰하는 해안의 위험성을 태백산맥이 막아주기 때문인 것 같다. 게다가

옛 춘천 지도
① 봉의산
② 성황당
③ 소양강
④ 객사
⑤ 문소각
⑥ 교궁(향교)
⑦ 신연강(북한강)
⑧ 사단(사직단)
⑨ 장대(場垈)
⑩ 공지천

1872년, 서울대학교 규장각 소장.

춘천은 강과 산이 도시의 경계를 이루고 있으니 굳이 성벽을 쌓을 필요가 없었다. 다만, 봉의산 위쪽에 돌로 산성을 쌓아 방어체계를 갖추었다. 이 산성은 1253년 몽골 5차 침략 때의 격전지이며, 한말에 의병을 일으켰을 때 기의제(起義祭)를 올린 곳이기도 하다.

봉의산에는 도시의 수호신인 성황신에게 제사 지내는 성황당이 있고, 그 산자락 곧 현재의 강원도청 주차장 자리에 객사인 수춘관(壽春館)이 있었다. 원래 세곡을 쌓아두던 사창청(司倉廳)이 있었으나 임진왜란 때 불타버려 선조 34년(1601)에 부사 허상이 수춘관을 건립했다. 객사는 구한말에 큰 화재로 흔적도 없이 타버렸고 그 자리에는 6·25전쟁 전까지 춘천경찰서가 있었다. 일제강점기에는 봉의산 중턱, 지금의 세종호텔 자리에 신사(神社)가 세워졌다.

객사 아래로 내아, 그 동쪽에 동헌, 서쪽에 문소각(聞韶閣)이 있었다. 문소각은 청나라가 다시 침입해올 것에 대비해 인조 24년(1646)에 부사 엄황이 건립한 왕의 피난처이다. 고종 27년(1890)에 춘천 유수(留守) 민두호가 왕명으로 문소각을 확장·개축하여 춘천 이궁(離宮)으로 조성했으나 1916년에 불타버려 그 자리에 강원도청사를 건립했다. 그러나 그 청사 역시 6·25전쟁 때 불타고 1957년에 서양 고전건축을 흉내 낸 현재의 도청 건물이 들어섰다.

그 앞으로는 여러 관아 건물들이 있었다. 서쪽 멀리, 지금의 중앙초등학교 자리에는 사단(社壇), 곧 사직단이 있었다. 교궁(校宮)이라 표시된 향교는 관아에서 동쪽으로 조금 벗어나 있다. 궁궐(여기서는 왕권을 상징하는 객사) 왼쪽에는 왕의 조상을 모시는 종묘(여기서는 향교)를, 오른쪽에는 사직을 두는, 중국 고대의 도시 배치원리인 '좌묘우사(左廟右社)'를 따른 것이다.

관아 건물 앞으로는 민가가 밀집해 있었다. 도청 앞, 현재의 적십자 강원지사 부근에서 중앙로 로터리 사이는 서울의 종로처럼 관용물품을 대는 육의전(六矣廛) 길이었다.

주거지 외곽에는 장터(場垈)가 있었는데, 과거 춘천읍에는 2일과 7일에 장이 섰다. 장시는 근대기에 상설시장으로 바뀌어 오늘까지 '중앙시장'이라는 이름으로 많은 도시에서 명맥을 유지하고 있다. 춘천 읍내장 역시 1930년대에 제일공설시장으로 바뀌었는데 그것이 오늘날의 춘천 중앙시장이다.

지금도 산과 강은 140년 전 지도 그대로이다. 도시의 방향도 여전하다. 지도는 북동쪽을 위로 하여 북동-남서축을 기준으로 그려졌는데, 이는 현재까지 중심 도로 역할을 하는 중앙로의 방향과 동일하다. 그러나 지금 옛 지도에 있는 건물들은 대부분 흔적조차 남아 있지 않다. 1916년에 문소각이 불에 타고 정문인 조양루(朝陽樓)와 내삼문인 위봉문(威鳳門)만 남았는데 조양루는 우두산으로 옮겨졌다. 위봉문은 조양루 자리로 갔다가 1955년에 도청 뒤로, 그리고 1972년에 지금의 도청 앞 길가로 다시 옮겨졌다. 이리저리 옮겨 다녀서 그런지 문의 비례가 영 어색하다.

오늘날의 춘천 도심 지도

도시 한쪽이 의암호에 면해 있어 호반의 도시라 불리는 춘천 곳곳에는 강과 호수를 따라 산책, 데이트, 드라이브 코스가 있다. 춘천의 강과 호수는 한수산, 전상국, 이외수, 홍상수 등 여러 예술가들이 만든 문학작품과 영화의 무대가 되었다. 이렇게 우리에게 호반의 도시, 낭만의 도시로 알려진 춘천은 근래에 '축제의 도시'라는 또 하나의 이미지를 얻었다. 이곳에서는 해마다 5월이면 열리는 국제마임축제를 시작으로, 아트페스티벌·국제인형극제·국제연극제·소양강문화제·국제만화축제 등 많은 축제가 줄을 잇는다. 춘천은 이제 축제의 도시가 되었다.

그중 국제마임축제는 춘천을 대표하는 축제이자 성공한 축제의 대명사이다. 그것은 2007년부터 지금까지 문화체육관광부 최우수축제로 지정되었고, 영국 런던, 프랑스 미모스(Mimos) 마임축제와 함께 세계 3대 마임축제로 꼽힌다. 국내에서 마임이라는 장르를 개척한 유진규 씨가 생활 근거지를 춘천으로 옮기고 예술 감독으로서 이 축제를 총괄하고 있다. 그밖에도 여러 문화예술인들이 속속 춘천에 둥지를 틂으로써 춘천의 문화적 잠재력은 더욱 커지고 있다. 이렇게 춘천에서 유독 축제가 성공하고, 예술가들이 이 도시를 찾아오는 것은 왜일까? 과연 이 도시에 예술가들의 감성을 사로잡는 어떤 매력이 있는 것일까? 또한 도시 공간은 어떻게 축제의 무대가 되고 있을까?

축제가 있는 도시에서는 시민들이 잠시나마 일상의 팍팍함을 잊고 그 도시에 산다는 기쁨을 누리리라. 도시 공간도 기쁨에 넘친 시민들의 활기로 생명력을 얻는다. 그래서 춘천에서는 적막하고 생기 없는 지방도시의 모습이 아니라 살아 있는 도시 공간을 기대한다. 축제의 도시 춘천을 거닐며 도시 공간은 무엇으로 살고, 또 무엇 때문에 죽는지 생각해보자.

물의 도시

1980년대에 서울에서 대학을 다닌 내게 춘천은 대성리·청평·가평·강촌으로 이어지는 엠티 코스의 종점, 강자갈이 선명하게 드러나는 북한강 맑은 물줄기가 유래하는 곳으로 기억된다. 그때 주말 경춘선 열차는 남녀 대학생들을 가득 실은 피난열차 같았다. 깨끗한 물가에서 해방감을 맛보고 민박집에서 고민을 토로하며 밤샘한 대학 시절, 아직 생생한 그때의 기억을 떠올리다 보면 문득 그 시원한 강물을 흘려보내준 도시가 궁금해진다.

춘천의 지형도를 보면, 한 지역을 산들이 에워싸고 그 안에 두 줄기의 강이 흘러들어와 만난다. 일찍이 사람들이 모여들 만한 곳이다. 이중환(李重煥, 1690~1752)은 《택리지(擇里志)》에서 강가에 살 만한 곳으로 평양 외성 다음으로 춘천을 꼽았다.

> 춘천의 우두촌(牛頭村)은 소양강 상류에 두 가닥 물이 옷깃처럼 합류하는 그 안쪽에 위치하였다.⋯⋯ 비록 두메 복판이나 멀리 펼쳐져서 시원하고 명랑하며, 또 강 하류에는 배가 통하여 생선과 소금의 이익이 있다. 주민은 장사를 하여 부유하게 된 자가 많고, 맥국(貊國) 때부터 지금까지 인가가 줄지 않았다.[2]

춘천 도심 전경 앞으로 브라운5번가의 옥상이 보이고 멀리 춘천의 진산인 봉의산이 솟아 있다. 봉의산 자락의 흰색 도청 건물로 중앙로가 이어진다. 왼쪽으로 소양강이 살짝 보인다.

역사적으로 춘천은 북한강 유역의 최대 거점도시였으며, 조선 초기에는 소양강창이 설치되어 물자의 집산지 역할을 했다. 소양강창은 배를 이용해서 세곡을 한양으로 운반하는 중간 창고였다. 북한강은 춘천 지역에서 모진강이라 불렸는데, 모진나루터는 서울에서 올라오는 소금배가 도착하고 특산물을 실은 배가 서울로 떠나는, 교통의 요지였다. 배로 교역을 하는 상인, 곧 선상(船商)들은 북한강 수로를 이용해 목재나 땔나무와 숯을 한양에 내다 팔고 소금을 사들였다. 조선 초기 한양에서 궁궐이나 주요 건물을 짓는 데 이용된 목재는 대개 강원도에서 운반된 것들이다. 조선 초기까지는 도로가 구비되지 않아 대량의 물품은 수운을 이용하는 것이 보통이었다. 따라서 선상들의 활동이 활발했던 춘천은 한양의 배후도시 같은 역할을 했다.

춘천 시가지는 삼면이 물로 둘러싸인 반도같이 생겼다. 소양강이 시가지의

소양정에서 본 소양강 춘천 시가지는 삼면이 물로 둘러싸인 반도같이 생겼다. 소양강이 시가지의 북쪽 경계를, 신연강이 서쪽 경계를 이룬다.

북쪽 경계를, 신연강이 서쪽 경계를 이룬다. 신연강이란 춘천 시가지 서쪽 의암호에서 소양강과 북한강이 합쳐진 이후의 강줄기를 말한다. 지금은 도시 구역이 확장되어 상황이 좀 달라졌지만 과거에는 남쪽 또한 공지천이 경계였다. 오래 전부터 춘천은 이 강들을 사이에 두고 시가지와 교외로 나뉘어 발달했다. 퇴계 등을 모셨던 신북읍 용산리의 문암서원터, 서면 신매리의 도포서원터, 서면 방동리의 신숭겸(申崇謙, ?~927) 장군묘와 고구려 고분(신숭겸 장군묘 남쪽에 있는 2기의 무덤), 중도 유적 등 오래된 유적은 대개 시가지의 강 건너 또는 강의 섬에 있다. 드라마 〈겨울연가〉의 촬영지로 각광을 받은 중도는 신석기부터 철기에 이르는 선사 유적이 널린 곳이다. 중도와 위도는 신연강을 막아 의암댐을 만들면서 춘천 시가지 서쪽과 북쪽에 있던 야산들이 물 안에 갇혀 탄생한 인공섬이다.

춘천에는 물가의 공공공간인 수변공간이 많다. 공지천이 의암호와 합류하는 지점도 그런 곳인데 춘천의 명소로 알려져 있다. 이곳에는 에티오피아 참전비와 참전기념관이 있다. 1968년에 현재 위치 인근에 참전비를 세웠고, 2007년 3월에 참전기념관이 문을 열었다. 6·25전쟁이 발발하자 에티오피아는 아프리카대륙에서 유일하게 6,037명의 지상군을 파견했고, 춘천 인근의 양구·화천·철원 등지에서 전투에 참가했다. 에티오피아 참전비가 세워질 때 그 나라 특산물인 커피를 알리고자 누군가 '이디오피아'라는 커피숍을 열었는데, 이곳에 에티오피아 국왕도 다녀갔다고 한다. 공지천 쪽으로 전체 창을 내어 강물이 시원히 바라보이는 '이디오피아' 커피숍은 젊은이들의 발길이 끊이지 않는 명소이다.

그런데 20세기 후반부터 이 물의 도시가 물에서 멀어져갔다. 그리고 도시의 성격이 변하기 시작했다. 이미 신연강에 있던 나루터는 더 이상 춘천의 관문이 아니었다. 이제 사람들은 배가 아니라 기차와 자동차를 타고 이 도시로 들어온다. 물을 다스리려고 건설한 청평댐(1939), 화천댐(1940), 춘천댐(1965), 의암댐(1967), 그리고 소양강댐(1973)이 나루터와 뱃길을 꿀꺽 삼켜버렸기 때문이다. 게다가 6·25전쟁 이후에는 '캠프 페이지(Camp Page)'라는 미군부대가 신연강과 춘천 시가지 사이를 다 차지해버려 도시 공간이 물가로부터 철저히 분리되었다. 그래서 교외에서 도시로 오는 뱃길마저 끊겼다. 얼마 전까지만 해도 봉의산에 올라 배도 오지 않는 강 쪽을 한참 동안 바라보면 국가보안법의 처벌을 감수해야 했다. 군사시설을 염탐하는 행위로 오인되었기 때문이다. 이렇듯 지난 반세기는 춘천에서 물을 앗아간 세월이었다.

물길로 도시에 닿을 수도 없고 도시 공간 안에서 물을 만날 수도 없지만 사람들은 여전히 춘천을 물의 도시라고 생각한다. 그리고 낭만을 떠올리며 춘천을 좋아한다. 도시 가까이에 여러 개의 댐이 있어서 그런가 보다. 물의 도시를 좋아하는 것은 우리 모두 어머니의 양수 속에서 삶을 시작했기 때문일지도 모르겠다.

사람들의 발길을 이끄는 마당과 경사진 길

춘천 도심에는 마당이 많다. 물론 오래된 동네인 기와집골의 한옥들은 집집마다 안마당을 두고 있지만, 집 담 밖에 있어 도시의 공적인 활동에 쓰이는 마당도 많다. 여기서는 그런 개방된 마당만을 이야기하려 한다.

흔히 말하는 도시의 '오픈 스페이스(open space)'에 해당하는 춘천 도심의 마당들은 크기, 모양, 높이, 성격이 모두 제각각으로 대부분 부정형(不定形)이다. 사각형 마당은 주거지의 경사진 골목에서 바로 올라갈 수 있는 옥상에나 있다. 바로 우레탄 방수를 한 녹색 마당이다. 물론 남의 집 옥상을 마음대로 올라가서는 안 되겠지만, 골목과 옥상을 나누는 어떤 장치도 없는 것을 보며 이런 옥상들을 공동공간으로 활용하면 좋겠다는 생각을 했다.

옥상이 아닌 네모반듯한 마당으로는 브라운5번가 프리머스영화관 앞의 마당이 있다. 이것이 춘천 도심에서 가장 너른

옆에서 바라본 프리머스영화관 앞 광장 춘천 도심에서 가장 너른 공적인 마당이다. 건물 앞에 무대가 놓여 주말마다 상설공연이 열리고, 사람들은 광장 앞의 두 갈래 골목을 통해 모여든다.

공적인 마당인데 광장이라고 할 만하다. 브라운5번가는 2005년에 도심의 경사지를 쇼핑몰로 재개발한 곳인데, 우리의 재개발 여건상 이렇게 너른 마당을 두기는 쉽지 않았을 것이다. 크기도 적당하고, 공간의 폭과 건물 높이가 비슷해 폐쇄도도 적당하다. 건물 앞에 무대가 놓인 이 마당에서는 주말마다 '토요문화광장'이라는 상설공연이 열린다.

시청 앞 피카디리극장의 앞마당은 삼각형으로 좀 작다. 이 마당은 주변 길보다 높아서 가장자리에 난간을 설치했다. 그리고 재미있게도 가운데에 우물이 있다. 브라운5번가로 올라가는 가게 앞 작은 마당에도 난간을 설치했고, 바닥에 쪽 널빤지를 깔아 부드러운 분위기를 풍긴다.

약사동 '기대수퍼' 뒤쪽 비탈진 골목과 마당 비탈진 골목에서 집으로 들어가는 대문 앞에 작은 마당을 두고 가장자리에 꽃들을 심었다. 이런 마당은 도시 공동체를 지지해주는 공간이다.

    그밖에도 비탈진 골목에서 집으로 들어가는 대문 앞에 작은 마당을 둔 집들이 많다. 아무리 작은 마당이라도 가장자리에 맨드라미, 국화, 해바라기 같은 꽃들을 심었다. 밖에서 화가 났더라도 아름다운 꽃을 보면 즐거운 마음으로 집으로 들어갈 수 있으리라. 또한 이런 마당에서는 이웃 사람들과 자연스럽게 만나 대화를 나눌 수 있다. 그래서 이런 마당은 도시 공동체를 지지해주는 공간이다.

    도심 곳곳에 널린 마당을 경사진 길들이 이어주어 마당과 길의 그물이 만들어졌다. 마당은 사람들의 흐름이 모여드는 저수지와 같고, 그곳으로 사람들의 발길을 이끄는 골목들이 모인다. 이렇게 사람들이 흐름으로써 도시는 살아 있게 된다. 그리고 살아 있는 가로만이 도시 문화를 지속시키고 발전시킨다. 시들고 죽어가는 가로는 잘해야 도시를 집단 하숙촌으로 만들 뿐이다. 살아 있는 가로는 시민들에게 도시는 단순히 먹고, 자고, 돈을 버는 곳이 아니라 자신과 관계를 맺고 있는 이웃들이 함께 사는 큰 '동네'라는 생각을 갖게 한다. 도시 공동체를 느끼게 해주는 장소인 것이다.

춘천에서는 잘 계획되고 준비된 축제들을 통해 가로의 존재 의미를 확인할 수 있다. 춘천에는 사람들이 모일 수 있는 다양한 크기의 공공공간이 많아 축제를 위한 공간적인 토대가 갖추어져 있는 셈이다. 피카디리극장 앞의 삼각형 마당, 브라운5번가의 길과 광장, 춘천예술마당의 마당 등 곳곳에 도시 활동의 무대가 있어 축제가 건물 안에 갇히지 않고 도시를 활기차게 해준다.

그중 도청과 향교 사이에 있는 춘천예술마당은 최근에 조성된 도시 예술의 중심지다. 1955년 이곳에 춘천중앙교회가 지어졌는데, 교회가 이전하면서 2000년 말부터 교회 건물을 춘천미술관으로 사용하기 시작했다. 그런데 교회 창문을 너무 거칠게 막아서 이 건물이 미술관이라 짐작하기 어려운 것이 아쉽다. 춘천미술관 뒤에는 1998년에 들어온 '마임의 집'이 있고, 그 옆 높은 곳에 특이한 조형의 '봄내극장'이 있다. 그리고 세 건물 사이에는 크지 않은 마당이 있어 문화활동의 무대가 된다.

춘천의 대표적인 축제인 국제마임축제는 '마임의 집'을 비롯해 춘천예술마당, 봄내극장, 춘천문예회관, 춘천인형극장, 춘천평생교육정보관, 고슴도치섬, 브라운상가, 명동, 공지천, 강원대, 한림대 등 도시 전역을 무대로 삼는다. 또한 실내와 거리공연이 동시다발로 열려 시민, 관객들이 함께 어우러진다. 도시마다 시시한 축제들이 널브러진 시대에 이 축제가 나의 관심을 끄는 것은 공연장에 스스로를 가두지 않고 도시 공간 곳곳을 다양하고 재미있게 사용하기 때문이다. 도심의 가로와 마당, 어린이회관, 시청, 향교, 섬, 대학, 병원, 아파트단지, 건물 앞, 그곳이 어디든 이 축제는 도시 공간을 생기 넘치는 문화공간으로 탈바꿈시킨다. 춘천 국제마임축제는 마을 곳곳을 찾아다니며 사람들의 참여를 이끌어내는 전통 풍물의 방식을 잇고 있다. 이렇게 서양 예술공연이 갖는 폐쇄성을 극복함으로써 마임은 대동적인 한국의 예술이 되었고, 일반 대중은 마임이라는 예술에 더 가까이 다가갈 수 있게 되었다.

도시의 자연: 망대 아래 마을

우리의 역사도시를 거닐면서 도시 영역 안에 여전히 아름다운 자연이 존재하는 것을 보면 참으로 기분이 좋다. 20세기 후반의 무분별한 재개발로 많이 사라지긴 했어도 지방 중소도시 곳곳에는 여전히 자연이 살아 숨 쉬고 있다. 그런데 우리 역사도시를 잘 살펴보면 아름다운 자연 못지않게 즐거움을 주는 공간이 있다. 오랜 시간을 두고 사람들이 모여 살면서 가꾸어온 주거지가 바로 그런 곳이다. 그곳에는 자연지형과 오래된 나무들, 때로는 작은 숲이 그대로 남아 있다. 그리고 함께 모여 사는 사람들의 공동체가 유지되고 있다. 이렇게 자연과 함께 사람들이 어울려 사는 곳을 '마을'이라 부를 수 있으리라. 그것이 도시 안에 있으니 '도시 마을'이라고 부르면 좋겠다. 도시 마을은 인간이 자연조건을 잘 이용해 만든 또 하나의 자연이다.

사회생태학을 개척한 머리 북친(Murray Bookchin, 1921~2006)은 도시 마을과 같이 인간화된 혹은 사회화된 자연을 스스로 존재하는 1차 자연(first nature)과 구분하여 2차 자연(second nature)이라고 불렀다. 도시에서는 1차 자연은 물론 2차 자연도 거주의 중요한 조건이며 매력이다.

그러면 이제 춘천의 도시 마을로 들어가보자. 나는 5년 넘게 춘천을 답사하면서 주로 도심을 집중적으로 살폈다. 그때 내가 설정한 도심의 남서쪽 경계는 약사고갯길이었다. 1960~70년대 내 어린 시절 마을의 경관을 간직한 약사고갯길을 몇 번이고 오르내렸지만 그 서쪽으로 더 이상 가볼 생각은 하지 않았다. 그런데 약사고갯길과 그 서쪽 춘천초등학교 사이 언덕에 20세기 전반, 근대 시기에 조성된 주거지가 있음을 뒤늦게 알았다.

뒤에 우연히 화가 박수근(1914~1965)과 조각가 권진규(1922~1973)가 1930년대 말에 그 동네에 살았다는 이야기를 듣고 아차 하는 생각이 들었다. 이중섭과 함께 한국 근대미술의 거장으로 꼽히는 두 사람, 공교롭게도 모두 쉰둘의 이른 나이에 삶을 마감한 이들은 춘천에서 예술의 꿈을 키웠다. 그들이 젊은 시절 살았던 공간, 그들이 예술의 꿈을 키운 공간은 어떤 곳일까? 이런 궁금증으로 아침 일찍

약사고갯길 1960~70년대 분위기를 간직한 언덕길이다. 왼쪽 고갯길 너머 망대 아래 마을에는 자연과 공동체가 살아 있는 주거지가 있다.

춘천으로 달려와 드디어 약사고갯길 너머를 답사한 것은 2011년 9월 21일, 내가 만으로 오십 고개를 막 넘길 때였다. 그날 아침 일찍 서울-춘천고속도로를 달리는데 문득 서정주의 〈일요일이 오거던〉이 떠올랐다. 이 시는 전날 밤 두 분의 평전을 읽느라 잠을 설쳐 작아지기만 하는 내 눈을 "아조 다 깨여" 주었다.

> 일요일이 오거던
> 친구여
> 인제는 우리 눈 아조 다 깨여서
> 찾다가 놓아 둔
> 우리 아직 못 찾은
> 마지막 골목길을 찾아가 볼까?……
> ―서정주, 〈일요일이 오거던〉 중에서[3]

망대 아래 마을의 좁고 비탈진 골목 거미줄처럼 얽혀 있는 다양한 골목들로 도시 마을이 하나의 공간 조직을 이루었다.

    그곳은 춘천에 있는 가장 훌륭한 2차 자연이었다. 가장 높은 지점에 일제강점기에 세운 화재 감시탑인 망대가 우뚝 서 있다. 그 옆에는 ㅅ자 모양으로 조금 큰 길이 나 있고 그에 면해 빨간 벽돌로 지은 2층 양옥이 있다. 이 동네의 낮은 곳에서 높은 곳을 향해 걷다 보면 만나게 되는 이 양옥의 1층은 '기대수퍼'인데, 서로 기대고 살자는 뜻에서 그런 이름을 지었다고 한다.
    이 망대 아래 마을에는 망대길과 약사길의 갈래들이 거미줄같이 얽혀 있다. 조금 큰 길과 함께 고리를 이룬 골목, 두 큰 길 사이를 이어주는 골목, 그리고 어느 집 문간에서 끝나는 막다른 골목, 직각으로 꺾이는 골목, 동그랗게 돌아가는 골목, 완만하게 경사진 골목, 갑자기 뚝 떨어져 계단이나 경사로가 이어주는 골목 등 다양한 골목들이 만들어낸 매우 흥미로운 공간 조직이다. 골목들은 정감 어린 공간이지만 끊임없이 선택을 요구한다. 특히 이 동네에는 다른 곳에서 보기 힘든 직각으로 꺾이는 골목이 많아 누군가를 갑자기 마주칠 수 있다는 긴장감이 감돌

망대와 마을의 ㄱ자형 집들 근대기에 조성된 주거지로, 비슷한 규모와 모양의 집들이 조화를 이루고 있다. 가장 높은 지점에 일제강점기에 세워진 망대가 우뚝 솟아 있다.

기도 한다.

    이 마을 집들은 박수근의 〈여일(麗日)〉에 나오는 집처럼 ㄱ자형으로 다들 고만고만한 크기이다. 유독 하늘 높은 줄 모르고 높은 곳에서 거친 조형을 드러낸 '하늘카페'만이 이 도시 마을의 질서를 전혀 이해 못하고 있는 듯하다. 과거에는 대부분 〈여일〉의 집처럼 한식 기와집들이었을 텐데, 지금은 지붕 재료가 시멘트 기와나 슬레이트 혹은 함석으로 바뀌었다. 향에 관계없이 낮아지는 쪽에 마당을 둔 집들이 팔을 벌리고 있다. 그래서 동서남북 어느 방위에서든 낮은 곳에서 망대 쪽을 올려다보면 ㄱ자집들이 중첩되는 풍경이 펼쳐진다. 집들이 남향을 고집했다면 이런 율동적인 모습을 볼 수는 없었을 것이다. 남향 일색으로 지어지는 아파트와 달리 이렇게 향보다 자연지형을 우선 따르는 것이 한국 건축의 중요한 전통이다.

이 마을 거의 모든 집에는 사자 얼굴 모양의 손잡이가 달린 철제 대문이 있다. 그러나 집들은 모두 자신이 되고 싶어 한다. 그래서 대문의 색깔만은 옆집과 다르다. 조선시대 신분사회 마을에서는 솟을대문으로 거주자의 신분을 나타냈지만, 근대의 평등한 도시 마을에서는 대문 색깔로 거주자의 개성을 드러냈다. 망대 조금 북쪽에는 네 집이 같이 사용하는 막다른 골목이 있다. 대문은 두 집씩 붙어 있는데, 안쪽부터 회색·검정, 적갈색·녹색이다. 옆집 대문과 명도대비 혹은 보색대비를 이루어 자신의 존재를 뚜렷이 나타내고 있다. 지붕에도 개성이 드러나 있다. 지붕 재료가 안쪽 두 집은 슬레이트, 바깥쪽 두 집은 함석인데, 색은 흰색·회색, 하늘색·검정색으로 각각 다르다. 예나 지금이나 대문과 지붕은 사는 이의 존재를 드러낸다.

그런데 이렇게 매력 넘치는 도시의 2차 자연을 돌아보면서 갑자기 불길한 예감이 밀려온다. 머지않아 이곳도 재개발되지 않을까 하는 걱정이다. 삶터를 부동산 가치로만 판단하는 우리 사회에서 2차 자연을 이루는 1~2층의 주택들은 고층 아파트를 당해낼 수 없다. 아니나 다를까 약사고갯길에서 망대 아래 마을로 접어드는 어귀에 재개발조합 설립이 승인되었음을 알리는 현수막이 내걸려 있다. 최근 고층아파트 재개발 사업성이 크게 낮아져서 그나마 마음이 조금 놓이긴 하지만, 망대 아래 마을이 재개발의 그늘에 드리운 인간의 탐욕으로부터 얼마나 버틸지 걱정이다.

망대 아래 마을과 같은 도시 공동체가 아니면 약사고개도, 망대고개도, 나무들도 지킬 수 없다. 북친과 같은 사회생태학자들은 말한다. "자연환경과의 지속적인 균형을 보장해주는 인간 공동체의 창출 없이 인간과 자연의 조화는 불가능하다." 만일 이곳이 재개발되어 거미줄처럼 얽힌 골목과 오래된 나무와 집들이 사라진다면, 그런 기억상실의 도시에서 오래된 재미와 이야기, 또 박수근과 권진규 같은 예술가들의 자취를 찾아낼 수 있을까?

망대 아래 마을엔 박수근과 권진규가 없다

통영에 이중섭이 있다면 춘천에는 박수근과 권진규가 있다. 박수근이 스물두 살 때인 1935년 그의 어머니가 유방암으로 작고한 뒤 아버지마저 금강산으로 들어가고 6남매는 뿔뿔이 흩어진다. 그때 박수근은 춘천 망대 아래 마을에서 하숙을 하며 독학으로 그림 공부를 했다. 당시 춘천에서 '오약국'을 운영하던 오득영과의 인연으로 춘천에 온 것이 아닌가 한다. 오득영은 박수근이 양구공립보통학교를 다닐 때 그의 소질을 일찍이 알아본 은사다. 당시 강원도청 사회과장이었던 일본인 미요시(三吉)는 박수근의 그림을 팔아주고 개인전도 주선하는 등 큰 도움을 주었다. 1940년 평남도청으로 전근 가는 미요시의 사회과 서기로 채용되어 평양으로 떠나면서 박수근의 춘천 생활은 막을 내린다.

박수근의 춘천 시절은 극도로 어려운 생활에 가족들도 뿔뿔이 흩어진 외로운 시간이었지만 그림에 대한 열정은 오히려 더 뜨거웠던 것으로 보인다. 당시 춘천에서 박수근과 교유했던 이에 따르면, 박수근은 하숙비도 못 낸 채 방 안의 물 대접이 꽁꽁 얼어붙는 온기 없는 방에서 주린 배를 움켜쥐고 그림을 그렸다고 한다. 그런 열정과 노력으로 1936~1939년까지 해마다 조선미술전에서 입선을 하는 기염을 토한다. 당시 그는 봄을 소재로 한 작품을 많이 그렸는데, 대표작으로 아기 업은 아낙이 나물 캐는 모습을 스케치한 〈봄〉과, 이른 봄의 기와집을 그린 수채화 〈봄이 오다〉를 유화로 다시 그린 〈여일〉 등이 있다. 그 그림들은 각각 1937년과 1939년 조선미술전에서 입선했다. 그는 1950년대에도 〈춘일(春日)〉이라는 제목의 수채화와 유채화를 각각 한 편씩 그린다. 춘천이 봄의 도시였기 때문일까? 사계절이 뚜렷한 우리나라지만 사실 이름에 계절이 들어간 도시는 춘천뿐이다. 봄 춘, 내 천, 봄 내.

박수근은 1,070여 년 동안 봄의 도시로 불려온 춘천에서 따스한 인생의 봄을 맞는다. 해마다 상을 탔을 뿐 아니라 춘천을 떠나기 직전인 1940년 2월에는 춘천에서 여학교를 나온 김복순과 결혼한다. 박수근이 그림 다음으로 유명한 것은 아마 부부의 금슬일 것이다.

권진규는 춘천고보에 입학한 1938년부터 1943년 졸업 후 형 권진원을 따라 도쿄로 갈 때까지 5년 동안 춘천에 살았다. 1학년과 5학년 때는 기숙사 생활을 했고, 2학년부터 4학년까지 3년 동안은 망대 아래 어느 집에서 하숙을 했다. 권진규는 고보 시절 내내 우등생이었고 3·4·5학년 때는 각각 총대표, 급장, 기숙사 대표를 했지만 미술활동을 한 것 같지는 않다. 미술 성적도 중위권에 머물렀다.

통영을 작품으로 남긴 이중섭과 달리 박수근과 권진규의 작품에서는 춘천이 직접 등장하지 않는다. 그러나 박수근의 작품에서 자주 등장하는 길, 특히 골목은 그가 20대에 살았던 망대 아래 마을, 당시 약사리 골목이 영향을 주었을지 모른다. 그는 1950년대에 〈춘일〉, 〈골목안〉 등의 작품에서 도시 마을의 골목 풍경을 그렸다. 또한 그의 그림의 큰 특징인 화강암의 질감을 연상시키는 독특한 마티에르(재질감)는, 그가 20대 때 자주 보았을 고려시대 석탑인 춘천 7층석탑에서 영향을 받은 것인지도 모른다. 실제로 그는 "나는 우리나라의 옛 석물 즉 석탑, 석불 같은 데서 말할 수 없는 아름다움의 원천을 느끼며 조형화에 도입코자 애쓰고 있다"라고 늘 말했다. 박수근이 본 것은 지금처럼 6·25전쟁으로 손상되어 탑 꼭대기 머리장식이 모두 없어지고 지붕돌 네 귀퉁이가 거의 파손된 석탑은 아니었을 것이다.

그런데 박수근과 권진규는 도대체 어느 집에서 하숙을 했을까? 골목을 샅샅이 뒤지고 있는데 사자 얼굴 손잡이가 흔들리더니 나이보다 젊어 보이는 노부부가 자기 집 구경을 하라고 권한다. 급하게 경사진 골목에서 들어가는 집이다. 개조를 많이 해서 확인하기는 어려웠지만 100년 가까이 되어 보이는 도시 한옥으로, 지형이 낮아지는 방향인 남쪽과 서쪽으로 정원을 정성스럽게 꾸며놓았다. 2011년 당시 70세인 주인은 이곳 약사동에서 태어나 평생을 살고 있었다. 사양하는데도 커피를 내오는 그분들께 박수근과 권진규 얘기를 꺼냈으나 금시초문이라고 한다.

같은 골목을 네다섯 차례나 돌며 헤맸지만 박수근과 권진규의 흔적을 찾기는 어려웠다. 언젠가 추운 겨울날 통영에서 이중섭을 찾을 때와 비슷했다. 식당에서 점심을 먹으며 식당 아주머니에게 두 예술가의 옛 하숙집에 대해 물어보았다. 처음 듣는 이름이라고 한다. 늦은 점심이었지만 밥을 먹는 둥 마는 둥 하고 내 연구실로 전화해서 인터넷의 도움을 받으니 춘천평생교육정보관 부근에 안내판이 있다고 한다. 하지만 주변을 아무리 뒤져도 안내판은 좀처럼 보이지 않았다. 지나는 사람들에게 물어도 아무도 아는 사람이 없다. 심지어 약사명동 주민센터의 어느 직원은 "어? 내가 망대 있는 마을에 사는데, 본 적이 없는데……" 하며 나를 오히려 이상하게 쳐다본다. 주민센터를 나와 마침 학교가 파해 귀가하는 중학생들에게 물었다. "너희들 혹시 이 부근에서 박수근이나 권진규……", "저희 그런 애들 모르는데요." 녀석들 대답 한번 빠르다.

나는 이미 하숙집을 찾는 게 아니라 박수근과 권진규라는 하숙생을 찾고 있었다. 그들이 아직도 그 동네 어딘가에 꼭꼭 숨어 살고 있기나 한 듯. 마지막으로 좀 너른 길들을 차를 타고 돌아보았으나 소용이 없었다. 할 수 없이 포기를 하고 대전으로 돌아가려는데 왼쪽 담벼락에 작은 안내판이 보였다. 바로 춘천평생교육정보관 옆길 건너편이다. 서쪽 햇살에 빛이 바래 희미해진 그 안내판에는 중학교 미술책에도 나오는 권진규의 대표작인 〈지원의 얼굴〉과 함께, "한국 조각사의 별 권진규"라는 제목 아래 깨알 같은 글씨가 몇 줄 적혀 있었다.

나는 숨어 있던 하숙생을 찾아내기라도 한 듯 한편으로는 마음이 놓이면서도 정말 화가 났다. '어떻게 이렇게 개 콧구멍만 하게 붙여놓았는가?' 게다가 그 집이 하숙집이었다는 것이 아니라 그 동네 어디선가 하숙을 했다는 무책임한 내용으로. '그건 나도 알지…….'

그러나 왠지 곧 뿌듯해졌다. 적어도 그 두 분이 이 부근에서 살았다는 것만은 확인했으니. 그 두 예술가가 밟았던 땅을, 그들이 숨 쉬었던 공기를, 그들이 바라보았던 집들과 호박넝쿨, 해바라기 꽃과 대추나무를 이제 나도 바라보았으니…….

살아 있는 도시 가로: 명동길, 닭갈비골목, 중앙시장, 브라운5번가

춘천은 적어도 고려시대부터 지역의 중심지 역할을 했을 터이니 족히 천 년은 된 도시이다. 천 년이 된 도시라면 하루에 1mm의 이야기가 쌓였다 해도 365m의 산 같은 이야기가 쌓여 있으리라. 춘천의 진산인 봉의산(표고 300.7m)보다 높이 쌓인 도시의 이야기, 그 무게는 또 얼마나 될 것인가?

그러나 뜻밖에도 춘천에서는 역사의 묵직함이 느껴지지 않는다. 도청 앞길을 따라 관아를 복원하는 대신 단순한 가로등과 볼라드를 설치하고 세련된 디자인으로 단정하게 정비해서일까? 그게 아니면, 전주나 안동같이 오래된 집들이 도심에서 눈에 띄지 않기 때문일까? 그런 오래된 건물들이 모여 있는 곳은 기와집골인데 그곳은 도시의 중심에서 벗어나 있다. 도심에 있는 춘천향교는 춘천여고 담 뒤쪽 낮은 곳에 숨어 있어서 마치 그 학교의 예절관처럼 보인다. 중문루인 장수루(藏修樓)는 높은 굽의 구두 같은 주춧돌에 유리문을 달아 전통한옥이 아니라 근대풍 한옥이 되었다. 장수루를 포함해 춘천향교의 건물들은 한국전쟁 당시 불타버려 1960년에 다시 지은 것들이다.

춘천을 여러 차례 답사하면서 이 역사도시의 무게 혹은 케케묵은 우중충함을 도시 가로의 활력이 몰아내고 있음을 알게 되었다. 도시의 활기는 새로 조성된 신시가지로 옮겨가고 근래에 복원한 텅 빈 옛 관아가 도심을 차지하는 시들한 역사도시들과 달리, 이 도시는 생동감을 잃지 않고 많은 사람들의 인생행로에 여전히 이리저리 개입하고 있다. 말하자면 춘천은 역사도시이자 현대도시인 것이다.

춘천 도심의 중심축은 도청과 공지천교를 완만한 활꼴로 잇는 중앙로다. 1872년의 옛 지도에도 나오는 오래된 가로인데, 일제강점기에 와서 여기에 근대도시의 틀이 씌워진다. 1938년, 춘천읍 전역에 시가지 계획이 수립·시행되면서 중앙로 양쪽으로 한 켜의 공간이 격자형으로 정리되었다. 그러나 거기서 벗어나면 아직도 오래 전에 자연스럽게 만들어진 구불구불한 골목길 그대로다.

춘천 시가지의 공간적 중심인 중앙로 로터리는 각각 20m 폭이 넘는 큰길인 중앙로와 금강로가 만나는 오거리다. 도심 지향적인 방사상의 가로체계를 만들어내는 오거리의 존재는 도심에 대한 의존도가 높은 도시를 의미한다. 그러나 중앙로 로터리가 사람들 활동의 중심은 아니다. 이곳의 다섯 모퉁이 중에서 명동길 입구 쪽 두 곳을 제외한 세 곳에 있는 은행들이 그것을 말해준다. 도시가 활기를 띠

닭갈비골목 점심과 저녁 시간에 사람들을 모았다가 다시 도시로 내보내는 도시의 심장 같은 공간이다.

는 오후 4시 이후와 주말에 문을 닫는 은행은 가로의 활기에 찬물을 끼얹는 시설이다. 그것들은 중앙로 로터리 같은 도시의 중요한 결절점마저 텅 빈 공간으로 만들곤 한다.

 중앙로 로터리에서 은행이 없는 남쪽 모퉁이 방향으로 가면 춘천에서 가장 활기 있는 공간을 만난다. 그곳에서 중앙로와 나란히 난 길이 '명동길'이다. 서울의 명동에서 이름을 딴 이 길은 춘천에서 가장 번화한 상업가로다. 이 차 없는 거리는 언제나 젊은이와 관광객들로 활기가 넘친다. 직선으로 뻗은 7m 남짓 폭의 명동길 양쪽에는 3~4층 건물이 빈틈없이 채워져 있고, 바닥에는 정사각형 화강석이 단정하게 깔려 있다. 1층에는 주로 옷가게가 있고, 2층에는 커피숍 등 음식점이 많지만 다양한 상업시설들이 섞여 있다. 길 입구부터 일정한 간격으로 크리스마스트리 겸 가로등이 설치되었는데, 그 아래에는 배용준과 최지우의 얼굴이 나란히 있다. 〈겨울연가〉 덕분에 이 길은 항상 겨울이다.

명동길은 첫 번째 작은 교차로인 '만남의 광장'에서 위쪽 닭갈비골목, 그리고 아래쪽 중앙로를 잇는 골목과 직각으로 만난다. 명동길을 따라 쭉 남서쪽으로 내려가면 중앙시장이다.

명동길보다 한 켜 높은 곳에 닭갈비골목이 있다. 직선형의 명동길과 달리 자유곡선 모양의 골목이다. 길의 폭은 3.6m로 명동길의 절반이다. 널찍한 중앙로와 금강로에서는 전혀 예상할 수 없는, 좁은 골목을 사이에 두고 무슨무슨 닭갈비라는 간판을 내건 50여 개의 식당이 모여 있는 먹자골목이다.

자고로 도시가 매력과 경쟁력을 가지려면 고유한 먹을거리가 있어야 한다. 춘천의 먹을거리로는 닭갈비와 막국수가 널리 알려져 있다. 닭갈비는 닭고기를 썰어서 양념장에 재웠다가 야채와 가래떡을 섞어 양념고추장에 볶아먹는 것이다. 닭갈비골목에서 오랫동안 음식점을 운영해온 최시영 씨(2012년 59세)에 따르면, 처음에는 닭갈비를 숯불에 구어 먹었고, 오늘날처럼 철판에 조리하는 것은 15, 6년 정도밖에 안 된 최근 일이라고 한다.

닭갈비골목에서 막국수를 시키니 빨간 양념을 가득 얹어왔다. "어? 물국수 먹으려 했는데······." 그러자 아주머니는 말없이 주전자를 기울였다. 물이 자박자박해져 비빔국수도, 물국수도 아닌 것이 되었다. 보기만큼 맵지도 않고 상큼한 것이 명성에 걸맞았다.

춘천막국수가 언제, 어떻게 널리 퍼졌는지 궁금해 자료를 찾아보았더니, 그 유래가 험난한 의병활동과 관련이 있었다. 1895년 10월 8일 새벽, 명성황후가 시해된 을미사변 이후 춘천에서 의병활동이 선도적으로 일어난다. 사상적·이념적 기반을 위정척사론에 둔 한말 의병을 주도했던 유생들 중에는 화서(華西) 이항로(李恒老, 1792~1868)의 문인들이 많았다. 춘천에서 의병활동이 활발했던 것 역시 화서가 춘천에서 멀지 않은 홍천과 양근에 은거하며 후학을 지도했던 것과 관련된다.

통감부가 1907년(정미년)에 대한제국 군대를 해산한 후 의병항쟁이 다시 전국으로 확산되자 일제는 헌병을 대폭 증원하여 의병 토벌에 나섰다. 헌병이 경찰권을 행사하면서 수시로 호구조사를 하니, 강원도의 의병과 가족들은 산으로 들어가 화전생활을 하며 활동할 수밖에 없었다. 의병 가족들은 화전을 일구어 메밀, 감자, 콩, 조 등을 심어 먹고 남은 것들을 시중에 팔아 생필품을 구입했다. 결국 의병과 그 가족들이 생계를 위해 장터에 내다 판 메밀로 막국수를 만들면서 춘천막국수가 이 지역 음식으로 자리 잡게 되었다. 이 이야기의 뚜렷한 근거를 찾지는 못했지만, 그것을 알고 난 뒤부터 막국수를 먹을 때마다 숙연한 마음이 들곤 한다.

닭갈비골목에서는 언덕 위로 난 두 갈래의 가파른 골목이 눈길을 끈다. 좁은 골목인데도 가운데 부분은 앙증맞게 계단으로 처리했다. 호기심으로 올라가보니 골목은 어떤 집 대문 앞에서 끝난다. 우리의 역사도시에서 늘 발견되는 막다른 골목이다. 과거 우리 주거지의 모습은 이랬다.

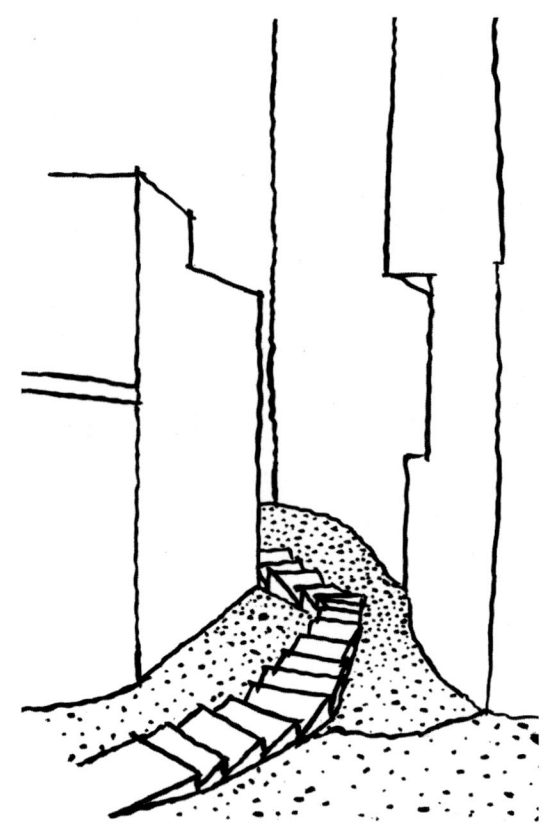

닭갈비골목으로 내려가는 골목 좁은 골목인데도 가운데 부분은 앙증맞게 계단으로 처리했다.

명동길은 반투명의 단정한 터널 모양 지붕을 씌운 중앙시장으로 이어진다. 바닥의 화강석 타일도 그대로 이어진다. 중앙시장 지붕 아래에는 노점들이 줄지어 있다. 중앙시장은 서로 다른 물건들을 파는 직선의 골목들로 짜인 하나의 면(面)이다.

2005년에 중앙시장 바깥쪽 벽을 알루미늄 패널로 씌워 밖에서 볼 때 재래시장임을 짐작할 수 없을 정도로 깔끔해졌다. 간판도 일정한 크기로 단정하게 정리했다. 매우 단정하고 세련된 모습을 얻은 대신 재래시장다운 정감 어린 분위기를 잃었다. 무엇보다도 과거가 사라졌다. 1935년 춘천에 정착한 박수근은 중앙시장 공회당에서 첫 개인전을 열었다고 하는데, 그 자리가 어디인지 알아낼 길이 없다. 건축에서 신축 대신에 리모델링(remodeling)이나 리노베이션(renovation)을 하는 것은 시간성을 살리기 위함인데 그 본래의 취지가 무색해졌다.

또 시장의 거의 모든 길 위에 지붕을 설치해 안쪽 골목길이 너무 어두워졌다. 길 위에 지붕을 씌우면 비와 겨울철 추위를 피하는 대신 외부공간의 시원함과 활기, 특히 낮시간 동안 태양이 연출하는 빛의 변화를 느낄 수 없다. 중앙시장 안쪽에서 만나본 상인들의 얼굴도 골목만큼이나 어둡다.

닭갈비골목에서 위로 길을 따라 올라가면 2005년 말에 조성된 '브라운5번가'라는 신식 쇼핑거리가 나온다. 주차장을 지하에 넣고 그 위에 저층 상가를 지어 차 없는 쇼핑몰을 만들었다. 상가의 옥상은 정원으로 꾸몄다. 중앙시장 안쪽 골목들보다 널찍한, 광장이라고도 할 수 있는 길을 사이에 두고 현대의 상점들이 줄지어 서 있다. 건물 벽은 갈색이나 베이지색이고 바닥은 적갈색과 베이지색의 보도블록으로 포장해서, 가로 이름에 어울리는 통일성 있고 차분한 분위기를 연출했다.

춘천에서 활기 있는 네 가로의 공통점은 보행자 전용이라는 점이다. 도시 가로를 살리는 첫 번째 필요조건은 이렇게 차를 배제시키는 것이다. 많은 사람들로 활기 있는 도시 가로와 자동차는 이렇듯 천적관계다.

다양한 자의 슬픔

베르톨트 브레히트(Bertolt Brecht, 1898~1956)의 시에서 "강한 자"는 "살아남는다." 그리고 자신을 미워한다. 그런데 도시에서 살아남는 것은 강자가 아니라 '다양한 자'다. 다양한 사람들이 모이고 서로 도움이 되는 다양한 활동들이 공존하는 활기 있는 가로만이 살아남아 도시의 문화를 이어간다.

친구들을 버리고 혼자만 살아남은 자는 양심이 있다면 슬플 수밖에 없다. 도시에서도 '다양한 자'는 홀로 살아남지만 대개는 머지않아 슬픔 속에 빠진다. 단조롭기에 죽을 수밖에 없었던 친구들을 뒤로했기 때문은 아니다. 살아남음의 기쁨은 한때, 결국 자신도 몰락의 길로 들어서기가 쉽기 때문이다. 역설적으로 들릴 수 있지만, 다양성으로 성공한 가로가 그 다양성을 유지하는 것은 매우 어렵다.

다양성으로 인해 가로로 많은 사람들이 유입되면 노변 상가의 임대료가 올라가고, 상가는 수익성이 좋은 한두 개의 업종들로 점차 바뀌어간다. 결국 그 가로는 시각적으로나 기능적으로 다양성을 잃는다. 이로 인해 한때 활기찼던 가로가 다시 시들해지는 것이다.

미국 비버리힐즈의 고급 패션거리인 로데오 드라이브(Rodeo drive)에서 이름을 딴 서울 압구정동의 로데오거리는 한때 패션거리로 북적였으나, 최근 재벌 2세들이 건물을 사들여 최고급 수입 의류매장을 열면서 임대료가 지나치게 높아져 빈 공간이 늘어나고 찾는 사람들이 크게 줄고 있다. 오늘날 은행들이 점령한, 춘천의 중심인 중앙로 로터리는 이런 과정을 거쳤을 것이다. 이 무서운 자기 파괴의 논리는 약육강식의 자본주의 논리만으로는 사람들로 활기 넘치는 다양한 도시 공간을 지속시킬 수 없음을 일깨워준다.

지금 활기 넘치는 춘천의 네 가로 가운데 명동길과 브라운5번가도 이런 역설적 논리에 노출되어 있다. 명동길에서는 1959년의 사진에서 보이던 종묘사, 전업사, 솜집은 물론이고 서점과 문방구까지 사라져갔다. 1965년부터 이 도시에 클래식 음악을 소개했던, 이외수가 작가로 알려지기 전에 디제이를 했던 '전원다방'은 뜻을 알 수 없는 'ile'이라는 이름의 신식 카페로 바뀌었다. 그 간판에 'since 2000'이라고 쓰여 있는 것을 보니 21세기를 맞아 변신을 한 것 같다.

오랫동안 이 도시 문화인들의 아지트였던 이 음악다방은 이제 이외수의 《꿈꾸는 식물》에만 남아 있다. 소설 속에서 이 다방 주인은 한동안 경영난으로 문을 닫았다가 다시 열면서 싱글벙글 웃으며 다음과 같은 안내문을 돌린다.

브람스를 좋아하십니까?
잠시 문을 닫았던 고전음악 감상실이 다시 문을 열었습니다. 이 소리의 망령들이 모여 사는 숲속으로 한 번 더 여러분을 초대합니다. 아침 일곱 시부터 문을 엽니다. 혹시 제가 깊은 잠에서 미처 깨어나지 못한 채 문을 열어놓지 않았거든, 탕탕탕 문을 두드려주십시오. 알레그로 콘 브리오로 두드려주십시오. 이어 계단을 내려오는 발자국 소리, 안단테일 것입니다. 문 안쪽에서 잠이 덜 깬 목소리로 묻겠습니다. 누구십니까, 그러면 물음과 대답 사이에 사분쉼표 하나쯤의 간격을 두었다가, 요하네스 브람스! 하고 조용히 말하십시오. 그 순간부터 당신의 가슴속으로 음악의 소나기가 쏟아져내릴 것입니다.

위치는 목초동 와이 하우스 바로 옆입니다.

197x. 7. 4.

김태현 올림[4]

이제 명동길은 온통 옷가게와 음식점들뿐이다. 문구를 사려는 할머니와 손자의 모습이나, 오늘 비록 클래식 음악으로 시간을 보내지만 머지않아 문화계의 유명인사가 될지 모를 잠재력 있는 백수들은 더 이상 보이지 않는다.

닭갈비골목도 같은 길을 걸었다. 이 골목은 본래 평범한 주거지였다. 50여 년 전에는 음식점이 골목 중간에 딱 한 집이었는데, 점점 모여들어 30년 전쯤 현재와 비슷한 모습을 갖추었다. 현재 이 골목의 닭갈비들 사이에는 경쟁이 뜨겁다. 아니 이미 승패가 확연히 갈렸다. 점심시간이 지난 오후 2시에도 줄을 서서 기다려야 하는 식당은 두 집 정도다. 특히 평일에는 하루 종일 손님보다 파리가 더 많은 식당이 대부분이다.

브라운5번가는 어떤가? 지난 5년간 브라운5번가를 여러 번 둘러보았는데, 그때마다 업종을 바꾸는 점포들이 몇 곳씩 눈에 띄었다. 좀 더 수익성이 높은 업종으로 바꾸는 것 같았다. 그렇게 해서 브라운5번가는 점차 고급 브랜드 의류매장이 주를 이루게 되었다. 그러나 여전히 쇼핑, 음식, 오락, 휴식 등 비교적 다양한 업종과 기능들이 유지되고 있다.

브라운5번가 광장 옆 건물에 있던 다문화가정 지원센터와 이후 그곳에 다시 둥지를 튼 '청소년 문화의 집'은 이런 기능의 다양성을 잘 보여준다. 그곳의 음악

연습방, 춤 연습방, 그리고 강의실에서 만난 고등학생들은 자신의 끼를 거침없이 표현해내며 틀에 박힌 구시대의 학교 공부를 넘어서고 있었다. 이런 시설 덕에 탈선 청소년이 크게 줄 것이라는 생각이 들었다.

나는 춘천이라는 도시에서는 '다양한 자의 슬픔'이 엄습할 가능성이 적다고 본다. 개성이 강하고 활기 있는 네 가로가 그리 길지 않게 서로 모여 있기 때문이다. 하나로 길게 이어지지 않고 나뉘어 있는 이 네 가로는 그것이 위치한 높이, 길의 폭과 모양, 그리고 도시에서의 입지 등이 서로 달라 공간의 분위기는 물론 가로를 걷는 사람들의 부류도 각기 다르다. 평평하고 곧은 명동길을 걸을 때, 그 절반의 폭으로 휘어지고 오르락내리락하는 닭갈비골목을 걸을 때, 그리고 짧고 경사진 넓은 가로가 큰 건물 앞 광장에 모이는 브라운5번가를 걸을 때의 느낌은 모두 다르다. 하나의 골목이 구불구불 자연스레 이어지는 닭갈비골목이 끊어질 듯하면서도 이어지는 〈춘향가〉의 한 대목이라면, 브라운5번가는 짧은 악장으로 구성된 소나타 같다.

명동길과 브라운5번가, 그리고 중앙시장은 연속되는 가로이지만 신기하게도 명동길은 청소년, 브라운5번가는 20~30대, 중앙시장은 장년과 노년으로, 길마다 연령층이 갈린다. 명동길을 걷던 젊은이들은 중앙시장으로 직진하기보다는 브라운5번가로 꺾어 올라간다. 모든 연령층과 내·외국인이 같이 이용하는 길은 닭갈비골목이다. 닭갈비와 막국수가 연령과 국적에 관계없이 즐기는 음식이기 때문인 것 같다. 좁은 골목길에서 춘천의 고유한 음식을 즐긴 사람들은 잠시 자신의 나이를 돌아본 후 명동길, 브라운5번가, 중앙시장이라는 또 다른 도시의 가로로 발길을 옮긴다. 닭갈비골목은 끊임없이 사람들을 모으고 다시 내보내는 도시의 심장이다.

이렇게 인접한 네 가로는 공간도, 노변 상가에서 파는 물건도, 길을 걷는 사람들도 모두 다르다. 춘천에서는 성격이 다른 가로들이 연결되면서 도시의 다양성이 유지되고 있다. 이런 다양성이 춘천의 힘이다. 앞으로 춘천이 경계할 것은 이 네 가로가 서로를 닮아가는 것이리라.

도시 가로는 어떻게 죽어가는가?

도시 가로를 서서히 시들게 하는 '다양성의 상실'이 다양성으로 살아남은 가로의 슬픈 운명이라면, 짧은 시간에 도시 가로를 썩게 하고 거기서 암을 발병시키는 것은 사람들의 '흐름의 단절'이다. 도시는 나무와 같고, 가로는 나뭇가지와 같다. 뿌리로부터 줄기를 통해 가지까지 수분의 흐름이 이어지지 않으면, 나뭇가지는 윤기를 잃고 검버섯이 피어나는 거무튀튀한 삭정이가 된다. 춘천이라는 살아 있는 나무에 붙어 있는 말라 죽은 가지, 곧 도시의 삭정이는 소양로 안쪽의 옛 서부시장길이다. 지금은 '소양로'와 '서부대성로'라는 길 이름이 붙어 있는데, 같은 이름의 길이 다른 곳에도 있어 헷갈리기 쉽다. 소양로 큰길에서 좁은 '소양로'로 접어들자 골목이 내게 묻는 듯했다. "혹시 나 죽어버린 거야?" 그때는 2010년 4월 30일, 만물이 소생하는 화창한 봄날이었지만, 마치 저승의 길을 걷는 듯했다.

지금 서부시장은 소양로 곧 서부시장길이 끝나는 곳에 있는 아파트의 저층부로 들어갔지만 본래 서부시장은 이곳, 소양강과 도심 사이에 있었다. 1970년대까지 이곳은 도심과 연결된, 꽤 번화한 곳이었다. 북한강 건너 '서면' 지역 사람들은 새벽에 배에 싣고 온 푸성귀와 농작물을 강 건너 시장에 와서 팔아 자녀들을 길렀다. 서면에는 박사마을이라는 곳이 있는데, 2009년 2월까지 그 마을 사람 중 114명이 박사학위를 받았다고 한다. 그중 많은 사람들이 서부시장에서 몇 번씩 접었다 편 돈으로 책을 샀을 것이다.

도시 가로에 이르는 사람들의 흐름을 차단하는 것은 대개 도시의 전체 흐름을 무시한 도시계획이다. 그런 무리한 도시계획에는 정치적인 이유가 개입된 경우가 많다. 도시계획이 오히려 도시를 죽게 하는 일도 드물지 않게 일어난다. 20세기 도시계획의 역사를 볼 때, 도시계획이란 오진률이 매우 높은 병원의 진료와 같다. 차이가 있다면 정치적인 의도의 유무 정도일 것이다.

더위를 피해 서부시장길 한 집 문간에 모여 있던 할머니들은, "예전에는 길이 좁을 정도로 사람이 많았지. 여기가 춘천에서 제일 좋은 곳이었어. 지금은 노인들만 남았지만 ……"이라며, 그렇게도 싱싱했던 가지가 삭정이가 된 것을 못내

소양로 골목 사람들의 흐름이 차단되자 과거에 번화했던 서부시장 골목이 도시의 삭정이가 되었다.

아쉬워했다. 이유를 묻는 내게 그분들은 20여 년 전 길 뒤쪽 언덕에 분 재개발 바람을 용의자로 지목했다. 그 바람을 타고 집들이 하나둘 철거되었지만 아직도 재개발은 되지 않아 유동 인구가 많이 줄었기 때문이라는 것이다. 왕년에 장사깨나 했던 분들답게 그 진단은 충분히 일리가 있었다. 그러나 이 서부시장길이 뒷동네만이 아닌 도시 전체를 대상으로 했음을 떠올린다면 더 근본적인 원인이 있어야 한다. 그것은 바로 소양강과 도시의 단절이다. 그로 인해 사람들의 물길이 막히고 말라버린 탓에 서부시장길은 시들어 삭정이가 되었다.

6·25전쟁 이후 하필이면 이곳과 소양강, 북한강 사이의 땅에 '캠프 페이지'라는 미군부대가 들어섰다. 이 미군부대가 차지한 너른 띠 모양의 땅은 도시에서 유일하게 쓸 만한 평지다. 그리고 이곳은 춘천이라는 나무의 서쪽 가지들에 물을 공급하는 줄기의 밑동에 해당한다. 그래서 서부시장길은 줄기의 밑동이 잘린 나

뭇가지처럼 서서히 말라갔다.

　미군부대로 인해 강과 도심을 연결하는 맑고 활기찬 사람들의 흐름이 차단되었고, 미군들은 도시 줄기의 밑동을 오염시켰다. 최근 이 땅속에 핵무기와 관련된 방사능 물질과 고엽제가 매립되었다는 논란이 일었다. 또한 그들의 발걸음은 이 도시에 시궁창 물길을 냈다. 배에서 또 기차에서 내린 외지인들을 도심으로 이끄는 화려한 상업가, 그 도시만의 개성과 매력을 모은 흥미로운 길이어야 할 가로가 '장미촌'이라는 춘천 최대의 사창가가 되어버렸다. 소양로 큰길에서 한신아파트 단지 옆 사창(司倉)고개에 이르는 오르막길 전체가 사창가였다. 어느 도시건 역 주변은 좀 불그스레하지만, 도시 규모에 맞지 않게 이렇게 긴 홍등가가 생긴 것은 '캠프 페이지'라는 도시의 사막 때문이다. 이외수는 이 장미촌에 방을 하나 얻어놓고 이곳을 배경으로 《꿈꾸는 식물》을 썼다고 한다.

　서부시장길 남쪽에서 소양강 바람을 맞던 춘천고등학교는 졸지에 길 하나를 사이에 두고 미군부대와 마주하게 되었다. 1960년대에 이 고등학교를 다닌 소설가 한수산은 《춘천, 마음으로 찍은 풍경》에서, 도서관 옆 옥상에 올라 바라본 춘천의 풍경은 "어린 마음에 철없는 반미감정을 키우기에" 적절했다고 회고한다. 그의 후배들도 야간 자율학습을 끝내고 밤늦게 교문을 나설 때 서점이나 문구점의 백열등 대신 음탕하게 웃는 빨간 불빛과 마주칠 수밖에 없었을 것이다.

　누구에게도 도움이 되지 않는 이런 공간 배치는 비굴한 한미관계에 뿌리를 둔다. 춘천이라는 나무에 물을 대는 수원지인 춘천역을 막아선 곳에 미군부대를 설치한 것은 나무의 밑동을 잘라내는 일이었다. 도시 안에서 먹고사는 시민들의 삶, 그 안에서 공부하는 자녀들의 미래는 아랑곳하지 않았던 예속적인 국제관계가 도시라는 나무에서 '제일 좋은' 가지를 비틀고 말라 죽게 했던 것이다.

답은 언제나 내 안에 있다

숨이 멎은 지 오래된 듯 보이지만 사실 서부시장길은 죽은 지 반세기도 되지 않은 길이다. 맥국이나 낙랑을 논하는 춘천의 역사에 비하면 바로 엊그제 죽은 것이나 다름없으니, 어쩌면 아직 숨을 유지한 채 가사상태에 있는지도 모른다. 그렇다면 이 가로는 심폐소생술을 써볼 만하다.

맨 먼저 해야 할 일은 병원에서 하듯 정밀진단을 하는 것이다. 오진률이 높은 수입된 도시계획 처방을 잊어야 함은 물론이다. 그 처방은 도시 공간의 세밀한 조직과 그 안에 배어든 역사는 아랑곳하지 않는, 고층·고밀도의 슈퍼블록 계획이다. 사실 최근까지 한국의 여러 도시에서 그런 수입된 처방이 내려졌다. 우리 도시계획가와 관료들이 그렇게도 베껴먹은 미국식 도시계획 혹은 도시 재개발이란 얼마나 위험한가? 이미 50여 년 전인 1961년에 제인 제이콥스(Jane Jacobs, 1916~2006)는 《미국 대도시의 죽음과 삶(The Death and Life of Great American Cities)》이란 책에서 미국식 도시계획이란 도시를 재건하는 것이 아니라 약탈하는 것이었다고 고백했다. 또한 막대한 자본을 투입한 도시계획이 오히려 도시를 망치고 죽게 만들었다고 통탄했다.

이 시점에서 우리는 남의 얼굴을 쳐다보지 말고 차분히 자신의 내면을 돌아봐야 한다. '캠프 페이지'의 모국에서도 이미 폐기된 케케묵은 도시계획 이론이 아니라 춘천의 살아 있는 가로인 명동길과 닭갈비골목, 브라운5번가에서 배워야 한다. 이제 춘천이라는 오래된 나무에 균형을 되찾아주기 위해서는 막혀 있던 나뭇가지로 가는 물꼬를 조심스레 터주어야 한다.

서부시장길을 되살리는 방법 또한 춘천이라는 전체 도시 속에서 찾아야 한다. 현대도시 춘천은 이제 명실상부한 물의 도시, 낭만의 도시가 되어야 한다. 때마침 기회가 좋다. 춘천의 허파 부근에 이식되어 건강한 도시를 병들게 했던 미군부대가 이전한 것이다. 그리고 2010년 말에는 5년간 복선전철 공사로 폐쇄되었던 춘천역이 다시 문을 열어 서쪽 의암호 쪽에서 도심으로 접근하는 동선이 활발해졌다. '캠프 페이지'를 도시 공간으로 되살려 도심과 강과 호수를 이어야 한다. 공간만이 아니라 사람들의 발길도 두 곳 사이를 물 흐르듯 흘러야 한다.

그럼, 사람들의 이동이 강변과 도심을 이어주는 구체적인 방법은 무엇일까? 그 답은 이미 춘천 도심의 공간 조직 안에 들어 있다. 경사진 골목과 평평하고 다양한 모양의 마당으로 짜인 공간 조직 말이다. 디자인도 이미 도심에 있는 것들에서 가져올 수 있다. 춘천의 골목은 아무리 좁아도 계단과 경사로, 이렇게 두 부분으로 나뉘어 있다. 그래서 경사진 골목으로도 자전거나 물건을 끌고 오르내릴 수 있다. 이런 골목으로 새로 짓는 집들과 새로 만든 마당들을 거미줄처럼 이어주면 좋겠다. 새로운 마당도 굳이 네모반듯하게 만들 필요가 없다. 놓인 조건에 따라 여러 모양으로 만들어진 마당들의 아래로 또는 위로 좁고 넓은 길이 흐르는 공간이라면 새로 조성되었더라도 춘천다움을 풍길 것이다. 이런 길과 마당의 네트워크가 강변까지 확장된다면, 소양강에서 도심까지 도시 공간 곳곳으로 사람들의 흐름이 스며들어 도시가 활기를 되찾을 것이다.

물의 도시에서 물은 흘러야 한다. 물이 흐르는 도시는 낭만이 있고 사람들을 사색하게 한다. 도시에서 흘러야 하는 것은 물뿐이 아니다. 사람들도 흘러야 한다. 도시의 가로로, 골목으로, 물이 나무의 줄기를 타고 올라가 이파리까지 번지듯, 사람들이 도시 공간 곳곳으로 배어드는 도시가 춘천이기를 바란다.

땀범벅이 된 나는, 도시에서 현상 이전의 이론, 현장을 벗어난 계획은 있을 수 없다고 단언하며 '봄의 도시'에 대한 또 한 번의 답사를 마친다. 이번에도 땅거미가 내릴 때 중앙고속도로로 접어들었다. 언제나처럼 자욱한 안개가 도시를 떠나는 나를 배웅한다. 그러고는 도시를 잠재우려는 듯 춘천분지를 덮기 시작한다. 안개 속에 잠드는 춘천, 참으로 사랑스럽다! 내일도 춘천에는 봄날 시내를 흐르는 물처럼 사람들이 흐르겠지…….

5

상업도시의 휴머니즘

안성

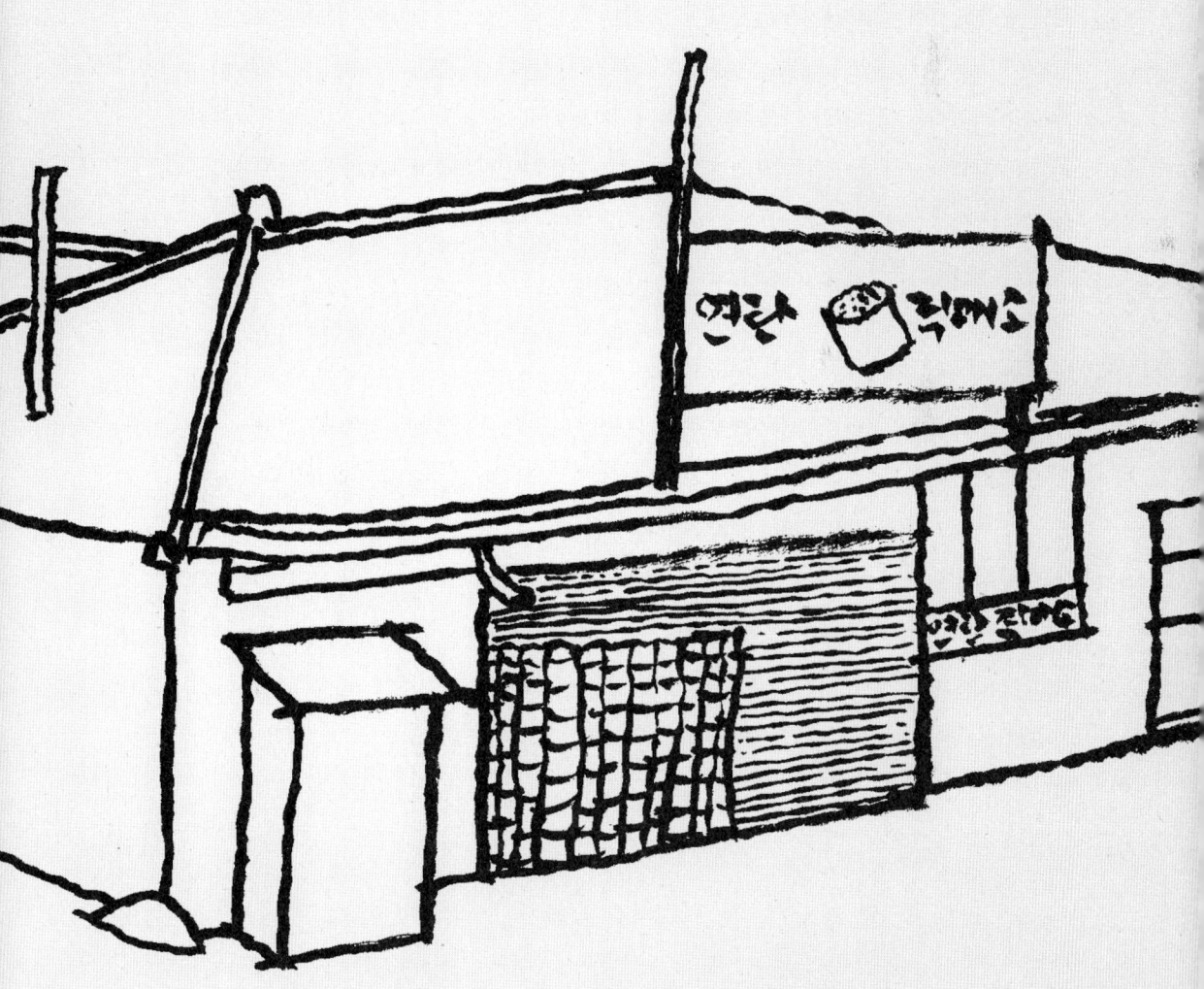

편안한 고을에서 번성한 상업

고구려 때는 내혜홀(奈兮忽: 낮은 골이라는 뜻)이라 불렸고, 통일신라 때는 백성군(白城郡)에 속했다. 그리고 고려 초부터는 내내 '편안한 고을'이라는 이름으로 불렸다. 경기도 최남단, 충청도와 만나는 지점에 위치한 이 도시는 안성(安城)이다.

삼국시대에 백제, 고구려, 신라의 순으로 소속이 바뀐 안성은 이 책에 소개한 충주만큼이나 정치적으로 어수선한 동네였다. 그러나 고려에 와서 비로소 안정을 찾아 안성이라는 이름을 얻고 현(縣)의 중심지로서 행정도시가 된다. 고려 공민왕 10년(1361)에 홍건적이 침입했을 때, 안성 사람들은 거짓 항복을 하고 주연을 베푼 뒤 적장 6명을 살해하는 전과를 올려 홍건적의 남하를 막았다. 이 공로로 다음 해에 군으로 승격되어 안성은 행정도시로서 그 위상을 높인다. 안성에 첫 군수로 부임한 신인도(愼仁道)는 뒤에 극적루(克敵樓)라는 직설적인 이름의 누각을 객사 동쪽에 세워 주민들의 전승 공적과 도시의 승격을 기념했다. 만화 주인공처럼 좀 우스꽝스럽게 생겼음에도 오늘날까지 시민들이 줄곧 기원을 드리는 아양동의 보살입상과 석불입상, 그리고 낙원공원의 석불좌상과 석조광배는 안성의 고려시대를 증언하는 유물들이다.

안성은 북쪽 비봉산(표고 229m)을 진산으로 삼고, 앞에는 서쪽으로 흐르는 안성천을 둔 아늑한 곳에 자리 잡았다. 비봉산에는 산성이 있었으며 그 아래에는 사직단, 성황당 등 기원의 장소가 마련되어 있었다. 한말까지는 이런 장소들을 볼 수 있었다고 하나 현재는 흔적도 없다. 비봉산 자락, 도시 공간에서 가장 높은 자리에는 왕권의 상징인 객사가 자리했고 그 주변으로 동헌 등 관청이 배치되었다.

조선 후기에 장시가 발달하면서 안성은 평양, 대구, 전주, 강경 등과 함께 상업도시로 명성을 날린다. 충청·전라·경상의 삼남지방에서 서울로 이르는 교통의 요지에 위치한 덕이다. 당시의 교통망은 동래-대구-충주-용인-백교(栢橋)-한양으로 이어지는 영남로(좌로)와 영암-나주-정읍-공주-수원-한양으로 이어지는 호남로(우로)가 있었는데, 안성은 이 두 도로가 만나는 지점에 위치했다. 또한 지금은 수심이 낮아져 불가능하나 당

옛 안성 지도(부분)
❶ 비봉산
❷ 안성향교
❸ 객사·동헌
❹ 기공비각
❺ 동리
❻ 서리
❼ 장기(場基)
❽ 영봉천(현 안성천)
❾ 도기(道基)

1872, 서울대학교 규장각 소장.

시에는 서해 아산만에서 평택을 거쳐 안성천을 따라 읍내까지 배가 들어왔기 때문에 안성은 육운과 함께 수운도 유리한 도시였다. 이 같은 최상의 입지 조건에 힘입어 안성에서는 일찍이 농·공·상업이 모두 발달했다.

이중환은 《택리지》에서 "안성은 경기와 호남 바닷가 사이에 위치하여 화물이 모여 쌓이고 공장(工匠)과 장사꾼이 모여들어서 한양 남쪽의 한 도회로 되었다"라고 했는데, 적어도 18세기 중반까지 안성은 고정된 상업공간이 조성된 도회로서 상업도시의 면모를 갖추었다. 상업도시의 발전은 행정도시와 달리 행정체계상의 위계가 아닌 상업의 번성 정도에 따라 좌우되었다. 1789년 《호구총수》의 안성군 도시부 인구는 3,419명이었는데, 조선 초기에 주변 죽산이나 음죽과 규모가 비슷하던 안성이 18세기 말에 인구가 주변의 거의 4배에 달하는 도시로 급성장한 것은 상업이 그만큼 번성했기 때문이다.

안성장은 "서울장보다 두세 가지는 더 난다"라는 말이 있을 만큼 물건의 종류도 많았지만, 특히 중간상인인 객주를 중심으로 한 전문화가 큰 특징이었다. 예를 들어 과일장수도 배만 다루는 이도가와 밤만 다루는 율도가 등으로 나뉘었고, 옷감장수도 염포가·면포가·견포가로 나뉘었다.

1905년에 개통한 경부선 철도가 안성이 아닌 서쪽 평택을 거침으로써 안성은 교통의 흐름에서 비켜나고 화려한 시절을 뒤로한 채 내리막길을 걷기 시작한다. 1909년 도지부 사세국(司稅局)에서 조사한 자료에 따르면, 당시 안성의 거래 규모를 능가하는 장이 이미 전국에 30여 개가 넘었다. 일제강점기에 이르면 상품거래 품목에서도 농산물과 해산물이 대부분을 차지하고 수공업 제품은 거의 자취를 감춘다. 일제의 민족산업 탄압, 그리고 1930년대 이후 공업시설이 대도시 중심으로 확대됨에 따라 안성의 수공업은 점점 몰락해 갔다.

오늘날의 안성 도심 지도

2001년 8월 25일, 오랫동안 안성의 도시와 건축을 천착해온 한경대학교 건축학부 조용훈 교수의 안내로 안성이라는 도시를 처음 답사했다. 답사 전에 1920년대 사진 한 장을 보았다. 팔도에서 올라온 미곡과 농산물을 사고파는 사람들이 안성의 '싸전거리'를 가득 메운 사진이었다. 그때 나는 이런 생각을 했다. '안성은 어느 도시보다 활기 넘치는 곳이리라!' 1950년대까지만 해도 안성에는 '안성맞춤'이라는 말을 낳은 유기(鍮器)공장이 37개나 있었다고 한다. '안성 시내에 아직도 그런 공장이 돌아가고 있을까?'

그러나 기대와 달리 처음 본 안성에는 활기가 없었다. 물건을 생산하고 판매하는 상업도시로서 긴 역사를 가진 곳이지만, 장사꾼들의 쌀쌀함과 영악함조차 감지되지 않는다. 그저 편안하고 조용하기만 하다. '편안한 도시'라는 이름 그대로다. 그런데 상업도시와 편안함이라는 건 좀 어색한 조합이지 않은가?

우리나라에서 물물교환을 하는 장시가 시작된 것은 15세기 말로 거슬러 올라간다. 그때 전라도 무안, 나주 등지에서 큰 흉년이 들어 1달에 2번씩 장이 열리기 시작했다. 그것이 5일마다 열리는 정기시로 발전해 오늘날까지 지속되고 있다. 애초에 조선 정부는 상업을 '말업(末業)'이라 하여 천시했으며, 상인과 그 자식이 관료가 될 수 있는 자격조차 박탈했다. 그러나 18세기에 접어들어 상품화폐경제가 발달하고 상업활동의 주체와 장소를 제한하는 규제가 혁파되면서 비로소 도시에서 자유로운 상업활동이 일어난다. 18세기 말에 오면 전국 1,000여 곳에서 장시가 열렸고, 장날이 겹치지 않도록 조정해 매일 인근 지역 어디선가는 장을 볼 수 있었다.

한편 17세기 후반부터 기존 도로를 확대·정비하고 신작로를 개설해 서울과 지방을 연결하는 육상교통이 발달한다. 더불어 해상교통도 크게 발달하여 장시시장권은 대장시를 중심으로, 포구시장권은 대포구를 중심으로 통합되어갔다. 18세기 후반에는 장시시장권과 포구시장권이 유기적으로 결합하면서 전국 규모의 유통망이 형성되기 시작하는데, 18세기의 안성은 대장시이자 새로 형성되는 전국적인 상품 유통의 거점이었다.

과거에는 고정 시설물이 아닌 임시 가설물을 설치해 상행위를 한다고 해서 장시를 '허시'라고도 했다. 따라서 장시가 도시 공간에 큰 변화를 가져오지는 않았으나 점차 상설시장으로 바뀌면서 가로변에 고정된 상업공간이 형성되었다. 특히 행정도시에서 출발해 상업도시가 된 안성은 행정과 상업이라는 2개의 도시기능에 맞는 두 가지 성격의 공간체계를 갖추었을 것이다. 관아로 통칭되는 각종 행정시설이 행정을 위한 것이라면, 상업을 위해 만든 공간은 어떤 모습이었을까?

그런데 행정도시가 상업도시로 변모해간 과정이나 상업도시에 새로 나타난 공간에 대한 연구가 미진하여, 지금으로서는 우리 상업도시의 과거 모습을 정확히 그려낼 수가 없다. 그래서 답사가 필요하다. 안성의 오래된 건물들과 공간에 그 단서가 있지 않을까 기대하며 안성으로 들어가보자. 18세기에 우리의 도시에는 무슨 일이 일어났을까?

연암, 18세기 후반의 안성 시가지를 걷다

안성 도심으로 들어가자니 대장간, 방앗간, 연탄가게가 차례로 나타난다. 지붕이 낮은 작업장에서 농기구로 보이는 쇠붙이를 벼리고, 길 건너편에서는 뽀얀 먼지 속에서 안마당에 떨어지는 햇살을 향해 쌀가마를 높이 가리고 있다. 현대도시에서는 전혀 기대할 수 없는 광경을 보며 옛 상업도시의 분위기를 예감한다. '언제부터 저 자리에서 저 일들을 해왔을까?'

오래 전에 이 도시를 답사한 사람이 있다면 그로부터 안성의 옛 모습을 전해 들을 수 있지 않을까? 이런 생각으로 여러 자료를 찾다가 드디어 실학자 연암(燕巖) 박지원(朴趾源, 1737~1805)을 만났다. 청나라 문물을 배워야 한다는 북학파(北學派)의 중심인물인 그는 조선의 현실을 현장에서 이해하기 위해 상업이 번성한 안성을 거닐었던 것으로 보인다.

널리 알려진 그의 한문소설 〈허생전〉의 주 무대가 바로 안성이다. '허생 이야기'는 《열하일기(熱河日記)》의 〈옥갑야화(玉匣夜話)〉 편에 실려 있는데, 연암은 20세 때(1756) 윤영이라는 도인에게서 그 이야기를 들었다고 한다. 그러나 이는 당시 북벌론을 주장하는 보수파들이 꼬투리 잡는 것을 피해 가기 위한 수사(修辭)로 보인다. 요즘도 껄끄러운 말을 할 때는, "내가 어디서 들었는데……" 하면서 자신의 속내를 드러내는 사람들이 있지 않은가? 실제로 〈허생전〉을 잘 읽어보면 그 안에 연암 자신의 생각과 경험은 물론 조선 후기 사회 현실이 녹아 있음을 발견하게 된다. 이런 점에서 그가 안성을 답사한 뒤에 〈허생전〉을 쓴 것으로 보인다.

남산 아래 사는 안 풀린 양반인 허생은 장안의 제일가는 갑부인 변(卞) 씨에게 만 냥을 얻어 "집에도 가지 않고, '안성은 경기와 호남의 갈림길이고 삼남의 요충이렸다' 하면서 그 길로 내려가 안성에 거처를 마련"한다. 허생이 서울로 물품이 반입되는 중간 집산지인 안성에서 상품을 매점해두고 값이 오르기를 기다렸다가 파는 이야기, 나아가 상품의 재료가 되는 원료를 산지에서 독점하는 이야기 등은 모두 당시 현실을 사실적으로 반영한 것이다. 이러한 독점적 매점상업을 도고(都賈)라고 하는데, 이는 18세기 우리나라 상업의 가장 큰 특징이었다.

연암이 안성을 무대로 자신의 경제관을 펼쳐 보인 것은 무엇보다도 당시 안성장이 전국을 상대로 하는 큰 시장이었기 때문이다. 삼남지방에서 올라온 물산이 집결하는 것은 물론 함경, 강원의 물산도 안성을 경유해 서울로 전해졌다고 한다. 특히 조선 말기에 안성에는 유기 곧 놋그릇공장이 10여 곳이나 있어서 생활필수품이던 놋그릇을 전국에 공급했다. 상업도시로서 가장 앞서갔던 안성은 변화하는 경제, 그리고 그에 따른 미래 사회의 모습을 살피기에 안성맞춤인 도시였다.

그런데 연암이 안성을 택한 데는 또 다른 이유가 있었던 것 같다. 명문가 출신이기는 하나 20대에 어머니와 자신을 키워준 조부를 여의고 불면증과 우울증에 시달리며 젊은 시절을 보낸 연암, 과거도 포기하고 재야에 묻혀 지냈지만 그에게는 친구가 많았다. 비상한 두뇌의 소유자이나 개인의 욕심보다는 소신을 지키는 삶을 살았기에 연암은 정치적·물질적으로 어려운 상황에 처하곤 했다. 그의 많은 벗들 중에서 특히 칙지헌(則止軒) 유언호(兪彦鎬, 1730~1796)는 연암이 어려울 때마다 도움을 주고 평생 교분을 나누었다. 연암과 칙지헌은 한양에서 같이 학문을 익히고 금강산 유람도 같이한 절친한 사이였다. 그런데 칙지헌의 고향이 바로 안성이다. 한성부(漢城府) 우윤(右尹)의 둘째 아들로 태어난 칙지헌은 연암과 달리 처세에 능해 일찍부터 벼슬길에 올랐고, 정조의 총애를 받으며 실학자들을 옹호하는 정책을 추진했다.

한편 이렇듯 잘나가는 관료였던 칙지헌도 유배를 간 적이 있었는데, 다시 관직에 부임하기 전 고향인 안성에 와서 공백기를 보낸 것으로 보인다. 이때 절친했던 연암이 찾아와 안성에서 함께 지내며 사상을 교유하고 사회 혁신을 논하지 않았을까? 연암이 칙지헌과 함께 안성시장을 돌아보았다면 정부가 상업억제책을 강하게 펼쳐도 장시가 크게 발달해간 안성에서 새로운 시대의 가능성을 보았을 것이다. 그리고 과거에 전해들은 '허생 이야기'에 자신의 신념을 담아 새롭게 각색하기로 마음먹었으리라.

그렇다면 연암은 18세기 후반의 안성, 죽 늘어선 초가 문간채에 방앗간·대장간·유기점·주점들이 즐비했을 이 상업도시를 과연 어떻게 평가했을까? 전국이 장시 네트워크로 연결되어 통영의 갓, 나주의 소반, 함흥의 생선이 모두 안성에 모이는 것을 보며 그는 어떤 생각을 했을까?

다섯 살 때 이사할 집을 보고 와 경기도 관찰사로 있던 할아버지에게 집의 규모와 공간구성을 자세히 설명할 정도로 공간 인지감각이 뛰어난 연암이지만 아쉽게도 〈허생전〉에 도시 공간에 대한 이야기는 전혀 없다. 소설의 문장에서 추정할 수 있는 것은, 당시 안성에 상설시장이 있었고 물품을 저장할 창고가 있었다는 것 정도이다.

연암이 칙지헌과 시가지를 거닐었을 무렵, 안성은 이미 전국을 대상으로 하는 큰 시장이었다. 유기와 가죽으로 만든 꽃신이 특히 유명했고, 각종 곡물과 과일의 집산지였다. 순조 8년(1808)에 간행된 《만기요람(萬機要覽)》에서 전국의 1,061개 장시 중 규모가 큰 15곳을 꼽았는데, 그중 경기도에 속하는 것은 안성 읍내장을 포함해 송파장·사평장·공릉장 등 4곳이다. 그 가운데 안성 읍내장만 도시에 위치했다. 여기서 당시 안성이 경기도 최대 상업도시였음을 확인할 수 있다.

그런 안성 시가지를 걸으며 연암은 조선의 물산이 얼마나 다양하고 풍부한지 현장에서 확인했을 것이다. 그리고 소비를 권장하고 상업을 격려하여 생산을 자극하면 충분히 국부를 늘릴 수 있다고 생각하면서, 상업에 대한 지배층의 인식이 바뀌기를 기대했을 것 같다. 개인 이익을 위한 독점은 나라를 병들게 할 것이니, 상업을 통한 이윤 추구는 국부를 증진시키고 가난한 백성을 구제하는 등 사회적 이익에 부합하는 방향으로 쓰여야 한다고 그가 생각한 것도, 안성에서 큰 부를 축적할 정도로 상업이 발전할 가능성을 보았기 때문이리라. 그래서 그는 허생의 입을 통해 "만 냥의 돈이 어찌 도에 보탬이 되겠소", "덕이 있으면 사람이 절로 모인다네", "나에게 재앙을 갖다 맡기면 어찌하오?"라며, 경제가 돈만을 쫓을 경우 재앙이 될 수 있음을 경계했다.

이 사람, 도구머리에서 왔나?

안성천을 사이에 두고 남쪽에는 도기리(道基里: 현 도기동), 북쪽인 읍내 쪽에는 장기리(場基里: 현 옥천동·낙원동 일대)가 있다. 도기리는 본래 큰 바위의 모퉁이에 있다 하여 '도구머리(石隅)'라 불렸는데, 조선 숙종 때인 1663년에 이곳에 사계(沙溪) 김장생(金長生, 1548~1631)을 기리는 도기서원(道基書院)이 건립되어 '도기리'라고 불리게 되었다. 기존 동네 이름을 연상시키면서 그럴 듯한 뜻도 취했으니 이만한 작명이 없을 듯하다. '장기리'는 말 그대로 장터가 있는 곳이다.

사계는 선조 32년(1599) 임진왜란이 막 끝난 어수선한 시절에 안성군수로 부임했다. 전쟁으로 맏아들 가족과 동생을 잃은 상처가 아물기 전이고 군수로 막 부임해 전쟁 복구에 정신이 없었을 텐데, 사계는 놀랍게도 그해에 《가례집람(家禮輯覽)》을 완성했다. 《가례집람》은 한국 예서(禮書)의 원류이자 예학에 대한 기본 경전으로 평가받는다. 그 뒤 여러 학자들이 예서를 펴냈지만 대부분 이 책을 준거로 한 것들이다. 정치판이 시끄러워지자 사계는 3년도 안 된 군수생활을 미련 없이 집어치우고 본향인 연산(連山)으로 돌아간다.

사계가 타계한 뒤 후학들은 도구머리에 도기서원을 건립해 그를 추모했다. 도기서원은 사액서원(賜額書院: 임금이 이름을 지어서 새긴 편액을 내린 서원)이었으나 흥선대원군의 서원철폐령으로 고종 8년(1871)에 훼철된 뒤 복원되지 못했다. 도기서원은 안성 지역의 교육을 담당한 중심 기관이었을 뿐 아니라, 《주자대전(朱子大全)》과 《자치통감강목(資治通鑑綱目)》을 목판으로 간행해 안성이 출판문화의 중심지가 되는 바탕을 마련한 곳이다. 안성판을 서울의 경판, 전주의 완판 다음가는 것으로 여길 만큼 조선 후기 안성은 출판의 중심지였다. 당시 서울에서 인기 있던 〈홍길동전〉, 〈춘향전〉 등은 안성에서 가내수공업으로 출판한 것이었다. 상업에 밝은 안성 사람들이 당시 수익이 큰 사업이었던 출판을 놓치지 않은 것이다.

도구머리는 안성시장의 초입에 해당한다. 고을 남쪽을 흐르는 안성천은 남쪽 지역에서 장을 보러 올라오는 사람이면 누구나 건너야 하는 큰 내인데, 그 내를 건너기 전에 다다르는 곳이 바로 도구머리다. 아침 일찍부터 장을 보러온 장꾼들은 이곳에 이르러 장국으로 요기를 하고 해장술을 한 잔쯤 걸친 뒤 내를 건너 안성장터로 들어가곤 했다. 그러니 도구머리는 아침부터 상인들로 북적였고 선비들도 그들과 뒤섞이곤 했다. 아마 그 선비들은 사계를 추모하러 서원에 들른 아직은 지조를 지키는 선비이거나, '허생'처럼 상인으로 전직해 인생역전을 노리는 안 풀린 선비, 이렇게 두 부류로 나뉘었을 것이다.

그중 안 풀린 선비들이 쓴 갓은 자연스레 좀 낡았을 테고, 요즘 사업이 시들해질수록 고급차를 타는 것처럼 안 풀릴수록 의관을 정제하려 했을 터이다. 자연히 도기리에 갓 수선집이 하나둘 생겨났다. '이씨 집'이라는 곳을 비롯한 몇몇 집에서는 대대로 갓을 수선해 전국에 명성을 날렸다고 한다. 갓은 모양이 복잡해 제작 못지않게 수선에도 고도의 기술이 필요했다. 그래서 전문 수리공에게 수선을 맡길 수밖에 없었는데, 수선비가 만만치 않아 안 풀리는 선비들에게는 꽤 부담이었던 모양이다. 결국 수선비를 둘러싼 시비가 잦았는데, 갓을 고쳐야만 하는 사정을 간파했는지 수선공은 대단치 않은 것도 크게 고쳐야 할 것처럼 말하고 수선비를 많이 받아냈다고 한다. 그래서 안성에서는 무리하게 물건값을 깎거나 억지를 쓰는 사람을 보면 "이 사람, 도구머리에서 왔나?" 하고 비아냥거린다. 조선 최고의 예학자를 모신 도(道)의 터에서 그런 일이 있었다는 것이 어리둥절하나, 다양한 사람들이 도시의 역사를 공유하니 이런 재미있는 언어생활이 가능했던 모양이다.

남북으로 난 동서로와 좌우로 난 중앙로

행정도시에서 출발해 상업도시가 된 안성의 도시 공간에 존재하는 2개의 축은 바로 행정과 상업이라는 2개의 기능과 대응한다. 그런데 두 축을 이루는 가로들의 이름이 예상 밖이다.

우리의 역사도시에서 남북방향으로 난 가로는 도시의 공식적인 정문인 남문과 왕권의 상징인 객사를 잇는, 의식의 축 또는 정치의 축이다. 그런데 안성에서 이 남북방향의 가로 이름은 뜻밖에도 '동서로'이다. 다른 도시 같으면 중앙로라고 했을 만한 길이다. 지금은 동서로 서쪽에 안성맞춤대로가 넓고 곧게 나 있지만 그

안성 도심 전경 동쪽에서 서쪽을 본 모습이다. 가운데 나무가 많이 보이는 곳이 안성공원이다.

것은 근래에 기존에 있던 작은 길을 확장한 가로이고, 역사적으로 도시의 중심 가로는 동서로였다.

남북길에 동서로라는 헷갈리는 이름을 붙인 것은 왜일까? 무성의하리만치 간략하게 그려진 안성의 옛 지도를 보면, 길이 동·서로 갈리고 지역이 동리(東里)와 서리(西里)로 나뉘어 있다. 1914년에 행정구역을 변경하기 전까지 안성읍은 동서로를 중심으로 동리와 서리로 나뉘었으며, 각각 지금의 안성1동과 안성2동에 해당한다. 이미 오래 전부터 안성은 이렇게 동·서로 나뉘었다.

한편, 옛날 안성에서는 해마다 정월에 편싸움을 하는 풍습이 있었다. 서인동의 옛 우체국 뒤쪽 들판에서 안성읍 사람들은 동·서로 편을 나누어 단단한 곤봉

으로 상대편을 닥치는 대로 때렸다. 이때 다치거나 심지어 맞아 죽어도 상해죄나 살인죄를 묻지 않았다고 한다. 이렇게 동·서 간에 죽기 살기로 싸운 것을 보면 뭔가 감정의 골이 있었던 것 같다. 그 이유를 알아내지는 못했으나 이기는 편이 그 해 1년 동안 운수가 좋기 때문에 편싸움을 했다는 데서 서로를 상업의 경쟁상대로 본 것은 아닌가 짐작해본다. 아무튼 안성에서 동·서는 대립의 공간이었음이 분명하다.

본래 동서로 동쪽에 장터가 있었고 마을도 더 많았으니 편싸움에서 동편이 우세했을지 모르겠다. 그런데 편싸움이 사라진 근대기에 와서 도시의 세력은 점차 서쪽이 우세해졌다. 동서로 동쪽에서 번성했던 시장이 1976년에 서쪽 서인동

상업도시의 휴머니즘 **171**

대장간 내부 19세기 말의 건물이지만 여전히 활발하게 생산공간의 몫을 다하고 있다.

으로 이전하면서 동에서 서로 안성 상업의 중심이 옮겨지고 동쪽의 옛 장터는 쇠퇴한다. 게다가 서쪽의 새 시장 근처에 시외버스터미널이 들어서고 동서로와 나란히 안성맞춤대로가 개통되면서 서쪽의 접근성이 크게 좋아졌다. 오늘날에는 동서로 동쪽은 구시가지, 서쪽은 신시가지의 느낌이 강하다.

    안성의 성격이 행정도시에서 상업도시로 바뀌면서 동서로는 의식의 축이라는 본래의 성격을 잃어버렸다. 오늘날 동서로 입구 부분에는 위엄 있는 남문 대신 방앗간과 대장간이 서로 마주 보고 있다. 민속 체험의 장소로 있는 것이 아니라 여전히 활발하게 생산공간의 몫을 다하고 있다. 안쪽에 튼ㅁ자 살림집이 딸린 신창정미소는 1950년경에 지어졌고, 대장간은 19세기 말의 건물이다. 현재의 주인은 1960년대 말부터 대장간을 운영했는데, 그 이전에도 이 집은 대장간이었다고 한다. 다른 현대도시에서는 보기 드문 경우인데, 다른 곳도 아닌 의례의 축 초입에 여전히 이런 장소들이 존재한다는 사실에서 역사적으로 농업과 상업의 중심도시였던 '안성다움'의 일면을 엿볼 수 있다.

동서로의 맨 끝, 시가지에서 가장 높은 곳(현 안성교육청 자리)에는 여말선초의 건축양식으로 지어진 백성관(白城館)이라는 이름의 객사가 있었다. 1900년대에 조선왕조와 함께 힘을 잃은 이 객사 건물을 안성보통학교가 차지했고, 1932년에 학교 건물을 신축하면서 객사는 철거 위기를 맞는다. 당시 군수 최익하는 옛 건물이 없어지는 것을 애석하게 여겨 안성군 향교 재산으로 객사 건물을 사들인다. 그리고 안성공원 옆, 현재의 명륜여중 자리로 옮겨 안성도서관으로 개관하고 향교 재산으로 운영한다. 이것이 안성 최초의 도서관이다.

해방 후 도서관은 폐지되고 건물은 유도회(儒道會)에서 설립한 명륜공민학교로 사용되었다. 그리고 1995년, 객사 건물은 아예 동쪽 멀리 문예회관 앞으로 쫓겨났다. 우리의 많은 역사도시에서 일제는 이렇게 퇴락한 객사터에 소학교를 세워 객사를 학교 건물로 사용하고 마당을 운동장으로 썼다. 이것은 교육을 빌미로 일제가 자행한 역사 지우기로, 백성들의 뇌리에 남아 있는 조선왕권의 잔재마저 지워버리려는 일제의 식민화 작업이었다.

근래 여러 도시에서 그런 초등학교를 이전하고 객사를 복원했으나, 안성에서는 여전히 초등학교가 도시에서 가장 위계가 높은 자리를 차지하고 있다. 이리저리 옮겨다닌 객사는 아직 세상이 바뀐 줄 모르는지 제자리를 찾을 생각이 없는 듯하다. 백성관만큼 오래된 건물은 남북한을 합쳐도 여남은 동이나 될까? 그런 가치 있는 건물이 자신이 굽어보던 도시에서 밀려나 남향도 아닌 북서향을 한 채 북풍한설을 맞고 있다.

더 이상 의례·정치의 축이 아닌 동서로는 21세기 들어 관광의 가로로 탈바꿈하고 있다. 동서로나 인근 문간채 건물들에서는 대장간이나 목공소처럼 한 업종의 일을 세대를 넘어 이어가고 있다. 이것은 이미 우리나라 어느 도시에서도 찾아보기 힘든 모습이 되었으니, 안성시에서 이 가로를 관광의 장소로 만들려고 할 만하다.

한편 오늘날 안성에서 상업의 중심축은 '중앙로'이다. 다른 도시 같으면 동서

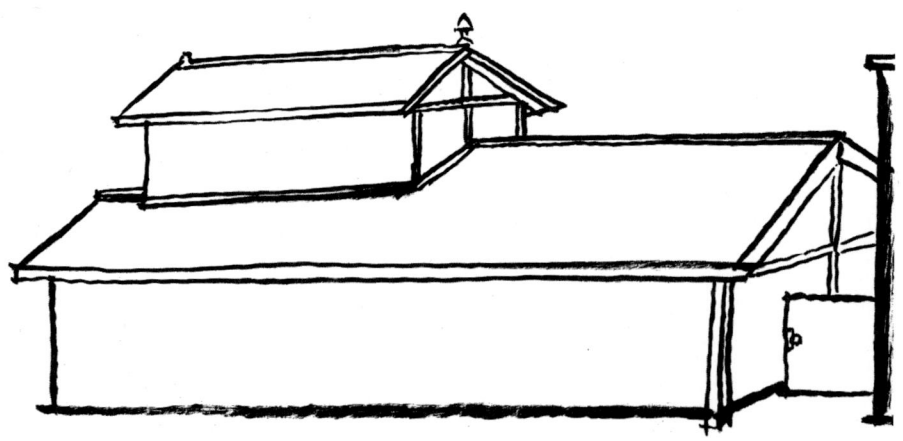

서삼식당 일제강점기에 지은 목조건물로 부분적으로 2층을 올렸다. 본래 우마차공장이었다고 하는데 지금은 비어 있다.

로라고 이름 붙였을 법한 길이다. 안성은 6·25전쟁 때 크게 파괴된 뒤에 구획정리사업을 했는데 그때 동서방향으로 난 신작로가 중앙로다. 역시 동서방향으로 '장기로'라는 큰길도 났지만 상업적인 활기는 중앙로에 미치지 못한다. 그런데 과거 안성에서 가장 번화했던 상업가로는 중앙로와 장기로 사이에 난 수문로(水門路)였다.

안성공원 뒷길인 수문로는 20세기 전반까지 사람들의 통행이 가장 잦았던 길이다. 오늘날에도 수문로에 면해서 오래된 상업 건물들이 많이 남아 있어 매우 번성했던 길임을 알려준다. 안성1동 주민센터 앞의 '서삼식당'은 일제강점기에 지은 목조건물로 부분적으로 2층을 올렸다. 본래 우마차공장이었다고 하는데, 한때 대서소(代書所)로도 사용했고 근래에는 식당이었으나 지금은 비어 있다. 그밖에도 수문로에는 아름다운 근대 건축물들이 남아 있어 걷는 재미가 큰 길이다. 1930년대에 붉은 벽돌로 지은 옛 안성읍사무소(현 안성1동 주민센터)와 1952년에 지은 거대한 목구조물인 중앙정미소는 행정도시이자 상업도시로서 안성이 왕년에 누렸던 영화를 보여준다.

안성에서는 이렇게 도시 공간의 뼈대를 이루는 두 축의 이름이 뒤바뀌어 있

중앙정미소 1952년에 지은 거대한 목구조물인 중앙정미소는 행정도시이자 상업도시로서 안성이 왕년에 누렸던 영화를 보여준다.

고, 동서방향의 가로(중앙로)가 남북방향의 가로(동서로)보다 크기는 물론 이름에서도 우위를 점한다. 이는 행정도시에서 상업도시로 무게중심이 옮겨지고 점차 상업의 축이 의례의 축보다 중시되었음을 알려준다. 그래서 안성을 상업도시라고 부르는 것이다.

장터만으로는 좋은 도시가 될 수 없다

안성공원은 '낙원공원'이라고도 불린다. 공원이 낙원동에 있기 때문이다. 우리나라 최초의 근대식 공원이라 불리는 서울의 탑골공원이 있는 곳도 낙원동이다. 그러고 보니 근대기에 공원은 낙원에 비유되었던 모양이다.

상업도시의 휴머니즘 **175**

근대기에 공원은 도시의 공적 외부공간으로 생겨났다. 공적 공간이란 일반인의 접근이 제한되지 않는, 누구에게나 열려 있는 공간을 말한다. 안성공원도 일제강점기에 조성되는데, 오늘날과 같은 모습을 갖춘 것은 1932년이다. 그때 정자 3동을 신축하고 연못을 개축하는 등 조경사업을 벌였으며, 여러 곳에 있던 문화재들까지 옮겨왔다. 죽산에서 석불좌상을, 보개면에서 3층석탑을 옮겨왔고 여기에 석조광배, '오명항선생 토적송공비' 등의 문화재가 더해졌다. '오명항선생 토적송공비'는 이인좌(李麟佐)의 난(1728)을 평정한 오명항(吳命恒, 1673~1728)을 기려 1744년에 공원 서쪽에 세웠던 것을 옮겨왔다. 안성의 옛 지도에 표시된 '기공비각(記功碑閣)'이 바로 이 비석을 모셨던 비각이다. 그리고 점차 하마비(下馬碑), 역대 군수들의 송덕비, 소설가 이봉구(1916~1983)의 문학비, 문인석 2기 등 48기의 비석을 세워 지금 안성공원은 옥외 박물관 같은 분위기를 자아낸다.

작은 도시에 이렇게 공적비가 많은 것이 의아해 알아보니 그 사연이 재미있다. 조선시대에 안성유기의 품질이 좋아서 공물 품목에 들었는데, 안성에 오는 현감이나 군수들이 그것을 탐내 한양에서 "안성유기 열 벌만 올리라"라는 지시가 오면 스무 벌이고 서른 벌이고 더 만들게 해서 가로챘다고 한다. 이를 견디다 못한 백성들이 꾀를 내어 새로 수령이 오면 먼저 '영세불망공적비'를 세웠고, 그러면 수령이 제 발이 저려 그런 꼼수를 부리지 못했다는 것이다.

안성공원은 도시에서 사람들이 가장 많이 모이는, 도시생활의 중심이었다. 다음과 같은 신문기사가 그것을 말해준다.

> 지난 이십사일 안성 읍내(安城邑內) 안성공원(安城公園) 안에 잇는 못(溜池) 가운데 태(胎)를 내어버린 것을 발견한 그곳 경찰서에서 여러 가지로 조사한 결과, 그곳 동리(東里) 김 모(金某)의 처가 그 전날 옥가튼 아들을 순산하얏스나 김 모는 일곱 식구를 거느리고 살아가기가 매우 어려워서 어데인지 가고 업고 남은 식구들이 밤을 굶는 중인데, 자녀만 작구 나케 되어 먹일 수가 업슴으로 김 모의 모친이 아이를 나치 안토록 하고저 하는 생각으로 여러 가지로 연구하든 남어지에 '태를 사람 만히 모히는 곳에 내어버리면 다음부터는 아이를 나치 안케 된다'는 미신적 이약이를 듯고 그

와 가티 태를 공원에 내어버린 것이 판명되엇다 한다.

―〈동아일보〉 1930년 2월 2일자

안성공원에서는 다양한 모임과 행사가 열렸다. 1920년 5월 23일에는 청년야학회가 주최한 운동회가 열렸는데, 남녀 약 8~9백 명이 관람하는 성황을 이루었다. 호서은행 안성지점에서 10원을 기부한 것을 비롯해 유지들이 앞 다투어 공책 10여 권, 연필 3다스 정도를 기부해 풍성한 상품을 주었다. 1921년 5월 15일에는 안성청년회 주최로 효열(효자·열녀) 표창식 겸 시민대운동회가 안성공원에서 열렸다. 안성 시민이 모여 운동회를 연 것은 이것이 처음이다. 안성공원은 운동회뿐 아니라 집회와 강연장소로도 활발히 사용된다. 그것은 고대 로마의 포럼(forum)을 연상시키는 도시의 광장이자 회의실이었다.

이렇게 시민 생활의 중심이 된 안성공원은 1925년에 큰 위기를 맞는다. 그해에 '경남(京南)철도 경기선'이라는 이름으로 천안과 안성 사이에 일본인의 사설 광궤철도가 개통되었는데, 이때 상인들이 시장 발전책이라는 명목으로 안성군청을 공원으로 이전하자고 도에 진정했고 당국이 이를 추진했기 때문이다. 당시 면 소유인 공원을 군청사터로 하면 비용을 들이지 않고 터를 확보할 수 있으며 골치 아픈 집회도 막을 수 있으니 식민 통치자들에게는 오히려 바라는 바였다. 그런데 이를 안 시민들은 크게 반발한다. 특히 노인회와 청년회는, 교통이 불편한 군청사를 옮기는 것이 타당하다 할지라도 읍내 중앙에 넓은 밭이 허다한데 굳이 시민들이 요긴하게 사용하는 공원을 없애고 군청사터로 하려는 의도가 무어냐며 반대운동을 주도한다. 당시 신문에는 다음과 같은 반대 이유가 실렸다.

安城公園(안성공원)은 數百年(수백 년) 培養(배양)한 樹木(수목)이 鬱蒼(울창)하게 둘너 잇서서 市街(시가)의 風致上(풍치상) 貴重(귀중)할 뿐 아니라, 公園內(공원 내)에는 亭子(정자)가 잇고 亭子(정자) 압헤는 運動場(운동장)과 七八月(칠팔월)이면 蓮花滿開(연화만개)하는 池沼(지소)가 잇서서, 世事(세사)에 汨沒(골몰)하는 七千餘(칠천여) 市民(시민)의 唯一(유일)한 散策地(산책지)이오 慰安場(위안장)이며 春秋運動

會場(춘추운동회장)이 되며 모든 集會場(집회장)이 된다. 이처름 安城市民(안성 시민)에게 緊用(긴용)되는 公園(공원)을 撤廢(철폐)하겟다는 意思(의사)는 解釋(해석)하기 어렵다.

— 〈동아일보〉 1926년 8월 22일자

결국 그해 11월 11일에 노인회와 청년회는 총독부부터 읍내 면사무소에 이르는 각 행정당국에 항의서를 제출한다. 항의서 내용은 위의 신문기사와 비슷한데 다음과 같은 항목이 덧붙어 있다.

一(일), '安城市街(안성시가)는 行舟形(행주형)으로 되엿고 公園(공원)의 樹木(수목)은 棹(도)와 如(여)한바 此(차)를 伐採(벌채)함은 舟(주)에 棹(도)를 折(절)함과 如(여)하야 市場(시장)이 滅亡(멸망)한다'는 迷信(미신)으로 公園撤廢(공원 철폐)를 反對(반대)하는 側(측)이 잇스니, 迷信(미신)은 不可信(불가신)이라 할지라도 科學思想(과학사상)이 不足(부족)한 多數(다수) 民衆(민중)이 此迷信(차미신)으로 不安中(불안중)에 在(재)함은 看過(간과)할 수 업는 事(사)임.

— 〈동아일보〉 1926년 11월 15일자

이렇듯 안성공원은 도시 공공공간의 기능뿐 아니라 풍수의 상징적 기능을 가지고 있었다. 또한 당시 미신으로 치부되었던 풍수가 민중의 정서적·심리적 안정에 중요한 요인으로 작용했음을 보여준다. 도시를 시장으로만 보는 일부 상인들과 식민 통치자들에 의해 사라질 뻔했던 안성공원은 이렇게 시민들의 강력한 반대로 제자리를 지킬 수 있었다. 안성공원으로 옮기려던 군청사는 결국 공원 북쪽, 지금의 안성1동 주민센터 뒤에 있는 슈퍼마켓 자리로 이전한다.

안성 사람들은 도시가 장사를 하는 곳만은 아님을 잘 알고 있었다. 이런 인식이 바로 시민의 힘이다. 그런 힘을 바탕으로 상업도시 안성은 그 중심에 너른 공공공간을 갖춘 품격 있는 근대도시로 발전했다. 안성공원의 위기와 지속은 우리 근대사에서 시민의 힘으로 도시의 중요한 공공공간을 지켜낸 좋은 사례이다. 이는 자본주의사회에서 자본의 탐욕에 맞설 만한 시민의 힘이 없이는 아무리 좋은 도시 공간도 지속될 수 없음을 일깨워준다.

1.1km의 가로를 걷는 느낌

안성에 처음 왔을 때 느낀 편안함은 어디서 오는 것일까? 문득 1995년 첫 유럽 여행 때 스위스 바젤(Basel)에서 느꼈던 편안함이 떠올랐다. 두 도시에 공통점이라도 있다는 말인가? 곰곰이 생각해보니 내가 그간 편안함을 느꼈던 도시들에서는 대체로 가로와 건물이 다른 도시들에 비해 작았다. 그럼 해답은 크기에 있는 것일까?

　도시 안팎을 가르는 안성천 위에 놓인 안성교에서 객사와 관아가 있던 안성초등학교까지 이어지는 길, 바로 이 도시 공간의 중심축인 동서로의 길이는 약 1.1km이다. 이것은 공교롭게도 내가 살고 있는 대전 도심의 중심축인 중앙로의 길이와 같다. 대전역과 충남도청을 잇는 중앙로는 1932년 충남도청이 공주에서 옮겨온 뒤에 조성된 근대의 길이다. 안성의 동서로는 폭이 8m 안팎이고, 대전의 중앙로는 30m다. 두 가로는 각각 끝 지점인 안성초등학교와 충남도청을 향해 미세하게 올라간다.

　두 도시의 척추에 해당하는 두 가로를 걸을 때 어떤 느낌이 드는지 비교하기 위해 실험을 해보았다. ATA답사팀 5명은 2009년 2월 2일과 3일 각각 오후 3시 반경, 봄이 멀지 않았음을 말해주는 온화한 날씨 속에 하루 간격으로 안성과 대전의 두 가로를 별 생각 없이 걸었다.

　안성의 동서로는 보도가 별도로 구획되지 않은 보차혼용 가로여서 차량과 보행자가 같이 다닌다. 길 양쪽에는 주로 1·2층 건물들이 들어서 있고 가로수는 없다. 가로 폭과 가로변 건물의 높이 비율은 대략 1:1이다. 우리가 동서로를 다 걷는 데는 16분이 걸렸다. 그러고는 한 찻집에 들어가 동서로를 걸으면서 받은 느낌을 자유롭게 이야기했다.

　"안성교에서 안성초등학교로 갈수록 시간이 과거에서 현재로 흐르는 듯한

남쪽 입구에서 본 동서로 길 양쪽에 주로 1·2층 건물들이 들어서 있는데 오른쪽 두 번째 집이 대장간이고, 왼쪽 세 번째 집이 방앗간이다.

느낌을 받았다." "가로라는 공간의 안을 걷는 아늑한 느낌을 받았다." "사람과 차가 섞여 있지만 가로의 폭이 너무 넓거나 좁지 않아 부담스럽지 않았다. 그리고 가로의 폭과 건물의 높이가 적정하게 느껴졌다." "걸으면서 양쪽 건물에서 나는 음식 냄새를 맡는 등 가로와 소통할 수 있었다."

이제 대전의 중앙로로 가보자. 중앙로는 왕복 6차선 차로와 그 양쪽에 각각 5, 6m 폭의 보도가 있다. 가로변에는 4층 정도의 건물이 많으며, 가로 폭과 가로변 건물의 높이 비율은 대략 2:1이다. 이 중앙로를 다 걷는 데는 20분이 걸렸다. 우리의 발걸음이 자기도 모르게 조금 빨라졌지만 안성의 동서로보다 시간이 좀 더 걸린 것은 지하도를 세 차례나 오르내려야 했기 때문이다. 역시 어느 찻집에서 대전의 중앙로를 걸으면서 받은 느낌을 나누었다.

"별 느낌이 없다. 보행환경이 나빠서겠지만 정신이 없었다." "가로는 넓고 개방적인데 답답한 느낌을 받았다." "차도가 넓어 가로 건너편과 관련을 갖지 못했다. 시끄러워서 걷고 있는 쪽 건물들과도 소통하는 느낌이 없었다." "어디론가 피하고 싶어 발걸음이 빨라졌다. 가로에 머무르고 싶은 생각이 안 들었다." "걷는 자신을 자각하기 힘들었다." 가로에서 받은 느낌은 거의 상반되었고, 모두들 이런 길은 다시 걷기 싫다고 입을 모았다.

이렇듯 가로의 규모는 도시를 경험하는 데 큰 영향을 미친다. 일정한 크기를 넘는 가로에서는 편안한 보행이 어려워지고 도시 공간에서 정을 느낄 수 없다. 보행자가 가로변 건물들과 진정으로 소통할 수 있을 때 그 도시에 대해 긍정적인 느낌을 갖는다. 더불어 그러한 소통은 시각뿐만 아니라 청각, 후각 등 여러 감각이 복합적으로 작용하는 것임을 발견한 것도 이 작은 실험의 성과였다.

편안한 고을에서 생각하는 도시의 휴머니즘

안성을 걸으면서 받은 느낌은 근대기에 조성된 대도시 대전의 가로를 걷고 나서 더욱 뚜렷해졌다. 한마디로 안성의 가로는 인간에게 편안함과 긍정적인 느낌을 주었다. 우리 역사도시에서 느끼는 그런 인간적인 도시 공간의 분위기를 '도시의 휴머니즘(humanism in urbanism)'이라 표현하고자 한다. 새로운 시대에 도시가 나아갈 방향은, '유비쿼터스(ubiquitous)'니 뭐니 해서 고도의 기술로 기능을 극대화하는 도시가 아니라 인간적인 삶을 누릴 수 있는 도시, 곧 휴머니즘의 도시라고 생각한다. 도시 공간에 쓰레기가, 심지어 애완견과 아이들마저 버려지는 상황이라면, 살면서 정나미가 떨어져 걷기조차 싫은 도시라면, 극도의 편의성과 효율성은 대체 무슨 의미를 갖는가?

도시의 휴머니즘은 무엇으로 이루어지는가? 가장 중요한 조건은 당연하게도 도시 공간에 사람이 살아야 한다는 것이다. 그런데 여기서 산다는 것은 낮 또는 밤 시간만 머무르는 것이 아니라, 도시 공간에 사람들이 집을 마련하고 오랜 기간 생업과 함께 살림을 꾸려가는 것을 뜻한다. 이렇게 주거가 상업, 업무, 문화 등 다양한 도시 기능과 복합적으로 공존할 때 여러 부류의 사람들이 상호작용하며 도시에서 인간적인 분위기가 풍긴다.

　안성의 시가지는 오래 전부터 1·2층으로 이루어진 저층의 도시 조직 속에 상업과 수공업의 공간이 주거와 함께 짜여졌다. 그래서 상업지구에도 상업활동을 하는 당사자들이 살림을 하고 있다. 상인들이 바로 동네 주민인 것이다. 그들은 이른바 '떴다방'이나 어디에 사는지 모르는 장돌뱅이들과 달리, 단지 자신의 이익만을 위해 동네가 욕먹을 일을 하지는 않는다. 이런 '도심 거주'는 주거와 상점이라는 성격이 다른 기능공간이 서로 연결되면서도 적절히 나뉘어 공존하는 도시 주거 유형이 있기에 가능하다.

　도심에 거주하는 문제에 대해 다른 생각을 가진 사람들도 있다. '좀 한적한 교외에서 살아야지 복잡한 시내에서 어떻게 살 수 있을까?' 물론 일리 있는 생각이다. 그렇지만 조건이 된다면 도심에 사는 것이 여러 모로 유리한 사람들도 많다. 맞벌이 부부라든지 직장 가까이 거주해서 통근 부담을 줄이려는 사람들이 그런 부류이다. 많은 사람들이 도심에 거주하면 자동차로 출퇴근하지 않으니 에너지도 절감되고 환경오염도 줄어든다. 그런 사람들은 집 가까이서 편의시설과 문화시설을 즐길 수 있다. 그런 거주자들이 있을 때 도심은 활기를 띠고 범죄와 재해도 줄어든다.

　도시의 휴머니즘을 위한 또 하나의 조건은 도시 공간이 작은 규모의 공동체 공간으로 적절히 분절되어야 한다는 것이다. 서로를 인지할 수 있는 작은 규모의 공동체에서 우리는 소속감을 강하게 느낀다. 사람의 집단과 마찬가지로 공간도 너무 덩어리가 크면 그 안에 있는 사람들이 서로를 인지하고 교류하기 어렵다. 작은 공동체에서는 익명성의 그늘로 숨을 수 없기 때문에 서로 체면을 차리며 윤리적인 생활을 하게 되고, 결국 더 품격 있고 안정된 도시 사회가 만들어질 수 있다. 조선시대 조상들이 적어도 지금의 우리들보다 윤리적이었던 이유도 여기에 있다.

　그러면 작은 공동체란 어느 정도의 크기를 말하는가? 역사도시에 오래 지속돼온 '도시 마을'에 그 해답이 있다. 각각의 집으로 접근하는 데 같은 골목을 공유하는 사람들이 이루는 공동체 정도면 그 크기가 적절하다. 물론 골목 길이에 따라 차이가 있겠지만 절대적인 수치가 중요한 것은 아니다. 골목을 따라 상점주택들이 늘어서 있는 상업도시 안성에서는 골목마다 취급하는 품목이 달랐다. 따라서 골목이 만들어내는 공동체는 같은 품목을 만들거나 판매하는 사람들로 이루어졌다. 그들은 상업적으로 서로 경쟁자인 동시에 같은 공동체의 구성원이며, 이웃 공동체의 고객이기도 했다. 따라서 사회적인 관계를 의식하며 체면을 차려야 했고, 냉랭한 경쟁보다는 공존하는 방식을 따랐다.

　　서유구(徐有榘, 1764~1845)의 《임원십육지(林園十六志)》에는 1,052곳의 장시 중 328곳에 대한 거래품목을 기록했는데, 안성의 군내장은 전국을 상대로 하는 시장답게 다루는 품목이 매우 다양했다. 쌀·콩·보리·깨 같은 곡식, 수소(水蘇: 석잠풀) 같은 약재, 대추·밤·배 등의 과일, 생선과 소금, 면포·생마(生麻)와 같은 직물, 유기·철물·사기·다듬잇돌·나무절구·나무그릇·갓·피혁·돗자리 등의 수공예품, 그리고 소(牛犢), 이렇게 없는 것이 없는 시장이었다. 조선 후기 안성장에는 서울장보다 물품이 두세 가지 더 많다고 할 정도였다.

　　이렇게 많은 물품을 판매하는 복잡한 시장이었지만 가로별로 품목이 집결되어 전문화되고 질서 있는 도시 공간이 조성되었다. 안성시장의 중심부에 해당하는 싸전거리에는 질 좋은 쌀을 파는 가게들이 모여 있었다. 안성시 서쪽, 안성천 연안에 발달한 안성평야에서 생산되던 경기미는 품질이 좋기로 유명한데 그것이 싸전거리에 집하되었다. 쇠전거리 또는 우전길은 우시장이 있던 곳이다. 우시장은 1960년대에 외곽으로 옮겨가고 지금은 주택가로 변모했다. 갓은 도기동, 옹기는 신흥동의 옹기전거리, 가죽신은 서인동, 담뱃대는 숭늉골에서 주로 취급했다. 그리고 난로 연통, 양동이 같은 함석 제품을 파는 상점들은 함석골에 모였다. 오늘날 옛 상점들은 대부분 사라졌지만 취급 품목은 가로 이름에 그대로 남아 있어 과거의 도시 풍경을 연상시킨다. 안성에서는 큰 가로만이 아니라 좁은 골목에도 이름이 있다. 최근 '새주소 사업'을 하느라 억지 춘향으로 갖다 붙인 것이 아니라 상업도시의 오랜 역사를 통해 자연히 얻어진 이름들이다.

　　마지막 조건으로는 도시 공간이 '인간적인 척도(human scale)'를 가져야 휴머니즘의 도시가 될 수 있다. 인간적인 척도란 인체와 관련되는 크기를 말한다. 그것을 절대적인 치수로 말하기는 어렵지만 도시 규모에서 대략 보행으로 30분 정도 걸리는 크기이면 인간적인 척도라고 할 수 있다. 안성에서는 옛 시가지의 주축인 동서로를 걷는 데 15분 정도가 소요되고 천천히 걸어도 30분이면 시가지 어디에도 도달한다. 이렇게 인간적인 척도의 도시에서는 어디라도 걸어다닐 수 있으니 그야말로 에너지를 적게 쓰는 도시이다. 가로 폭은 동서로처럼 8m 정도면 적당하다. 동서로에서는 가로 폭과 가로변 건물의 높이 비율이 대략 1:1인데, 이것은 가로를 걷는 보행의 느낌을 가장 편안하게 해주는 비례이다. 일반적으로 가로 폭보다 건물이 높으면 답답해지고 그 반대이면 허전한 느낌이 든다.

높이로 따질 때는 떨어져도 죽지 않을 정도이면 인간적인 척도라고 할 수 있지 않을까? 한번은 우리 답사팀이 안성의 전경사진을 찍으려고 도시 한복판에 있는 서광아파트 옥상에 올라가려 했는데 경비 아저씨가 허락하지 않았다. 최근에 그 아파트 옥상에서 투신자살한 사건이 일어났기 때문이란다. 그 말을 듣고 우리가 그렇게 우울해 보였나 싶어 서로를 잠시 물끄러미 쳐다보았다. 2010년 우리 사회에서 자살자는 15,566명으로, 매시간 1.8명이 스스로 목숨을 끊었다. 안타깝게도 한국인의 자살률은 OECD 30개국 가운데 최고다. 우리 도시가 인간적인 척도를 갖추면 자살률을 낮추는 데도 기여하지 않을까?

사실 나는 나주와 안동 같은 행정도시에서 위에서 말한 세 가지 조건을 갖춘 '도시의 휴머니즘'을 이미 확인했다. 상업도시에서도 그럴까 하는 의문을 갖고 있었는데, 안성을 답사하면서 그런 의문을 떨칠 수 있었다.

장하다 문간채여!

가로와 건물들이 인간적인 척도를 갖추었어도 어수선해 보이는 도시가 있다. 사실 우리나라의 많은 도시들이 그렇다. 어수선함은 주로 통일성이 없을 때 생긴다. 그리고 통일성은 무언가 도시 공간을 잡아주는 힘 있는 요소가 있어야 얻어진다. 그런 요소가 없이 건물들이 중구난방으로 떠들어댈 때 비록 그 하나하나의 소리가 작다고 해도 도시의 분위기는 여지없이 어수선해진다.

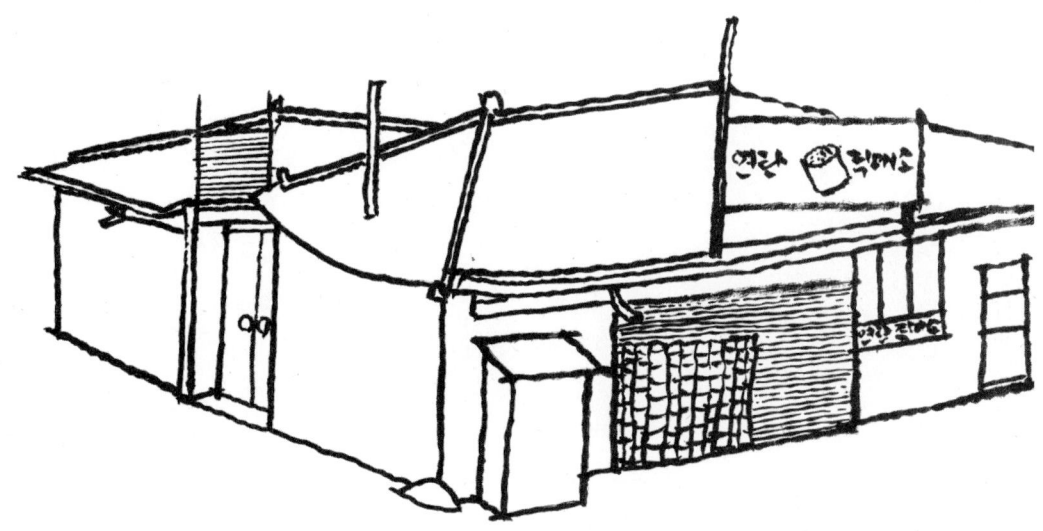

연탄직매소 '동서로'라는 큰길에 면한 일자형 문간채는 연탄가게로 쓰이고, 그 안쪽에 ㄱ자 모양의 안채(살림채)가 있다. 평상 같은 너른 툇마루를 둔 안채와 문간채가 작은 안마당을 둘러싸고 있다. 안채는 좁은 골목에 난 작은 대문으로 들어간다.

    안성은 그다지 어수선하지 않은 도시이다. 그래서 편안함을 느낄 수 있다. 나는 이것이 다 문간채 덕이라고 생각한다. 가로에 면해 문간채가 이어져서 가로가 연속성을 갖고 그로 인해 도시 공간에서 시각적인 통일성과 정체성이 느껴진다.
    문간이 설치된 문간채는 본래 한옥에서 천덕꾸러기였다. 하인들이 문간을 지키며 거주했던 문간채는 그 사용자가 그랬듯이 집에서 가장 소홀한 대접을 받았다. 한옥의 교과서라 할 논산 명재고택에서 바깥행랑채, 곧 대문간채는 진작 자취를 감추었다. 다른 양반집들도 마찬가지였는데, 근대 시기에 하인들이 떠나면서 고아 신세가 된 문간채는 누구의 보살핌도 받지 못했다.
    안성에서 문간채는 일찍이 상업공간이 되었다. 다른 도시에서는 하인들의 공간이라는 천대는 면했지만 여전히 주인집의 눈치를 보는 서러운 셋방에 머물러 있었으나, 상업도시 안성에서는 당당히 집안 경제를 대표하는 건물이 되었다. 문간채가 얼마나 크고 그곳에서 무엇을 생산하고 판매하느냐에 따라 그 집 전체의 경제적 지위가 결정되었다.
    과거 하인들의 공간이 상업공간으로 변모한 것은 안성에서 나타난 도시 건축

상업도시의 휴머니즘

싸전거리의 문간채(왼쪽) 안성에서 상업공간으로 변모한 문간채는 집안의 경제적 지위를 보여주는 중요한 건물이 되었다.
1920년대 안성의 가로(오른쪽) 당시 본정통(本町通)으로 불린 곳으로, 평택–죽산을 잇는 현재의 장기로변으로 추정된다. 상점을 들인 초가의 문간채가 길가에 한 줄로 나란히 서 있다.[5]

의 중요한 혁신이다. 문간채는 상업가로와 주거공간 사이에 놓여 바깥 면은 가로에, 안쪽 면은 주거공간에 면한다. 이렇게 문간채가 상업가로와 주거공간을 나누는 동시에 이어줌으로써 앞서 말한 '도심 거주'의 물리적 장치가 마련되었다. 그리고 맞배지붕을 씌운 문간채가 좌우로 연달아 이어짐으로써 연속성 있는 가로공간이 조성되었다.

안성에서 문간채의 생명력은 과거에 상전이었던 안채보다 강했다. 나무기둥 4개로 이루어진 칸을 반복하면서 새로운 기능을 담아냈기 때문에 문간채는 지금까지도 살아남을 수 있었다. 뼈대구조의 특성상 기둥만 남기고 벽은 다 털어버려도 되니 단위 공간의 크기도 융통성 있게 조정되었다. 그렇게 문간채는 신분제의 억압에서 벗어나 상업 혹은 수공업의 공간으로 새롭게 변신했다.

문간채의 변신은 가난하고 부모마저 일찍 여읜 고아의 자수성가와 같다. 유복하게 태어났으나 일식 주택으로, 양옥으로 숨 가쁜 변절의 행로를 밟아온 안채에 비해 얼마나 강건하고 의젓한가. 이제 문간채는 비천한 신세에서 벗어나 온 집안을 먹여 살리는 중요한 공간이 되었다. 온갖 서러움을 딛고 일어선 문간채에 박수를 보낸다. 장하다 문간채여!

한옥의 진화와 뼈대 있는 건축의 힘

한옥은 좀 더 높은 밀도와 상업 용도의 공간을 필요로 하는 도시의 맥락에 적응하며 진화해갔다. 여기서는 전형적인 전통한옥인 논산 명재고택과 안성의 '두부마을'이라는 상점주택을 비교하며 한옥의 진화를 살펴보자.

명재고택은 안성이 상업도시로 변모하기 시작할 무렵인 18세기 초, 충남 논산시 노성면 교촌리의 산자락 아래 넓은 터에 자리 잡았다. 이 한옥은 안채, 중문간채(안행랑채), 사랑채, 곳간채, 사당, 그리고 본래 있던 대문간채까지 6채의 건물과 그에 대응하는 6개 마당으로 구성되었다. 이런 한옥이 안성의 시가지에 와서는 문간채와 안채만 남아 서로 결합된 모습으로 간략화되었다. 안성의 가로에 면한 전형적인 상점주택인 '두부마을'이 이런 한옥의 변화를 보여준다. 동서로의 남쪽 초입에 있는 음식점인 '두부마을'의 일자형 문간채는 옆집인 대장간과 붙어 있고, 뒤로는 ㄱ자형 안채와도 붙어 있다. 지붕도 본래 둘로 나뉘어 있던 것을 엉거주춤 붙여놓았다. 또한 문간채와 안채의 방향이 미세하게 틀어져 있는데, 본래 2개이던 채를 뒤에 하나로 이었기 때문이다. 밀도를 높이고 짜임새 있게 공간을 구성하려 한 것이다. 그럼에도 마당을 생략하지 않은 것에서 마당이 한옥에서 얼마나 중요했는지 알 수 있다. 다만, 정방형에 가까운 전통한옥의 안마당과 달리 이 집에서는 전면이 좁고 깊이 방향으로 긴 마당이 되었다. 여기서 좀 더 많은 집이 가로에 면해 장사를 하려 했던 의도를 읽을 수 있다.

대개 문간채와 안채로 이루어진 안성의 한옥들을 보면 바깥 문간채를 상업 용도로, 안채를 주거 용도로 사용함으로써 기능을 평면적으로 분리했다. 긴 문간채가 죽 이어져 가로의 한 면을 이루고, 그것과 함께 안마당을 둘러싸는 주로 ㄱ자나 일자형 안채가 주거공간을 이룬다. 두부마을에서는 문간채가 동서로를 향해 서향을 하고 안채는 남향을 했다. ㄱ자 집에서는 대청이 있는 부분을 몸채로 보아 안방이 아닌 대청의 향을 채의 향으로 친다. 이같이 안성에서는 문간채와 안채가 향을 달리하는 경우가 많다. 주거공간은 남향이 좋지만 상점은 길을 면하는 것이 필수이다. 상업공간에서 향보다 중요한 것은 길에 얼마나 많이 면하는가이다. 그

설영식 씨 댁 문간채 1944년에 한옥 문간채가 있을 만한 자리에 일식 건물로 2층 문간채가 지어졌다. 가로 입면이 한옥보다는 폐쇄적이다.

래서 주거공간과 달리 상업공간은 북향을 하는 것도 서슴지 않는다. 안성에서는 향에 대한 이런 서로 다른 요구를 채를 분리함으로써 충족시키고 있다.

안타깝게도 한옥의 진화는 여기서 멈추었다. 일제강점기의 사회적 조건에서 한옥은 일식 주택이나 양옥에 길을 내주어야 했다. 설영식 씨 댁 문간채 그리고 임영민 씨 댁과 싸전길 11번지 집 안채 등에서 볼 수 있듯이, 20세기가 되자 2층의 일식 건물이 한옥을 대신했다. 그때까지 한옥은 일반적으로 단층건물에 머물렀다. 위층 바닥에 온돌을 설치하는 기술이 없었던 것이 큰 이유이다. 우리 사회가 일제에 강점당하지 않고 자생적인 근대화의 길을 갔다면 한옥, 특히 상업 용도로 쓰이는 문간채는 분명 2층 건물로 진화를 계속했을 것이다. 인접한 중국과 일본에서는 단층의 전통주택이 2층의 도시 상점주택으로 발전해갔다. 서삼식당과 설영식 씨 댁 2층 문간채는 그런 일식 건물인데, 한옥의 진화 방향을 암시하는 듯하다. 한옥의 진화가 중단되지 않았더라면 안성의 가로는 2층의 문간채들이 짜임새 있게 배열되어 꽤 볼만했을 터이다.

구포동성당 1955년에 건물의 전면부를 철거하고 로마네스크풍 종탑을 덧붙임으로써 정면에서 보면 서양 건물이고 측면에서 보면 한옥인 두 얼굴의 건물이 되었다.

한옥을 주택으로 한정하여 생각하는 경향이 있지만 한옥은 본디 주거라는 기능 유형만 의미하지는 않는다. 전근대기에 지어진 공공건물이나 종교 건물도 모두 목조로 뼈대를 만들어 힘을 지지했고, 기둥 4개로 이루어지는 칸과 그 절반인 툇간으로 공간을 구성했으므로 역시 한옥이라 할 수 있다. 한옥이 새로운 시대에 2층으로 진화해갈 가능성을 1922년에 건립된 안성의 아름다운 근대 건물인 구포동성당에서 확인할 수 있다.

19세기 말, 이 땅에 기독교가 전래된 후 전에 없던 새로운 건축 유형인 예배당을 어떻게 만들 것인가 하는 과제가 떠올랐다. 20세기 초에 찾은 해법은, 돌로 지어진 고딕양식의 성당 건축을 한옥의 목조로 번안하는 것이었다. 그래서 여러 곳에서 한옥과 서양 건축을 절충한 양식으로 교회 건물을 지었다. 이러한 절충은

상업도시의 휴머니즘 **189**

구포동성당 내부 좌우로 마루를 얹어서 2층의 공간을 이루었다. 하늘에서 밝은 빛을 받아들이도록 위층 벽은 기둥만 남기고 모두 창을 냈다.

한옥과 고딕건축 모두 뼈대 건물이기에 가능했다. 그런 건물들은 전통 건축양식을 존중하면서도 그 안에 기독교라는 새로운 종교의 기능을 담으려는 진정성과 법고창신의 정신을 보여준다.

구포동성당은 당시 안성군 보개면 신안리 동안마을에 있던 '동안강당'을 매입하여 그 건물의 기와, 목재, 석재를 사용해 건축한 것이다. 본래는 지금의 건물보다 더 한옥에 가까운 모습이었는데, 1955년에 정문이 있는 건물 전면부를 철거하고 로마네스크풍 종탑을 덧붙임으로써 정면에서 보면 서양 건물이고 측면에서 보면 한옥인 두 얼굴의 건물이 되었다. 내부는 좌우로 마루를 얹어서 2층의 공간을 이루었다.

옥천역이 있던 자리에 가면 몇몇 노인들이 한가로이 햇볕을 쬐고 있다. 그들이 기댄 높은 바닥이 과거에 물건을 사거나 팔려고 안성을 드나든 많은 사람들이 밟았던 열차 승강장이다. 1944년 태평양전쟁에 동원하기 위한 선로 공출명령으로 천안과 장호원을 잇던 경기선 철도의 안성-장호원 구간 철로가 철거되고, 1955년에 경기선은 안성선으로 이름이 바뀐다. 그 뒤 고속도로가 개통되자 이용객이 감소하여 1989년에는 안성선이 모두 폐쇄되었다. 1920년대에 그토록 사람들로 붐볐던 싸전거리에서 연속되는 문간채는 여전하나, 지금까지 쌀을 파는 곳은 100년이 넘었다는 '해성쌀상회' 한 곳뿐이다. 20세기 후반, 안성의 옛 시가지는 이렇게 급속히 쇠퇴했다.

역설적이게도 도시가 쇠퇴함으로써 그 공간의 오래된 골격을 오히려 유지할 수 있었다. 2009년 2월 2일, 가구전길이 나무전길로 이어지는 지점에서 만난 한병국 씨(당시 76세)는 "내가 이 자리에서 50년 동안 살고 있는데 집만 바뀌고 길은 그대로야. 15년 전만 해도 우리 집을 포함해 많은 집들이 지붕 재료만 바꾼 옛날 초가집이었어"라고 말했다.

안성을 답사하면서 집에서도 바뀌지 않은 부분이 있음을 발견했다. 바로 문간채다. 앞으로 안성의 가능성은 문간채의 이런 끈질긴 생명력에 있지 않을까 생각해본다. 문간채에는 21세기에 2층 한옥으로 다시 한 번 도약할 수 있는 잠재력이 있지 않을까?

한옥은 목재를 뼈대로 하여 일정한 크기의 공간을 반복적으로 만들어내는 집이다. 그런 특성으로 볼 때 한옥은 살림을 하는 안채보다 상업이나 문화공간으로 쓰이는 문간채에 더 적합하다. 2층 한옥 문간채의 1층은 상가, 2층은 문화시설, 그리고 안채는 가족 생활공간으로 구성하면, 그것은 앞서 말한 '도시의 휴머니즘'을 위한 세 가지 조건을 모두 충족시키는 훌륭한 건축 유형이자 도시 관광의 요소가 될 수 있다. 이때 안채는 꼭 한옥이 아니어도 좋다. 어차피 그것은 가로에서 보이지 않는다.

요즘 우리 사회에 한옥 열풍이 불고 있다. 그러나 서울같이 고밀도 대도시에서 한옥은 여러 가지 제한에 부딪힐 수밖에 없다. 이와 달리 주로 1·2층 건물로 도시가 구성된 안성에서는 2층 한옥이 오히려 밀도를 높이는 현실적인 방안이 될 수 있다.

우리의 역사도시에 한옥 주거지는 있어도 한옥으로 이루어진 상업가로는 없다. 민가의 소박한 문간채에서 상업과 수공업의 공간으로 변신함으로써, 상업도시 안성에 조선시대 대표 시장의 영광을 가져다준 문간채에 한 번 더 기회를 주자. 이것이 바로 인간적인 상업도시 안성의 르네상스를 이루는 지름길이 되리라.

6

오래된 포구도시의 외래 풍경

강경

호남과 호서가 만나는 근대 포구 상업도시

강경은 전북 군산과 충남 부여, 공주를 연결하는 금강 뱃길의 중심에 발달한 상업도시다. 일찍이 영조 7년(1731)에 강경 남동쪽에 세워진 아치형의 '미내다리'가 호남과 호서의 경계 지점을 표시했다.

논산 지역에서 태어나 자란 나는 초등학교 시절 태권도를 배웠던 강경경찰서 신도지서에서 강경이라는 이름을 처음 접했다. 논산군 소속인데도 논산경찰서가 아닌 것이 의아했는데, "강경이 왕년에 대단한 곳이었다"라는 어머니의 설명으로 의문이 풀렸다. 1900년대 초, 경찰서와 검찰지청, 법원지원 등 권력기관들이 모두 강경에 설치된 데서 과거 강경이 지녔던 힘을 짐작할 수 있다.

강경(江景), 강의 풍경, 참으로 매력적인 도시 이름이다. 그러나 강경의 본래 말뜻은 다르다. 강경을 전라도 말로 '강갱이' 혹은 '갱갱이'라고 하는데, 여기서 갱이는 '가(邊)'를 뜻한다. 따라서 강경은 강의 풍경이라기보다 '강의 가장자리'라는 뜻이다. 그러나 강의 풍경은 강물과 강가가 함께 만들어내는 것이니 그런 한자식 풀이도 그다지 틀린 것은 아니다.

18세기 이전의 강경은 전라도에서 한양으로 통하는 길만 나 있는 한가롭고 경치 좋은 곳에 불과했다. 특히 호남과 호서가 만나는 강경 남쪽의 황산(黃山)은 자연경관이 빼어나 조선시대에 양호(兩湖)의 선비들이 모여들었다. 그들은 1626년에 노을이 깃드는 황산의 언덕 아래 강가에 황산서원(현 죽림서원)을 세웠다. 비슷한 시기에 기호학파의 큰 학자이자 사제지간이었던 사계 김장생과 우암(尤庵) 송시열(宋時烈, 1607~1689)은, 강에 떨어지는 노을이 잘 바라보이는 부근 언덕에 각각 임이정(臨履亭)과 팔괘정(八掛亭)이라는 강학장소를 세웠다.

한편 반농반어의 갯마을, 강경은 포구를 중심으로 상업이 발달하면서 금강 포구시장권의 중심지로 떠오른다. 18세기 중반에 이중환은《택리지》에서 강경을 "육지와 바다 사이에 위치한 큰 도회"라고 묘사했다. 강경장이 커지면서 '일평양(一平壤), 이강경(二江景), 삼대구(三大邱)'라는 말까지 생겨났다. 강경포는 금강 본류와 접해 있을 뿐 아니라 내륙으

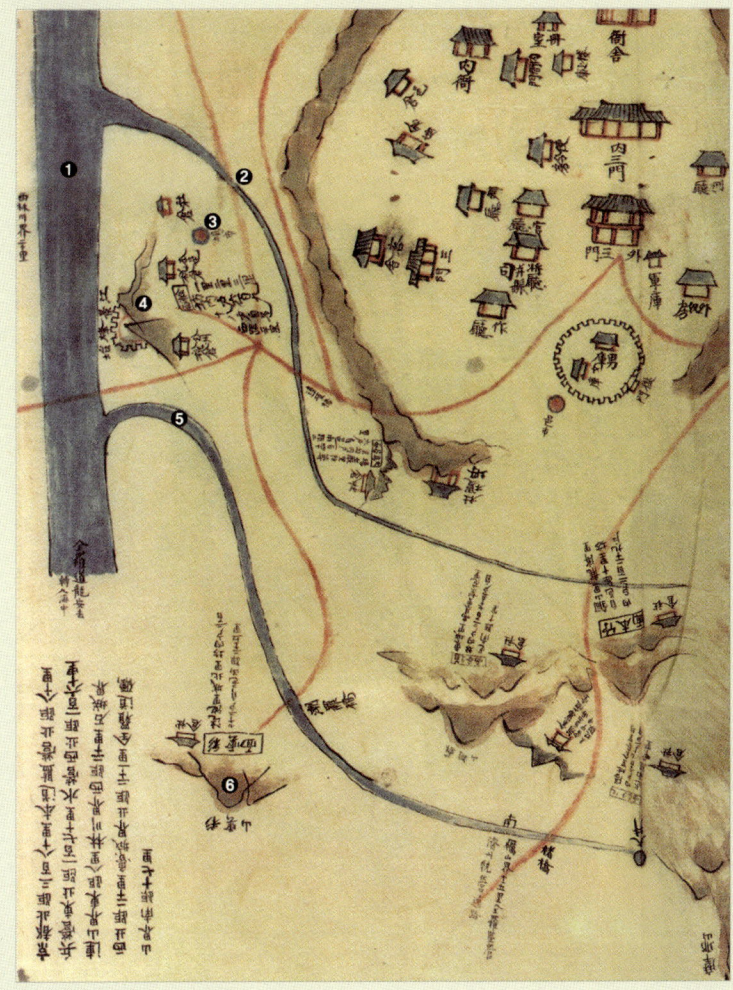

옛 강경 지도(은진 지도의 부분)
1. 금강
2. 강경천
3. 하시장
4. 옥녀봉
5. 대흥천
6. 채운산

원래 남쪽을 위로 가게 그렸으나 다른 지도들과 방향을 맞추려고 여기서는 거꾸로 실었다. 강경이 속한 김포면의 호수는 698호로, 다른 면에 비해 인구가 밀집했다. 1872년, 서울대학교 규장각 소장.

로 통하는 논산천, 강경천, 염천 등의 지류가 이어져 중심 포구로 성장할 수 있는 천혜의 입지 조건을 갖추었다. 주변 수심이 평균 12m가 넘을 정도로 물이 깊었고, 주위는 충적 범람지형이지만 포구 거점에 화강암층이 발달해 홍수로 주변이 범람해도 침식이나 토사 퇴적이 일어나지 않아 선박을 정박시킬 수 있었다.

18세기에는 해상교통의 발전에 따라 전국적인 해로 유통권이 성립되었다. 팔도 해연로(海沿路) 지역의 중심 포구가 주변 소포구들의 상품 유통 거점으로 기능했고, 이들 중심 포구는 다시 장시와 연결되었다. 또한 해연로 지역의 중심 포구가 강경을 비롯해 칠성포, 원산포, 경강(京江: 서울 뚝섬에서 양화나루에 이르는 한강 일대) 등 대포구와 유기적으로 연결되면서 전국에 선박 유통망이 형성되었다. 이로 인해 포구상업은 18세기 이후 비약적으로 발달했고, 그동안 고기잡이와 세곡 운송의 중심지였던 포구들이 상업 중심지로 변모했다.

19세기 들어서는 멀리 함경도 상인들이 원산포에서 북어를 사 모아 포항이나 창원포를 거쳐 강경에서 판매하고, 다시 경강으로 올라가 필요한 물품을 구입한 뒤 원산으로 돌아갈 정도로 강경이 아우르는 교역의 범위가 확대되었다. 경강을 비롯한 영산강·낙동강 유역의 시장, 그리고 제주도와의 교역도 모두 강경포를 통해 이루어졌다. 강경포에 모인 물품은 공주·전주 등 인근 대장시로 분산되었고, 각지에서 수집된 상품은 그 반대 경로를 거쳐 강경에 모인 뒤 다시 전국 각지로 공급되었다.[6]

1899년 5월에 군산이 개항하면서 하항(河港)도시 강경은 한동안 더 발전해 최전성기를 맞는다. 그러나 강경의 성장은 기본적으로 일제의 전략에 따른 것이었다. 일제는 강경을 농어물 수탈의 전진기지로 삼아 충청도와 내륙지방의 쌀과 면화를 강경의 뱃길과 철길을 통해 일본으로 유출해갔다. 1911년 7월 11일에는 호남선의 대전-강경 구간이 개통되고 강경역이 문을 열었다. 또한 1911년에 경성-전주-목포를 잇는 큰 도로가 개설되어 강경을 거치고, 1914년 1월 11일에는 호남선이 완전 개통되었다. 이러한 교통망의 변화로 강경의 접근성도 좋아졌지만 다른 인접 도시들 역시 빠르게 성장하여 그동안 강경이 누려온 유통 중심지라는 지위를 위협하기 시작했다.

개항 당시 호수 100호, 인구 700명에 불과했던 어촌마을 군산이 개항과 호남선의 개통으로 크게 성장하면서 드디어 강경을 압도한다. 논산평야와 호남평야에서 생산된 미곡은 대부분 강경을 거치지 않고 군산으로 직행했다. 강경은 육로의 연결에서 인근 논산보다 열세에 놓여 1914년에는 은진에 있던 군청이 강경이 아닌 논산으로 옮겨갔다. 1931년에 강경은 읍으로 승격되어 근대도시의 모습을 갖추지만 힘없는 도시가 되었다. 강경의 중심은 역 앞으로 옮겨갔지만 그 '역전로'는 아직도 미성숙한 상태로 남아 있다.

오늘날의 강경 도심 지도

17세기까지만 해도 강경은 맑은 햇살에 빛나는 강물, 그리고 강변의 넓은 갈대밭이 아름다운, 인적조차 드문 곳이었다. 주변 넓은 습지는 마냥 방치되어 있고, 조수를 따라 고깃배만 가끔 드나들었으리라. 논산 쪽에서 강경으로 다가갈 때 강변 곳곳에 남아 있는 오래된 갈대숲들이 그때의 풍경을 일러주는 듯하다.

도시로 불쑥 들어가지 않고 강경과 주변 마을들을 잇는 강변 둑길에 앉아 '강의 가장자리' 도시를 바라본다. 못생기고 덩치 큰 아파트와 교회가 곳곳에서 시야를 가리고 있다. 할 수 없이 둑길을 따라 앞뒤로 오가며 도시 안쪽을 이리저리 살피니 둑길을 지나가던 사람들이 야릇한 표정을 짓는다. '저렇게 먼 곳을 엿보는 사람은 처음 보네'라고 생각하는 듯하다.

애써 바라본 강경의 풍경은 내게 익숙한 역사도시들과 다르다. 다른 역사도시들에는 성벽이 둘려 있고 사방에 성문이 솟아 있으며, 가운데쯤에는 커다란 기와집인 객사가 있었다. 높이 솟은 지붕들은 모두 짙은 회색이었다. 그러나 강경에서 솟아오른 지붕은 대개 빨간색이다.

강경에서는 성벽이 있을 만한 곳에 울긋불긋 색색의 지붕을 이은 집들이 어깨를 맞댄 듯 일직선으로 줄지어 있다. 어쩌면 전국에서 가장 곧고 긴 마을일지도 모른다. 읍성의 정문인 남문이 있을 만한 곳에는 강경천주교회의 빨간색 종탑이 날카롭게 깎은 연필처럼 뾰족하게 솟아 있다. 읍성에서 가장 큰 건물인 객사의 기와지붕이 보일 만한 곳에는 강경에서 가장 오래되고 근대 시기에는 가장 컸던 옛 한일은행의 지붕이 보인다. 만사드(mansard) 지붕이라 부르는, 위쪽 경사가 더 완만한 2단 경사지붕이다. 기와지붕과 색은 같으나 꺾이는 방향이 반대다. 그리고 멀리 오른쪽으로 읍성의 진산 격인 옥녀봉의 느티나무가 보인다.

강경은 이 책에서 소개한 아홉 도시 가운데 유일하게 상업 중심지로 출발했다. 통영은 군사 중심지로 시작했고, 다른 일곱 도시는 모두 행정 중심지, 곧 읍치(邑治)로 출발했다. 강경이라는 이름부터가 한가한 강변 마을에서 상업도시로 발전했음을 암시한다. 부산이나 대전 같은 근대도시들과 달리, 행정 중심지로 출발한 역사도시에는 행정상의 위계에 따라 흔히 주(州)나 성(城)이라는 이름이 붙는다. 안동이나 밀양, 춘천 역시 고려시대에 각각 복주, 밀주, 춘주라 불렸다.

읍치로 출발한 도시들과 달리 강경은 시작부터 정해진 틀을 갖지 않았다. 그래서 강경에서는 남북·동서축이라는 틀을 벗어날 수 없었던 읍치들과는 다른, 개성 있는 도시 공간을 볼 수 있으리라 기대했다. 더욱이 근대기에 상업도시로 번성한 강경이라면 본래 전통건축으로 구성되었던 역사도시들과는 다른 근대적 공간과 경관, 그리고 행정도시의 권위보다는 상업도시 특유의 생동감 넘치는 공간을 보여주지 않을까?

강경은 아주 오랜 전통은 없는 대신 자생적인 도시의 근대와 현대를 살피기에 적합하다. 근대기의 강경을 이해하기 위해 나는 이런저런 자료집에서 오래된 사진들을 찾아내고, 근래에 사라진 장소의 사진은 1997년부터 강경을 사진으로 기록해온 사진작가 전재홍 박사에게 빌렸다. 그리고 2009년 10월 25일과 2012년 4월 20일, 나는 옛 사진들을 들고 강경으로 가서 그것들과 똑같은 위치에서 똑같은 방향으로 셔터를 눌렀다. 지난 100년 동안 강경에서는 어떤 일이 일어난 것일까?

문학작품으로 만나는 20세기 초의 강경

《문학》 1936년 4월호에 실린 〈추회〉는 1906년에 강경읍에서 태어난 엄흥섭(嚴興燮, 1906~?)의 소설이다. 1929년에 카프(KAPF: 조선 프롤레타리아 예술가동맹)에 가담했던 엄흥섭은 다음 해 《조선지광》에 〈흘러간 마을〉을 발표해 문단의 주목을 받는다. 1930년대에 크게 활약한 문인이지만 우리에게는 왠지 낯선 이름이다. 바로 월북 작가이기 때문이다. '퇴회'라는 제목의 이 소설은 현재 전자책으로만 출간되어 있다. '추회'라고 소개한 자료도 있어 의아해하던 차에 2014년 11월 한 세미나에서 공주대학교 조동길 교수님을 만나 여쭤보았더니, 작품이 실린 잡지를 찾아보시고는 '추회'가 맞다고 확인해주셨다. 이 정도로 엄흥섭의 작품세계는 우리에게서 멀어져 있다.

엄흥섭은 1934년 1월 14일자 〈조선일보〉에 '1934년도 문학건설 취재와 실사적 묘사'라는 글을 싣는다. 그 글에서 그는 "다채적·다량적 생생한 인생생활의 이면에서도 취재해보겠다"라며, 생활체험에서 우러나는 사실주의적 묘사로 창작하겠다는 의지를 밝힌다. 그가 이런 사실주의적 태도로 쓴 〈추회〉는 강경의 과거를 어느 자료보다 충실하게 묘사하고 있다.

〈추회〉에서 작가는 기억에 남아 있는 어린 시절의 강경을 그리고 있는데, 문장 중에 등장하는 건물들을 토대로 추정할 때 이 소설은 1910년대 강경의 재현이다.

> 지금으로부터 18년 전엔 나는 이 강경 정거장 앞산 채운산 밑 양촌이란 마을에서 살았다.

양촌은 채운산(彩雲山) 동쪽에 있는 마을이다. 엄흥섭은 어려서부터 '노을이 구름을 물들이는 산'에서 금강을 바라보며 문학의 길로 빠져들었으리라.

> 나는 기차가 정거장에 닿았을 때 불같이 뛰어내리어 하룻밤을 여기서 자고 이튿날 천천히 옛날의 내 발길이 밟히던 채운산 산기슭이나 밟아보고도 싶었으나 웬일인지

강경 도심 전경 강경의 도심은 아래의 대홍천과 멀리 보이는 강경천 사이에 조성되었다. 왼쪽 끝에 옥녀봉, 오른쪽 끝에 강경천주교회가 보인다.

어둠 속으로 비치는 채운산과 강경 시가는 나를 반가이 맞아주지 않는 것 같아 그대로 눈을 감아버렸다.……나는 더 쳐다보기가 싫었다. 나는 어느 틈에 커튼을 주르르 집어내리고는 나도 모르게 길게 한숨을 내쉬고 눈을 감아버렸다. 그러나 웬일인지 감은 내 눈앞엔 18년 전의 어렸을 때의 기억이, 채운산을 중심으로 한 내 그림자가 그림처럼 떠올라와 내 머리를 몹시도 두드리기 시작한다.

개통한 지 얼마 안 된 호남선 기차를 타고 남쪽으로 가던 작가는 강경역에서

차창 밖으로 보이는 강경 시가지의 변화에 놀람과 거북함을 동시에 느낀다. 이제 눈을 감아야만 겨우 과거를 회상할 수 있다. 엄흥섭은 유아 시절에 아버지를 잃고 어머니와 세 형제들과 함께 살았다. 큰형이 투기와 방황 속에 요절하고 어머니마저 세상을 떠나는 불행한 나날을 보낸 곳이 강경이지만, 그에게는 늘 다시 회상하고 싶은 고향이었다. 그가 다시 떠올리고 싶었던 것은 어린 그를 위무해준 금강 일대의 아름다운 풍경이리라. 그러나 성인이 되어 지나치는 고향 강경의 모습은 그의 어린 시절 기억을 위협하고 있었다.

18년 전 내 눈에 익었던 집들과 길바닥은 다 사라져버리고 간 곳이 없다. 황산과 강경과 윗강경은 18년의 옛날엔 세 토막이던 것이 지금은 한데 붙어 큰 시가를 이루었음인지 전깃불이 다닥다닥 깔려 있다.

이로부터 본래 강경은 황산, 강경, 윗강경의 세 영역으로 구성되었음을 알 수 있다. 1914년에 제작된 〈강경 시가도〉에는 강경의 도시 구역이 황산, 하시장, 상시장 등 세 부분으로 구성되어 있다. 그가 말한 세 토막이 바로 이 세 부분이다.

주거지는 옥녀봉(표고 48m), 황산(표고 37m), 채운산(표고 57m) 등 봉긋 솟아오른 산들의 자락으로 비교적 고지대에 조성되었다. 1924년 대흥천 제방이 완공되기 전까지는 범람의 위험이 있어 그런 입지를 택했을 것이다. 하지만 어선이 드나드는 것을 보기 위해서였는지도 모른다. 실제로 내가 조사한 몇몇 어촌들에서는 범람의 위험이 별로 없는데도 고지대에 주거지가 자리했다.

구불구불한 대흥천을 중심으로 그 오른쪽(북쪽)에 강경의 상·하시장이 조성되었고, 왼쪽 곧 남쪽에는 황산이 논으로 둘러싸여 있다. 본래 북쪽 강경천과 남쪽 대흥천으로 둘러싸인 곳이 충남 은진군 김포면 강경리이고, 황산은 1912년 행정구역 개편 전까지 전북 여산군 북일면에 속했다. 일본 사람들은 황산 자락을 주거지로 개발하고 황금정(黃金町)이라 불렀다.

> 그때의 강경 시가는 채운산에서 내려다보면 손바닥만 한 소읍에 지나지 못했지만 새로 생긴 굉장한 황산의 동척(東拓) 지점과 봉화재 아래로 우뚝 솟은 보통학교며 한일은행 지점이며 호남병원 등을 비롯하여 군데군데 무엇하려고 짓는지 2층, 3층이 자꾸 생기는 판이었다.

엄흥섭의 눈 밖에 나서일까, 그가 거론한 건물들은 한일은행 지점 빼고는 모두 사라졌다. 동척 곧 동양척식주식회사는 1908년 일본이 한국의 경제를 독점하고 착취하기 위해 설립한 국책회사다. 주로 토지를 강점·강매하여 높은 비율의 소작료를 징수하고 많은 양곡을 일본으로 반출했다. 양곡 반출의 거점인 강경에는 하시장 쪽 대흥천변으로 1910년에 동척 출장소가 개설되었고, 이후 강경역이 들어서면서 새로 조성한 황금정(현 황산리) 쪽으로 이전했다. 철로가 수로를 대체하면서 강경이 쇠퇴하기 시작하자 1921년에는 강경의 동척을 폐쇄하고 대전으로 지점을 옮긴다.

강경의 동척 건물은 1923년까지 강경공립상업학교(뒤에 강경상업고등학교가 되며, 현재는 강상고등학교) 건물로 사용되기도 했다. 강경상업고등학교는 금융계는 물론 각 분야에 많은 인재들을 배출했다. 상업학교지만 박용래(1925~1980), 김관식(1934~1970) 시인 등 걸출한 문인들이 이 학교 출신이다. 엄흥섭의 뒤를 이어 토속적인 정서를 그려낸 이 문인들을 배출한 것은 강경상고라기보다 강의 풍경이 아니었을까?

공립 강경보통학교는 현재의 강경중앙초등학교이다. 1907년에 4년제 학교로 개교하고, 이듬해에 봉화가 있던 옥녀봉 아래에 2층 목조건물을 지었다. 그 뒤 1920년대에 현재 위치인 남교리로 이전했는데, 6·25전쟁 때 강당을 제외한 모든 건물이 불에 탔다. 1937년에 붉은 벽돌로 지은 강당은 등록문화재로서 여전히 체육관 겸 강당으로 사용되고 있다.

강경에서 나이로 보나 건축적인 품격으로 보나 으뜸은 옛 한일은행 강경지점 건물이다. 1913년에 신축된 이 건물은 단층이지만 층고를 높여 뒷면의 돌출된 곳에 2층으로 금고를 설치했다. 6·25전쟁 때 폭격을 받았으나 지붕 부분만 파괴된 채 살아남았으니 퍽 운이 좋은 건물이다. 가로에서 보아 건물의 오른쪽에는 큰 창고가 있었다. 이렇게 은행이 금고가 아닌 창고를 거느린 것은 이례적인데, 수산물을 담보로 했기 때문이라고 한다. '강경의 은행다움'을 말해주던 이 창고는 6·25전쟁 때 폭격으로 한쪽 면이 부서졌는데, 한동안 훼손된 채로 남아 있다가 2006년 붕괴의 위험으로 철거되었다.

기단, 오더(order: 기둥부), 엔타블레이처(entablature: 주두柱頭 위쪽의 가로로 긴 부분)의 세 부분으로 구성되는 입면, 벽면 모퉁이와 출입구나 창 윗부분의 화강석 장식 등에서 볼 수 있듯이 이 건물은 서양의 신고전주의 건축 요소들을 차용했다. 엄격한 규칙을 따르는 고전주의 건축은 건축을 통해 권위를 표현하는 데 적합

한일은행 강경지점 1913년에 신고전주의 건축양식으로 지어진 이 건물은 은행, 독서실, 젓갈창고 등으로 쓰이다 2007년에 등록문화재가 되었다. 건물 오른쪽에 사진에서처럼 큰 창고가 있었으나 2006년에 철거되었다.

하다. 따라서 20세기를 맞으며 새로운 시설로 등장한 금융기관의 권위와 신뢰를 상징하는 데에도 신고전주의 건축양식이 이용되었고, 이후 우리나라 근대건축의 주요한 양식적 경향을 이룬다.

옛 한일은행 건물은 동일은행·조흥은행·충청은행의 강경지점으로 쓰였고, 그 뒤 독서실로 이용되다가 근래에는 젓갈창고로도 쓰였다. 그야말로 골고루 쓰이다가 2007년에 등록문화재가 되었으나 지금은 활용방안을 찾지 못한 채 비어 있다.

한일은행이 지어진 다음 해에 길 건너편으로 2층 목조건물인 호남병원이 건립되었다. 병실을 10여 개 갖춘 근대식 병원이었던 호남병원은 한때 호남호텔로도 사용되었다. 1928년에 증·개축되었는데 최근 철거되고 그 자리에 젓갈가게가 들어섰다. 나는 1999년 5월 8일에 당시 한 가족의 주택으로 쓰이던 이 건물을 조사한 적이 있다. 가로에서 보는 것과 달리 ㄴ자형 건물이 안쪽으로 마당을 둘러싸고 있었다. ㄱ자로 꺾인 나무계단을 통해 2층으로 올라가자 마루를 따라 어두컴컴한 방들이 이어졌고 그 안에서 여남은 살쯤 된 아이들이 놀고 있었다. 대책 없이 밝은 현대 건물과 대조되는 분위기였다. 어둑한 복도를 따라 삐걱거리는 널마룻바닥을 조심스럽게 걸을 때 아이들이 갑작스런 방문객을 어색해 하던 기억이 떠오른다.

엄흥섭은 강경의 변화를 받아들이지 못했지만 당시 많은 강경 사람들은 번성하는 도시를 반기고 자신들의 삶을 새롭게 개척해나갔다. 주변에서 어렵게 농사만 짓던 사람들도 번성하는 시장을 보고 강경 시가지로 모여들었다. 그들은 홀로 혹은 가족들을 데리고 이주해와서 상점을 내거나 노동을 했다. 내가 강경에서 만난 노인들은 한결같이 토박이가 아니라 그렇게 주변 마을에서 이주해온 사람들이었다. 그들은 대부분 강경 남쪽 채운산 부근 마을들에서 왔다. 인근 성동이나 세도 지역에서 온 사람들도 많았고, 멀리 고군산군도의 사람들도 적지 않았다고 한다.

처음 만난 내게 그런 이야기를 들려주었던 강경 사람들을 떠올려본다. 먼저, 나이를 의심케 하는 기운찬 모습으로 반겨주던 윤옥준 씨(2012년 86세), 엄흥섭처럼 채운산 아래에 살던 그의 가족은 강경의 '섬말'로 이주했다. 윤 씨는 섬말에서 성장한 후 농지개발영단에 근무했고 형들은 객주가 되었다. 윤 씨는 회사를 그만둔 뒤 '슴말떡방앗간'을 운영했다. 채운산 남쪽 채운리에서 살던 박남규 씨(2012년 70세)는 하시장으로 이주해 1977년에 정미소를 인수했고 1995년까지 운영했다. 초등학교 6학년 때 하시장으로 이사한 홍상표 씨(2012년 62세) 역시 고향은 채운리다. 하시장에 온 그의 부모는 국밥과 대포를 파는 장터 식당을 했다. 그리고 박범신(1946~) 작가의 글에 따르면, 채산리에 살던 그의 부친 역시 "논 몇 마지기로는 일곱 식구 입에 풀칠조차 어려워 강경 읍내로 나와 포목장사를 했다"고 한다. 작가 가족의 생계를 꾸려갔던 그 포목점은 지금 '중앙민물고기'라는 상점으로 바뀌었다.

이런 사람들과 달리 어린 나이에 고아가 된 엄흥섭은 소학교 때 작은형과 함께 강경을 떠나 아버지 고향인 진주로 갔다. 그에게도 부모가 살아 있었다면 북한으로 가는 대신 하시장 어디쯤으로 이사해서 강경을 무대로 한 소설 몇 편을 더 남기지 않았을까?

오늘날의 대흥천 강경 시가지를 관통하는 대흥천 하류의 풍경이다. 과거에는 어선들이 이곳을 가득 메웠다.

강의 풍경

강경의 북쪽 가장자리에 있는 옥녀봉에서는 강과 도시를 모두 내려다볼 수 있다. 옥녀봉 정상의 평평한 바위에 앉아 도시를 관통하는 대흥천과, 도시를 감싸고 도는 강경천, 그리고 도시를 향해 논산평야를 가로질러 달려오는 논산천이 금강에 합류하는 모습을 보노라면, 강경의 이야기는 강에서 시작해 강에서 끝날 수밖에 없으리라는 생각이 든다.

옥녀봉은 표고가 48m에 불과하지만 강경 시가지는 물론 주변 평야에서 가장 눈에 잘 띄는 돌출지형이다. 그래서 조선시대에는 이곳에 봉화대가 있었다. 옥녀봉 꼭대기에는 잘 생긴 느티나무가 한 그루 서 있는데, 이 느티나무는 도시 어디서나 고개를 조금만 들면 예외 없이 눈에 띄는 랜드마크이자 어메니티(amenity:

과거의 대흥천 오른쪽에 2층의 금강운수주식회사 건물이 있는 것으로 보아 1930년 이후의 사진이다.7

쾌적 요소)이다. 나는 이 느티나무 덕분에 옛 강경 사진들이 촬영된 지점은 물론 촬영 방향과 계절까지 쉽게 파악할 수 있었다.

오늘날 강경 시가지를 관통하는 대흥천은 부레옥잠과 같은 수초로 뒤덮여 물고기가 행복한 구간도 있지만, 하류에서는 젓갈 냄새가 진동해 물고기는 구경도 할 수 없다. 과거에도 이 하천의 하류에는 물고기가 없었다. 그곳을 떠다닌 것은 물고기가 아니라 돛을 단 배였다. 20세기 초까지만 해도 도시 중심부에 '섬말'이라는 동네를 만들어내고 강경천주교회 앞까지 배를 들여보낼 정도로 심하게 굽이친 대흥천은 강경 시가지의 경계였다. 그리고 대흥천의 왼쪽은 논이었다.

모든 풍경은 바람(風)과 볕(景)과 함께 움직이는 '무엇'이 있어야 완성된다는 것이 내 생각이다. 강경에서도 강에 배들이 있어 풍경이 완성되었으리라. 성어기에는 40~50척의 어선들이 강경포구를 가득 메웠다고 한다. 금강을 왕래하던 범선은 최대 길이 60자(18m)로 요즘 나오는 대형 승용차 길이의 3배가 넘는다. 그렇게 큰 배에는 곡물을 300섬까지 실을 수 있었다. 1925년의 자료에 따르면, 당시 강경에 적을 두고 있는 배가 3,977척에 달했다.8

강경에서 공주와 군산까지는 정기선을 운항했다. 1930년에는 승객 수송을 담당하는 금강운수주식회사 건물이 갑문 옆에 세워졌다. 공주를 오가는 정기선은 1930년경까지, 군산을 오가는 정기선은 1960년대까지 운항되었다. 강경에는 이런 한국 배뿐 아니라 일본과 중국에서 온 배들이 수시로 들락거렸다.

1978년, 새우젓 드럼통 100통을 가득 실은 배가 강경포구로 접근하다가 입포(笠浦) 부근에서 토사에 걸려 침몰했다. 새우젓은 20여 통만 건져냈고 큰 손실을 보았는데, 이것이 강경을 향한 마지막 큰 배였다.[9] 1990년, 금강하구언 공사가 마무리되면서 더 이상 도시로 배가 드나들 수 없게 되었다. 이로써 한 세기 동안 강경의 번영을 가져온 수운은 마침표를 찍는다.

강의 풍경을 구성하는 중요한 건물은 도정공장, 곧 정미소와 소금창고였다. 강경을 통해 외부로 반출된 가장 중요한 상품은 미곡이었고, 외부에서 들어오는 가장 중요한 것은 소금이었다. 따라서 생활필수품이라고 할 수 있는 이 두 가지 상품을 다루는 시설들이 대흥천변에 속속 세워졌다. 강경은 논산평야와 전북 용안의 평야 등 전국 굴지의 미곡 생산지를 배후에 두었기 때문에 쌀 유통의 거점이 될 수 있었다. 강경에 반입되는 소금은 전국에서 품질이 가장 좋은 태안염전에서 생산된 것이었다. 1909년 강경에는 소금을 거래하는 객주가 30여 호 있었으며, 전체 소금 거래량은 2만 석 정도였다.[10]

강경포구를 수탈의 창구로 삼은 일제는 1911년에 중앙리 태평시장길 장마당 옆에 하야시(林) 정미소를 세우는 것을 시작으로, 1922년 대흥천변 강경노동조합 옆에 세운 다카하시(高橋) 정미소 등 강경 읍내에 예닐곱 곳의 대형 도정공장을 세웠다. 그중 한 곳만 한국인이 운영하고 나머지는 일본인들이 운영했다. 1910년대에 강경에서 반출되는 주요 상품은 정미소에서 가공한 현미였는데, 강가에 위치한 정미소는 소작농 등을 대상으로 한 작은 규모의 수매도 담당했다. 현미는 배에 실려 군산의 미곡상을 거쳐 대부분 오사카(大阪)와 고베(神戶) 등 일본 한신(阪神) 지방으로 보내졌다. 그 쌀은 당시 신흥 공업도시였던 두 지역의 노동자들이 주로 소비했다고 한다. 1926년 우리나라의 쌀 생산량은 1,497만 섬이었는데, 일제는 그중 36.3%인 544만 섬을 수탈해갔다. 수탈된 양의 4분의 1에 해당하는 137

강경 대흥리의 미곡창고 강경을 통해 외부로 반출된 가장 중요한 상품은 미곡이었다. 1935년에 강경역과 1번 국도에서 가까운 곳에 창고단지가 조성되었는데 현재 2동만 남아 있다. ⓒ 전재홍

만여 섬이 이런 식으로 강경을 통해 일본으로 반출되었다. 일본이 이룬 근대적 성장의 밑바탕에는 조선의 쌀이 깔려 있는 셈이다. 이들 정미소는 해방과 함께 폐쇄되었고 지금은 남아 있지 않다.

대흥천변의 염천리는 조선시대에는 '염촌', 일제강점기에는 '염정'이라 불렸다. 한 번도 동네 이름에서 소금 '염(鹽)' 자를 뗀 적이 없는 이곳에는 소금창고들이 있었다. 소금이 없이는 생선을 저장하지도, 젓갈을 담그지도 못한다. 강경에 모인 소금은 배에 실려 강물을 거슬러 내륙 깊숙이 공급되었다.

1924년에 대흥천 제방공사가 끝나고 도시 안을 흐르는 대흥천의 수량을 조절할 수 있도록 갑문을 설치해 강의 풍경이 많이 달라졌다. 밀물 때는 이 갑문을 열고 썰물 때는 닫음으로써 도시 안으로 배가 원활하게 드나들었고 선박의 하역작업도 쉬워졌다. 또한 갑문에 취수탑을 세워 대흥천의 수량이 지나치게 많아질

경우 금강으로 물을 뽑아낼 수 있게 했다.

    1925년 10월에는 대흥천변에 팔작 기와지붕을 얹은 2층 한옥의 노동조합 건물이 세워졌다. 초대 조합장이자 객주였던 정홍섭이 개인 재산을 들여 지었다 한다. 1910년대에 결성된 강경포구의 노동조합은 하역 노동자들의 동업자 조직에 가까운 단일 조직이었지만, 2층 건물을 별도로 가질 정도로 규모가 컸다. 한때 조합원이 2~3천 명에 달했다고 한다. 신축 기념사진을 보면, 1층과 2층 처마 밑에 나란히 늘어선 조합원들의 당당한 모습이 인상적이다. 이 노동조합은 1953년 전국 부두노동조합 강경지부로 체제가 바뀐다. 한동안 퇴락한 상태로 있던 이 건물을 최근 복원했으나 과거의 사진과 전혀 다른 모습이라 아쉬움을 금할 수 없다. 성형수술과 달리 복원은 과거의 모습과 다르면 다를수록 잘못된 것이다.

도시로 나온 마당

과거 강경의 경계는 하천이었으며, 주거지는 산자락에 집중되었고, 시가지는 온통 시장이었다. 강의 풍경을 배들이 완성했다면, 시장의 풍경은 사람들이 완성했다. 강경은 사람들의 움직임이 만들어내는 활기가 넘치는 곳이었다.

    17세기 말, 강경에 하시장이 열렸다. 처음에는 휴한기 논바닥에 상품을 진열하고 교환하는 수준이었으나 점차 너른 장터를 필요로 했고, 1808년에 지금의 중앙초등학교 뒤쪽 저습지를 매립해 장터를 확보했다. 그리고 장터를 중심으로 시가지가 조성되었다.

    시장의 세력이 점차 커짐에 따라 옥녀봉 기슭에 살던 주민들도 시장을 요구하기 시작했다. 이에 따라 1868년 옥녀봉 동쪽에 상시장이 개설되었다. 수로에 접한 하시장에서는 수산물이, 평야에 접한 상시장에서는 주로 농산물이 거래되었다. 그래서 하시장은 성어기인 3~6월 사이에 가장 생기가 넘쳤다. 충청과 전북 지역에서는 일용잡화까지 강경에서 구입했다. 1905년 경부선 개통 이전에는 군산항을 통해 들어오는 잡화의 80% 정도가 강경시장을 통해 판매되었다고 한다.

강경장은 이 지역에서 가장 큰 장이었기 때문에 주변 지역에서는 강경의 상·하시장 장날인 4·9일을 피해 장이 섰다. 오늘날도 강경 장날은 4일과 9일이다. 강경장은 이 지역 물산을 모으고 반출하는 기능과 더불어 외부에서 반입되는 물산을 배분하는 기능을 했다. 조선 최대 곡창지대에서 생산되는 쌀 등의 곡물은 서울에서 제주도에 이르기까지 전국의 소비지에 공급되었으며, 도기·토기·철물 등의 수공업 제품, 전라도의 면포도 강경으로 유입·매매되었다. 또한 서해에서 생산되는 소금과 조기, 갈치, 민어, 홍어, 게, 전갱이, 새우 등의 해산물은 모두 강경을 통해 소비지로 공급되었다. 심지어 함경도 원산에서 나는 북어까지 강경으로 들어왔는데, 이들 생선은 강경을 거쳐 금강수로의 상류 종점인 부강에서 충청북도와 강원 영서지방까지 공급되었다. 이렇게 강경에 각종 생선들이 모임에 따라 거래 후 남는 물량의 처리가 문제였다. 그래서 그것들을 오래 보관하기 위해 소금에 절여 저장하는 염장법(鹽藏法)과 젓갈 가공법이 발달했다. 이것이 강경을 젓갈의 도시로 만든 배경이다. 그밖에 1909년 조사자료에 따르면, 서울을 거쳐 온 중국 견직물, 전주를 거쳐온 서양 직물 등 외국 수입품도 강경을 통해 각 지방으로 수송되었다.

남일당한약방 앞마당도 붐비는 장터였다. 장이 서는 날에는 900개 정도의 점포가 문을 열었고 4~7천 명의 사람들이 몰려들었다. 추석이나 설을 전후한 시기에는 15,000명 정도가 몰렸다고 한다. 앞서 소개한 홍상표 씨 부모도 이곳에서 국밥집을 했다. 여러 가지 물건들을 팔았겠지만 솥은 이곳에서만 살 수 있었던지 아직도 사람들은 이 마당을 '솥전'이라고 부른다.

옛 한일은행 뒤편, 태평시장길 안쪽으로 숨어 있는 장터는 강경시장의 번성과 쇠퇴를 증언한다. 활꼴의 태평시장길은 대홍천을 매립하여 낸 길이므로 이 장터는 직접 배를 댈 수 있는 최적의 입지였다. 전면 폭이 12자(3.6m)에 불과한 좁고 긴 집들이 장터를 뺑 둘러싸 폭 14.5m, 길이 46m의 커다란 직사각형 마당을 만들어냈다. 지금도 사용되는 한 집을 들여다보니 앞뒤에 뜰을 두고 부엌과 방이 한 줄로 구성되었다. 이곳에서 마흔한 살 때부터 채소장사를 했다는 한 아주머니(2012년 75세)는, 이 시장에서는 주로 채소를 팔았고 생선을 파는 집도 두어 집 있

과거 남일당한약방 앞 장마당 1920년대 후반에 촬영된 것으로 추정된다. 왼쪽의 2층 한식 목조건물이 1923년에 지어진 남일당한약방인데 현재 복원된 모습과 크게 다르다. 오른쪽 끝에 보이는 것이 한일은행 뒤쪽의 금고 부분이다.11

었다고 전한다. 판매 품목에 따라 강경시장의 장마당이 구분되었음을 짐작케 하는 말이다. 이 시장은 황산시장이 생기면서 문을 닫았다. 상인들이 하나둘 이곳을 떠나고 장마당을 둘러싼 그들의 집은 방치되어 무너져내리고 있다. 2004년에는 장마당을 덮었던 장옥까지 철거해 지금은 나 같은 답사객이나 찾는 텅 빈 마당이 되었다.

다른 도시에서는 대개 너른 길을 따라 장이 섰지만 강경에는 워낙 많은 사람들이 몰려 새로운 상업공간이 필요했다. 이때 몸집을 키워 도시로 나가기로 결심한 것이 '마당'이다. 그래서 강경에는 다른 역사도시들에서 볼 수 없는 큰 마당들이 남아 있다.

본래 마당은 가족의 사적인 활동이 일어나는 공간이다. 우리 도시에는 서양 도시의 광장 같은 공적인 마당은 없었다. 공적인 활동은 대개 길에서 일어났다. 그러나 지나가는 사람들과 어깨가 부딪쳐 길을 걷기 힘들 정도로 많은 사람들이

오늘날 남일당한약방 앞 장마당 사진의 오른쪽 부분이 건물들로 채워져서 장마당이 좁아지고 옛 한일은행이 보이지 않는다. 대신 가운데에 강경천주교회의 날카로운 종탑이 작게 보인다. 장마당의 지면은 과거보다 많이 높아진 듯하다. 가운데 차 뒤로 멀리 보이는 중앙양조장은 여전히 자리를 지키고 있다. 과거 강경에는 이런 양조장이 모두 4개 있었다.

모였던 강경에서 꼭 필요한 공간은 너른 마당이었다. 이런 시대적 요구를 외면하지 못하고 집 안에만 있던 아낙 같은 마당이 도시로 나와 신여성 같은 장마당이 되었다. 그러자 많은 사람들이 그곳에 5일 간격으로 모여들어 도시에는 활기가 넘쳤다. 이렇게 강경에서는 새로운 도시 공공공간이 탄생했다.

그런데 도시로 나온 신여성에게 양산이 필요했던 것처럼 따가운 햇살과 비를 피하기 위해 언제부턴가 장마당에 긴 지붕을 설치하기 시작했다. 강경 사람들이 '장옥'이라고 부르는 이 지붕은 목재로 기둥과 지붕틀을 짜고 함석이나 슬레이트를 이은 구조물이다. 뒤에는 나무 대신 철로 만들었다. 강경에는 아직도 곳곳에 장옥이 남아 있는데, 과거에는 더 많은 장옥들이 도시로 나온 마당을 덮어주었을 것이다.

가로가 장터로 쓰이면서 그곳에도 점차 장옥을 설치하기 시작했다. 그런데 가로가 지붕으로 덮이다 보니 그에 면한 집들이 어두워지는 문제가 생겼다. 장옥

오래된 포구도시의 외래 풍경 **215**

이 설치되었던 섬말길도 마찬가지였다. 윤옥준 씨 집은 이런 문제를 해결하는 재미있는 아이디어를 보여준다. 이 집은 앞의 1층 부분과 뒤의 2층 부분으로 구성되는 전형적인 강경의 가로변 건물인데, 1층 부분의 지붕에 천창을 내어 안으로 들어가도 매우 밝게 만들었다. 섬말길의 장옥은 6·25전쟁 때 불탔는데 다시 설치했다가 2006년에 철거했다. 지금은 윤 씨 집 앞쪽에 장옥의 기둥과 가로 부재 몇 개만 남아서 관찰력 있는 사람만 과거 장옥의 존재를 눈치챌 수 있다.

도시 주거 유형의 탄생, 장옥형 주택

도시에서는 그곳만의 특별한 요구에 따라 새로운 유형의 주택이 나타나고, 그런 주거 유형이 다시 그 도시에 고유한 특징을 부여한다. 강경에는 다른 도시에서 보기 어려운 독특한 집들이 곳곳에 있다. 두 집 혹은 세 집이 길가에 바짝 붙어 이어져 있는데, 홍교리(虹橋里)의 중심 가로인 홍교길에 그런 강경다움을 보여주는 집들이 아직 여러 채 남아 있다.

　이 집들은 순수한 주거가 아니라 상점을 겸하는 주상복합 건물이다. 역사적으로 볼 때, 유럽은 물론 이웃한 중국이나 일본에는 있으나 한국에는 없는 건물 형식이 이런 연립주택이다. 그래서 현재 이런 2호 연립주택을 지으면 건축법상으로 두 집이 아니라 두 가구가 공동 소유하는 단독주택으로 분류된다. 옆집의 동의가 없으면 팔 수도 없으니 옆집과 평생 싸우지 않을 자신이 있을 때만 이런 집을 지을 수 있다. 따라서 2호 연립주택이 즐비했던 홍교길은 우리 역사도시에 유례가 없는 특이한 경관이었을 것이다. 지금은 늙은이의 치아처럼 듬성듬성 남아 있지만 과거의 가로 모습을 연상하는 일이 그리 어렵지는 않다.

　옛날에 남교리로 넘어가는 아치형 다리, 일명 무지개다리가 있었다고 하여 홍교리라 불렸던 이곳을 일제강점기 일본인들은 강경의 중심지로 조성하고 본정(本町: 혼마치)이라 불렀다. 그들은 1907년에 홍교길에 면해 현재의 강경성결교회 자리에 한호농공은행(뒤에 식산은행으로 바뀜)을 세우고, 1932년에는 그 자리에 본원사(本願寺)라는 사찰을 지었다. 본정통(本町通) 곧 오늘날의 홍교길은 하시장과 연결되어 상업활동이 왕성하게 일어났다. 길은 현재보다 폭이 좁았고 상인들이 상점 앞으로 나와 장사를 해서 매우 혼잡했다고 한다. 이 길은 1970년대 새마을운동 때 현재의 8m 폭으로 확장되었다.

그런 홍교길을 따라 특이한 집들을 활발히 짓기 시작한 1920년, 강경 시가지의 인구는 7,147명이었는데 그중 일본인이 1,310여 명이었다. 열에 둘은 일본인이었던 것이다. 일본인들이 이주해오면서 강경에는 그들이 살던 주거 유형도 유입되었다. 이런 과정에서 옆집과 붙은 특이한 집이 나타났는데, 일본의 전통적인 도시 주거 유형인 장옥(長屋)과 유사하니 이를 '장옥형 주택'이라 부르기로 하자. 이는 장터 위에 씌운 긴 지붕을 말하는 장옥과는 완전히 다른 것이다.

일본의 장옥은 폭이 좁고 깊이가 깊은 대지에 들어선 몇 개의 소규모 주택이 가로로 연결되어 있는 연립주택이다. 건물 뒤에는 몇 집이 같이 쓰는 '우라니와(裏庭)'라는 뒤뜰이 있다. 장옥은 에도시대(1603~1867)에 성립되어 2차대전 전까지 도쿄 등지에서 도시 서민의 일반적인 주거로 자리 잡았다. 에도시대에 조닌(町人)이라 불리던 상인, 직공들의 70~80%는 장옥에서 살았다고 한다. 장옥은 원래 단층건물이었으나 다이쇼(大正)시대(1912~1926)에 와서 2층으로 발전한다.

2004·2005년에 강경 도심 북동쪽 외곽도로인 홍교길에서 장옥형 주택이 밀집해 있는 금강로 쪽 약 300m 구간을 조사했을 때, 그곳에 있는 44호의 주택 가운데 12호가 장옥형 주택이었다. 이 주택들은 주로 1920년대와 1930년대에 지어졌다. 단층 또는 2층 건물로 목구조이며, 주로 두세 집이 옆으로 나란히 붙은 2호 또는 3호 연립의 형태이다. 장옥형 주택은 벽을 공유하는 하나의 구조체이지만 필지는 호별로 나누어 소유한다. 단독주택이지만 장옥형 주택의 구조, 평면, 배치 방식을 택한 집들도 있다.

이 장옥형 주택들은 대부분 상업 기능을 겸했기 때문에 상업공간과 주 생활공간으로 구성되었다. 가로에 면해서 내부 마당을 두고 잡화, 미곡, 자재, 약, 양품(洋品) 등 일상생활에 필요한 물품을 판매하는 소규모 점포를 배치했다. 점포

대신 소규모 공장을 차린 경우도 있다. 뒤쪽으로는 뒷마당에 면해 사적인 생활공간을 구성하는데, 이렇게 2개의 마당을 둔 것이 장옥형 주택의 큰 특징이다.

이성호 씨 집과 붙어 있는 정복순 씨 집은 과거에 쌀가게와 베공장을 겸했다. 이 집은 내부 마당이 앞뒤로 길게 이어져 북쪽 다른 주택과 연결되면서 뒷마당은 생략되었다. 동쪽에 위치한 이 씨 집에서는 내부 마당이 뒷마당과 연결되어 내부 마당에서 모든 동선이 분배된다. 정 씨 집의 가로 쪽 입면을 보면, 상점 부분(마루와 내부 마당)의 아래 창턱을 주거용 방보다 조금 낮게 해 좀 더 개방감을 주었다. 이 씨 집은 내부 마당 부분의 입면을 개방적으로 처리했다.

주택은 가로의 남쪽에 있든 북쪽에 있든 모두 가로에서 직접 진입한다. 상업 활동을 위해서는 주택이 가로와 밀접한 관계를 맺어야 하기 때문에 북향이 되더라도 주택 정면을 가로를 향해 배치했다. 가로 남쪽에 위치한 주택의 경우, 건물은 북향이지만 뒤쪽(남쪽)에 뒷마당을 조성해 오히려 생활공간의 향은 좋다. 대부분의 장옥형 주택에서 지붕을 이중 처마로 구성해 처마공간을 깊게 형성한 것도 앞의 가로와 긴밀히 연계해 주택을 사용하기 위해서다.

강경 도심의 장옥형 주택은 1층 혹은 2층의 연립형 목조 상점주택이며, 주택의 앞면과 뒷면에 모두 마당을 둔 점, 긴 차양을 설치해 이중 처마를 만든 점, 외벽을 비늘판벽으로 마감한 점 등에서 일본의 장옥과 유사하다. 그러나 연립되는 호수가 3호 이하로 상대적으로 적고, 대지가 일본처럼 좁고 깊지 않으며, 뒷마당을 가구별로 독립적으로 사용하는 점 등에서 일본의 장옥과 다르다.

장옥형 주택으로 독특했던 홍교리의 모습은 6·25전쟁으로 크게 바뀌었다. 홍교길 양변(남북)에는 장옥형 주택이 즐비했으나 전쟁 때 남쪽 집들이 대부분 불에 타버렸다. 현재는 가로 북쪽에 많이 남아 있고, 남쪽은 전쟁 이후 지어진 양옥이나 재래주택이 대부분을 차지한다. 이 지역에서 50년 이상 살아온 양창옥 씨(2005년 76세)는 "전쟁 이전에는 장옥형 주택들이 가로의 양쪽 모두에 지어져 있었다"라고 회상했다.

장옥형 주택, 그리고 그것들로 이루어진 도시 가로는 강경에서만 볼 수 있는 모습이다. 장옥형 주택과 강경의 도시 가로는 서로가 서로를 요구하고 의지하며

홍교길의 장옥형 주택 1932년에 지은 두 채의 장옥형 주택이 이어져 있는데, 앞의 두 집이 정복순·이성호 씨 집이다. 두 집 사이에 지붕이 조금 어긋나고 지붕의 재료도 다르다. 이성호 씨 집 앞에만 화분이 놓여 있다. ⓒ 전재홍

존재한다. 곡선형의 지붕을 자랑하고 앞뒤로 열린 전통한옥의 건물로는 그런 직선형의 정연한 상업가로를 만들어낼 수 없다. 또한 그런 상업가로에 바짝 붙여 전통한옥의 살림집을 지을 수도 없다. 전통한옥은 그런 도시 가로가 아니라 마을을 요리조리 수놓는 막다른 골목을 필요로 한다. 이렇게 도시 주거 유형은 주택과 도시 공간의 결합으로 탄생한다.

한 도시에 정착된 도시 주거 유형은 지속적으로 재생산된다. 1960년대 초 강경천의 보조제방 자리에 무척 긴 마을이 만들어졌는데, 강경으로 들어오기 전 강경천 둑길에서 인상 깊게 보았던 '동흥리 새 동네'가 그곳이다. 도시 사람들의 뇌리에 박힌 유형이 대를 이어 재생산됨으로써 도시는 공간적인 정체성을 갖는다. 그래서 유형을 생산하고 재생산하는 도시는 그곳만의 특색이 있고, 유형을 빌려오기만 하는 도시는 개성을 갖지 못한다.

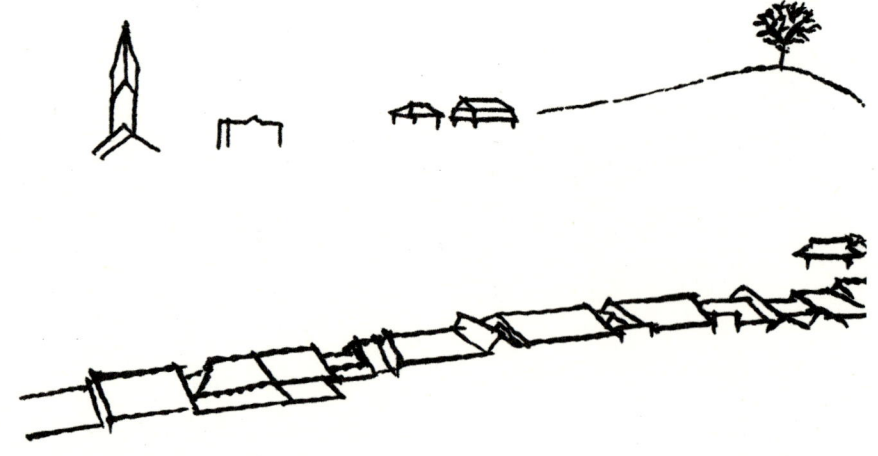

강경천 둑길에서 본 강경 장옥형 주택으로 인해 '동흥리 새 동네'라는 곧고 긴 마을이 만들어졌다. 그 너머로 왼쪽부터 강경천주교회, 옛 남선산업(현 강경중앙장로교회 교육관), '대성알미늄', 옛 한일은행, 그리고 옥녀봉 느티나무가 보인다.

강경에서 만나는 낯선 풍경들

처음 강경에 왔을 때는 젓갈가게만 난립할 뿐 별로 볼 게 없다는 인상을 받았다. 그러나 다시 기대를 품고 강경에 와보니 그런 마음을 눈치채기나 한 듯 강경은 다른 역사도시에서 보기 힘든 장면들을 하나씩 꺼내 보여주기 시작했다. 어느 도시를 가나 무엇 하나라도 건지려는 내가 더 애처로운지, 답사객을 실망시키지 않으려 애쓰는 강경이 더 애처로운지 잘 모르겠지만, '강경'이라는 도시에서 나는 원하는 것들을 하나씩 찾아나갔다.

마음을 연 내게 강경이 힘겹게 내보이기 시작한 장면들은 전근대의 도시 모습에 익숙한 내게는 낯설고 새로운 풍경이었다. 18세기에 포구시장권의 중심지로 자리한 강경은 외래의 물품과 문화가 들어오는 창구였다. 1882년에 중국 덩저우(登州)의 범선 2척이 서양 물건을 가득 싣고 나타났다는 기록이 있으며, 일본과 청나라의 밀무역선도 출몰했다고 한다. 도시에는 서양식이나 일본식 건물들이 속속 세워졌다. 갈대를 누이는 바람과 강물에 반짝이는 볕이 만들어내는 자연의 풍경은 배와 물품들, 그리고 사람들로 북적이는 상업도시의 풍경으로 바뀌어갔다.

1930년대 초 강경의 인구는 12,000명이었는데, 그중 일본인이 1,458명, 중국인이 239명이었다. 외국인 인구가 14%에 달했다. 2008년 강경의 인구는 11,859명, 강경을 포함한 논산시의 외국인 비율은 1.8%이다. 따라서 사람들이 자아내는 풍경 또한 지금과는 달랐으리라.

근대기에 한·중·일 등 동아시아 각국에서 서양을 받아들이는 기본 태도는, 전통적인 제도와 사상은 지키되 서구의 기술은 받아들이자는 것이었다. '동도서기(東道西器)'라는 말이 그런 태도를 요약해준다. 중국의 '중체서용(中體西用)', 일본의 '화혼양재(和魂洋才)'도 표현은 다르나, 수단과 형식은 서구의 것을 채용하되 본질 혹은 정신은 자신의 것을 지키겠다는 태도에서는 동일하다. 그런데 20세기 초 한국의 초기 기독교 건축은 이와 상반된 태도를 보여준다. 바로 서양의 종교를 우리 건축에 담아내려 시도했던 것이다. '서도동기(西道東器)'라고나 할까? 그 대표적인 건물이 북옥감리교회다.

1923년에 옥녀봉으로 오르는 경사진 골목에 면해 지어진 이 교회는 본래 성결교회였다. 이 교회 건물은 한마디로 한옥형인데, 서까래를 두 줄로 쓴 겹처마에 팔작지붕을 하여 격식을 갖춘 한옥의 틀을 유지하면서도 벽돌로 벽을 쌓는 등 근대적인 변형을 가했다. 북옥감리교회에서 '서도동기'의 입장이 가능했던 것은 서양 교회건축의 전범(典範)인 고딕성당과 한옥이 모두 뼈대구조이고 뼈대를 노출해 건축의 아름다움을 이루기 때문이다.

집 한 채가 들어설 만한 92평 대지에 주변 집들과 나란히 지어진 이 교회는, 그 입지 자체가 서민들의 삶 속으로 겸손하게 들어앉고자 했던 20세기 초 기독교의 입장을 보여준다. 전면 4칸의 작은 규모이지만 이 교회의 출입구는 2개이다. 안으로 들어가면 바닥은 널마루이고 과거에는 신도들이 방석을 깔고 예배를 보았다. 예배당 중앙에는 높은 기둥이 2개 서 있는데, 그 사이에 휘장을 쳐서 남녀 신도의 공간을 나누었다. 예배 중에 남녀가 서로 눈길도 보낼 수 없게 한 것이다. 엄흥섭의 〈추회〉에서도 여신도석을 "여편네들 자리"라고 묘사했다. 소설에서 화자가 어머니까지도 '여편네'라고 부르는 것을 보면, 당시에는 이 말이 요즘처럼 꼭

북옥감리교회 서까래를 두 줄로 쓴 겹처마에 팔작지붕을 하여 격식을 갖춘 한옥의 틀을 유지하면서도 벽돌로 벽을 쌓는 등 근대적인 변형을 가했다. ⓒ 전재홍

속된 의미로만 쓰인 것은 아닌 듯하다.

강경천주교회는 북옥감리교회와 다른 태도를 취했다. 프랑스인 쥘 베르몽(Jules Bermond) 신부의 설계로 1961년에 준공된 이 성당은, 외관은 단순하나 건물 내부는 뾰족 아치형의 철근콘크리트 구조체가 반복되어 분위기가 독특하다. 노출된 골조 사이의 천장은 널빤지로 마감되었다. 바닥은 마루였으나 현재는 콘크리트를 치고 비닐장판을 깔았다.

강경천주교회 건물은 하늘로 높이 치솟아 도시 전체를 압도하고자 했던 서양 중세 고딕성당의 전통을 잇고 있다. 날렵하고 단순한 모양으로 쭉 뻗은 사각뿔 모양의 높은 종탑은 강경 시가지 어디서나 보이는 랜드마크로서 도시의 이국적인 풍경에 일조하고 있다. 성당이 도시의 랜드마크가 된다는 사실 자체가 외래의 풍경이다.

강경천주교회 내부 뾰족 아치형의 철근콘크리트 구조체가 반복되어 분위기가 독특하다. 노출된 골조 사이의 천장은 널빤지로 마감되었다. ⓒ 전재홍

중앙장로교회 앞길 이 가로에서 삼각형 지붕을 보이는 건물은 본채에 딸린 창고들이다. 그래서 본채의 사각형과 부속채의 삼각형이 번갈아 서 있는 재미있는 가로 경관이 만들어졌다.

사실 강경은 천주교 성당이 랜드마크가 될 만한 도시다. 중국 상하이 부근에서 사제 서품을 받아 한국인으로는 처음으로 천주교 사제가 된 김대건 신부는 귀국길에 올라 천신만고 끝에 황산포 인근 인적 없는 '나바위' 아래에 도착한다. 1845년 10월 12일 밤의 일이다. 그리고는 홍교길의 어느 집에서 2주일 정도 머물렀다. 나바위는 현재의 행정구역으로는 전북 익산시이지만 생활권으로는 강경에 속한다. 이렇게 강경은 한국 천주교회의 역사적 현장에서 가장 가까운 도시다.

이런 기념비적인 건물 말고도 강경의 길을 걸으며 조금만 주의 깊게 살펴보면 일상의 풍경들이 새롭게 다가온다. 중앙장로교회 앞길도 그렇다. 무심코 보면 평범한 길이지만 이어지는 긴 기단 위로 건물들의 사각형과 삼각형 지붕이 반복되면서 독특한 리듬을 만들어낸다. 사각형과 삼각형은 근대의 도형이다. 전근대에는 처마 끝이 부드럽게 솟아오르는 곡선이었다. 또한 전통의 가로에서는 삼각형을 볼 수 없었다. 전통건축에서 삼각형의 박공은 측면을 이루기 때문이다. 그런데 근대기에 좀 더 많은 건물을 가로에 면해 지으려다 보니 좁은 측면을 가로 쪽으로 보낼 수밖에 없었다. 그러나 삼각형의 박공 부분이 측면이라는 인식이 남아서인지 이 가로에서 삼각형 지붕을 보이는 건물은 본채에 딸린 창고들이다. 그래서 본채의 사각형과 부속채의 삼각형이 번갈아 서 있는 재미있는 가로 경관이 만들어졌다.

국토의 교통망이 수로가 아닌 육로에 의존하게 되면서 강경의 중심은 포구 부근에서 역으로 옮겨간다. 신시가지인 강경역 인근과 옛 시가지가 떨어져 있어 불편함을 느낀 일본인들은 1922년에 '밀차'라는 독특한 운송수단을 개발해 역 앞에서 중앙초등학교(당시 강경보통학교)까지 현재의 황산로를 따라 연결했다. 밀차는 사람이 밀어서 철로 위를 달리는 차이다. 차의 길이는 3.5m, 폭은 1.6m 정도로, 10~15명이 탑승을 하고 2명이 뒤에서 밀어서 움직였다. 운임은 1인당 3전이었다고 한다. 밀차는 1929년까지 8년간 운행되다가 인력거의 등장으로 점차 사라져갔다.[12] 건축양식의 혼재와 이색적인 교통수단은 포구도시 강경에서 외래의 풍경을 자아내기에 충분했다. 남한에서 이런 특성을 가장 잘 보여주는 도시가 바로 강경이다.

욕망의 확대와 풍경의 파괴

1970년대에 강경에 더 이상 배가 들어오지 않자 강의 풍경도, 시장의 풍경도 잔광(殘光)으로만 남게 되었다.

> 내리는 사람만 있고
> 오르는 이 하나 없는
> 보름 장날 막버스
> 차창 밖 꽂히는 기러기떼.
> 기러기뗄 보아라
> 아 어느 강마을
> 잔광(殘光) 부신 그곳에
> 떨어지는가.
>
> ─ 박용래, 〈막버스〉 중에서[13]

박용래 시인이 작고하기 전 해인 1979년에 《심상》 5월호에 발표한 〈막버스〉는 100년 이상 번성했던 강경을 그린 듯하다. 강경의 중앙리에서 태어나 평생을 고향에서 멀지 않은 대전과 그 인근에서 보내며 향토의 삶을 서정적으로 그려낸 시인은, 누구보다도 아린 감수성으로 "잔광 부신" 강마을로 돌아가는 강경의 쇠퇴를 목격했으리라.

쇠퇴와 재활의 몸부림 속에서 강경은 근대사의 흔적을 상실해갔다. 100년 전 근대의 풍경을 설명해줄 실물자료는 거의 다 파괴되고 사라졌다. 파괴의 주범은 6·25전쟁과 1980년대 이후 무분별한 재건축이다. 6·25전쟁 중 전투와 폭격으로 강경 시가지의 70% 이상이 파괴되었다. 그야말로 거의 폐허가 된 것이다. 당시 강경경찰서 경찰관 전원이 전사할 정도로 전투가 치열했다.

게다가 도시 공간을 급속도로 잠식해온 젓갈가게들, 그리고 21세기의 생각 없는, 아니 생각이 잘못된 복원사업이 그런 파괴의 바통을 이어받았다. 젓갈가게를 경쟁적으로 크게 만들고 빨간색 대형 간판을 내거는 과정에서 도시 경관이 획일적으로 바뀌었다. 근대 건물들이 자아내는 외래 풍경을 일방적으로 식민지의 풍경으로만 이해해 파괴에 죄책감도 느끼지 않았던 모양이다.

2012년 4월 20일, 나는 강경 답사를 마무리하는 기념으로 연구실 주례회의를 강경의 오래된 다방에서 하고자 했다. 그래서 연구원들을 강경으로 오도록 했다. 다방은 근대기에 한국 도시에서 중요한 사회적 공간의 역할을 했지만 어느 도시 시설보다 급속히 사라져갔다. 복합적인 기능을 하는 다방 대신 커피 자체를 즐기는 커피숍과 앉아 있을 시간조차 없는 사람들을 위해 '테이크아웃'이라는 길거리 가게들이 생겨났다. '그러나 커피숍이나 테이크아웃 가게가 거의 없는 근대도시 강경이라면 여전히 오래된 다방들이 도시의 중요한 곳을 지키고 있지 않을까?' 나는 강경이야말로 오래된 다방을 경험할 수 있는 도시라고 생각했다.

내가 먼저 강경에 도착해 어느 다방이 좋을지 찾아보았으나 도심을 몇 바퀴 돌아도 오래된 다방은 없었다. 할 수 없이 3년 전에 보았던 금성커피숍으로 가기로 했다. 건물도 이름도 이른바 신식으로 바뀌었지만 오래된 다방 분위기는 남아 있으리라. 그런데 금성커피숍을 찾을 수가 없었다. 3년 만에 내 기억이 이렇게 되었나 자책하다 중앙정미소를 운영하던 박남규 씨에게 물어보니, 바로 길 건너를 손가락으로 가리킨다. 그곳에는 또 하나의 젓갈가게가 있었다.

연구원들이 도착해서 같이 오래된 다방을 찾아보았지만 마땅한 곳이 없었다. 결국 말만 다방이지 건물도, 커피값도 신식인 어느 다방에서 씁쓸한 커피를 마시며 나는 금성다방을 떠올렸다. 1940년, 강경의 번화한 패션거리였던 중앙로 초입에 금성다방이 지어졌다. 그 다방은 서양의 벽돌조나 석조건물처럼 보였지만 실제로는 뼈대가 나무로 된 목조건물이었다. 일식 목구조에 서양식 외관을 갖춘 그 재미있는 건물은 6·25전쟁 뒤 한동안 병원과 요정으로, 그리고 다시 다방과 중국집으로 이용되었으나 갑자기 철거되었다.

그런데 갑자기 철거된 사연이 황당하다. 문화재청은 2001년, 사라질 위기에 처한 근대 문화유산을 보호하기 위해 등록문화재 제도를 도입했다. 그리고 그해 12월, 금성다방 건물에 문화재 등록을 예고했는데 주인이 바로 다음 해에 건물을 철거해버린 것이다. 결과적으로 문화재 보호제도가 잘 쓰던 건물의 수명을 단축시킨 셈이다. 그 금성다방이 남아 있었다면 우리가 오래된 다방을 찾느라 애쓰지 않았을 테고, 충남에서 가장 오래된 다방의 커피라며 대도시 커피 전문점의 2배 가격을 받았어도 우리는 감사하며 마셨을 것이다. 근대의 풍경을 담은 커피는 흔치 않을 테니, 그 커피 맛은 제값을 했으리라.

쇼핑객이 관광객이 되는 도시

지자체와 주민들이 강경의 경제를 살리려고 여러 모로 애쓰고 있지만 강경읍의 인구는 계속 줄고 있다. 상주인구가 1만 명 남짓으로 점점 줄어 1920년대 수준으로 되돌아갔다. 내가 의도적으로 사람을 피한 것도 아닌데 내 강경 사진에는 사람들이 거의 나오지 않는다. 인구가 주는 것은 체중이 주는 것처럼 도시의 건강에 적신호이다.

강경을 여러 번 답사하고 조사하면서 강경처럼 사람들이 친절한 도시는 없을

중앙로 '대성알미늄' 건물을 스케치해 반복시킨 모습 건물이라는 점이 이렇듯 선으로 이어져야 특색 있는 가로가 만들어진다.

것이라 생각했다. 상업도시와 어울리지 않는다고 생각할 정도로 사람들이 친절했다. 도시에서 집들을 실측하는 일은 매우 어려운데 강경에서는 주인들이 선선히 문을 열어주었다. 거리에서 만난 어르신들도 인사를 반갑게 받아주었다. 그러던 분들이 2012년 4월 남일당한약방 부근에서 화판을 들고 집을 기웃거리는 내게 반가운 눈인사 대신 어색한 질문을 던졌다. "혹시 시청에서 나왔슈?"

불길한 예감이 스쳐 물어보니 남일당한약방 근처 집들을 철거하고 쭉 뻗은 길을 내어 공원을 만든다고 한다. 갑자기 휴지 줍는 공익근무요원 한 사람만 앉아 있던 강경노동조합 뒤쪽 공원이 생각났다. '그런 국적 불명의 공원을 또 만든다는 말인가?'

강경에서 장마당이라는 개성 있는 공간이 탄생했던 것처럼 건강한 도시 공간은 필요에 의해 생긴다. 강경장을 찾은 수많은 인파가 너른 마당을 요구해서 집에

만 있던 마당이 도시로 나왔듯이, 새로운 공간은 사람들의 요구가 있을 때 마치 스스로 알아서 발생하듯 나타난다. 그것이 거꾸로 된다면 살아 있는 공간이 되기 어렵다. 강경노동조합 뒤에 있는 텅 빈 공원이 그렇듯 공간이 억지로 사람들을 불러들이지는 못한다. 급조된 도시 공간은 언제나 사람들의 버림을 받는다.

    1~2층의 장옥형 집들로 단정하게 정돈되어 있고 집집마다 화분을 나란히 내놓은 강경의 가로는 참으로 안정감 있고 아름다운 공간이다. 하지만 김장철을 앞두고 열리는 10월의 강경젓갈축제 때를 제외하면 강경에는 사람들이 없다. 꽤 오래된 듯한 다방의 출입문에는 큰 돌을 기울여놓았다. 어느 더운 날 모두들 냉면을 시킨 답사팀에게 섬말 '금산식당'의 주인아주머니는, "강경에 오셨는데 젓갈 좀 잡숴봐야지……"라며 공깃밥과 오징어젓을 거저 내주었다. 냉면과 밥을 다 같이 맛있게 먹을 수 있는 드문 식당이어서 다시 찾아갔으나 문이 굳게 잠겨

있었다.

젓갈상점에서만 사람들의 움직임이 감지된다. 도시의 공간이 온통 젓갈을 팔고 만들고 보관하는 곳으로 바뀌고 있다. 곳곳에 쌓여 있는 드럼통을 보면 갑자기 겁이 난다. 강경에서는 분위기 있는 찻집은 그만두고라도 생수를 살 수 있는 구멍가게조차 찾기 힘들다. 오로지 젓갈만 생각하는 도시인 양 강경의 경관은 물론 기능까지도 획일화되고 있다. 이미 도시 기능의 쏠림현상이 도시를 마비시키기 시작한 듯하다.

해마다 11월 김장철이 되면 전국 각지에서 많은 관광버스가 강경으로 몰려와 가게 앞은 물론 도시의 골목들을 메운다. 어찌 보면 그 버스들은 100년 전 금강을 타고 대흥천으로 몰려든 범선들의 후신(後身)과도 같다. 그러나 범선들이 강의 풍경을 만들어낸 데 비해 버스들은 도시의 풍경을 깨고 있다. 관광버스를 타고 온 사람들은 젓갈만 볼 뿐 도시의 빛(光)을 보지(觀) 않는다. 그들은 관광객이 아니라 쇼핑객이다.

젓갈 냄새를 맡으며 구경할 만한 역사도시의 풍경을 되살리고 가꾸는 일, 그래서 젓갈가게 안에서만 맴돌다 다시 버스에 오르는 쇼핑객들을 도시 공간으로 불러내 도시의 체험자로 만드는 일, 이것이 '강의 풍경' 도시에 주어진 과제가 아닐까?

도시의 전략은 단계적으로 신중하게 추진해야 한다. 중앙초등학교에서 시작해 대동전기상회(1955년 건축)로 이어지는 중앙로는 강경다운 모습을 여전히 짙게 간직하고 있으니 중앙로에서 먼저 시작하면 좋겠다. 먼저 이 가로의 고유한 질서가 무엇이었는지 발견하고 그것을 힘 있게 만들어야 한다. 등록문화재인 중앙초등학교 강당(1937년 건축)을 가로에서 인지할 수 있도록 유도하는 장치를 만들고, 금성커피숍을 1940년 당시 재미있는 다방의 모습으로 재설계하면 좋을 것이다. 또한 '대성알미늄', 신광양화점·화신양복점(1954년 건축), 대동전기상회 등의 2~3층 건물들이 단층건물과 번갈아 등장하면서 가로의 리듬감을 살려주면, 중앙로는 강경의 오래된 외래 풍경을 느껴보고 싶은 사람들이 꼭 한번 걷고 싶은 가로가 될 것이다.

주변 마을 사람들이 서로 모여들었던 강경, 마당도 신바람이 나서 집 밖으로 나왔고, 나란히 이어지는 집들이 단정한 가로 경관을 만들어내는 이 도시에 다시 오고 싶다. 시간이 흘러 다시 강경을 찍을 때는 한참을 기다려도 사람들을 피할 수 없어 애를 먹는 나의 모습을 그려본다.

7

도시를 움직이는 두 개의 문화 바퀴

틀에 갇히지 않은 역사도시

충주(忠州)는 충청도에서 가장 오랫동안 정치, 행정의 중심지였다. 충주와 청주의 머리글자를 딴 충청도라는 지명이 그것을 암시한다. 나아가 충주에는 국토의 중심, 중원(中原) 문화의 땅이라는 자부심이 있다.

고대에 충주는 전운이 감도는 분쟁 지역이었다. 삼한시대에는 마한의 일부였고, 삼국시대에는 고구려·백제·신라가 서로 각축하는 곳이었다. 백제, 고구려, 신라로 소속이 바뀌었지만 당시 충주는 늘 최전방이었다. 그것은 한반도 내륙 중부에 위치한 고장의 피할 수 없는 운명이었다. 백제 땅이던 충주는 장수왕 때 고구려에 편입된 것으로 보인다. 남한에 있는 유일한 고구려비인 가금면 용전리 입석마을의 중원고구려비(국보 제205호)가 그것을 짐작케 한다. 마지막으로 충주는 진흥왕 때(550년경) 신라에 복속된다. 이때 고대 한국의 악성(樂聖)인 우륵(于勒)이 몰락하는 조국 가야를 떠나 신라에 귀순해 충주에 정착한다.

전진기지라는 중요성 때문에 충주는 언제나 지방 수도의 위상을 지켰다. 고구려 때는 국원경(國原京), 신라 진흥왕 때는 국원소경(國原小京)이라 하여, 귀족 자제와 생활이 넉넉한 사람들을 이주시켜 행정·군사의 거점도시로 육성했다. 삼국통일 뒤에는 중원소경(中原小京), 중원경 등 국토의 중앙임을 표방하는 이름으로 불렸다. 고려 태조 때(940) 중원경을 충주부라 하여 '충주'라는 이름이 역사에 처음 등장한다. 조선시대에는 8목(牧)의 하나로, 공주와 함께 충청 지역에서 가장 큰 고을이었다.

충주는 교통의 요지에 위치한다. 남한강과 달천이 합류하는 수상교통의 요지이며, 죽령·계립령·이화령 등의 고갯길이 모여드는 곳이다. 고려시대에 조운제(漕運制)에 따라 전국 수운의 요지 13곳에 조창이 세워지는데, 유일한 내륙창인 덕흥창(德興倉: 조선시대의 가흥창)이 충주 인근에 자리 잡았다. 충북 지역의 세곡이 이곳에 모였음은 물론이고, 경상도의 세곡도 조령을 넘어 덕흥창에 모인 후 개경으로 운송되었다.

고려시대에는 말을 이용하는 역로(驛路)가 육상교통이자 통신시설이었다. 10세기 말

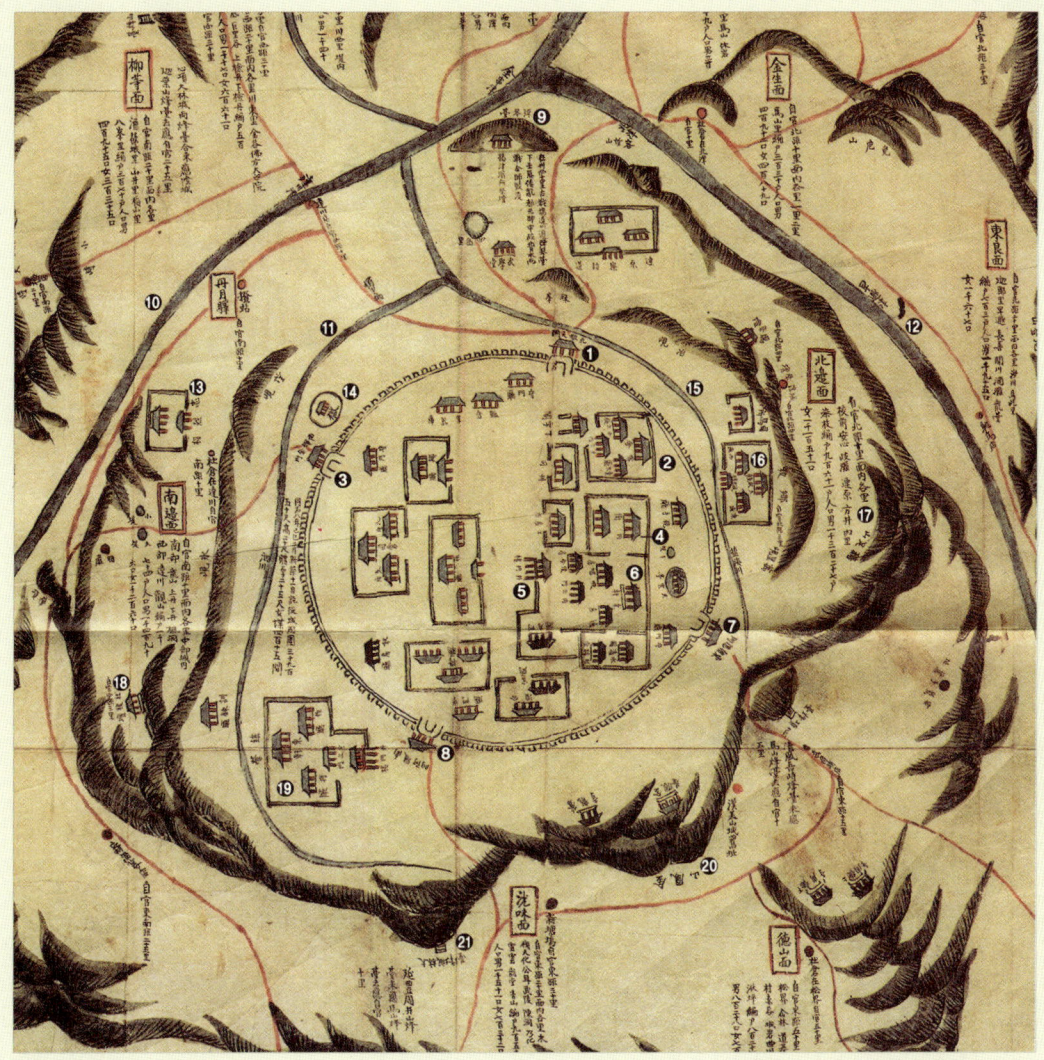

옛 충주 지도(부분)

① 북문
② 객사
③ 서문
④ 내아
⑤ 외문루
⑥ 동헌(청령헌)
⑦ 동문
⑧ 남문
⑨ 탄금대
⑩ 달천
⑪ 사천(현 충주천)
⑫ 남한강
⑬ 충렬사
⑭ 옥(獄)
⑮ 염해천(현 교현천)
⑯ 향교
⑰ 계족산(현 계명산)
⑱ 사직단
⑲ 진영(鎭營)
⑳ 금봉산
㉑ 대림성(大林城)
　봉수대

진하고 굵은 선이 물길, 흐리고 얇은 선이 도로이다. 1872년, 서울대학교 규장각 소장.

도시를 움직이는 두 개의 문화 바퀴　235

에 수도인 개경을 거점으로 역로망이 형성되는데,《고려사(高麗史)》에 따르면 당시 역제는 역도(驛道) 22개와 역(驛) 525곳으로 조직되었다. 이 22개의 길을 지도에 표기해보면 개성을 비롯해 안주, 평양, 서울, 공주, 상주, 전주, 광주, 해남 등 당시의 중심 도시로 대개 네 갈래의 역도가 모인다. 그런데 유일하게 다섯 갈래의 역도가 모이는 도시가 있다. 바로 충주다. 충주는 이천, 원주, 제천, 영주, 연풍을 잇는 길이 나가고 들어오는 교통의 중심축이었다.

교통이 좋은 곳은 평화로운 시절에는 경제적으로 번성할 수 있지만 전쟁에서는 피해를 가장 많이 입는다. 이런 맥락에서 이중환은《택리지》에서 충주를 매우 부정적으로 평가했는데 그 내용은 이렇다. "경기도와 영남과 왕래하는 길의 요충에 해당되므로 유사시에는 반드시 서로 점령하려는 곳이 될 것이다. 실제로 온 나라의 한복판이 되어서 중국의 형주(荊州)·예주(豫州)와 같은 까닭에, 임진년에 신립이 왜적에게 패전한 곳도 이 지방이었다. 그리하여 상시(常時)에도 살기(殺氣)가 하늘을 찌르며 해가 빛이 없다. 지세가 서북쪽으로 쏟아지듯 하여 정기(精氣)가 머물러 쌓이지 않으므로, 부유한 자가 적고 백성은 많으나 항상 구설(口說)이 많고 경박하여서 살 만한 곳이 못된다."

이중환도 잠깐 언급했듯이 충주의 지형은 평범하지 않다. 1872년에 제작한 옛 지도에서 보이듯 충주는 북서쪽 산세가 취약하다. 계명산(775m)·남산(636m) 등 높은 산이 대체로 도시의 동쪽에 있어서, 산을 등지고 물을 마주 보는 배산임수의 배치를 위해서는 건물들을 서향으로 해야 했다. 그러나 충주의 건물들은 대체로 남향을 취했고, 도시는 남에서 북으로 성장했다. 최근 시청도 남쪽 도심(현 이마트 자리)에서 북쪽의 신도시(금릉동)로 이전했다. 결과적으로 충주는 배산임수의 배치 원리에서 정확히 90도 틀어져 있다.

충주는 사다리꼴의 읍성을 중심으로 시가지가 조성되었다. 길이 약 1.2km, 폭 약 7.5m, 높이 약 6m의 작지만 높은 성벽을 기준으로 성안은 관아 건물이 밀집해 있던 행정공간이고, 성 밖은 길을 따라 시장이 들어선 상업공간이었다. 충주 사람들은 전자를 관아골이라고 부른다. 후자는 시장거리라 할 만하다. 자못 엄숙한 관아골과 활기찬 시장거리의 대비되는 분위기는, 20세기 말에 성안 관공서들이 하나둘 성 밖 북쪽에 조성한 신개발지로 이전할 때까지 계속되었다. 그토록 높고 두터웠던 충주읍성의 성벽은 1907년에 철거되고, 동서남북 4곳에 있던 성문도 자취를 감추었다. 그리고 다음 해에 감영을 청주에 넘겨줌으로써 충주의 정치적 위상은 약해지기 시작한다.

오늘날의 충주 도심 지도

과거 성벽이 있던 자리는 도로가 되었다.

빨간 사과를 쌓아올린 조형물이 충주가 가까워짐을 알린다. 좀 더 달려 달천교를 건너 충주 시내에 접어드니 가로수도 사과나무로 바뀐다. 고등학교 시절 넉넉지 않은 하숙생 살림에도 상자째 놓고 하루에 1개씩 먹을 정도로 사과를 좋아했는데 특히 새빨간 충주 홍옥을 좋아했다. 그것은 내 입맛이 정의한 좋은 사과의 3대 요건을 모두 갖추었다. '달콤함'과 '시큼함'이 긴장감 있는 균형을 이루고 거기에 '아삭함'까지 갖춘 최고의 사과였다. 뒤에 부사가 등장해 인기를 끌었으나 빨간 빛깔과 시큼함을 갖추지 못해 내겐 충주 홍옥보다 한 수 아래로 여겨졌다.

그런데 충주를 처음 얼핏 돌아보고는 사과 생각이 싹 가셨다. 갑자기 마음이 심란해진 것이다. 언제나 눈을 부릅뜨고 찾는 흥미로운 도시 공간이 눈에 잘 안 잡혀서다. 오래되고 어수선한 집 같다고나 할까? 충청도 표현으로 하자면 좀 거시기 했다.

나는 그간 습관적으로 역사도시에서 도심은 성벽으로 둘린 공간이라 생각했다. 과거, 적어도 조선시대에는 성안이 도시의 전부였기 때문이다. 그러나 충주처럼 성의 크기가 작을 경우에는 도심에서 많은 것을 찾기가 힘들다. 조선시대에 목

(牧)이 설치된 큰 고을이었음에도 충주읍성은 매우 작다. 성안 면적이 3만 5천여 평(116,470m²)으로, 현청(縣廳) 소재지였던 제주도 성읍마을의 성안 면적과 비슷하다. 이렇게 고을 규모에 비해 읍성이 작았던 것은, 요충지로서 방어가 중요했던 삼국시대와 달리 조선시대 충주는 내륙의 중심 도시로서 성장해, 너른 성곽으로 도시를 지켜내야 할 필요성이 적었기 때문인 것 같다.

읍성은 행정의 중심지였지 문화와 예술, 학문활동의 중심은 아니었다. 관립 고등교육기관인 향교도 대개 읍성의 성벽 바깥에 있었다. 그러니 도시 문화의 역사를 마주하려 한다면 성벽에 갇혀서는 곤란하다. 더욱이 충주같이 성안이 좁은 도시에서 성안만을 주목하는 것은 우물 안 개구리를 자처하는 꼴이 아닌가. 조선 초(1395)부터 선조 때(1602)까지 200년 이상 충청감영이 있던 도시가 뜻밖에도 볼 것이 적다고 내가 실망했던 것도 성벽으로 둘린 도심, 그러니까 과거의 읍성 지역만을 바라보는 좁은 시각 때문이리라. 사실 맨 처음 충주를 떠올렸을 때 이 도시를 우리 문화사 속으로 이끈 사람이 없다고 착각했던 것도 마찬가지 이유에서였다.

여러 번 충주를 찾으면서 나는 우리 역사도시를 공간적으로 좀 더 넓게 보는 시각을 갖게 되었다. 성안에서만 맴돌지 말고 그곳을 꼭짓점으로 자전거 바퀴살이 펼쳐지듯 사방으로 발길을 옮겨보자. 읍성 멀리에서 충주의 숨은 이야기들이 나를 기다리고 있을지 모른다.

성벽의 안과 밖

남동쪽에 솟은 남산 자락의 평평한 땅에 성벽을 두르고 행정 중심지를 만듦으로써 충주는 도시의 모습을 갖추었다. 그러고는 북서쪽 탄금대(彈琴臺) 방향으로 성장해왔다. 도심을 흐르는 충주천의 방향을 따라 도시가 성장한 것이다. 북쪽에 진산을 두고 남쪽에 강을 둔 전형적인 한국의 역사도시들이 성장해온 방향과 정반대다.

충주 시내를 한 바퀴 돌고 나면 도시 공간의 성격이 옛 성벽을 기준으로 서로

충주 도심 전경 과거 읍성의 북쪽 경계를 이루었던 교현천변의 모습이다. 왼쪽이 계명산, 오른쪽이 남산이다.

크게 다르다는 느낌을 받는다. 과거에 관아 건물들이 모여 있던 성안은 1980년대에 관아공원으로 조성되었다. 문루인 충청감영문으로 들어가면 청령헌(淸寧軒)·제금당(製錦堂)·수청각(水淸閣)이라는 이름의 건물 세 동만 달랑 있어 좀 허전하지만, 1909년에 발간된 《한국 충청북도 일반》에는 44동에 이르는 관아 건물과 문의 현황이 소개되어 있다. 100년 전만 해도 건물들이 매우 밀집했던 곳임을 알 수 있다. 청령헌 뒤쪽 담 너머 교육청 자리에는 고려시대부터 객사 건물로 이용되던 중원관이 있었다. 규모는 기록에 따라 44칸 또는 48칸으로 되어 있다. 28칸인 청령헌의 한 배 반은 되는 대형 건물이었다.

관아 건물들은 대개 1900년대 초에 일제의 소유로 넘어간다. 일제강점기에 각종 행정기관이 들어오면서 관아 건물들을 나누어 사용한 것이다. 예를 들어, 고을 유지들이 모여 수령에게 자문하는 곳이었던 15칸의 향청은 1905년 개국한 충

관아공원의 건물들 왼쪽부터 청령헌, 제금당, 수청각이다. 지금은 건물 세 동만 있어 좀 허전하지만 100년 전만 해도 건물들이 매우 밀집했던 곳이다.

주우편국으로 쓰였다. 현재의 우체국 자리에 우편국을 신축·이전한 것은 1926년이다.

관아공원에는 '충주축성사적비'가 있어 충주읍성을 수리·복원한 사실을 알려준다. 이 비문을 보면 조선 고종 3년(1866) 병인양요 후 성(城)과 군기(軍器) 등을 수선하고, 고종 6년에 예성(藥城)을 개축했다. 충주를 꽃술 '예(藥)' 자를 써서 예성이라고 부르는 이유도 이 비문에 적혀 있는데, 고려 충렬왕 3년(1277)에 충주읍성을 개축하면서 성문의 신방석(信枋石 : 대문의 기둥 밑을 받친 짧은 침목인 신방을 받치는 돌)에 꽃무늬를 새겨 화려하게 했기 때문이란다.

관아공원에 남아 있는 건물들을 잠시 둘러보자. 청령헌은 충주목의 동헌으로, 충주목사가 집무하던 곳이다. 조선 고종 7년에 화재로 타버린 것을 같은 해에 충주목사 조병로가 다시 세웠다고 한다. 이후 개조하여 중원군청사로 사용하다가 1983년에 군청을 옮기면서 본래의 모습으로 복원했다.

전면 7칸의 대칭형 건물인 청령헌에서는 한옥의 기품이 느껴진다. 기단이 낮은 대신 건물 바닥이 높고, 깊은 처마가 건물 안쪽으로 짙은 그늘을 드리워 위엄 있는 모습이다. 건물 앞 너른 마당은 종종 행사장으로 쓰이는데 이때 청령헌 건물이 좋은 배경이 된다. 주어진 기능을 잘 수용하고 건물 밖에서 하는 활동의 배경이 되는 건축, 그것이 최선의 건축이다.

청령헌 동쪽에 다소곳이 있는 건물이 수청각이다. 1929년 11월 28일자 〈동아일보〉에는 전국의 유명한 관청 소유 고건물 120동이 소개되었는데, 충북에서는 옥천군 옥천관, 제천군 팔영루와 함께 충주면 수청각이 실렸다. 같은 곳에 있는 그 많은 관청 건물 중에 굳이 이 건물을 꼽은 이유가 이해되지 않는다. 《한국 충청북도 일반》에 따르면 수청각은 일본 순사의 숙소로 이용되고 있었다. 그 뒤에는 중원군청의 직원 사택으로 쓰였다. 그때 이 건물에서 어린 시절을 보낸 이 모 씨의 연락처를 우연히 알게 되어 옛날이야기를 들어보려 했으나 그는 접촉을 피했다. 그에게는 드러내고 싶지 않은 세월일지도 모르겠다.

세 건물 중 맨 앞(남쪽)이 조선 초기 관아 건물인 제금당이다. 귀빈들을 맞이하는 영빈관으로도 사용되었던 제금당은 청령헌과 함께 불에 타고 다시 건축되는 운명을 겪었다. 한동안 중원군수 집무실로 사용하다가 역시 1983년에 원형을 살려 복원했다. 건물 바닥 아래로 굴뚝이 땅바닥을 누비는 모습이 독특한 건물이다.

성벽 밖에는 장이 섰다. 조선시대 충주장은 동래-대구-충주-용인-판교-한양으로 이어지는 영남대로 주변에 형성된 읍내장 중에서도 규모가 컸다. 그것은 남한강 상류 상품 유통의 중심지였다. 1979년에 시에서 노점을 정리한다며 충인동 일대에 서던 5일장을 폐지하면서 충주천변에 공설시장과 무학시장이라는 상설시장이 조성되었다. 그러나 5일장은 자리를 옮겨서도 계속되었고 1997년 제자리를 다시 찾았다. 오늘날도 5일과 10일이면 충주천과 교현천이 만나는 소봉교 주변에 풍물시장이 선다. 충주장처럼 끈질긴 생명력을 가진 장도 아마 없을 것이다.

2012년 2월 5일, 다시 충주를 찾아 무학교를 지나는데 왠지 분위기가 심상치 않다. 바로 장날이었다. 추운 날씨에도 활기가 넘쳤다. 아케이드라는 둥근 지붕을 씌운 어둑한 무학시장과 달리 길을 가득 메운 사람들의 표정은 명랑했고 공연히 기분이 들떴다. 이것이 상설시장과 정기시장의 차이인가 싶었다.

장터의 활기는 어느 한두 사람이 주도해서 생기는 것이 아니다. 제각각 작은 면적을 차지하면서 서로 다른 물건을 파는 수많은 사람들의 기운이 모아져 큰 활기가 된다. 장터에서 이루어지는 이런 전통적인 삶의 방식에서 오늘날 우리 사회의 과제를 해결할 열쇠를 찾아볼 수 있다. 많은 이들에게 화두가 되고 있는 '참여민주주의'라는 것도 어찌 보면 이런 장터의 논리로부터 출발해야 하는 것이 아니던가.

풍물패를 따라 도시 공간을 돌다

2012년 임진년 정월 열나흗날(2월 5일) 이른 아침, 풍물패의 타악기 소리가 겨울 아침을 가르고 일요일 도시의 늦잠을 깨웠다. 대음악가 우륵의 후손들이 연주해서일까? 풍물 소리가 한겨울 먹는 동치미 국물처럼 맑고 시원했다.

'농자천하지대본(農者天下之大本)'이라 쓴 긴 깃발을 앞세운 풍물패는 아침 10시, 청령헌 서쪽 담 옆에 우뚝 서 있는 500살 넘은 느티나무에 절을 올리며 지신밟기를 시작했다. 어느덧 내 발길도 그들을 따라간다. 다음으로 간 곳은 '박샘'이라 부르는 우물이다. 중층의 충청감영문으로 빠져나가 남문터에서 동쪽으로 사직대로를 따라가면 동촌사거리가 나오는데 그 남쪽 카센터 담 아래에 우물과 빨래터가 숨어 있었다.

충주읍성 안에는 3개의 우물이 있었다고 하는데, 지금은 박샘 하나만 남아 있다. 1932년에 발간된 《충주발전사》에 "시중의 우물은 상당히 풍부하고 수질도 양호하여 수도의 필요를 절실히 느끼지 않는다"라는 글이 있다. 박샘도 수량이 많았다. 그뿐 아니라 겨울에 따뜻한 물이 나와서 인기가 높았다. 예전에는 물을 퍼가고 빨래를 하려는 아낙들이 줄을 섰다고 한다.

박샘에서 풍물패는 상을 펴고 돌아가며 절을 한 뒤 "자자손손 먹고살게 평평 솟아라"라고 외치며 한참을 놀았다. 그러고는 길로 나와 모두들 막걸리를 나누어

박샘 한 할머니가 와서 빨래를 하고 있다. 예전에는 물을 긷거나 빨래를 하려는 아낙들이 줄을 섰다고 한다.

마셨다. 이 행사를 주최한 중원민속보존회 임창식 회장이 내게도 권해 한 잔을 들이켰다. 오십 줄을 넘기면서 귀가 잘 들리지 않아 애를 먹을 때가 많은데 귀밝이술을 마셨으니 분명 효험이 있으리라. 사람들은 우물의 보존방안을 논했다. 그중 가장 나이가 많아 보이는 분이 "작년에 처음 이 우물이 말랐다"라며 수량이 준 것을 염려했다. 좋은 아이디어들이 쏟아졌다. "우물가에 붙여놓은, 어디서 건물을 짓다가 남은 것 같은 화강석을 걷어내고 자연석으로 바꾸자. 향나무 같은 것을 하나 심자.……"

전통사회에서 우물과 빨래터는 여성들의 사회적 공간이자 공동체의 중심이었다. 대개 같은 우물을 사용하는 집들이 가장 기초적인 행정조직인 반(班)으로 묶였다. 그래서 우물이 사라지는 것은 공동체의 파괴를 의미한다. 우물을 잘 보존해서 계속 활용하자는 시민들의 바람은 곧 도시 공동체를 되살리자는 소망이다.

성황굿과 우물굿을 한 풍물패는 다시 사직대로를 따라 서쪽으로 가며 문을 연 상점에 들러 지신밟기를 했다. "무병장수하옵시고, 사업 번창하시옵소서!" 퍽 추운 날이었지만 해가 도시를 밝히고 풍물패 소리가 퍼져나가자 도시에는 온화하고 흥겨운 기운이 감돌았다. 풍물패를 따르는 사람들이 늘어났고 동네 꼬마 한둘이 덩실덩실 춤을 추며 따라다녔다. 풍물패는 과거 남문과 북문을 잇는 관아4길을 따라 북쪽으로 이동하며 상점들을 방문했다. 그러고는 북문터를 지나 예성교 앞에서 서쪽으로 꺾어 중앙대로를 따라갔고 공설시장을 거쳐 누리장터광장에서

관아골 느티나무 500살 넘은 느티나무에 절을 올리며 지신밟기 행사를 시작하고 있다. 이 나무는 충주의 정신적 뿌리였다.

긴 이동을 마무리했다. 교현천이 충주천과 합류하는 지점에 조성된 누리장터광장에는 많은 사람들이 모여 있었다. 중원민속보존회에서 마련한 잡곡밥을 나누어 먹으며 지신밟기 행사는 끝이 났다.

    풍물패를 따르고 나서 충주의 정신적인 뿌리는 관아골 느티나무임을 알게 되었다. 그것은 마을의 당산나무와 같은 의미를 가지고 있었다. 우물 역시 물을 공급하는 것 이상의 정신적·사회적 의미를 가지고 있었다. 그들이 따랐던 관아4길은 과거부터 의식의 축이었던 가로다. 조선시대에 목사가 새로 부임하거나 장례가 있을 때는 행렬이 그 길을 따랐다. 그러나 북문을 나서자 자못 엄숙한 분위기는 사라지고 서서히 긴장이 풀렸다. 이제 시끌벅적 장사판이 벌어지고 흥정이 오갔다. 역사도시 충주에는 이런 두 가지 성격이 서로 인접해 공존하고 있었다. 예로부터 동아시아에서는 '성시(城市)'라 하여 성벽과 시장이 있는 곳을 도시라 했는데, 그런 의미에서 충주는 진정한 역사도시다.

우륵과 임경업

도시는 무수한 사람들이 살다 가는 곳이다. 바닷가 모래알처럼 많은 그들의 이야기는 시간이 흐르면서 대기 속으로 증발한다. 그리고 그들은 잊힌다. 그러나 역사에 굵은 이름을 남긴 사람들이 도시 공간에 남긴 이야기는 반복적으로 회상됨으로써 영원히 전해진다. 그래서 인물과 역사를 오래 기억하려면 회상의 단서가 되는 것들을 유지해야 한다. 우리가 도시에서 유서 깊은 공간과 건물을 보존하려는 것은 바로 그곳에 새겨진 인물의 이야기를 기억하기 위해서다. 지금 뉴타운이니 뭐니 해서 회상의 단서들을 다 쓸어버리는 재개발이 전염병처럼 번지고 있는데, 그것은 건물과 공간 조직만이 아니라 도시에 대한 인간의 기억까지 파괴한다. 우리 모두를 기억상실증 환자로 만들려 하는 것 같다.

충주에는 도시에 예(藝)의 품격과 무(武)의 강건함을 부여한 2명의 큰 인물이 있다. 바로 우륵과 임경업(林慶業, 1594~1646)이다. 그들은 오늘날 충주가 우륵문화제, 세계무술축제 등을 통해 키워가고 있는 도시 문화의 씨앗이다.

우륵은 한국의 대표적인 현악기인 가야금곡을 작곡·연주하고 교육한 최초의 음악가다. 그는 거문고 연주의 대가인 고구려 말기의 음악가 왕산악(王山岳), 그리고 조선시대에 아악을 크게 정비한 난계(蘭溪) 박연(朴堧, 1378~1458)과 함께 한국의 3대 악성으로 불린다.

가야금은 6세기 중엽 가야국에서 탄생했다.《삼국사기》에 가야의 가실왕(嘉實王)이 중국의 쟁(箏)을 모방하여 가야금을 만들고 성열현 사람인 악사(樂師) 우륵에게 가야금을 위한 12곡을 짓게 했다는 기록이 있다. 가야가 몰락의 길로 접어들자 우륵은 조국을 등지고 제자 이문과 함께 신라에 귀순한다. 충북 낭성에 살던 그들은 551년에 그 지역을 순수(巡狩) 중이던 진흥왕의 눈에 띄어 국원, 곧 오늘날의 충주에 정착한다.

충주를 중심으로 한 한강 상류를 장악함으로써 삼국통일의 기반을 닦은 진흥왕은 음악을 중앙집권적 통치에 활용할 줄 아는 정치 고수였던 것 같다. 이런 진흥왕에게 망명객 우륵은 스스로 어망에 들어온 대어와 같았다. 우륵은 왕의 총애를 받으며 음악 교육과 창작활동에 몰두해 185곡의 가야금곡을 작곡했다. 진흥왕은 그런 가야금곡을 궁중음악(《삼국사기》의 표현으로는 '대악大樂')으로 삼았다. 이로써 우륵은 향토색 짙은 지방의 민속음악을 정리하고 체계화하여 국가 차원의 궁중음악으로 발전시킴으로써 한국 음악의 전통을 시작한 인물로 평가된다. 1,500년 가까이 지난 지금 아쉽게도 우륵이 지은 악보는 전하지 않고 그의 작품 12곡의 이름만 전할 뿐이다.

　우륵은 충주 도심에서 불과 4km도 떨어지지 않은 탄금대에서 활동을 했고, 그를 추종하는 사람들이 모여들어 금곡리(琴谷里: 현 칠금동)·금뇌리(琴腦里: 현 금릉동)·청금리(聽琴里) 등의 마을이 만들어졌다고 한다. 그렇다면 우륵은 충주가 배로 감사해야 할 인물이다. 그는 분쟁 지역이던 충주를 단박에 문화도시의 반열에 올려놓았을 뿐 아니라, 충주의 역사를 6세기 곧 삼국시대까지 끌어올려주었기 때문이다. 도시가 천수백 년 전에 살다간 예술가의 이야기와 그 공간을 동시에 갖추고 있음은 큰 자랑거리임에 틀림없다.

　충주에서 우륵에 버금가는 인물로 임경업 장군이 있다. 조선 인조 때의 명장, 정묘호란과 병자호란 때 국가를 위해 혼신을 불사른 충신, 명·청 교체기의 혼란 속에서 명나라에 대한 의리를 끝까지 지키며 북벌을 주장하다 비운에 쓰러진 의인(義人), 죽어서는 신이 되어 민간설화나 굿에 자주 등장하는 인물, 그가 바로 임경업이다.

　충주 도심 남서쪽의 풍동에서 태어난 그는 33세의 젊은 나이에 낙안군수로 부임해서 길지 않은 재임 기간(1626~1628) 동안 낙안읍성의 성벽을 고쳐 쌓았다. 이를 시작으로 1633년에 청북방어사 겸 영변부사로 가서도 백마산성과 의주성을 고치는 등 가는 곳마다 성벽 쌓는 사업을 했다. 그를 주인공으로 한 역사소설〈님장군젼〉에도 조정에서 성 쌓는 일을 부여하고 천마산성을 쌓는 이야기가 나오는 것을 보면 그는 성벽 쌓기의 달인이었던 것 같다. 그는 북벌이라는 명분만 내세운 것이 아니고 실제로 백성을 동원하여 성을 쌓을 수 있는 행정력과 기술을 갖춘 무관이었다.

　　1646년, 53세의 임경업은 친청파(親淸派) 영수인 영의정 김자점(金自點)의 교사를 받은 형리(刑吏)에 의해 비참하게 살해된다. 사후에 충민(忠愍)이라는 시호가 내려지고, 50년이 지난 1697년에 고향마을 근처 충렬사(忠烈祠)에 모셔진다. 장군의 묘소는 충렬사에서 달천 건너편, 임 장군이 태어난 마을 뒷산에 있다.

자전거로 달려본 인문과 자연의 길

성벽이라는 좁은 테두리에 갇히지 말고 좀 더 편안한 마음으로 다시 충주를 밟아보자. 충주는 다른 어느 도시보다도 산과 강 가까이서 그것들과 한 몸이 되어 성장해왔다. 그리고 역사에 큰 이름을 남긴 이들의 고향이자 활동무대이며 그들이 묻힌 곳이다. 그 자연과 인문의 현장을 발로 확인하지 않고 충주를 논할 수는 없으리라.

　　예정하는 발길을 지도에 그려보니 2개의 V자가 되었다. 하나의 V자 길은 자연을 따르는 길이고, 또 하나의 V자 길은 사람을 따르는 인문의 길이다. 인문의 V자가 좀 더 입을 벌리고 있을 뿐, 한 쌍의 V자를 이루는 네 갈래의 길 모두 직선 길이가 각각 3.75km 정도로 비슷하다. 지도에 2개의 V자 길을 표시하고 나니, 그것은 충주를 이해하고 좋아하기 위한 최소한의 순례길이며, 그 길을 밟는 것은 도시를 낳은 자연과 도시가 낳고 품은 인물들에 대한 최소한의 경의의 표시라는 생각이 든다.

　　자연의 길은 충주 도심을 관통하는 교현천과 충주천을 따르는 길이다. 두 하천이 이루는 V자의 꼭짓점은 대봉교다. 대봉교와 충주천이 시작되는 자래바위 근처, 그리고 대봉교와 교현천이 시작되는 약막마을 옆 계곡을 이으면 자연의 V자 길이 된다. 이렇게 보니 충주처럼 수변공간의 활용 가능성이 높은 도시도 드물 것 같다. 지도에 순례길을 표시하는 것만으로도 충주의 가능성이 느껴진다.

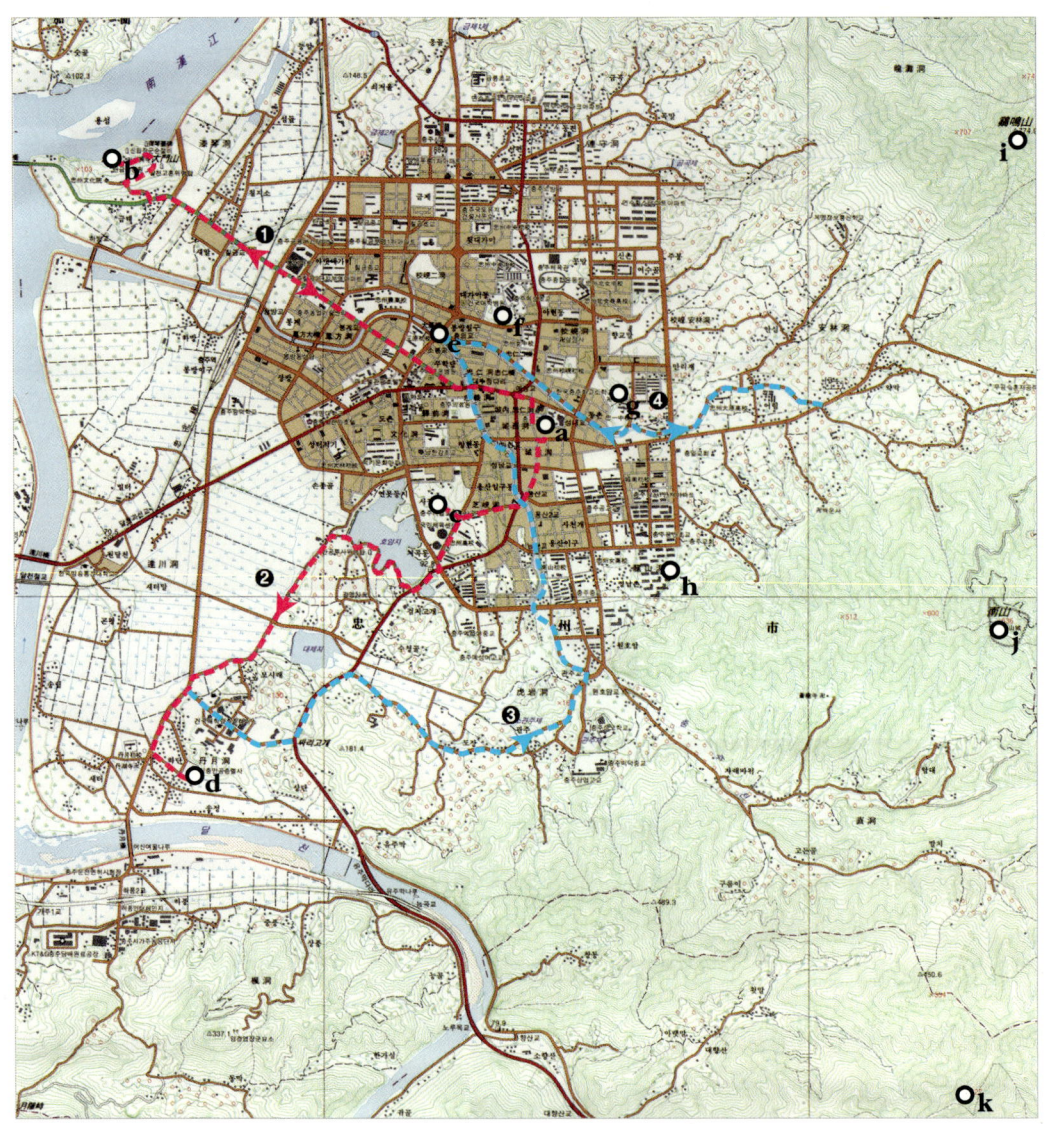

충주 자전거 답사 동선

❶ 인문의 길 하나
❷ 인문의 길 둘
❸ 자연의 길 하나
❹ 자연의 길 둘

a 관아공원
b 탄금대
c 사직산
d 충렬사

e 대봉교
f 주봉
g 만리산
h 용산

i 계명산
j 남산
k 대림산

인문의 길은 도시 중앙의 관아공원에서 시작한다. 첫 번째 길은 도심 구간을 거쳐 탄금대로(82번 지방도)를 따라 북서쪽 탄금대로 가서 우륵과 신립(申砬, 1546~1592)을 만나고 관아공원으로 다시 돌아오는 길이다. 또 하나의 길은 다시 관아공원을 출발하여 남서쪽으로 움직여 사직산(社稷山)을 둘러본 뒤 충렬사까지 가서 임경업 장군을 만나고 돌아온다.

2개의 V자 길을 모두 왕복하려면 최소한 32km는 걸어야 한다. 현실적으로 이 거리를 하루에 답사하는 것은 불가능하다. 도시 답사란 앞만 보고 걷는 것이 아니라 찬찬히 둘러보고 사진도 찍고 동네 어른들과 말씀도 나누는 일이어서 걷는 시간의 2~3배가 걸리는 것이 보통이므로 이틀을 해도 어려울 것 같았다.

'그래도 하루에 답사하는 방법은 없을까?' 하는 나의 고민은 충주 시내에서 줄곧 눈에 띈 자전거 덕에 짧게 끝났다. 우리 도시는 이탈리아 도시들과 달리 가로를 따라 볼거리가 줄지어 있지 않고 드문드문 점으로 존재하므로 자전거는 한국의 도시 답사용 교통수단으로 안성맞춤이라는 생각이 들었다. 아무 데나 세울 수 있고 특히 여름에는 페달을 밟을수록 청량감이 더해지니 이 또한 제격이었다. 나와 연구실의 서 군은 2008년 7월 29일, 하필이면 사람들이 "댁의 견공(犬公)은 안녕하신지요?"라고 인사하는 중복에 자전거 2대를 차에 싣고 충주를 향해 떠났다. 그날 강원도를 포함한 전국에는 폭염특보가 내려졌다.

인문의 길 하나: 우륵, 예(藝)를 찾아서

관아공원 근처에 차를 세운 우리는 먼저 탄금대를 목표로 했다. 오랜만에 자전거 페달을 구르는 순간 신일식당 아주머니와 마주쳐 반갑게 인사를 했다. "우리 또 왔어요! 이따 밥 먹으러 올게요." 지난번 답사 때 신일식당에서 아침으로 북어콩나물해장국을 먹었는데 음식이 아주 훌륭했다. 신일식당은 충청감영문 앞을 가로지르는 관아골식당가의 80년 된 재래주택에 차린 식당이다. 주인아주머니가 16년째 영업을 하고 있었는데, 나이도 그렇고 낯선 우리에게 뒤뜰을 선뜻 공개하는

품이 누님같이 편안했다.

　신일식당 주방의 어둡고 좁은 뒷문으로 나가 보면 이 도시에서 주거와 상업이 어떻게 공존하는지 알 수 있다. 남쪽 길에 면해 한 켜의 일자형 상업공간을 두고 그 뒤로 아담한 안마당을 낀 ㄱ자형 살림집이 있어 이른바 주상복합 형태를 이루었다. 상점은 길을 따라 이어지고 그 뒤쪽 살림집도 일렬로 나란히 이어져서 길, 상점, 주택의 공간 켜가 만들어졌다. 이것이 충주의 도심 공간을 이루는 일반적인 방식이었다. 오래된 ㄱ자형 일식 주택에 1981년 개업한 자매다방도 이런 공간구성을 따랐다. 관아4길에 면한 날개 하나는 다방으로, 직각으로 꺾인 다른 날개는 주택으로 쓴다. 두 날개가 감싸 길에서는 전혀 보이지 않는 안마당에는 연못까지 두었다. 지금 연못은 메워졌지만 남근석이 서 있는 정원은 여전하다. 요즘 대도시에서 '주상복합' 하면 저층부에 상점을 두고 그 위로 초고층 아파트를 앉힌 초고가 아파트 건물을 말한다. 그러나 충주에서는 주택과 상점이 평면적으로 공존한다.

　신일식당을 지나자마자 작은 사거리가 나오는데, 오른쪽 모퉁이에 로얄가구공예 건물이 있다. 일제강점기에는 식산은행, 그 뒤에는 충북은행 건물이었다. 금융기관 건물이 있었으니 이곳이 매우 중요한 사거리였음이 분명하다. 그 사거리에서 우회전하면 가구골목이다. 가구골목에서 중앙대로를 건너면 오른쪽으로 '옛 한옥집'이라는 음식점이 있다. 긴 상가 건물의 띠가 앞을 가리고 있어 길에서는 한옥이 보이지 않는다. 안으로 한 켜 들어가면 몸채가 안쪽으로 긴 두 채의 ㄱ자 집이 마당을 사이에 두고 마주 보는 튼ㅁ자 한옥이 나타난다. 안마당 가운데에는 조경을 하고 주위를 보도블록으로 포장했으며, 겹처마·유리문·타일 등으로 꾸민 근대 한옥이다. 남향을 한 몸채를 길과 직각이 되도록 배치하여 가로와 향에 잘 대응하고 있다. 일제강점기 때 지어져 그간 여관, 요정, 한정식집 등으로 사용된 이 18칸 집은 충주 도심에서 가장 큰 한옥이다. 아마 과거에는 가구골목을 따라서 이런 한옥들이 늘어서 있었을 것이다. '옛 한옥집'이 가로와 만나는 방식도 주택의 유형만 다를 뿐 신일식당과 똑같다.

　다시 중앙대로로 나와 서쪽으로 조금 더 가니 공설시장과 무학시장 입구가

신일식당 옆집의 뒤뜰 ㄱ자 재래주택이 철거된 자리(왼쪽 부분)는 텃밭이 되었다. 오른쪽 상가 건물 밖의 가로에서는 이 안마당을 짐작할 수 없고, 안마당에서는 도시의 번잡함이 느껴지지 않는다.

차례로 나타난다. 하천 양쪽 천변길에 지붕을 씌워 시장을 만들었다. 두 시장 사이에는 긴 상가 건물이 있는데, 충주천은 죄라도 지은 듯 그 안쪽에 숨어서 조용히 흐르고 있다. 건물 뒤에 하천이 있음을 안다면 그는 충주를 잘 아는 사람이다.

무학시장 입구를 지나자 오른쪽으로 탄금대로가 쭉 뻗어 있다. 자전거 전용 차선은 없으나 보도가 넓어서 자전거가 지나기에 문제가 없다. 어디론가 숨었던 충주천이 다시 나타나 다리를 건너니 충주농고 앞이다. 잠깐 서서 뒤를 보니 휘어 올라가는 충주천, 그리고 그 너머 교현천 쪽 멀리서 계명산이 지키고 섰다. 충주농고쯤부터 2대의 자전거 순례를 응원하는 우렁찬 소리가 울려 퍼진다. 누구도 동원하지 않은 자발적인 매미 응원단이다. 내 평생 이처럼 매미가 정겨운 적은 없었다. 벌써 팔은 빨갛게 달아오르고 땀은 쏟아지지만 힘이 솟는다.

관아공원을 떠나온 지 30분, 롯데마트 앞길을 건너 충북선 철도 밑으로 들어가자 갑자기 건물들이 시야에서 사라진다. 지방도와 철도가 도시화 지역의 경계

탄금대를 이루는 두 대(臺) 중 위쪽 대 우륵은 소나무가 벽을 이룬 평평하고 아늑한 이곳에서 새로운 지배자의 지원을 받으며 예술가의 삶을 이어갔다. 이 대에는 육당 최남선의 〈탄금대기〉를 새긴 비석이 서 있다.

를 이루고 있다. 그로부터 10분을 직선으로 달리자 대문산 기슭, 탄금대 입구다. 급한 경사가 자전거에서 내려 우륵과 신립에 대한 경의를 표할 때라고 알려준다.

관아공원을 떠난 지 정확히 1시간 만에 탄금대에 도착했다. 우륵이 가야금 연주활동을 했던 곳이라 '악기를 켜는 대'라는 뜻의 이름이 붙었다. 지나고 보니 나는 도심에서 탄금대에 이르기까지 우륵을 떠올리지 않았다. 사실 그 어디에도 우륵을 생각하게 하는 단서가 없었다. 얼마 전 다녀온 중국 둔황(敦煌)이 생각났다. 둔황시 중심가 네거리에는 막고굴(莫高窟)의 237번 석굴에 있는, 비파를 등 뒤로 놓고 연주하는 반탄비파상(反彈琵琶像)이 서 있다. 석굴 벽화에 나오는 장면을 도시의 상징으로 삼은 둔황을 생각하니, 충주 시내에서 탄금대에 이르기까지 우륵을 떠올릴 수 있는 단서가 없었다는 사실이 의아했다.

강원도 오대산에서 내려온 남한강과 속리산에서 시작한 달천강은 탄금대 앞에서 서로 충돌하며 갑자기 여울로 사나워진다. 그러나 이 무서운 자연은 물에서 100m 솟은 탄금대와 짝을 이루어 아름다운 자연이 된다. 물과 땅이 만나 절경을 이룬 이곳은 자연과 인간이 만나는 곳이자, 예(藝)와 무(武) 그리고 삶과 죽음이 만나는 곳이다. 그에 맞춘 듯 이곳에는 2개의 대(臺)가 있다. 위의 너른 대, 그것은 음악과 삶의 대이다. 조국의 멸망을 예측하고 신라에 귀화한 우륵은 이곳에서 새로운 지배자의 지원을 받으며 예술가의 삶을 이어갔다. 이 대에는 1954년에 육당 최남선(1890~1957)이 쓴 〈탄금대기〉를 새긴 비석이 서 있다. 비문을 쓴 이도 뜻있는 많은 사람들이 모진 고초를 겪던 시대에 온몸으로 맞서는 대신 오래 사는 쪽을 택했다.

탄금대에서 우륵의 가야금 소리가 조용히 울려 퍼진 지 어언 천여 년이 지난 임진년(1592) 음력 4월 28일. 우륵이 가야금을 타던 곳 바로 아래, 작고 절박해 보이는 또 다른 대에 8천여 군졸을 모두 잃은 47세의 장수가 서서 남한강 물을 내려다본다. 도순변사(都巡邊使) 신립이다. 그가 부하 김여물과 함께 강물 속으로 몸을 던지는 순간 온 세상의 만물이, 그리고 그를 쫓던 왜장 가토 기요마사(加藤淸正)와 고니시 유키나가(小西行長)까지도 숨을 멈추었을 것이다.

탄금대에서 시내로 돌아오는 데는 30분이 걸렸다. 자전거에서 내려야 하는 오르막이 없고 두리번거리는 일도 적어 가는 시간의 절반밖에 걸리지 않았다. 그런데도 탄금대를 다녀오니 점심시간이 다 되었다. 자전거 답사를 떠나기 전 성공회성당과 화교소학교를 들르느라 출발이 늦어졌기 때문이다.

다시 중앙대로로 접어들었다. 이 큰길의 북쪽은 시장지구로, 나이 든 이들이 주로 가는 곳이다. 그에 비해 남쪽은 젊음의 거리다. 참으로 더운 날씨, 다시 신일식당으로 가려면 중앙대로를 따라 아직 한참 더 가야 했다. 더군다나 신일식당에서는 계절에 관계없이 뜨거운 해장국밖에 팔지 않았다. '의리를 지킬 것인가, 배신할 것인가…….' 우리는 중앙대로로 가는 대신 과감하게 충주천을 따라 남쪽 현대타운아파트 방향으로 내달렸다. 그러곤 곧 나타난 '탄금칡냉면'으로 자전거

탄금대를 이루는 두 대(臺) 중 아래쪽 대 탄금대와 움직이는 물이 만나 절경을 이룬 이곳은 자연과 인간이 만나는 곳이자, 삶과 죽음이 만나는 비장미가 서린 곳이다.

를 타고 쑥 들어갔다. 방금 다녀온 곳이 탄금대이므로 이름부터 마음에 드는 식당이다. 빨간 칡냉면은 별로 맵지도 않고 참 맛있었다.

인문의 길 둘: 임경업, 무(武)를 찾아서

관아공원으로 다시 돌아가는 길에 재미있는 골목을 하나 발견했다. 골목 입구에는 '떡볶이 cafe'라는, 폐업한 지 한참 된 듯한 가게의 간판이 걸려 있었다. 그 골목은 내가 충주에서, 아니 다른 도시에서 본 어느 골목보다도 훌륭했다. 길과 마당이 만나 도시 공간이 짜이는 모습을 잘 보여주는 골목이었다. 사각형과 삼각형이라는 서로 다른 모양의 두 마당이 역동적인 골목을 만들어냈다. 골목의 한쪽 경계는 한옥의 처마 서까래였다. 사각형 마당에 있는 키 큰 은행나무 두 그루가, 신일식당 뒤쪽 오동나무처럼 그 동네의 역사를 말해준다. 나는 골목에 철퍼덕 주저앉아 스케치를 하고 한참 동안 예술품을 감상하듯 골목을 바라보았다. 그때 밀것에 빈 박스를 가득 싣고 지나가던 할머니가 내 옆으로 와 그런 나를 한참이나 바라보았다. 나는 골목이 신기하고 할머니는 그것을 보는 내가 신기했나 보다.

다시 관아공원으로 돌아와 숨을 돌린 뒤 충주우체국을 거쳐 두 번째 인문의 길로 나섰다. 과거 남문이 있었을 만한 곳을 향해 달렸으나 곧 멈추어야 했다. 동헌의 외문루에서 남문까지는 집이 예닐곱 채 정도나 늘어설 수 있을까? 의례의 동선이자 읍성의 주 축선이라고 하기에는 길이 너무도 짧았다. 부임하는 관리들도 좀 실망했을 것 같다. 품 잡을 만하면 가마에서 내려야 했을 테니 말이다. 그래서인지 조선 후기 충주읍성 지도를 보면, 객사와 동헌이 좌우로 나란히 있는 다른 읍성들과 달리 두 건물이 남북으로 놓여 있다. 조금이라도 남북축의 길이를 늘리려 한 것이다.

남문 자리에서 동쪽으로 두 번째 집의 외관이 특이하다. 과거 교육장 관사로 쓰였던 이 집은 서로 경사가 다른 여러 조각의 지붕을 이은 멋있는 2층 일식 주택이다. 사직대로를 건너면 일직선의 성남2길이 나온다. 한때 이 길은 MBC와 세무서, 시청, 그리고 온통 꽃분홍색으로 치장한 술집들이 있던 도심 정면의 중심가였으나 이제는 공공시설들이 모두 떠나가고 한산한 길이 되었다.

계속 남쪽으로 가 충주천을 건너 오른쪽 사직산을 향했다. 그러나 배수지가 있어 꼭대기까지 올라가지는 못했다. 아쉬운 마음으로 멈춰 서니 자전거 답사 중 가장 시원한 바람이 불어왔다. 북동쪽으로는 계명산과 남산 사이에 자리 잡은 충주의 전경이 파노라마처럼 펼쳐졌다.

'사직산'이라는 이름은 옛날 그 꼭대기에 토신(土神)과 곡신(穀神)에게 제사 지내는 사직단이 있었던 데서 유래한다. 1912년 일본인들이 사직단 자리에 대신궁이라는 신사를 지었는데 해방 직후 시민들이 헐어버렸다. 지금은 그 자리를 상수도 배수지가 차지하고 있다. 사직산 기슭에는 1970년대부터 충주고등학교와 여성회관을 시작으로 많은 공공시설들이 건립되었다.

사직산에서 내려와 다시 남쪽 작은 고개를 넘으니 호암지다. 호암지는 일제강점기에 조성한 저수지인데 생태 못으로 잘 꾸며놓았다. 호수 남서쪽의 구불구불한 길은 차를 통제하고 보행자와 자전거만 다닐 수 있게 해 충주 최고의 산책길이 되었다. 호암지에 면한 사직산 서쪽 기슭에는 최근 택견전수관, 청소년수련관, 우륵당, 예술관, 체육관이 줄지어 지어졌다. 앞에는 호수, 뒤에는 계명산이라는 아름다운 풍경을 곁에 두었지만 건물들의 디자인은 이와 잘 어우러지지 않았다.

충렬사에 도착하니 도심을 출발한 지 거의 2시간이 흘렀다. 사당 경내에서는 '어제달천(御製達川) 충렬사비'와 정렬비(貞烈碑)가 나란히 달천 쪽을 바라보고 있었다. 임경업 장군을 기리는 왼쪽의 '어제달천 충렬사비'는 정조가, 임 장군의 부인을 기리는 오른쪽 정렬비는 영조가 내린 비문을 새긴 비석이다. 임 장군의 부인 완산 이씨는 청나라로 압송된 후 심양의 감옥에서 할복 자결했다. 부부를 기리는 두 비석을 보호하는 비각은 디자인이 서로 다르다. 왼쪽 것은 팔작지붕이고, 오른쪽 것은 맞배지붕이다. 비각의 높이, 기둥 굵기, 장식적인 부재의 숫자 등 모든 면에서 왼쪽 것이 오른쪽보다 조금씩 높거나 굵거나 많다. 두 동의 비각을 비교해보면 한국 건축에서 위계를 부여하는 요소들이 무엇인지 잘 알 수 있다.

사당에는 영정을 모셨는데 명나라 화가가 그린 그림의 모사본이다. 2점을 그렸는데 한 점은 명나라에서 가져갔고, 또 한 점은 살미면 세성리에 있는 '임경업 사우(林慶業祠宇)'에 모셔졌다. 영정은 장군의 47세 때 모습을 그린 것이라 한다. 이렇게 해서 그날 나는 나와 비슷한 나이의 조상 두 분을 만났다. 신립과 임경업, 그들이 강물에 몸을 던져 무(武)를 완성하고 또 백성의 안위를 걱정해 성벽 쌓기에 몰두할 때 나는 무엇을 하고 있었나 하는 생각이 불쑥 밀려온다.

충렬사 건너편에는 대웅전 앞에서 소나무가 용트림하는 단호사(丹湖寺)가 있다. 이 절의 문화재적 가치는 대웅전 내부의 철불좌상에 있다. 이 불상은 사직산 동북쪽 지현동에 있는 대원사 철불좌상과 쌍둥이같이 닮았다. 모두 보물로 지정된 고려시대의 두 철불상은 충주가 중요한 철 생산지였음을 알려준다. 1909년에 발간된 《한국 충청북도 일반》을 보면 충주군의 공업 종사자는 141호인데, 그중 가장 많은 수(37호, 26%)를 차지하는 직종이 야장(冶匠) 곧 대장장이다. 충주성 북쪽에는 특히 대장간이 많아 야현(冶峴) 곧 '대장간언덕'이라고 불리는 곳도 있다.

자연의 길 하나: 충주천이 시작되는 곳을 찾아서

자연의 길은 충주천과 교현천이 만나는 대봉교에서 시작하지만, 그날 실제로 답사할 때는 대봉교로 가서 충주천 상류로 향하는 대신, 단호사에서 충주천 상류인 관주교 쪽으로 넘어가는 길을 택했다. 충주천 상류에서 하류로 이동함으로써 발품을 줄일 요량이었다. 달천강을 따라가다 왼쪽으로 꺾으면 그리 먼 거리가 아닌

듯해 가볍게 출발했으나 유주막다리 부근에서 길이 헷갈렸다. 이내 우리가 생각했던 길을 찾았으나 그것은 뜻밖에도 산길이었다. 지형도의 등고선 하나가 그렇게 무서운 것인 줄 예전엔 미처 몰랐다. 너무도 안일하고 거칠게 지형을 대한 대가로, 건국대 캠퍼스를 가로질러 갔으면 피할 수 있었을 싸릿고개를 넘었다. 그것은 자전거 기어를 조정해 해결될 오르막이 아니었다. 마음을 비우고 오른쪽으로는 대림산 자락을, 왼쪽으로는 연녹색 사과들을 바라보며 터벅터벅 자전거를 끌었다.

임경업 장군이 유년 시절 무예를 연마했다는 삼초대(三超臺)가 대림산 어딘가에 있을 것이라 생각하는 순간 새로운 응원단이 나타났다. 날이 날이니만큼 외출을 삼가는 개들을 대신해 길을 나선 꿩과 때까치들이었다. 때까치의 노래는 정말 오랜만이었다. 그들 덕분에 힘을 내어 겨우 고개를 넘고 나니 웬걸 또 고개가 나왔다. 차도 옆에 자전거도로가 있으나 그것은 자전거라는 짐을 끄는 사람의 보행로일 뿐이다. 그런데 이번에는 오전 충주농고 앞 응원단에 버금가는 규모의 매미 응원단이 힘을 북돋아주었다. 그렇게 고개를 넘고 나니 자전거 답사의 클라이맥스가 우리를 기다렸다. 이제는 내리막이다. 우리는 몸으로는 시원하게 바람을 가르고 입으로는 탄성을 지르며 내달렸다.

시내권으로 들어오면서 전에는 눈에 들어오지 않던 사실을 하나 깨달았다. 충주천 한쪽에는 노상 주차장이 하천을 따라 조성되어 있으나 다른 한쪽에는 자전거도로가 끊이지 않았다. 직접 달려보니 자전거도로는 폭도 충분히 넓고 미끄럼 방지 줄눈까지 있어서 매우 훌륭했다. 한 가지 흠이라면 자전거도로와 차도가 만나는 곳마다 차량 진입을 막는 볼라드(bollard)가 설치되어 있어 오히려 더 위험했다.

중앙대로를 넘어 시장거리로 접어드니 다리가 몇 개 나타났다. 그런데 이들 다리를 건널 때는 그것이 다리인지 알아차리지 못했다. 다리 난간 자리에 상점들이 줄지어 서서 마치 상점가를 걷는 것 같았기 때문이다. 재미있게도 다리별로 순대, 묘목 등 상품이 전문화되어 있었다. 이 다리의 전문상가들은 충주에서 가장 활기 있는 곳이다. 충주천이 이탈리아 피렌체의 아르노(Arno) 강보다 훨씬 좁으니

시장 뒤쪽 건물과 충주천변 하천 양쪽 천변길에 상가 건물을 만들었고, 충주천은 그 안쪽에 숨어서 조용히 흐르고 있다. 건물 뒤에 하천이 있음을 안다면 그는 충주를 잘 아는 사람이다.

비교하기가 좀 그렇긴 하지만, 이들 다리는 피렌체의 명물 베키오 다리(Ponte Vecchio)를 연상시켰다. '오래된 다리'라는 뜻의 베키오 다리는 오늘날 피렌체에서 손꼽히는 명소로, 관광객은 물론 현지의 젊은 연인들이 즐겨 찾는 장소다. 베키오 다리에 지금처럼 귀금속 가게가 들어선 것은 400여 년 전 메디치(Medici) 가의 페르디난도(Ferdinando) 대공의 명에 의해서였다. 그 전에는 다리 양쪽에 어물전과 푸줏간 가판이 줄지어 있었는데, 아마 충주천 순대다리보다 환경이 훨씬 열악했던 것 같다. 이 다리 위의 공중가로(설계자인 건축가 바사리Giorgio Vasari의 이름을 따서 흔히 '바사리 통로'라고 함)를 지나다니던 페르디난도 대공이 악취를 견디지 못해 다리 상가의 업종을 변경했다는 것을 보면 말이다.

자연의 길 둘: 교현천이 시작되는 곳을 찾아서

저녁 6시가 넘어 대봉교에서 교현천을 거슬러 자전거 페달을 밟았다. 일정한 간격으로 계속되는 다리 입구 난간에는 중앙탑을 축소해 얹어놓았다. 가금면 탑평리에 있는 중앙탑(국보 제6호)은 이 어색한 모형에서는 짐작할 수 없는 품위가 느껴지는 7층석탑으로, 누구도 그 앞에서 그것이 국보임을 의심하지 않는다.

교현천 역시 북쪽 가장자리를 따라 자전거도로가 잘 나 있고, 반대편에는 일렬로 주차장이 이어졌다. 다 좋은데 보도와 겸용으로 쓰는 자전거도로임에도 폭이 너무 좁았다. 충주천변 자전거도로의 볼라드 사이를 통과한 실력으로 여기서도 보행자를 스치지 않고 지나쳤지만 상당히 위험했다. 앞에서 자전거가 왔더라면 마주 달리기는 어려웠을 것이다.

차도와 만나는 부분에서 자전거에서 내려 뒤를 돌아보니 오전에 다녀온 탄금대 쪽으로 시선이 탁 트였다. 하천이 이른바 통경축(通景軸: 좋은 경치를 볼 수 있도록 시각적으로 열어둔 직선형 공간)의 역할을 하는 것이다. 당시 교현천변은 도시에서 보기 드문 채소밭으로 활용되고 있었는데 답사 후에 꽃밭으로 변했다. 하지만 원래대로 도시 농업의 텃밭으로 활용하는 편이 나을 듯하다.

교현천변을 둘러보니 차도(천변로)의 한 차선을 주차장으로 사용하고 그것에 덧대어 하천 위로 자전거도로를 만드는 바람에 하천 일부가 다리 밑처럼 되었다. 지금의 주차장 차선을 자전거도로로 만들고 주차를 다른 곳에 하는 것이 훨씬 좋은 선택이었을 텐데 아쉽다. 두 갈래의 하천을 따라 양쪽에 주차장을 만들어 지금 충주는 온통 차로 뒤덮인 도시가 되었다. 차를 시야에서 가릴수록 도시가 살건만 모두 외부로 노출시키는 바람에 도시 분위기가 퍽 어수선해졌다.

교현천을 따라 좀 더 위로 올라가니 엘지아파트가 나오고 차를 통제한 너른 산책로가 하천을 따라 조성되어 있었다. 그때 냇물에서 아이들 소리가 들렸다. 너덧 명이 왕소금쟁이를 잡다가 아파트로 돌아가기 위해 냇가에서 산책로로 올라가는 계단을 찾고 있었다. 주위를 둘러보니 '황당'하게도 아이들이 찾는 길은 없었다. 용케 냇가로 내려가기는 했는데 집으로 돌아가는 길을 찾지 못하는 아이들,

교현천변 성내교에서 탄금대 쪽을 본 모습이다. 지금은 꽃밭으로 바뀌었지만 몇 년 전까지만 해도 교현천변은 도시에서 보기 드문 좋은 농경지였다.

이 딱한 아이들이 바로 눈앞의 집으로 가려면 하천을 따라 한참을 내려갔다 와야 했다.

아파트 산책로가 끝나는 지점에 만리재가 있다. 그 앞을 남북으로 달리는 금봉대로가 현재로서는 시가지의 동쪽 경계선이다. 그 길을 건너려는 순간 서 군의 '당황'한 목소리가 들린다. 뒤를 돌아보니 그의 자전거 뒷바퀴가 납작하다. '황당'과 '당황'의 차이가 이런 것인가?

솟은 땅들이 도시를 에워싸다

자전거 답사는 저녁 6시 반, 서 군의 자전거가 펑크 나는 것으로 끝났다. 다행히 예정했던 순례길을 마쳐갈 때 사건이 터졌다. 자전거로 온종일 도시를 돌 때 자전거 바퀴가 끊임없이 내게 말해주는 것이 있었다. 바로 지금이 오르막인지 내리막인지 하는 것이다. 차를 타고서는 도저히 느낄 수 없고 걸을 때도 그렇게 민감하게 감지하지 못한 것을 두 바퀴가 전해주었다.

마치 우리 인생처럼 오르막이 있으면 머잖아 내리막이 나타났고, 내리막이 한동안 지속되는가 하면 영락없이 오르막이 나타나 우리를 힘들게 했다. 오르고 내리고 하며 깨달은 것은 솟은 땅들이 마치 울타리처럼 충주 도심을 에워싸고 있다는 사실이다. 성 밖 북쪽에 주봉(珠峰), 동쪽에 만리산(萬里山), 남동쪽에 용산(龍山), 남서쪽에는 사직산이 있어 마치 초병이 진지를 지키듯 솟은 땅들이 도시를 지키고 섰다. 지금은 원래 지형이 훼손되고 건축물이 많이 들어서서 도시의 작은 구릉지 정도로 느껴지지만 과거에는 이런 장소들이 도시 경관을 주도했을 것이다.

이렇게 솟은 땅 혹은 들어 올려진 땅에 조성된 장소를 대(臺: promontory)라고 한다. 대는 동서양의 많은 문화권에서 공통적으로 등장하는데, 사람들은 대를 찾고 만들고 사용하고 의미를 부여해왔다. 대에는 인간이 발을 디디고 서서 바라보기에 적합한 바닥이 있어 좋은 조망 지점이 된다. 그리고 고정된 벽이든 바위나 나무 등으로 암시되는 벽이든 경계가 있다. 탄금대에서는 자연스럽게 늘어선 소나무들이 벽을 이루고 있다.

또한 대는 현실의 땅과 불멸의 하늘 사이를 연결하는 장소다. 그래서 대에 선 사람은 인간보다는 위에, 신보다는 아래에 존재한다. 이것이 종교와 권력이 대를 좋아하는 이유다. 충주에서도 마치 쇠붙이들이 자석으로 이끌려가듯 종교시설과 상징성을 갖는 도시 시설이 대 주위에 집중적으로 지어졌다.

주봉은 교현동에 있는 봉우리였다. 그런데 고종 때(1869) 충주읍성을 개축하면서 그곳에서 암석을 많이 채취해 윗부분이 평평한 대가 되었다. 1943년 그 아래에 충주여자중학교를 지을 때도 주봉을 일부 헐어서 터를 돋았다고 한다.

도심 동쪽에 있는 언덕인 만리산은 만리재라고도 하는데 그곳에 충일중학교가 들어서 있다. 도심 건너편 사직산 자락에 있는 여성회관 뒤쪽 언덕에서 보면 제법 길게 펼쳐진 만리재의 구릉을 한눈에 볼 수 있다. 예전에는 윤달이 든 해 봄에 이 산을 한번 오르면 여러 가지 유행병에 걸리지 않는다고 하여 많은 사람들이 등산을 했다 한다. 만리재 기슭의 대에도 역시 '삼충사'라는 사찰이 자리 잡았다.

용산에는 왕기(王氣)가 있어 고구려와 백제시대에는 산 위에 작은 못을 조성하고 석탑을 건립하여 충주의 지맥(地脈)을 단절했다고 한다. 1912년 충주 전매지청을 건립할 때 못을 메우고 석탑을 철거했다.

'산수'라는 말이 뜻하듯 자연경관은 산과 물이 짝을 이루었을 때 완성된다. 솟은 땅인 대 역시 산이므로 대는 물을 만났을 때 그 경관의 아름다움이 극에 달한다. 대의 솟음은 주변 물로 인해 더욱 고고해진다. 내륙의 고장인 충주에서 이런 산과 물의 상생을 본 것은 뜻밖의 성과였다. 두 곳에서 대와 물의 빛나는 결합을 볼 수 있었는데, 한 쌍은 사직산과 그 서쪽 호암지이고, 다른 한 쌍은 탄금대와 그 북쪽 남한강이다. 전자가 대와 정지된 물의 만남이라면, 후자는 대와 움직이는 물의 만남이다. 이 중에서 예(藝)와 무(武)의 아름답고도 슬픈 역사를 간직한 탄금대는 2007년에 국가 지정 문화재인 '명승'으로 지정되었다.

두 개의 문화 바퀴를 굴리자

불쾌지수가 매우 높았던 날의 자전거 답사가 뜻밖에 상쾌했던 것은 한결같이 친절한 충주 분들 덕분이었다. 자전거를 세워놓고 우체국 건너편 예총회관 앞 둥근 벤치에 앉아 물끄러미 자전거를 바라보자니 두 바퀴에 충주의 모습이 겹쳐진다. 충주의 도시 문화를 움직여온 것, 그리고 앞으로 움직여갈 것은 2개의 문화바퀴, 곧 예(藝)의 앞바퀴와 무(武)의 뒷바퀴일 것이다. 자전거가 두 바퀴로 굴러가듯이 충주가 앞으로도 예와 무의 두 바퀴로 나아가기를 기대한다.

그런데 예와 무, 이들이 과연 한 도시에서 공존할 수 있을까? 그 무렵에 본 영화 〈적벽대전〉(오우삼 吳宇森 감독, 2008)에서 나는 그것들이 탁월한 공존의 쌍이 될 수 있음을 깨달았다. 그 영화에서 가장 인상에 남는 것은 제갈량(諸葛亮)과 주유(周瑜)가 악기(가실왕이 가야금을 만들 때 본으로 삼았다는 '쟁'이 아닌가 싶다) 연주를 통해 조조(曹操)와의 싸움을 함께하기로 결정하는 장면이다. '세 치의 혀'(뛰어난 말재주)를 동원하거나 하다못해 팔씨름을 해서 힘을 겨루는 것이 아니라 무와 가장 멀어 보이는 음악을 통해 마음을 전하고 결국 의기투합하는 설정에서, 〈영웅본색〉으로 유명한 오우삼 감독의 이 작품이 중국 무예의 전통에 맥을 대고 있다는 생각을 했다. 중국에서 무(武)란 지(止)+과(戈), 곧 창을 멈추는 것을 의미한다. 무란 결국 싸움을 멈추기 위해 존재하는 것으로, 마지막에 문(文)이나 예(藝)로 승화되어야 의미를 갖는다. 그렇다면 충렬사에서 시작된 무의 축은 도심에서 예로 전화(轉化)되고 다시 예의 축으로 이어져 탄금대에서 절정을 이룬다는 시나리오가 가능해진다.

점심때 가지 않은 것이 마음에 걸려 그날 저녁때는 굳이 신일식당을 찾았다. 식당에 도착하니 아주머니는 눈치 빠르게 에어컨을 켜고 선풍기를 세게 돌린다. 한 달 전에 먹었던 북어콩나물해장국, 다시 먹어도 맛있었다. 그 전에 시원한 맥주를 두 잔 마신 탓인지 방바닥이 나를 잡아끄는 듯했다. 화끈거리는 두 팔을 보니 고등학교 때 먹은 충주 홍옥빛이었다. 그러나 힘을 내어 "안 여사님, 이제 당분간 충주에 오지는 않을 것 같네요"라며 식당을 나섰다.

자전거 답사를 한 지 3년 반 만인 2012년 2월 5일, 충주에는 신일식당이 없었다. 지난 여름 주인아주머니가 디스크수술을 한 후 폐업했다고 한다. 아쉬운 마음에 시내를 둘러보니 내가 충주에서 가장 좋아했던 '떡볶이 cafe' 골목도 사라졌다. 대신 경박한 패션거리가 들어섰다. 아쉬움에 고개를 숙이고 뒤돌아오다가 무엇에 부딪힐 뻔했다. 길바닥에 뿌려진 빨간 전단지로 목도리를 한 눈사람이 코앞에 서 있었다. 마침 그곳을 지나던 아이들을 옆에 세우고 사진을 찍고 돌아서는데 뒤통수에 인사가 들린다. "사진 찍어주어 고맙습니다." 찍은 사진 보내줄 거냐고 묻는 사람은 봤어도 고맙다는 인사를 받기는 처음이다.

집으로 차를 모는 길에 3년 반 전 자전거 답사를 하던 날 아침에 들렀던 화교소학교 아이들이 생각났다. 갑자기 운동장으로 몰려나온 애들이 나를 따르며 중국어로 자기소개를 하는데, 한국에 사는 아이들이라는 사실이 의심스러울 정도로 발음이 좋았다. 내 카메라 앞에서 단정하게 차렷 자세를 취한 아이들 뒤로는 '예의염치(禮義廉恥)'라는 표어가 100년 동안 걸려 있었다. 장차 양반고을 충주의 두 문화 바퀴는 그렇게 예의 바른 아이들, 눈사람보다도 밝은 아이들의 손으로 굴려지리라.

8

한옥이 지켜온 도시의 전통

전주

조선왕조를 낳고 거둔 따스한 전통도시

요즈음 정부는 이른바 '한스타일'이라고 해서 한글·한식·한복·한옥·한지·한국 음악 등 여섯 분야를 브랜드화하고 있는데, 그중 한식·한옥·한지의 본고장이 전주(全州)다. 그만큼 전주는 한국 전통문화의 원류를 찾기 위해 꼭 가봐야 할 도시다.

오늘날 전라북도 도청이 있는 전주는 삼한 시절에는 마한 땅이었다가 삼국 시절에는 백제 땅이 되어 완산(完山)으로 불렸다. '온전한 도시'라는 뜻의 전주라는 이름은 신라가 삼국을 통일한 뒤인 경덕왕 15년(756)부터 사용되었다.

통일신라시대인 660년대에 완산주가 9주(州)의 하나가 되면서 그간 전북 지역의 중심이었던 익산을 제치고 행정, 군사의 중심지로 부각되기 시작했다. 무진주(현 광주)를 점령하여 세력을 키운 견훤은 후백제를 세우고 37년간(900~936) 전주를 도읍으로 삼았는데, 그가 후삼국까지 통일했다면 전주가 통일국가의 수도가 되었을 것이다. 그러나 그는 전주 남쪽 남고산에 돌로 쌓은 산성만 남긴 채, 아들과도 통일하지 못하고 왕건의 고려에 투항하고 말았다. 고려시대에 전주는 계수관(界首官) 곧 지방의 중심인 대읍으로, 전라지방 행정의 중심지였다.

조선왕조 때 전라도 감영이 있던 전주는 호남 일대는 물론이고 멀리 제주도까지 관할했다. 전주 이씨의 관향(貫鄕: 시조가 난 곳)으로서 조선을 창업한 이성계의 뿌리가 있는 곳이었던 전주는 조선을 상징하는 매우 중요한 도시였다. 읍성 남동쪽 모퉁이에는 태조 이성계의 어진(御眞: 임금의 초상화, 보물 제931호)을 모신 경기전(慶基殿: 사적 제339호)과, 전주 이씨 시조와 시조비의 위패를 모신 조경묘(肇慶廟)를 두어 조선왕조의 뿌리가 되는 도시임을 만천하에 알렸다. 태종 10년(1410)에 조성된 경기전은 지방에 현존하는 유일한 왕실 사당이다. 이 두 사당과 함께, 조선 전기 4대 사고(史庫)의 하나로 임진왜란 시기에 유일하게 《조선왕조실록》을 지킨 전주사고와 뒤에 옮겨온 예종대왕 태실 등이 모여 이루어진 신성한 영역이 도시 공간에서 큰 부분을 차지한다.

도시 남동쪽에 있는 언덕인 이목대(梨木臺)와 오목대(梧木臺)에는 모두 조선왕실의

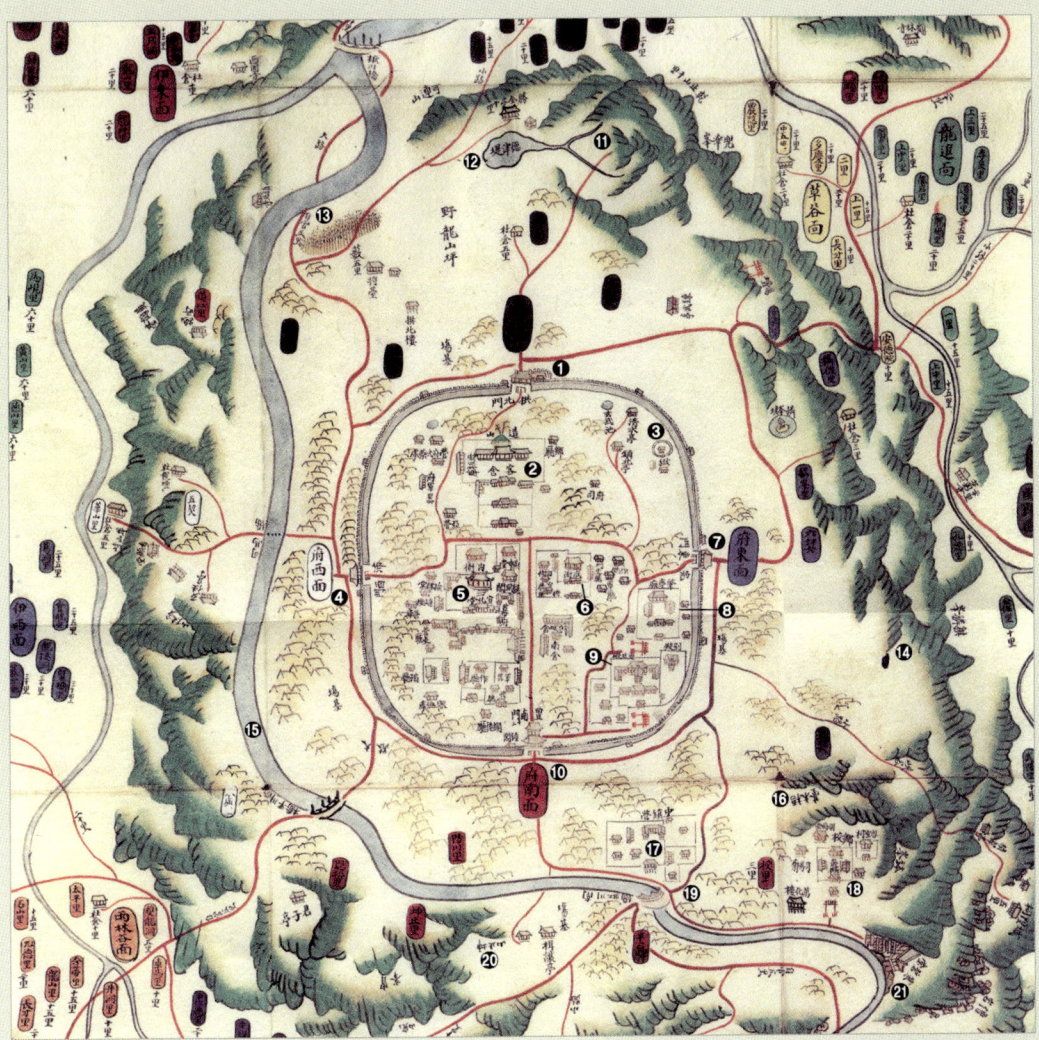

옛 전주 지도(부분)

- ① 북문
- ② 객사
- ③ 옥
- ④ 서문
- ⑤ 감영
- ⑥ 부영
- ⑦ 동문
- ⑧ 조경묘
- ⑨ 경기전
- ⑩ 풍남문
- ⑪ 건지산
- ⑫ 덕진제
- ⑬ 숲정이
- ⑭ 기린봉
- ⑮ 전주천
- ⑯ 오목대
- ⑰ 중진영
- ⑱ 전주향교
- ⑲ 남천교
- ⑳ 곤지산
- ㉑ 한벽당

1872년, 서울대학교 규장각 소장.

뿌리가 있는 곳임을 알리는 고종의 친필 비석이 있다. 이목대는 이성계의 4대조인 목조(穆祖) 이안사(李安社)가 태어나고 자란 곳이다. 고려 우왕 6년(1380)에 3도(전라·양광·경상) 순찰사 이성계는 전북 남원시 운봉읍의 황산에서 왜구를 소탕하고 수도인 개성으로 돌아가는 길에 오목대에서 종친들과 전승 축하연을 벌였다. 이 자리에서 이성계는 중국의 한 고조 유방(劉邦)이 자신의 고향인 패군(沛郡) 풍읍(豊邑)에서 불렀다는 '대풍가(大風歌)'를 읊어 슬그머니 정권욕을 드러냈다고 한다. 물론 1388년의 위화도회군으로 정권을 장악하기 8년 전인 그때 그가 실제로 대풍가를 대놓고 불렀는지는 의문이다. 아무튼 그 연회의 자리에는 이성계가 대동한 종사관(從事官) 정몽주(鄭夢周, 1337~1392)가 있었다. 이성계의 야심을 감지한 그는 자리를 박차고 나와 전주천 건너편에 있는 남고산성 만경대에 올랐다. 그리고 "슬픈 마음에 속절없이 옥경(玉京)만 바라보네"로 끝나는 〈등전주만경대(登全州萬景臺)〉라는 시로 자신의 착잡함을 표현했다.

잘 알려진 대로 정몽주는 선죽교에서 피살되었으나, 역설적이게도 그를 살해하도록 교사했던 태종에게 영의정 벼슬과 '문충(文忠)'이라는 시호를 받고 충절의 표상으로 받아들여진다. 뒤에 정몽주는 동국 18현으로 추앙되어 전주향교를 포함한 전국의 문묘(文廟)에 모셔졌다. 지금 한옥마을 남동쪽 모퉁이에 있는 전주향교도 본래 경기전 북쪽에 이웃해 있었으니, 여말선초의 정치적 라이벌을 한 마을에 모신 것이다.

27대를 내려온 조선왕조가 막을 내리자 서울을 떠나 떠돌던 왕가의 마지막 자손들이 찾은 곳도 전주다. 조선의 마지막 옹주로 알려진 이문용 씨는 말년(1975)에 전주로 와서 경기전의 수직사(守直舍)라는 재실에서 거주하다 1987년 여생을 마쳤다. 의친왕(고종의 아들)의 아들인 이석 씨도 2004년부터 전주시가 한옥마을에 마련해준 승광재(承光齋)라는 한옥에 거주한다. 이렇게 전주는 조선을 잉태한 신성한 도시이자, 조선왕실의 마지막 자손들을 거두어준 따스한 '전통의 도시'다.

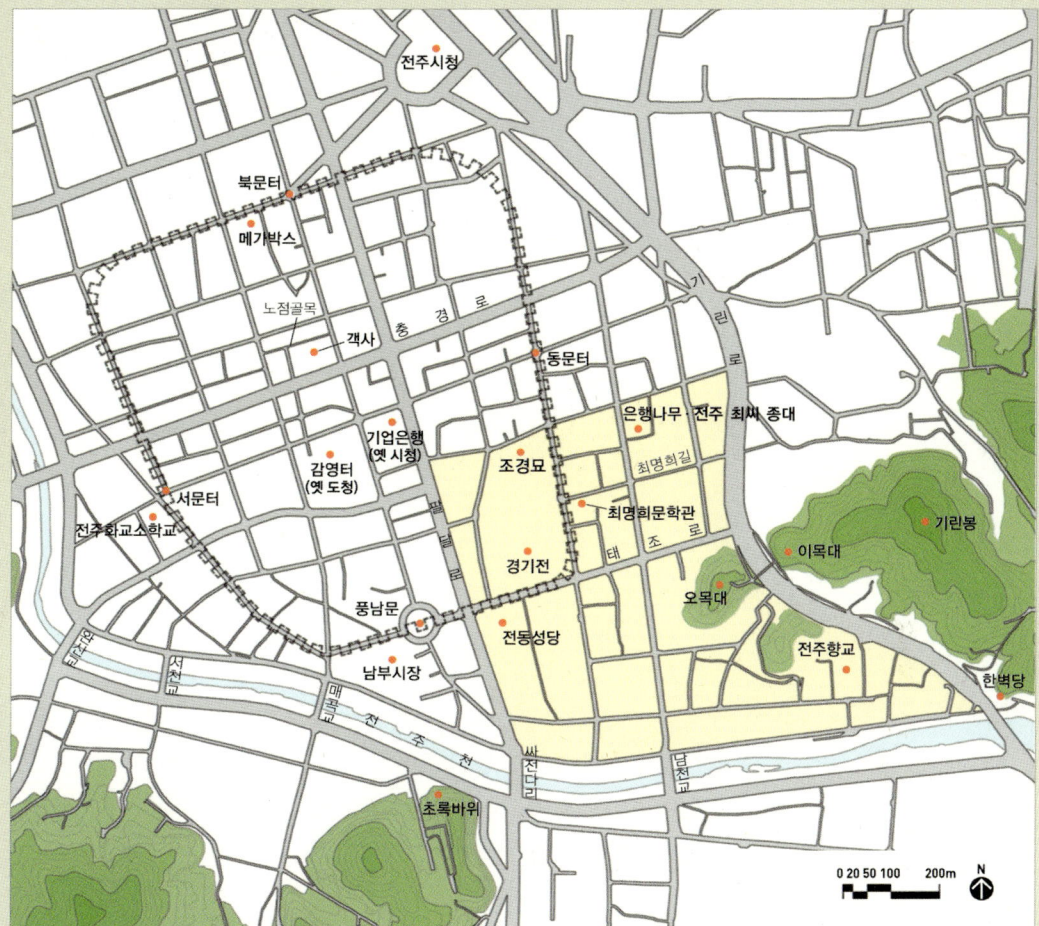

오늘날의 전주 도심 지도

점선으로 표시된 부분이 조선시대 성벽 자리이고, 노란 부분이 한옥마을이다.

1985년 초, 대학원 입학을 앞둔 나는 건축가 김기웅의 '삼정건축'에서 아르바이트를 했다. 그러던 어느 날 사무실 한구석에서 철근콘크리트 건물에 한옥의 지붕과 창문을 삽입한 특이한 모양의 시청사 도면을 발견했다. 바로 전주시청사였다. 1981년에 전주역이 외곽으로 이전하면서 전주부영터에 있던 전주시청이 그 자리로 가게 되어 새로 설계를 한 것이다. 역사도시 전주의 상징인 풍남문(보물 제308호)의 형태 요소를 차용한, 독특하고 과감한 설계였다. 그때 포스트모던이니 어쩌니 말들이 많았지만, 나는 콘크리트 틀 속으로 들어간 지붕을 보며 '지붕이 저렇게 제멋대로 움직여도 되나?' 하는 단순한 의문을 가졌다.

그로부터 20여 년이 지나 다시 전주를 답사하면서 나는 도시 곳곳에서 지붕들이 떠돌고 있음을 보았다. 도로의 횡단보도마다 탑이 서 있어 의아한 마음에 자세히 보니 교통신호 제어기들이 기와지붕을 이고 있었다. 가끔씩 보이는 조금 큰 탑은 공중전화 박스다. 남부시장 입구 철구조물 위에는 기와지붕이 조금도 어색한 기색 없이 앉아 있다. 누구나 다 알듯이 기와지붕은 본래 한옥의 나무기둥 위에만 의젓하게 앉아 있었다. 그러던 기와지붕이 어떻게 자유를 얻었을까?

답사를 거듭하면서 전주 한옥마을을 관찰하니 콘크리트 대문의 지붕이 하나둘씩 전통한옥의 지붕으로 바뀌고 있다. 어디선가 강풍이 몰아쳐 근대기의 평평한 지붕들을 걷어내고 한옥의 기와지붕을 씌워주는 것 같다. 근대를 걷어낸 자리에 오래된 요소를 앉히는 그 바람을 포스트모던 혹은 탈근대의 바람이라고 부를 수 있겠다. 그러나 20세기 후반에는 이와 정확히 반대방향으로 근대의 바람이 불었다.

전주처럼 역사가 긴 도시는 드물다. 20세기 이래로 우리 역사도시에 근대와 탈근대의 바람이 모두 불었지만 전주처럼 전통과 근대, 그리고 탈근대의 바람이 모두 세찼던 도시는 아마 없을 것이다. 그렇게 세 시기가 모두 힘 있게 전개되면 도시는 어떤 모습이 될까? 이질적인 요소들이 뒤섞인 복잡한 콜라주가 될까, 아니면 갖가지 재료들이 고추장을 매개로 하나의 균형 있는 맛을 내는 전주비빔밥 같은 재미있는 도시가 될까?

도시 경계에서 만난 아름다움 그리고 파괴

고을을 성벽으로 두른 읍성에서 출발한 역사도시의 명시적인 경계는 성벽이었다. 그리고 성벽 밖으로는 읍성의 방어를 위해 해자를 설치해 도시의 경계가 좀 더 안전한 방어선이 되도록 했다. 그러나 성벽 밖 사방에 곧이곧대로 해자를 파기보다 자연 하천을 해자로 삼는 것이 보통이었다.

전주에서는 성벽의 동쪽과 남쪽 밖으로 흐르는 전주천이 해자의 역할을 했다. 그런데 전주가 도시가 되기 오래 전, 사람들이 하나둘 이곳에 모여들어 정착했을 무렵에는 전주천의 경로가 지금과 달랐다. 지금은 남쪽 멀리에서 흘러온 전주천이 한벽당(寒碧堂) 앞 절벽에 부딪혀 서쪽으로 한참 흐르다가 북쪽으로 가지만, 그때는 절벽에 부딪힌 시냇물이 서쪽으로 가는 척하다가 오목대 아래를 거쳐 북쪽으로 흘렀다고 한다. 그래서 초기 정착민들은 기린봉 자락에 서쪽을 바라보는 마을을 조성했다.

전주에서 곤지산을 바라보는 남향의 도시 공간이 마련된 것은 전주천이 장구한 세월을 거쳐 서서히 서쪽으로 방향을 틀었기 때문이다. 전주천이 긴 세월 동안 조금씩 도시 공간을 마련해준 공으로 전주라는 도시가 생겨난 것이다. 불도저가 강줄기를 억지로 옮기고 땅을 평평히 만들어 탄생시키는 현대의 신도시와는 그 출발부터 다르다. 따라서 자연이 마련해준 도시 전주의 경계는 딱딱한 직선이 아니라 하천의 부드러운 곡선이다.

전주천은 도시의 안과 밖을 갈랐다. 전주천의 오른쪽은 도시고, 왼쪽은 미개척지다. 그래서 오른쪽에는 관리들이, 왼쪽에는 하층민이 거주했다. 그리 넓지 않은 이 시내를 건너는 것은 자연의 공간에서 인간의 공간으로 들어가는 의식이었다. 1872년에 간행된 지도에서 보듯, 도시의 정문인 풍남문으로 연결되는 남천교를 아치형으로 공들여 만든 것은, 이 다리가 도시의 첫인상을 좌우했기 때문이다. 최근 이 다리는 아치형으로 복원되었고, 그 위에 9칸 길이의 긴 누각이 건축되어 여름철 시민들의 휴식장소가 되고 있다.

> 뒷골목 그늘 너머로 오종종한 나날들이 어찌 없겠는가 그러나
> 그러나 여기는 전주천변
> 늦여름, 바람도 물도 말갛고
> 길은 자전거를 끌고 가는 버드나무 길
> 이런 저녁
> 북극성에 사는 친구 하나쯤
> 배가 딴딴한 당나귀를 눌러타고 놀러 오지 않을라
> 그러면 나는 국일집 지나 황금슈퍼 앞쯤에서 그이를 마중하는 거지
> 그는 나귀를 타고 나는 바퀴가 자글자글 소리내며 구르는 자전거를 끌고
> 껄껄껄껄껄껄 웃으며 교동 언덕 대청 넓은 내 집으로 함께 오르는 거지
> 바람 좋은 저녁
>
> ─ 김사인, 〈전주〉 중에서[14]

전주천은 "바람도 물도 말"가서 시 한 편 너끈히 떠오르게 한다. 과거부터 전주가 한지로 유명한 것도 전주천이 맑기 때문이다. 전주의 한지는 전주천 상류인 완주군 구이면과 상관면 일대에서 생산된다. 오늘날도 여름이면 전주 사람들은 애·어른 할 것 없이 전주천으로 간다. 아이들은 물놀이를 하고 어른들은 물속에 고개를 박고 다슬기를 잡는다. 도시·농촌 없이 하천이 오수와 폐수의 배수로로 전락해버린 오늘날이지만, 전주에서만은 도시의 경계를 흐르는 하천에 마음 놓고 들어가 놀 수 있다. 천연기념물인 수달이 살 정도로 전주천은 여전히 맑고 깨끗하며 수초가 우거져 있는 생태하천이다. 전주천은 인간들이 억지로 연출해낸 서울의 청계천과는 격이 다른 진정한 천연의 하천이다. 또한 전주천변은 김사인의 시 〈전주〉에서처럼 "바람 좋은 저녁"에 친구를 만나기 딱 좋은 곳이다. 굳이 멀리 피서를 떠날 필요도 없이, 도시의 마을에서 여유롭게 친구를 기다릴 수 있는 전주 사람들은 행복할 터이다.

도시의 경계는 인간이 이루는 행정과 자연이 이루는 경치의 접선이다. 도시 내부에서 일어나는 행정은 도시의 힘을, 도시 경계의 경치는 도시의 품격과 매력을 말해준다. 현대도시가 마천루를 뽐낸다면, 역사도시는 절경을 바라볼 수 있는 누각이나 정자를 내세운다. 고층빌딩 없는 현대 대도시를 생각하기 어렵듯이, 그럴 듯한 누정(樓亭) 하나 없는 역사도시를 생각할 수 없다. 밀양에 영남루, 춘천에 소양정이 있다면 전주에는 한벽당이 있다.

한벽당은, 조선의 개국공신으로 일찌감치 벼슬길에 올랐던 월당(月塘) 최담(崔霮, 1346~1434)이 벼슬을 그만두고 낙향해 1404년에 건립한 정자다. 처음에는 그의 호를 따서 '월당루'라고 불렀다. '한벽'이라는 이름은 주자의 시구 '벽옥한류(碧玉寒流)'에서 따온 것인데, 정자 아래의 바위에 부딪혀 옥처럼 부서지는 시리도록 찬 물을 뜻한다. 최담은 전주 한옥마을에 전주 최씨의 종대(宗垈: 문중의 집터)와 종가를 조성한 사람이다. 조선시대 사대부들은 살림집만이 아니라 흔히 별서(別墅)라고 부르는 별도의 공간을 갖춰야 제대로 거처를 정했다고 보았는데, 최담은 한벽당을 지음으로써 그런 사대부의 생활관을 앞서 실천했다.

한벽당은 승암산 기슭 절벽에 '앉아 있다'. 여기서 앉아 있다고 한 것은 건물

전주천변의 한벽당 남쪽(오른쪽) 멀리서 흘러온 전주천은 한벽당 앞 절벽에 부딪혀 서쪽으로 방향을 튼다. 본래 한벽당으로 오르는 계단 위에는 회랑이 설치되어 있었다.

의 구조가 그렇기 때문이다. 돌기둥과 초석 위에 토대라는 긴 나무 부재를 빙 돌려 설치하고, 그 위에 기둥을 세우고 마룻널을 지탱하는 장선을 걸쳤다. 초석 위에 직접 기둥을 세우는 일반적인 한옥 구조와 달리, 건물의 밑동을 토대라는 부재가 하나로 묶어준다. 이렇게 하면 기둥이 제각각 움직이는 일이 생기지 않아 매우 안정적인 건물이 된다. 절벽에 세운 건물의 기둥이 앞으로 미끄러진다면, 생각만 해도 끔찍한 일이다. 절벽 위라는 특별한 입지가 오늘날 한옥에서 흔히 볼 수 없는 한벽당의 구조를 낳은 것이다.

　한벽당은 가파른 돌계단을 올라 건물의 측면으로 진입하게 배치되었다. 한벽당 아래로 작은 집들이 총총히 그려진 옛 지도들을 볼 때, 과거에는 한벽당으로 오르는 계단을 따라 회랑이 층층이 설치되었던 것 같다. 1931년에 한벽당을 고쳐 지을 때 사라진 것으로 보이는 그 회랑은 정자에 오르는 사람들의 발걸음을 한결 모양 나게 했을 것이다. 이렇게 회랑이 딸린 누정은 많지 않다. 밀양의 영남루, 남원의 광한루, 청풍의 한벽루 정도인데, 공교롭게도 청풍의 한벽루는 한벽당과 한자 이름까지 같다.

한벽당에 오르면 자연히 몸을 오른쪽으로 틀게 된다. 그쪽으로만 벽이 없이 열려 있기 때문이다. 그때의 눈길은 전주천 상류를 거슬러 오르다 멀리 있는 뾰족한 산봉우리에 가 닿는다. 바로 고덕산이다. 그 산 오른쪽으로 정자로 다가서는 듯한 산이 남고산인데, 자세히 살펴보면 견훤이 쌓았다는 남고산성이 보인다.

1931년에 한벽당 아래로 터널이 뚫리고 오늘날의 기린로 자리에 전주-남원 간 철도가 개통되었다. 남원에서 색장동을 거쳐온 전라선 기차는 한벽굴을 통과해 오목대와 이목대라는 조선의 뿌리를 두 토막 내고 익산 쪽으로 내달렸다. 전주가 낳은 큰 소설가 최명희는 《혼불》에서 다음과 같이 묘사했다. "이윽고 출발한 기차는 오목대를 옆구리에 끼고 전주천 맑은 물에 그림자 드리운 한벽루를 바라보면서 컴컴한 굴속으로 들어간다."

한벽당에 앉은 사람들은 그 기차의 울림으로 하루에 한두 번 엉덩이가 간질거렸겠지만, 도시 경계에 위치한 아름다운 상징물인 한벽당은 그래도 여전히 자태를 뽐낼 수 있었다. 한벽당을 헐어내고 철길을 내려던 일제의 계획을 유학자들이 나서서 막아낸 덕이다. 그러나 그로부터 반세기가 흘러 한벽당은 사실상 도시에서 지워졌다. 그 무지막지한 지우개는 개발 독재자가 운전하는 불도저였다. 1985년 한벽당의 코밑에 4차선의 한벽교가 가설되었기 때문이다. 그 뒤로 도시에서 눈에 잘 들어오지도 않는 한벽당으로 가려면 그 위치를 정확히 알고 있어야 할 뿐더러 침침한 다리 밑을 거쳐야 한다. 개발의 시대를 거쳐 경제적 풍요를 누린다고 자부하는 현대인의 모양새를 보라. 층층의 회랑을 통해 품위 있게 정자에 오르는 대신, 보이지도 않는 정자로 가기 위해 우중충한 다리 밑을 통과하며 명암순응을 번갈아 하기에 급급하다. 구차하게 정자에 올라도 반신불수가 된 느낌을 받고 만다. 다리가 전주천 하류 쪽 경관을 가려 상류만을 바라보아야 하기 때문이다. 게다가 자동차 소음이 하도 심해 곧 정신이 사나워진다.

한벽교를 한벽당에서 조금만 떨어뜨려 놓았어도 한벽당이 이렇게 시각적·청각적으로 완벽히 지워지지는 않았을 것이다. 고층아파트를 짓는다는 팻말만 세워도 돈이 주체할 수 없이 쏟아져 들어왔던 개발독재시대에 한벽당이라는, 아파트단지 노인정보다도 작은 정자가 불도저의 방향을 돌려놓을 수는 없었으리라. 도시에서 자본의 힘을 전통이나 문화가 막아내기는 매우 어렵다. 문제는 도시에서 자본의 승리는 곧 인간의 패배라는 사실이다.

전통도시의 상징, 성벽과 시장

주변의 넓은 배후지를 조직하는 역할을 하는, 상대적으로 크고 밀집되며 중심적인 정주지(定住地)를 '도시(都市)'라고 한다. '도시'라는 용어는 20세기 초에 일본에서 본격적으로 사용되기 시작했으며 곧 우리나라에도 전해졌다. 우리에게 '도시'는 100년밖에 안 된 새로운 용어인 셈이다. 그 이전에 우리는 수도에 대해서는 도성, 지방도시에 대해서는 고을 혹은 읍치라는 말을 썼다. 중국에서는 최근에야 전문 분야에서 도시라는 용어를 쓰기 시작했고, 그 전에는 도시 대신 성시(城市)라는 말을 사용했다.

도시가 꼭 갖추어야 하는 요소는 무엇일까? 이에 대한 대답은 문화권에 따라 다르다. 인도에서는 사원·궁궐·시장이고, 중세 이슬람에서는 회교사원(mosque)·상설시장·공중 목욕장이다. 유럽에서는 성, 신전(교회), 광장, 공회당(시청), 시장 같은 것들이다. 그럼 우리의 도시에서는 무엇이었을까? '성시'라는 명칭에서 드러나듯, 우리나라를 포함해 동아시아에서 도시란 행정시설을 두르는 성벽과 물품을 사고파는 시장이 있는 곳이었다. 곧 도시란 주변 지역을 다스리고 지역 사람들이 물품을 거래하는 장소를 말했다.

전주의 성벽은 고려 말인 1388년, 전라도 관찰사 최유경(崔有慶)이 창건했다고 한다. 영조 10년(1734)에 부임한 관찰사 조현명(趙顯命)은 성벽을 크게 고쳐 쌓고 4대문을 설치했다. 읍성의 남문에는 높은 홍예문(아치형 문) 석축을 쌓고 그 위에 명견루(明見樓)라는 3층 목조 누각을 축조했다. 동·서·북쪽에는 각각 판동문, 상서문, 중차문을 설치하고 2층 문루를 세웠다. 그러나 영조 43년(1767) 3월,

풍남문 전주성의 남문이다. 원래 3층이던 문루가 2층으로 줄어서인지 옹성이 다소 커 보이지만 그래도 풍남문은 여전히 아름답다.

전주부성을 불바다로 만든 정해대재(丁亥大災)로 남문과 서문이 불타버렸다. 이후 같은 해 9월에 부임한 관찰사 홍낙인(洪樂仁)이 이 두 문을 복구하고, 건국자의 본향을 뜻하는 '풍패(豊沛)'에서 한 자씩 따서 각각 풍남문·패서문이라 이름을 고쳤다. '풍패'는 한나라를 세운 유방의 고향인 패군 풍읍에서 유래한 것이다. 이때 남문의 문루는 2층, 서문의 문루는 단층이 되었다. 층수가 줄어서인지 옹성(甕城: 성문 앞을 감싸 두르는 성벽으로, 밖에서 보면 항아리 모양이어서 옹성이라는 이름이 붙음)이 다소 커 보이기는 하나 그래도 풍남문은 여전히 아름답다.

　전주성은 삼남지방에서 가장 큰 성이었다. 북쪽에서는 평양과 함흥, 남쪽에서는 전주와 대구 성곽의 규모가 컸는데, 대구성은 전주성의 3분의 2 정도에 불과했다. 현재 추정해본 성벽 내부의 면적은 약 720,000m^2(21.8만 평)이다. 성벽으로 경계 지어진 도시의 중심을 차지한 것은 '풍패지관(豊沛之館)'이라는 현판이 걸린 객사다. 이 객사와 남문을 잇는 남북축과 동·서문을 잇는 동서축이 만나 이루어지는 T자형 가로가 도시의 중심 가로였다. 오늘날도 객사 뒤편은 매우 복잡한 상업지구지만, 조선시대에 이곳에는 주석전·쇠전·선자방(扇子房) 등이 있었다. 객사 앞으로는 전라감영과 전주부영이 좌우로 나란히 배치되었다. 감영에는 도의 행정을 총괄하는 전라감사가, 부영에는 전주부의 행정을 책임지는 전주부윤이 있었다. 이들은 모두 종2품으로 동급이었는데, 임진왜란 이후에는 한 관리가 겸직하는 경우가 많았다.

옛 지도를 보면, 감영 영역에 진상할 부채를 만드는 선자청(扇子廳)이 매우 크게 자리하는데, 전주가 한지와 부채의 고장임이 감영의 구조에서도 확인된다. 1921년에 전라감영 자리에 전북도청이 신축된 이후 최근까지 사용되었고, 부영 건물은 1934년에 철거되어 군청사가 들어섰다가 1961년부터 20여 년 동안 전주시청사로 사용되었다.

도시는 물품을 유통시키는 중심지다. 그래서 중세부터 오늘날까지 중국, 일본, 인도, 이슬람, 유럽 등 거의 모든 문화권의 도시에서 시장은 핵심적인 구성요소이며 도시생활의 중심이었다. 우리의 역사도시도 예외는 아니어서, 함경도 내륙지방 등 일부 외진 곳을 제외하고는 거의 모든 고을에 시장이 있었다. 그런데 매일 열리는 상설시장이 있는 아주 큰 고을들을 제외하면, 대부분의 고을에 대개 닷새마다 열리는 정기시장인 장시가 있었다.

전주는 전라도 행정의 중심 도시였으므로 성문을 통해 주변 고을들로 이어지는 큰길이 나 있었고, 성문 밖은 주변 지역 사람들이 모여드는 집결지였다. 그래서 네 성문 밖에는 모두 장이 섰다. 읍성의 서남부, 남문과 서문을 연결하는 가로를 따라서는 은방, 지전, 그리고 일용잡화를 취급하는 점포들이 형성되었다. 과거 전주는 호남 최대의 물류 집산지였으나 지금은 남문 밖 장터만 남아 '남부시장'이라는 이름으로 유지되고 있다.

남문 밖 장시는 2·7일 장으로, 생활용품과 함께 곡식이 주로 거래되었다. 이 장시는 호남평야에서 생산하는 쌀의 집산지였다. 그래서 임실, 진안, 완주 등 근처 지역의 장꾼들은 물론 멀리 부산이나 마산에서도 쌀을 사러 왔고 전국의 쌀 시세가 이곳에서 결정되었다.

또한 전주천을 따라 파는 품목들을 달리하는 작은 장들이 길게 늘어섰다. 싸전다리 주변에는 쌀을 비롯한 곡식을 파는 싸전이 섰다. 매곡교 부근에는 우시장이 서서 그곳을 '소전 강변'이라고 불렀다. 우시장이 서지 않을 때 사람들은 너른 터에서 연날리기를 했다. 특이하게도 여름철에도 연날리기를 했다 한다. 그리고 매곡교와 서천교 사이에는 담뱃대 장수들이 좌판을 벌였다. 가장 서쪽인 완산교 일대는 소금 장터였다. 지금은 싸전다리와 매곡교 사이에만 천변을 따라 좌판이 늘어서 있다.

성벽 철거와 함께 불어온 근대의 바람

성문과 함께 성벽은 전통도시를 상징했다. 전주성벽은 동학군이 도시를 점령하는 과정에서 상당히 훼손되었다. 일제는 그런 성벽을 복구하기는커녕 남문을 제외한 성문들과 함께 완전히 철거해버렸다. 1907~1911년 사이에 일어난 일이다. 식민지 도시 전주에서 성벽의 철거는 강요된 새 시대, 근대의 시작을 알리는 사건이었다. 성벽이라는 전통이 붕괴되던 때 풍남문 인근에는 전동성당이 건립되었다.

성당은 도시에서 가장 높은 곳에 지어지는 속성이 있다. 하느님을 조금이라도 가까이서 만나려는 것으로 볼 수도 있으나 이는 지형이 높은 곳이 정신적으로도 위계가 높은 곳이기 때문이다. 전주 도심에서 그렇게 높은 곳은 오목대다. 실제로 전동성당을 오목대에 세우려는 계획이 있었으나 당시 전라감사였던 이완용이 이를 무산시켰다. 그토록 조선왕조를 생각했던 그가 불과 10여 년 만에 나라를 팔아먹는 데 앞장서다니…….

19세기 말부터 우리나라에 서양 선교사들에 의해 교회와 학교 건물이 등장하기 시작한다. 그중 전동성당은 대구의 계산동성당과 함께 20세기 초에 세워진 대표적인 성당이다. 전동성당 초대 신부인 프랑스인 보두네(François Xavier Baudouné)는 명동성당 내부를 설계했던 푸아스넬(Victor Louis Poisnel) 신부에게 설계를 의뢰했다. 당시 한반도에서 교회건축을 주도한 사람들은 주로 보두네 신

전동성당 로마네스크 양식을 기본으로 전면 중앙의 종탑과 양쪽 계단탑에 비잔틴풍의 돔을 얹은 전동성당은 전라도 지역에 지어진 최초의 서양식 건물이다. 영화 〈약속〉(김유진 감독, 1998)의 촬영장소로 더 유명해졌다.

부가 속한 파리 외방전교회(外邦傳敎會) 성직자들이었다. 대체로 일본을 통해 서구를 접한 우리나라 근대사에서 전동성당은 서구인이 직접 유입한 서양식 건축물이라는 점에 큰 의미가 있다.

전동성당이 세워지기 전, 18세기 말부터 100여 년 동안 그 일대는 처형의 장소였다. 백성들의 경각심을 높일 필요가 있을 때 사람들의 왕래가 많은 남문 밖이 형 집행장소로 선택되었던 것이다. 한국 최초의 천주교 순교자인 윤지충과 그의 이종사촌 권상연이 참수된 곳도 여기다. 1791년에 윤지충은 모친상을 천주교식으로 치렀다 하여 처형을 당한다. 이어서 1801년 신유박해 때에는 호남의 사도로

전동성당 내부 로마네스크 교회에서 내부공간은 율동적으로 분절된다. 이런 특성을 잘 갖춘 전동성당은 국내에서 가장 아름다운 로마네스크 건물이라 할 만하다.

불리는 유항검과 동생 관검, 윤지충의 동생 지헌 등 전주 지역 초기 천주교 신도들이 이곳에서 순교했다. 유항검은 육시형을 당하고 그 목은 풍남문 누각에 매달렸다 한다. 이렇게 전통의 힘과 권위를 상징했던 풍남문 인근에 천주교회가 근대건축양식으로 세워졌으니 시대가 변해도 한참 변한 것이다.

    로마네스크 양식을 기본으로 전면 중앙의 종탑과 양쪽 계단탑에 비잔틴풍의 돔을 얹은 전동성당은 전라도 지역에 지어진 최초의 서양식 건물이다. 로마네스크 양식이란 앞뒤로 긴 내부공간을 두터운 벽체로 감싸고 수직성을 명확히 드러낸 양식으로, 서양 건축 역사상 처음으로 탑이 매우 중요한 형태 요소로 사용되었다. 그래서 건축사가 노베르그-슐츠(C. Norberg-Schulz)는 "로마네스크 교회는 요새인 동시에 하늘로 통하는 문"이라고 했다. 로마네스크 교회에서 내부공간은 율동적으로 분절된다. 이런 특성을 잘 갖춘 전동성당은 국내에서 가장 아름다운 로마네스크 건물이라 할 만하다. 성직자들은 아마추어 건축가였음에도 7년(1908~

1914)의 긴 건축 기간 내내 지극정성으로 내·외부 모두 아름다운 건물을 탄생시켰다.

전동성당을 지을 당시 마침 전주읍성의 성벽이 헐려 풍남문 언저리 성벽 돌을 가져다 새로 짓는 성당의 주추로 삼았다고 한다. 순교자들의 피가 배었을 주춧돌 위에 신도들은 중국인 기술자의 지시에 따라 붉은 벽돌과 회색 벽돌을 한 켜씩 쌓아갔다. 전주는 물론 진안과 장수 지역 신도들까지 매일 새벽에 와서 건축공사에 참여하고 밤늦게 횃불을 들고 집으로 돌아갔다고 한다. 성당 내부 바닥에는 본래 마루를 깔았으나 지금은 돌로 마감되었다.

어느 도시보다 전통의 힘이 강한 전주에 종탑을 높이 세운 전동성당을 보며 여러 생각이 떠오른다. 그때 이 도시에 불어온 근대의 바람은 분명 '서풍'이었다. 그러나 전동성당 뒤로 겹겹이 펼쳐지는 한옥 기와지붕의 물결을 보는 순간 혼란이 생긴다. 그 집들 역시 성벽이 사라지고 도시의 경계가 확장된 뒤에 지어졌는데 어찌된 일인가? 이런 풍경은 근대의 바람이 도시의 깊숙한 곳까지 온통 바꾸어놓지는 못했음을 알려준다. 그리고 한국의 역사도시에서 근대란 전통과 완전히 단절된 현상이 아니었음을 짐작케 한다.

초록바위와 객사, 그리고 미원탑

곤지산 끝자락이 전주천과 만나는 곳, 싸전다리 남서쪽에는 천연기념물로 지정된 이팝나무의 무성함 속에 초록바위가 숨어 있다. 5월마다 200살이 넘은 이팝나무 24그루의 하얀 꽃구름에 덮이는 이 바위는, 도시 북서쪽에 있는 진북동 숲정이와 함께 조선시대 죄인들의 형을 집행하던 형장이었다. 전주천 왼쪽으로 도로가 나기 전, 초록바위는 전주천변에 솟은 높은 낭떠러지였다. 1866년 병인박해 때는 새남터에서 순교한 남종삼과 홍봉주의 어린 아들들이 여기서 죽임을 당하고 시내로 던져져 바위 아래 시냇물이 핏빛으로 물들었다고 한다. 1895년 초, 동학농민전쟁의 3대 지도자인 김개남도 여기에서 참수되었다. 전봉준이 옛 부하의 밀고로

체포된 그날(1894년 음력 12월 2일), 김개남은 전북 정읍군 산내면 윗종성마을에서 친구의 밀고로 체포되어 전주감영으로 압송되었다. 서울로 압송된 전봉준과 달리 김개남은 곧바로 처형되고 머리만 서울로 보내져 서소문 밖에 효시(梟示)되었다.

왜 하필이면 그토록 맑은 물이 흐르는 아름다운 전주천변에서 끔찍한 처형이 일어났던 것일까? 동학과 서학, 반대의 이름을 가진 이념을 신봉한 사람들이 같은 장소에서 죽임을 당한 것은 무엇을 암시하는가? 나는 도시 지도를 그리다가 초록바위가 객사 그리고 감영과 하나의 축선 위에 놓여 있음을 발견했다. 왕권을 수호하는 행위인 처형의 장소로 초록바위가 선택된 이유가 바로 여기에 있을 것이다. 왕권을 상징하는 객사와 축선으로 연결됨으로써 초록바위는 왕권 수호의 상징적 장소가 될 수 있었으리라.

동학과 서학, 그것들은 적어도 만민평등을 믿었다는 점에서 다르지 않았다. 그리고 그런 신념은 당시 왕권에 대한 커다란 위협이었다. 초록바위에서 동학과 서학을 신봉한 사람들의 목을 관통한 칼은, 매월 삭망(朔望)에 왕을 상징하는 전패에 절을 하고 왕권을 대행하던 전주감영의 전라감사가 내어준 것이었다. 바위에 늘 이끼가 끼어 있어 초록바위라는 이름을 얻었지만 왕권이 도전받는 일이 잦았던 조선 말기에 와서 그 바위는 종종 핏빛으로 물들었다.

조선왕조가 몰락한 후 왕권의 상징인 객사는 동쪽 날개가 잘려나가고, 왕권 수호의 상징인 초록바위는 콘크리트로 흉하게 땜질해 흰 옹벽이 되었다. 모두 근대기에 길을 내면서 생긴 일이다. 초록바위는 1936년 홍수로 제방공사를 하면서 깎여나갔다고 하는데, 지금의 몰골이 된 것은 1970년대의 전주천변 도로공사 때문이다. 근대의 바람은 새로 난 길로 계속 거세게 불었다. 인간이 지은 객사는 국가가 보물로 지정하고 복원했지만, 자연이 지은 초록바위는 복원할 길이 없다.

현재 전주의 가장 강력한 남북축인 팔달로는 일제 때부터 조금씩 공사를 해오다가 1963년, 전주에서 열린 제44회 전국체전을 앞두고 군대식으로 밀어붙여 그해 9월에 개통한 도로다. 세 차례나 미역국을 먹고도 다시 신청해 결국 체전을 유치한 데서 전국체전에 따른 혜택이 상당했음을 짐작할 수 있다. 목욕탕이 10곳, 공중변소가 15곳에 불과해 체전 기간에 집집마다 '변소 사용 환영'이라고 써 붙일 수밖에 없었던 도시가 10년을 앞당겨 발전할 수 있는 기회는 전국체전뿐이라고 생각했는가 보다. 동·서 관통로인 충경로 역시 전국체전의 산물이다. 이 길은 1980년 전주에서 두 번째 열린 전국체전(제61회)을 앞두고 완공되었다. 10·26, 5·18광주항쟁으로 이어지는 한국 현대사의 커다란 소용돌이 속에서도 포기할 수 없을 만큼 전국체전의 매력은 컸던 것일까?

전통도시 전주의 골격이 왕권을 상징하는 객사를 중심으로 조성되었다면, 현대도시 전주의 골격은 공교롭게도 박정희정권이 시작된 해와 끝난 해에 맞춰 열린 두 차례의 전국체전이 선사했다. 이로써 전근대 시기의 남북·동서 중심 가로는 각각 동쪽·북쪽으로 한 블록씩 떨어져 있는 팔달로와 충경로에 오랜 세월 담당했던 역할을 넘겨주었다. 두 차례의 전국체전이 끝나자 도시의 중심 가로는 옛 지도의 T자형에서 십자형으로 바뀌어 도시를 네 부분으로 나누었다.

새로운 남북가로인 팔달로 역시 과거의 남북가로가 그랬던 것처럼 정치적인 행렬의 축이 되었다. 이 근대의 축에서는 각종 정치 퍼레이드가 펼쳐졌다. '국군의 날'에는 탱크를 앞세운 시가행진이 있었고, 총 대신 대빗자루를 어깨에 둘러맨 아저씨들이 '겨울철 대청소 전진대회' 행진을 하기도 했다.

새로운 중심 가로들의 교차점에는 '미원탑'이 세워졌다. 탑의 네 면에 '미원'과 '충효'라고 내려쓴 이 탑은 도시 공간구조의 위상으로 볼 때 과거 중심 가로들이 만나는 지점에 있는 객사에 해당한다. 충성을 요구한다는 점에서도 그 둘은 같다. 미원탑은 전주의 전직 공무원이 1956년에 창업한 미원그룹이 전주 도심 한가운데 세운 홍보탑이었다. 미원이 인공조미료의 대명사가 되었을 무렵 나는 밥상머리에서 "미원 쳤어?"라고 묻곤 했다. 음식 솜씨가 별로이면서도 무공해 자연 먹을거리를 고집한 어머니에 대한 항의였다. 그 조미료 광고탑은 충효를 요구했으나 나는 그 조미료를 요구하며 불효를 했으니…….

1980년 제5공화국의 등장과 함께 철거되기까지 미원탑은 1970년대 전주의 최고 명물이자 랜드마크였다. 당시 전주 시민들에게 도심의 길을 물으면 미원탑을 기준으로 알려주었다고 한다. 천년 도시 전주의 무거운 전통은 '충효'라는 글씨로 남아 도로의 교차점 위로 가볍게 솟아 있었다.

오목대에서 본 한옥마을 나무들 사이로 한옥마을의 기와지붕들이 물고기 비늘처럼 조금씩 겹쳐지며 뒤로 물러난다.

한옥과 마을, 그리고 도시의 품격

긴 세월 동안 행정의 중심지였던 전주 시내에 남아 있는 옛 관청 건물이라곤 객사뿐이다. 오늘날 전주를 전주답게 하는 것은 대단한 관청 건물이 아니라 성벽터 바깥에 모여 있는 짙은 회색 기와지붕의 한옥들이다. 그것들은 이 전통의 도시에 품격을 더해준다.

    한옥마을은 전주 도심 남동쪽 모퉁이에 해당하는 완산구 교동, 풍남동 일대에 자리 잡고 있다. 한옥마을 동쪽으로는 기린봉 자락으로 이어지는 기린로가, 서쪽으로는 팔달로가 있으며, 남쪽에는 동에서 서로 전주천이 흐르고, 북쪽으로는 '경기전 뒷길'이 경계를 이룬다. 전주읍성은 남쪽으로 풍남문, 동쪽으로 경기전을 경계로 하고 있었으니 한옥마을은 도시 성곽의 바깥에 해당한다.

한옥마을을 포함한 전주의 도심지는 격자형 도로로 구획되어 있다. 현대 도시계획에서도 이런 격자형 도로를 흔히 사용하지만 중국 문화권에서는 이미 고대부터 이 방법을 사용해왔다. 《삼국유사》에 나오는 경주에 대한 기록은 우리 도시에서 이미 고대부터 격자형 가로체계를 도입했음을 알려준다. 북쪽 객사에서 풍남문으로 이어지는 길을 중심축으로 하는 전주의 격자형 가로체계도 고대의 격자형 토지구획선에 뿌리를 두고 있는 것으로 추정된다. 또한 읍성의 성벽도 이런 격자형 토지구획선을 따라 축조되는 등 격자형 구획은 전주 공간구조의 골격을 이루어왔다.

그러나 한옥마을의 맛은 쭉쭉 뻗은 가로가 아니라 그 안쪽에서 구불구불 휘어져 은근히 사람의 마음과 발길을 이끄는 골목에 있다. 최명희의 《혼불》에서 이 지역 말로 '고샅'이라 일컬은 것이다. 과거에는 110여 개에 이르는 골목들이 한옥마을 공간을 이리저리 재미있게 수놓았다. 특히 우리나라 도시 공간에서 특징적으로 나타나는 막다른 골목이 한옥마을에서도 발달했다. 막다른 골목이 가지를 쳐서 T자형이 되기도 하고 서로 이어져 ㄱ자형을 이루기도 한다.

막다른 골목은 공적인 도로라기보다 내밀한 분위기마저 풍기는 아늑한 공간이다. 이 골목들은 대체로 접근하는 집의 대지에 속하는 사유지로서 소유관계에서도 사적인 성격을 갖는다. 그런데 최근 설익은 의욕을 앞세운 공무원, 전문가, 기술자들이 손을 잡고 골목길을 정비하겠다고 나서니 무서운 일이 아닐 수 없다. 개인 공간은 그 소유자를 믿고 그의 손에 맡겨야 한다. 공연히 잘 해보겠다고 돈을 들여봐야 생뚱맞은 놈이 나오기 십상이다. 차라리 마을 사람들의 미감을 일깨우는 교육을 하는 것이 훨씬 효과적이고 경제적이다.

한옥마을의 한옥들은 1920~1950년대에 이르는 시기에 집중적으로 지어졌고 1970년대까지도 이어졌다. 음식점으로 사용되는 '양반가'의 상량문에는 기묘년(己卯年)이라고 적혀 있는데, 1939년 기묘년에 건축된 집이라는 뜻이다. 통일신라시대부터 시작해 1,300여 년의 역사를 가진 고도(古都)에서 100년 안쪽은 역사라고 하기도 민망한데 그만한 마을도 없다 보니 신참인 한옥마을이 역사도시 전주의 분위기를 잡아주느라 애쓰고 있다.

전주 한옥마을의 막다른 골목 막다른 골목은 공적인 도로라기보다 내밀한 분위기마저 풍기는 아늑한 공간이다.

전주 한옥마을의 골목 한옥마을의 맛은 쭉쭉 뻗은 가로가 아니라 그 안쪽에서 구불구불 휘어져 은근히 사람의 마음과 발길을 이끄는 골목에 있다.

서울이나 전주에서 한옥 동네가 터줏대감 행세를 하게 된 것은 1960년대 이후 무분별한 도시 개발로 더 오래된 동네들이 사라진 덕이다. 전주 한옥마을은 서울의 강남같이 '신식 동네'로 조성되었다. 20세기 초에 일제가 전주읍성의 성벽을 허물고 도시를 확장하면서 풍남문 밖으로 토지구획이 이루어졌고, 호남평야를 기반으로 번성한 농업자본가와 도시 부르주아가 이 일대에 새로 주택을 지음으로써 신흥 고급주택가가 생겨났다. 이렇게 근대 시기에 새롭게 지어진 한옥을 흔히 개량 한옥이라 불렀으나 요즘은 도시 한옥이라고들 한다. 개량 한옥은 이전 한옥이 낙후한 것이었음을 전제하는 용어이기 때문이다.

한옥은 한마디로 상징적인 기호체계이다. 그 기호의 하나가 지붕이다. 전통 한옥의 지붕 재료는 사는 사람의 신분을, 그 형식은 건물들 사이의 위계를 드러낸다. 곧, 기와는 양반을, 초가는 상민·천민을 나타내며, 한 집을 이루는 안채·사랑채·행랑채에도 각기 격이 있어서 지붕도 팔작·우진각·맞배 중에서 골라서 씌웠다. 하지만 반상(班常)의 구분이 무너지고 행랑 사람도 떠난 세상이 왔으니 한옥마을에서는 모두들 지붕 중의 대장이라 할 팔작 기와지붕을 이었다. 그래서 이 한옥마을에는 전통마을에서 흔히 보는 지붕의 다양한 형식과 초가, 기와 등 재료의 변화가 없어 풍경이 밋밋한 편이다.

한옥마을이라 불리는 지역에는 700여 동의 건물이 있는데, 그중 한옥이 540여 채로 대부분(77% 정도)을 차지한다. 한옥의 건축 면적은 91~130m^2(27.5~39.3평)로, 서울의 북촌보다 10여 평이 크다. 집들은 대부분 남향을 하고 있다. 근대기에 지어진 이 한옥들은 방이 앞뒤 두 켜로 배열되는 겹집으로, 좌우로 길쭉한 홑집의 전통한옥에 비해 사용공간이 확대되고 집 모양이 뚱뚱해졌다. 심지어 '양반가' 같은 집은 평면이 정방형에 가까운 세 겹 집이다. 이들 한옥에서는 특히 부엌(정지) 앞에 정지방이라 부르는 작은방을 두어 부엌이 뒤쪽 켜로 물러났다. 도시 공간의 제한된 대지에서 주택의 실내 면적을 늘리려면 이렇게 겹집을 짓는 것이 유리했다. 이에 따라 마당은 줄어들었다. 부엌을 사용하는 안주인이 안마당과 뒤뜰을 오가며 안살림을 주관하던 것이 전통적인 모습이지만, 이제 마당은 축소되고 부엌은 집의 뒤쪽 구석에 숨어 있다.

많은 집들에서 대청이 없는 것도 전통한옥과는 다른 점이다. 사실 전통한옥의 큰 특징은 평상시에는 비어 있지만 필요할 때는 어느 활동이든 담아낼 수 있는 안마당과 대청에서 찾아볼 수 있다. 제사나 잔치 때는 대청과 안마당이 하나로 연결되곤 했다. 곧 안마당이 없이는 대청의 효용도 감소하는 것이다. 그런데 20세기 초엽, 이런 한옥의 핵심 공간들을 없애거나 줄여서 다소 일그러진 모습의 한옥이 전주에 등장했다. 이들 한옥은 단위 공간을 좀 더 뚜렷이 규정하고 각각의 공간에 일정한 기능을 부여하려 한 점에서 건축의 근대성(modernity)을 보여준다. 그래서 그런 한옥들을 근대 한옥이라 부를 수 있겠다.

2012년의 4월 1일, 다시 찾은 한옥마을은 관광객들로 붐볐다. 봄날의 일요일이어서 그랬을까, 삼삼오오 한옥마을을 거니는 관광객들은 오랜 겨울잠에서 깨어나기라도 한 듯 발걸음과 표정이 가볍고 밝았다. 그런 무리에 잠시 휩쓸리던 나는 무엇엔가 이끌린 듯 ㄱ자 모양의 골목으로 들어갔다.

골목에 들어서자 갑자기 사방이 고요해졌다. 반대쪽 끝이 막혀 있는 것처럼 보여 더욱 아늑했다. 따사로운 봄 햇살이 밝게 내리쬐던 그 골목에서 나는 '사람들이 사는 곳이란 이런 거구나' 하는 깨달음을 얻었다. 대문에도, 담에도 사람들이 오래 살면서 남긴 흔적들이 있었다. 시멘트 모르타르로 마감한 벽돌 기둥 위에 한옥 지붕을 얹은 대문에서 주인이 겪었을 전통, 근대, 탈근대의 시간이 느껴졌다. 내부공간이 더 필요해 벽을 대지 경계선까지 밀어내다 보니 담이 벽이 되었다. 벽이 된 담 혹은 담이 된 벽에 매달린 여러 개의 도시가스 계량기와 가스관들은 도시에 사람들이 모여들어 한 집을 여러 세대가 나누어 살아야 하는 사정을 숨기지 않았다.

그럼 언제부터 이 마을에 사람들이 살았던 것일까? 한옥마을은 근대기에 조성되었지만 그 전부터 이곳이 사람들의 삶터였음을 짐작케 하는 것이 있다. 바로 ㄱ자형 골목 옆에 있는 600년 된 은행나무다. 은행나무는 천 년을 넘기고도 생식활동을 계속하여 열매를 맺으니, 누군가 심은 그 나무는 한옥마을이 흘러온 이야기와 흘러갈 이야기를 모두 들려줄 수 있는 유일한 생물이다. 그런데 이 은행나무는 나이에 비해 퍽 수척하고 늙어 보인다. 자동차 공해 때문인지도 모르겠다. 자

은행나무 옆 ㄱ자형 골목 벽이 된 담 혹은 담이 된 벽에 매달린 여러 개의 도시가스 계량기와 가스관들은 도시에 사람들이 모여들어 한 집을 여러 세대가 나누어 살아야 하는 사정을 숨기지 않는다.

신도 위기감을 느꼈는지 얼마 전에는 뿌리 쪽에서 자식을 싹틔워 대를 잇고 있다. 지금 이 은행나무들은 한옥마을에서 일어나는 인간사들을 조목조목 기록하고 있을지도 모른다. 1950년대 초에 이 은행나무 앞을 지나 전북대학교로 출근하던 가람(嘉藍) 이병기(1891~1968)는 다음과 같은 시를 남겼다.

> 여기 한 거물(巨物)이 있다.
> 갑오(甲午)는 물론 병자(丙子), 임진(壬辰)의 난(亂)을 모두 겪었다.
> 만약 그 팔을 편다면 온 동내(洞內)가 그늘지고,
> 똑바로 선다면 구름도 이마로 스쳐가고,
> ……
> 내 마냥 그 앞을 지나면,
> 절로 발을 적이고,
> 고개도 아니 숙일 수 없다.
>
> — 이병기, 〈공손수(公孫樹)〉 중에서[15]
>
> (은행나무는 종자가 손자대에 가서나 열린다고 해서 공손수라고 한다.)

그 골목의 따스한 분위기에 잠겨 있는 동안에도 많은 사람들이 나를 스쳐 지나갔다. 이상하게도 그들은 들뜬 관광객의 모습이 아니었다. 발걸음은 조심스러웠다. "여기가 골목이야?"라고 묻는 아이도, 나이에 어울리지 않게 "골목에 오면 마음이 편하다"라는 젊은이도 모두 낮은 목소리로 속삭이듯 이야기를 주고받았다. 그때 고려시대 문인인 이규보(李奎報, 1168~1241)가 《남행월일기(南行月日記)》에서 전주를 묘사한 말이 생각났다. "기와집이 즐비하여 옛 도읍의 풍도가 있고, 사람들이 수레로 물건을 나르며 의관을 정제하고 다녀 가히 본받을 만하다."

공간의 분위기가 사람의 사고와 행동에 영향을 준다는 것이 환경심리학의 정설이다. 우리 조상들도 이런 사실을 일찍이 알고 있었던 듯하다. 퇴계(退溪) 이황(李滉, 1501~1570)이 1560년에 만년의 거주장소인 도산서당을 완성할 때까지 15년간 10번 가까이 집터를 옮긴 것도 공간의 분위기가 자신의 학문생활에 큰 영향을 준다는 점을 인식했기 때문이다. 사실 욕설이 난무하고 거친 세상은 거칠고 천박한 공간과 무관하지 않다. 반대로 한옥마을을 찾은 사람들의 부드럽고 점잖은 분위기는 골목과 담, 그리고 오래된 집과 나무들이 자아내는 따스하고 부드러운 분위기와 관련이 있다. 조심스럽고 신중하게 공간을 만들고 가꾸어야 하는 이유가 여기에 있다.

살아 있는 도시 전주

현재 한옥마을은 '지구단위계획'이라는 제도의 규제를 받고 있다. 마을의 전체 분위기를 지속하기 위한 방책이라고 하는데, 처마의 최소 길이까지 이것저것 꼬치꼬치 규정하고 있다. 문제는 처마든 무엇이든 일률적으로 규제하는 데 있다. 전통한옥에서 처마란 건물 안으로 들어오는 햇볕을 조절하여 여름에는 덜 덥고 겨울에는 덜 추운 집을 만들려는 고안의 산물이다. 그래서 처마의 길이는 향에 따라 모두 달랐다. 전통한옥은 형식미가 아니라 태양의 움직임에 따라 디자인되었던 것이다. 한옥마을에서 불필요하게 처마가 긴 집들을 보면, 시도 때도 없이 긴 치마를 질질 끄는 둔한 아낙이 떠오른다.

최근 한옥마을 안에 '최명희문학관'이 조성되었다. 지금 내 나이에 생을 마감한 그의 육필 원고들을 보며, 깊은 감동 속에서 전통과 현대 그리고 삶과 예술에 대해 많은 생각을 하게 된다. 10권으로 출간된 작가 필생의 대작 《혼불》을 보면, 첫머리부터 고샅에서 중마당을 거쳐 대청·안방·정지·뒷방·도장방·건넌방 등으로 짜인 안채와 지붕 용마루, 그리고 뒤꼍에 이르기까지 전통마을의 다양한 공간 요소들을 세밀하게 그리고 있다. 1947년 한옥마을의 동문3길 어느 집에서 태어나 어린 시절을 보낸 작가가 한옥마을의 공간 조직을 잘 기억해 재구성해낸 듯하다. 그러한 사실적 묘사는 갖가지 음식과 양념에 대한 이야기와 함께 초장부터 소설의 분위기를 독특하게 이끌어간다.

그런데 최명희의 소설과 달리 '최명희문학관'은 참 아쉽다. 전통사회의 삶을 세밀하게 다룬 그의 문학에 스민 진정성이 느껴지지 않기 때문이다. 그것의 겉모양은 한옥이나 좀 더 본질적인 공간구성은 한옥에서 멀리 있다. 건물의 안팎은 서로 소통하기 어렵고, 건물 앞에는 마당이라 하기 힘든 큰 공터를 담도 두르지 않고 대책 없이 개방하여 작가의 문장처럼 세밀한 한옥마을의 공간 조직을 혼란스럽게 만들고 있다.

전주시는 풍남문에서 경기전, 그리고 오목대와 이목대에 이르는 500여 m의 길에 '태조로'라는 이름을 붙였다. 태조로는 한옥마을의 오래된 보물들과 근대기의 전동성당, 현대식 한옥인 공예품전시관 등 한옥마을의 주요 지점을 연결하는 동선이다. 태조로는 본래 폭 10m 안쪽의 좁은 길이었으나, 일제강점기에 성벽을 철거하면서 도로를 넓혔다. 이 너른 길은 이미 상업가로로 바뀌었는데, 어느 해 5월에 열린 '풍남제' 때 보니 태조로가 고즈넉한 한옥마을의 분위기를 삼켜버릴 것 같았다.

아슬아슬 줄타기를 하는 듯한 태조로에서 특히 2층 한옥 상가들이 눈길을 끈다. 온돌이라는 매우 독특한 난방 방식으로 인해 전통한옥에서는 2층을 구성한 예가 매우 적다. 있어도 위층엔 난방이 필요 없는 공간들을 배치했다. 온수 파이프를 깔아 온돌을 현대화한 것이 오래된 마당에 2층 한옥의 자유로운 건축을 이제 주저할 이유는 없다. 그러나 2층 한옥 상가를 보며 '혹시 사이비?' 하는 생각이 드는 것은 왜일까? 아마 한옥의 가장 중요한 요소인 마당이 없어서인 것 같다. 2층에 마당을 두려면 전통한옥의 순수 목구조로는 어렵다. 이제는 한옥의 본질을 잃지 않는 범위에서 새로운 재료와 기술을 도입할 필요가 있다. 전주에서는 한옥도, 마을도, 도시도 '법고창신(法古創新)'을 생각하게 한다.

최근 한옥이 크게 각광받고 있다. 정부는 수백억 원의 연구비를 이른바 신한옥 연구에 쏟아붓고 있다. 그 연구에 참여하고 있는 나로서도 어안이 벙벙할 뿐 솔직히 이런 극적인 반전이 잘 이해되지 않는다. 그러니 한옥 자신은 오죽하겠는가? 1960년에 등장한 아파트에 의해 궁지로 몰리다가 아예 졸도를 해서 가사상태에 빠졌던 게 한옥이다. 지난 반세기 동안 역사도시에서 한옥은 거의 자취를 감추었다. 키 큰 양옥들 사이에 용케 숨어 숨죽이고 있던 몇몇 한옥들마저 하나씩 숨이 넘어가는 중이었다.

한옥이 거의 죽어 있는 동안 세상은 많이 바뀌었다. 나는 그 격세지감을 2009년 한여름 밤 전주 한옥마을에서 절감했다. 우리 일행이 저녁에 시원한 수박을 중심으로 둘러앉아 이야기를 나누려고 할 때였다. 담 너머로 아기 엄마가 아기에게 젖을 물리는 모습이 내 눈에 들어와 얼른 고개를 돌렸다. 밤이 깊어지자 마음 놓고 얘기하기도 힘들었다. 과거에 개방적이고 여유 있게 공간을 구성했던 한옥을 현대도시의 고밀도 주거지 속으로 끌고 들어온 결과였다. 특히 담과 나무, 마당 같은 요소들을 챙기지 않고 건물만 살려놓은 탓에 한옥에서는 사적인 생활이 어렵게 되었다.

한옥을 이루는 건물은 개방적인 목가구조의 조립식 건물이다. 한옥 건물의 개방성이 여러 이점이 있다 해도 고밀도를 추구하는 현대도시의 조건에는 맞지 않는다. 채가 앞·뒤 양면으로 개방되는 것을 특징으로 하는 한옥을 집합시켜 밀도를 높이면 사적인 생활은 어려워진다. 이런 문제는 전주만이 아니라 다른 역사도시의 한옥마을들에서도 심각하게 나타나고 있다. 그나마 남아 있던 도시 한옥들이 음식점 등 주거 이외의 용도로 바뀌는 것은 이 때문이다.

전주 한옥마을의 특색과 매력은 그것이 오랫동안 주거지, 곧 삶터의 성격을

근대 주택형 문간(왼쪽)과 전통한옥형 문간(오른쪽) 전주 한옥마을 '최명희길'에 재료와 모양이 서로 다른 두 문간이 같은 생각을 담고 있다. 길가에 대문을 바짝 붙이지 않고 골목에서 조금 물러나 '문간'이라는 작은 사이공간을 만들어냈다.

유지했다는 데 있다. 그래서 다양한 연령대의 관광객들이 찾고 있다. 아이들은 그곳에 와서 골목을 알게 되고, 어른들은 현대도시에서 한동안 잊고 지냈던 편안한 공간을 다시 느끼며 사람답게 사는 모습을 본다. 2011년 통계로 전주 한옥마을의 연간 방문객이 400만 명을 넘었다고 한다. 하루 평균 만 명 이상의 관광객이 찾았다니 믿기지 않을 정도다.

전주 한옥마을을 삶터로 오랫동안 지속하려면 상점, 전시관 같은 주거 이외의 용도를 큰 가로변에만 선(線)으로 위치시켜 이 건물들이 마을 안으로 들어오는 것을 막아야 한다. 그리고 골목을 따라 들어가는 마을 안쪽은 사적인 주거 영역으로 유지해야 한다. 개방적인 한옥에서 사적인 영역을 만들려면 담을 잘 이용하는 것이 중요하다. 전통마을에서 담은 사적인 공간을 구성하고 차분하고 통일된 마을 분위기를 만드는 데 매우 중요한 역할을 했다. 따라서 담을 허물고 밖으로 열린 큰 마당을 두는 한옥형 전시관을 더 이상 지어서는 안 된다. 맛있는 고추장이 없는 전주비빔밥을 생각할 수 없듯이 그런 건축은 제대로 된 한옥이 아니다.

전주 답사를 마치고 한옥마을 공용주차장으로 돌아가던 나는 우연히 '최명희길' 양쪽을 번갈아 쳐다보았다. 전통한옥의 대문간과 근대 주택 대문간이 서로 마주 보고 있었다. 어떤 것이 더 오래된 문간일까? 모양으로 봐서는 한옥형이 더 오래돼 보이지만 옛 모습대로 새로 지은 것일지도 모르니 속단하기는 어렵다. 그리고 오래된 것만이 좋은 것인지도 의문이다. 그런데 재미있게도 재료와 모양이 서로 다른 두 문간이 같은 생각을 담고 있었다. 길가에 대문을 바짝 붙이지 않고 골목에서 조금 물러나 '문간'이라는 작은 사이공간을 만들어냈다. 둘 다 동네와 좀 부드럽고 여유 있게 만나려는 의도를 보여주었다. 한 뼘의 공간이라도 더 차지해 집 안에 두려는 태도와는 크게 다른, 공동체를 염두에 둔 착한 생각이다.

  같은 생각도 시대가 달라지면 다른 재료나 형태로 드러난다. 우리가 전주 한옥마을에서 느끼고 배우려는 것이 오래된 재료나 형태만은 아니다. 오히려 그 안에 들어 있는 아름다운 생각이 우리를 일깨운다. 그리고 많은 현대도시에서 사라지고 없는 과거의 '시간'이 우리를 사색하게 한다. 작은 골목에서도 전통과 근대, 그리고 탈근대를 모두 느낄 수 있는 도시, 진정 살아 있는 도시를 만나러 전주로 가고 싶다.

9

천년 고도의 세 가지 선

나주

물과의 인연으로 성장한 도시

호남의 대표적인 역사도시 나주는 서쪽 바다가 영산강을 거슬러 내륙으로 깊숙이 연결되는 곳, 북서쪽에서 흐르는 금성산(표고 약 450m) 줄기와 남동쪽에서 흐르는 영산강 사이의 고요한 평지에 절묘하게 둥지를 틀었다. 이렇게 대자연의 품에 안긴 나주를 보면 우리의 역사도시는 산과 강이라는 음양의 조화 속에서 태동한 것이라는 생각이 든다. "고을의 지세가 한양과 비슷하다"라는《택리지》의 말을 받아 나주를 작은 서울로 본다면, 금성산과 남산은 서울의 북악산과 남산, 그리고 나주천과 영산강은 서울의 청계천과 한강에 해당한다.

이 도시가 나주라는 이름을 얻고 고려 왕실의 관심을 이어간 것은 모두 물과의 인연 때문이다. 나주가 전략적 요충지였던 후삼국시대(892~936)에 고구려 부흥을 내세운 태봉(泰封) 궁예의 장군이었던 왕건은 903년에서 914년 사이에 나주 원정을 자주 해 후백제의 견훤과 대치했다. 왕건은 나주를 지킨 공으로 오늘날 국무총리에 해당하는 시중(侍中)이라는 높은 벼슬을 받고, 918년에 결국 궁예를 쫓아내고 왕으로 추대된다. 고려의 태조가 된 왕건은 금성군(錦城郡)으로 불리던 이곳의 이름을 나주로 바꾸었다.

나주에 머물던 어느 날 왕건은 진(陣) 위쪽 산 아래 샘가에서 빨래하는 처녀에게 물 한 그릇을 달라고 했다. 현재의 송월동 나주시청 앞 국도변에서 있었던 일이라고 한다. 처녀는 바가지에 물을 떠 버들잎을 띄워서 공손히 바쳤다. 급히 물을 마시면 체할까봐 그랬다는 총명함에 이끌린 왕건은 그 여인을 아내로 맞이했다. 이 여인이 바로 왕건의 둘째 부인 장화왕후(莊和王后)인데, 나주의 토착세력인 나주 오씨 집안 오다련의 딸이다. 잘 알려진 대로 왕건은 각 지방의 토족세력을 끌어들이기 위해 평생 2년에 한 번꼴로 결혼을 하여 29명의 아내를 맞아 25명의 아들을 두었다. 장화왕후에게서 태어난 아들 무(武)는 25대 1의 경쟁을 뚫고 고려의 제2대 왕 혜종이 되었다. 나주의 빨래샘 곧 완사천(浣紗泉)을 매개로 일국의 왕이 탄생한 것이다. 그후 완사천이 있는 마을을 흥룡동(興龍洞)이라 했다. 왕을 용에 비유해 혜종이 태어난 동네라는 의미다. 고려시대 왕의 외가가 있었던 흥룡동은 나주가 자랑하는 의병장 김천일(金千鎰, 1537~1593)이 태어난 마을이기도 하다.

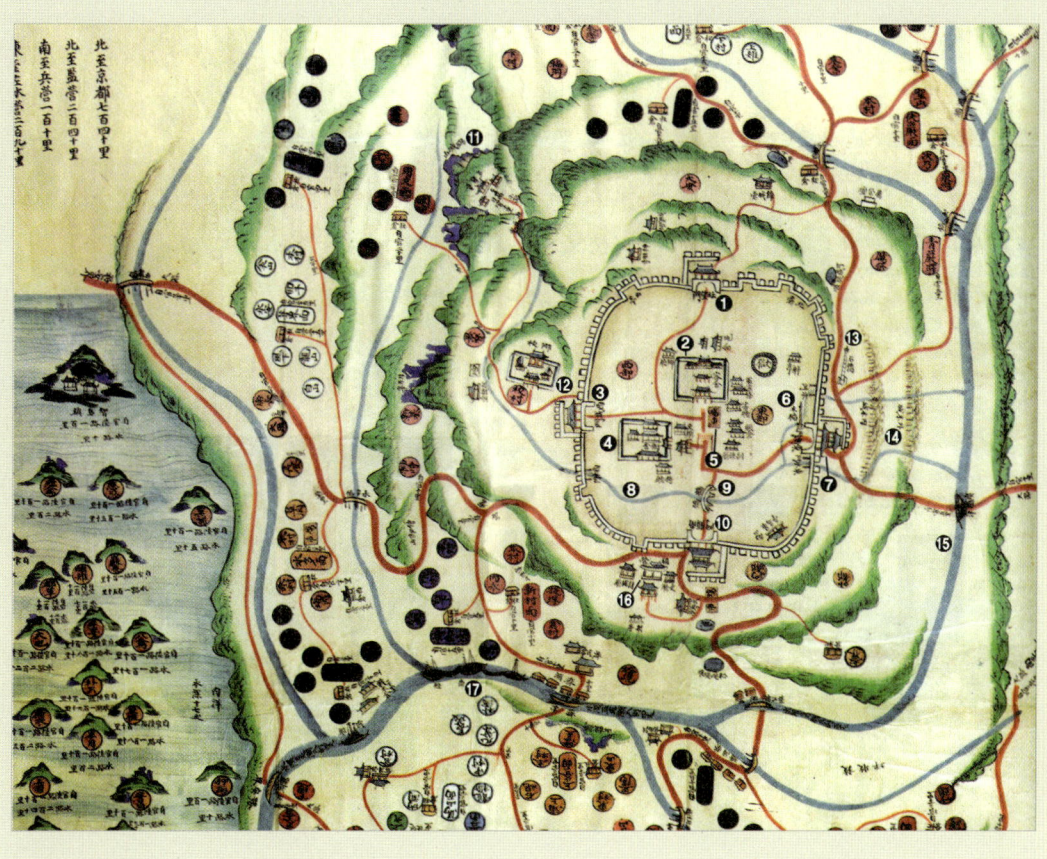

옛 나주 지도(부분)

① 북망문
② 객사
③ 서성문
④ 아사(衙舍)
⑤ 장시
⑥ 목장(木場)
⑦ 동점문
⑧ 나주천
⑨ 학교(鶴橋)
⑩ 남고문
⑪ 금성산
⑫ 향교
⑬ 석장(石墻)
⑭ 목성(木城)
⑮ 영산강
⑯ 진영
⑰ 상선(商船)

파란 선이 물길이고, 빨간 선이 도로다. 1872년, 서울대학교 규장각 소장.

나주와 물 그리고 고려 왕실의 오묘한 인연은 계속 이어진다. 고려 현종 1년(1010)에 거란족(요나라)이 침입해 수도인 개경을 점령하자 다음 해에 현종은 남쪽 멀리 나주로 와서 10여 일 머물렀다. 잠시나마 나주가 임시 수도가 된 것이다. 이때 현종은 지금 객사의 북서쪽 뒤에 있는 작은 냇물의 다리를 네 마리 말이 끄는 수레를 타고 건넜다고 한다. 이

때부터 그 다리를 사마교, 사마교를 지나는 길 곧 객사 서쪽에서 북으로 이어지는 길을 '사매기'라고 부른다. 조선 효종 4년(1653)에 고을 현감이 사마교를 중수하고 사마교비(駟馬橋碑)를 세웠다고 하나 그 물길은 사라진 지 오래고 다리는 흔적도 없어, 오늘날 사매기 길을 걸으며 그 이름의 유래를 떠올리는 사람은 많지 않다.

고려 성종 때인 983년에 나주는 전국 12목(牧) 가운데 하나가 되어 전주, 승주와 함께 일약 전라도의 행정 중심지가 된다. 고려 현종 9년(1018)에 전국이 8목으로 축소되었을 때에도 나주는 전남에서 유일하게 목으로 남아 지역 중심 도시의 위상을 이어갔다. 이때 전국을 오도양계(五道兩界)로 개편하면서 지금의 전라북도인 강남도의 전주와 지금의 전라남도인 해양도의 나주에서 첫 글자를 따 '전라도'라 했다. 오늘날 나주는 광주의 빛에 가려 농촌 소도시로 여겨지지만, 고려시대 이후 오랫동안 나주는 너른 지역과 많은 섬을 거느린 전남 최고의 도시였다.

조선시대에 들어서도 나주는 여러 문헌에서 안동과 함께 대읍, 곧 큰 고을로 묘사된다. 정약용이 순조 17년(1817)에 집필한 《경세유표(經世遺表)》 권4에 따르면, 나주목은 민호(民戶) 수가 22,300호로 평양·충주·상주·밀양에 이어 전국에서 5위이고, 경작지에 물리는 세금인 전결(田結)은 28,000결로 전국 1위였다.

고종 32년(1895)에 나주목이 나주군으로 되면서 전국 23부의 하나로 나주 관찰부가 설치되었다. 그해 말 단발령이 내려지자 민중들은 나주 관찰부의 참서관인 안종수를 처단하고 의병항쟁을 일으켰다. 이에 대한 보복으로 1896년 나주 관찰부가 폐지되고, 전남 관찰부는 나주부에 딸린 군이었던 광주로 옮겨졌다. 이로써 나주는 900여 년 가까이 누렸던 전라남도 행정 중심지의 자리를 내주게 된다.

조선시대 나주목의 중심지는 고을을 성벽으로 두른 읍성이었다. 널리 알려진 순천시의 낙안읍성이 오래 전에 성장을 멈추어 오늘날에는 평범한 농촌마을처럼 보이는 것과는 달리, 나주는 전통사회를 지나 근대를 거쳐 현대도시로 끊임없이 변모해왔다. 이런 변모를 통해 나주는 역사의 무게와 깊이를 물씬 풍기는 보기 드문 한국의 현대도시가 되었다.

오늘날의 나주 도심 지도

직선형 주 가로들과 유기적인 막다른 골목들이 나주 천년의 발자취를 드러낸다. 보라색 점선은 1929년 11월 27일에 있었던 나주 학생시위대의 행진 동선이다.

광주 쪽에서 13번 국도를 통해 남쪽으로 내려가다 보면 '건재로'라는 아주 작은 이름표가 나주 시역에 들어섰음을 알린다. '유구한 역사, 나주배의 본고장……' 이런 거창하나 진부한 안내판이 없어서 다행이다. 가진 것이 많아 자신감이 있으니 간판 따위는 별 필요가 없을 터이다.

 후삼국시대 유적들을 만날 수 있는 '천년 목사골' 나주, 그 장구한 역사에 내세울 인물은 또 얼마나 많을까? 그런 나주가 맨 먼저 드러낸 사람, '건재(健齋)'는 누구인가? 건재는 의병장 김천일의 호이다. 그가 벼슬에서 물러나 고향 나주에 있던 중 임진왜란이 발발했다. 선조가 평안도로 피난했다는 소식을 들은 건재는 56세의 적지 않은 나이에 고경명(高敬命) 등과 함께 의병을 일으켜 북으로 향했고 한양과 강화도 등지에서 전투를 벌였다. 그리고 진주성을 지키던 중 왜군에게 함락당하자 아들 상건과 함께 촉석루에서 남강에 몸을 던진다. 《나주목여지승람》에 따르면, 그날 건재의 부친 묘 앞을 외로이 지키던 소나무가 말라죽었다고 한다.

 한편 기차로 나주 도심으로 가려면 나주역에서 내려 들어간다. 역은 나주읍성의 남문인 남고문에서 동쪽으로 멀지 않은 곳에 있었다. 지금은 이 역에서 기차가 멈추지 않는다. 도심 남쪽 송월동 시청 근처로 역을 옮겼기 때문이다. 대합실 벽에 걸린 시계는 현재를 가리키지만 비둘기색 제복을 입고 개찰구에서 표를 검사하는 역무원의 자세는 2001년 7월에 멈춰 있다.

1929년 10월 30일 오후, 한 무리의 통학생들이 이 나주역을 빠져나오고 있었다. 이때 일본인 학생 몇 명이 광주여자고등보통학교 3학년 학생들을 희롱하자 그 광경을 목격한 광주고등보통학교 2학년생 박준채(朴準琛) 등이 격분하여 이들과 충돌했다. 곧이어 출동한 역전파출소 경찰들은 일방적으로 일본인 학생을 편들며 박준채를 구타했다. 이를 계기로 통학생들 사이에 충돌이 이어졌고 이는 광주학생항일운동으로 번졌다. 옛 나주역 옆에는 이런 학생독립운동에 관한 자료를 전시한 '나주학생독립운동기념관'이 있다. 이렇게 어떤 교통수단으로 가든 나주에 가면 항일의 역사를 외면할 수 없다.

그런데 나주학생독립운동기념관에는 1929년 11월 27일 나주농업보습학교와 나주보통학교에 다니던 10대의 학생들 180여 명이 시위를 벌이며 행진했던 행로가 표시되어 있다. 전라우영(全羅右營)터에 자리 잡은 나주보통학교(현 나주초등학교)에서 출발한 시위대는 금성길을 따라 북쪽으로 올라갔다가 서쪽 사매기길로 돌아 내려왔다. 그 행로를 눈으로 따라가던 나는 불현듯 그들이 굳이 그 길을 따라 시위를 벌인 것은 왜일까 궁금해졌다. 아직 어린 그들이 시위를 할 때 부모들이 집에 가만히 앉아 있지는 않았을 것이다. 그렇다면 부모들이 자녀들의 행진을 마음 졸이며 보았던 곳은 어디일까? 의문이 꼬리를 물고 이어졌고, 어렸지만 성숙한 의식을 가졌던 그들이 나고 자란 도시가 온통 궁금해졌다.

두 장의 그림을 이어주는 세 가지 선

나주를 그린 두 장의 그림을 나란히 놓고 보면 이 역사도시의 골격을 어느 정도 이해할 수 있다. 하나는 1872년에 제작된 조선 후기 지방지도이다. 이 '옛 지도'가 발간될 당시 나주는 38개 면과 31개 섬을 관할하는 큰 고을이었다. 지도의 왼쪽 바다에 산봉우리 모양으로 촘촘히 그려진 것들이 모두 섬이다. 또 하나는 오늘날 나주의 가로망을 살피기 위해 우리 연구실에서 여러 차례 답사를 거쳐 그린 '오늘날의 나주 도심 지도'이다. 컴퓨터로 그린 이 지도는 오늘날의 도시 공간을 정확하게 보여준다. 그렇지만 정겨운 것은 옛 지도 쪽이다. 아무튼 두 지도 모두 수백 년 혹은 천 년 이상 이 도시에서 살다간 이들이 발로 새긴 그림이라 생각하니 경탄이 절로 난다.

이 두 장의 그림 사이에는 140년이라는 시간이 걸쳐 있다. 쉼 없이 토사를 운반해 나주평야에 기름진 토양을 더해온 영산강을 본받기라도 하듯 사람들은 도시에 공간의 켜를 계속 덧대어 점점 더 복잡한 공간구조를 만들었다. 그런데 서로 먼 듯한 두 장의 그림을 이어주는 것들이 있다. 바로 물길과 발길, 그리고 성벽이다. 두 그림 모두에서 이 세 가지 선(線)이 도시의 골격을 이루고 있다.

옛 지도에서 영산강은 도시를 서에서 동으로 관통한 두 갈래의 물길을 불러모으며 도시의 동쪽과 남쪽을 감싸 흐른다. 그러나 성벽 안에 네 갈래의 큰길만 그리고 좁은 골목길들은 생략했듯이 지도에 나타난 물길은 큰 것들에 불과하다. 동문 북쪽에만 하나의 물길이 그려져 있을 뿐 동서·남북방향으로 흐르는 작은 물길들은 생략되었다. 한편 지도의 아래쪽, 폭이 넓어진 영산강에는 상선(商船)이 무리 지어 있어 당시 선상(船商)들의 상업활동이 꽤 활발했음을 보여준다. 그러나 오늘날의 지도에는 하나의 물길, 곧 나주천만 남아 있다. 다른 물길들은 도심에서 자취를 감추었다.

옛 지도의 아래쪽, 곧 남쪽에 있는 영산포와 제포를 비롯해 물길의 주요 지점을 거친 길들은 춤을 추듯 네 갈래로 굽이쳐 성안으로 모여든다. 동서남북 네 성문을 통해 들어온 길이 바람개비 모양으로 만나는 읍성의 중심에는 장시와 객사가 있다. 대개 닷새마다 열리는 정기시장인 장시는 일찍이 15세기 말에 처음 생겨났는데, 바로 영산강 유역의 나주와 무안이 한국 장시의 발상지다.

물론 성안에 네 갈래의 길만 있었던 것은 아니다. 그것은 도시 공간의 뼈대를 이루는 간선도로에 불과하다. 그 길에서 길고 짧은 골목들이 뻗어나와 성안의 집들을 연결해주었다. 그리고 시간이 흐름에 따라 많은 길이 더해지고 또 기왕의 길

나주 도심 전경 높은 건물들은 곧게 뻗은 큰길을, 낮은 집들은 구불구불한 골목과 물길을 따르는 나주 중심부의 전경이다. 서에서 동으로 흐르는 나주천이 도시를 가로지른다.

들이 확장되어 오늘날의 복잡한 도심 지도가 만들어졌다. 이 지도를 보면 100여 년 전 철거된 성벽 자리를 따라 길들이 나 있다. 그리고 성벽 안에는 불규칙한 격자형 가로망이 얽혀 있고 그 안을 유기적인 형태의 골목들이 사방에서 파고든다. 마치 정리된 경지의 논바닥이 갈라진 듯한 독특한 모양이다.

    나주 도심을 얽어주는 그물망인 격자형 가로체계에는 물길이 큰 영향을 준 것으로 보인다. 사매기길·중앙로 등 일정한 간격으로 남북방향을 이어주는 길들이 마치 영산강의 자기장을 벗어나지 못한 듯 그 흐르는 방향과 대체로 나란한 점, 그리고 진고샅·동문길 등 동서방향의 길은 나주천과 나란한 점이 이를 뒷받침한다. 반면, 풍수로 도시 가로를 설명할 때 흔히 제시되는 지형의 축은 길의 방향에 별다른 영향을 준 것 같지 않다. 남북방향의 길들은 진산인 금성산과 안산인 남산을 잇는 북서-남동의 축과 크게 어긋나 있기 때문이다. 가로란 도시에서 오랫동안 사람들이 움직여온 궤적이라 할 수 있다. 그렇다면 나주에서 사람들의 발길은 아무렇게나 움직인 것이 아니라 자기도 모르는 사이에 물의 흐름을 따라 움직여왔다는 이야기가 된다.

나주의 성벽은 고려시대에 처음 쌓았으며, 조선시대에 와서 몇 차례 확장했고 임진왜란 후에 대대적으로 보수했다고 한다. 그 결과, 목 단위로는 가장 큰 규모의 성벽이 만들어졌다. 견고해서 결코 움직일 것 같지 않은 성벽도 긴 역사 속에서 유기체처럼 성장한다. 그래서 두 장의 그림에 나타난 성벽의 크기와 모양은 서로 다르다. 모퉁이를 둥글린 네모 모양의 성벽은 시간이 흐름에 따라 둘레의 길이가 3.52km에 달하는, 남북방향으로 긴 고구마 모양이 되었다. 현재 성벽은 대부분 사라졌지만 그 유적은 국가 문화재인 사적으로 지정되었다.

성문은 동서남북 네 곳에 있었다. 동문의 이름은 동점문(東漸門)이다. '동점'은 《서경(書經)》에 나오는 '동점우해(東漸于海)'에서 따왔다. '동쪽으로 바다에 젖어든다'는 뜻으로, 나주천이 영산강 그리고 서해로 이어지는 것을 의식한 이름이다. 일상생활에서 가장 중요한 도시 출입구인 동문의 이름을 이렇게 정한 것에서 이 도시에서 물의 흐름이 얼마나 중요했는지 알 수 있다.

동점문과 남문인 남고문(南顧門)은 중층 문루로 된 철문이고, 서문인 서성문(西城門 : 영금문映錦門이라고도 함)과 북문인 북망문(北望門)은 단층 철문이었다. 의례상 중요한 남문과 일상적으로 중요한 동문을 더욱 웅장하게 건축한 것이다. 1910년대에 철거된 남문과 동문, 그리고 서문은 각각 1993년과 2006년, 2011년에 복원되었다.

재미있게도 남문을 제외한 세 성문 주위에는 보물로 지정된 고려시대 문화재가 하나씩 있었다. 서문 안에 있던 '나주 서문 석등'은 고려시대 석등의 대표작으로 꼽히는데, 1929년에 경복궁으로 옮겨갔고 현재는 국립중앙박물관에 있다. 북문 밖에 있던 3층석탑은 객사 구내로 옮겨졌다. 고려 후기에 세워진 것으로 추정되는 이 탑은 위층으로 갈수록 몸돌의 비율이 줄어들어 전체적으로 날렵한 느낌을 준다.

여전히 제자리를 지키는 것은 동문 밖의 돌당간뿐이다. 흔히 사찰 입구에 세우는 당간은 행사가 있을 때 당(幢)이라는 깃발을 달아두는 장대를 말하며, 당간을 양쪽에서 지탱해주는 2개의 돌기둥을 당간지주라 한다. 다른 곳에서는 대개 당간지주만 남아 있는데, 여기에는 11m 높이의 돌당간이 함께 남아 있어 더욱 가치가 크다. 옛 지도에는 돌당간을 석장(石檣)으로 표기했는데 '돌 돛대'라는 뜻이다. 이와 함께 동문 안에는 나무 돛대인 목장(木檣)이 그려져 있는데, 지금은 자취를 찾을 수 없다. 절이 없던 성문 안팎에 돛대를 상징하는 당간을 세운 것은 나주의 땅을 행주형(行舟形), 곧 떠가는 배로 보았기 때문이다.

나주 천사의 시

어느 날 나주를 한눈에 내려다보고 싶어 집주인에게 사정을 하고, 남문다방이 있는 남고문 밖 3층 건물 옥상에 올라갔다. 과거의 읍성이 남고문에 복종이라도 하듯 낮게 펼쳐졌다. 그런데 이 평온한 도시 분위기를 깨는 것이 있었으니 그것은 남고문 지붕 위로 솟아 있는 교회의 종탑과 한 동의 고층아파트였다. 특히 T자형으로 생긴 그 나 홀로 아파트는 남산을 병풍처럼 철저히 가리고 서 있어 눈엣가시 같았다.

  그때 에펠탑을 끔찍이도 싫어한 모파상이 그것을 보지 않으려고 에펠탑 안의 식당에서 식사를 하곤 했다는 이야기가 생각났다. 그 고층아파트 옥상에서라면 눈엣가시를 뺀 채 온전한 전경사진을 찍을 수 있으리라. 그런데 그 옥상에 오르자 〈베를린 천사의 시〉(빔 벤더스 Wim Wenders 감독, 1987)에 나오는 천사가 된 기분이었다. 베를린 천사들이 딛고 선, 제2차 세계대전 때 파괴된 카이저 빌헬름(Kaiser Wilhelm) 기념교회가 전쟁의 참상을 증언한다면, 나주 천사가 딛고 선 아파트는 20세기 후반 개발의 폭력을 증언하고 있었다.

  눈 아래 펼쳐진 도시는 일정한 높이의 건물들이 둘러싼 중정(中庭)이 반복되는 베를린이 아니라, 높은 건물들은 곧게 뻗은 큰길을, 낮은 집들은 구불구불한 골목과 물길을 따르는 '나주'였다. 가장 먼저 나주 천사의 눈에 들어온 것은 금계천이라고도 불리는 나주천이다. 그것은 나주의 진산인 금성산에서 시작해 도시의 남쪽 부분을 서에서 동으로 가로지른다. 나주천이 동문 옆으로 빠져나가면 멀리 담양의 용추봉부터 구불구불 그 폭을 키워온 영산강이 기다리고 있다.

큰 가로를 이루는 조금 높은 건물들 뒤로는 좁은 골목이 나 있고 집들이 나란히 모여 있다. 큰 가로를 보면 도시지만 집들이 옹기종기 모인 동네를 보면 영락없는 전원이다. 나주는 도시와 전원의 분위기를 모두 경험할 수 있는 재미있는 곳이다. 저녁이 되어 사람들이 큰 가로에서 골목을 거쳐 마을의 집으로 들어가는 동안 서쪽, 나주고등학교 쪽에서 흘러들어온 시냇물은 동쪽의 동점문을 스쳐 영산강으로 흘러든다. 건물들은 온전한 사각형을 유지하려 애쓰지 않은 듯, 길이나 물길의 흐름에 맞춰 자신의 몸을 구부러트리기 일쑤다. 이 도시는 정지된 공간이 아니라 인간들이 물과 바람과 함께 살아 움직이는 장소다.

〈베를린 천사의 시〉에서 천사 다미엘이 인간세계를 동경하고 인간이 되기로 결심하듯, 한참 동안 이곳저곳을 살피던 나주 천사는 도시 공간으로 살며시 내려앉고 싶어졌다. 그리고 물길과 성벽, 또 길을 따라 걸으며 도시가 들려주는 이야기를 듣고 싶어졌다. 영화에서 다미엘이 말한다. "태어나지 않은 자들의 망루에서 뛰어내려 위에서가 아니라 눈높이에서 볼 거야."

도시의 두 선을 차지한 공장과 집들

나주천은 꿋꿋이 자신을 지켜와 언제부턴가는 도심의 유일한 물길이 되었다. 그것은 친구들을 모두 떠나보낸 노인처럼 쓸쓸하지만 여전히 이야기를 들려준다. 마치 〈베를린 천사의 시〉에 나오는 천사가 도서관 계단에서 마주친 늙은 시인 같다. 베를린 천사는 늙은 시인의 마음속 이야기를 듣는다. '나의 청자(聽者)들은 시간과 더불어 독자(讀者)가 되어버렸어. 그들은 더 이상 함께 모여 앉지 않고, 각자 따로 앉아 서로에 대해 전혀 모르게 되었지.'

나주천의 매력 혹은 잠재력은 무엇보다도 도시 규모에 비해 넓지도 좁지도 않아서 바라만 보아도 친근감이 느껴진다는 데 있다. 예로부터 남문에서 객사로 향하는 중심 가로는 3개의 아치가 있는 아름다운 다리, 학교(鶴橋)를 통해 나주천을 건넌다. 학교 좌우로는 적당한 간격으로 다리들이 놓여 도시 공간에 운율을 더한다. 그러나 이런 매력이 있음에도 오늘날 도시 사람들은 나주천의 '청자'가 아니라 '독자'가 되어버렸다.

천변을 걸어보니 시내를 향해 색색의 대문들이 이어지다가 다시 한동안 무표정한 담이 나타나곤 했다. 지난 세기에 동네 입구를 비집고 하나둘 들어선 공장들이 있던 곳이다. 통영·해주의 것과 함께 누구나 갖고 싶어 하는 가구였던 나주소반이 말해주듯, 나주는 오래 전부터 목공예로 이름이 높았다. 그런데 1930년대에 와서 가내수공업은 굴뚝을 높이 세운 근대 공업으로 바뀌기 시작했다. 이때 관리나 지주 출신 일본인들은 술, 실, 통조림 등을 생산하는 공장들을 설립해 발 빠르게 새로운 도시형 인간으로 탈바꿈했다. 한 예로, 1930년에 함평경찰서장을 역임하고 나주우체국장 자리에 있던 무라카미 규헤이(村上九平)는 제사(製絲), 창고, 금융 업무를 하는 전남제사창고주식회사를 설립했다.

1938년에는 나주상공회가 구성될 정도로 회사들이 늘어났다. 그런데 회사와 공장의 입지로 선호된 곳이 바로 나주천변이었다. 마을 안쪽에는 공장을 세우기 어려웠기 때문에 나주천변에서 너른 터를 찾았던 것이다. 공장터를 조성하면서 천변에 제방을 쌓고 하천을 직선화하는 공사를 벌였다. 그래서 오늘날의 나주천은 자유곡선이 아니라 직선 토막이 연결된 모양으로 삐그덕삐그덕 흐른다.

우리 답사팀은 아침 일찍 중앙교 남쪽의 '개천25시'라는 식당에서 콩나물국밥을 먹는 것으로 나주에서의 일과를 시작하곤 했다. 식당이 너무 넓은 것이 의아해 자료를 조사해보니 과거 나주주조합명회사가 있던 자리였다. 남산 아래, 동문 옆으로 나주천이 도시를 빠져나가는 지점에도 높은 굴뚝이 있는데, 이곳에서는 여전히 과일 통조림을 만들고 있다. 1937년 이곳에 일본인이 통조림공장을 세워 나주의 특산인 배와 포도를 원료로 과일 통조림을 생산해 일본과 중국 등지에 수출했다. 태평양전쟁이 발발하자 이를 군수공장으로 전용해 통조림을 만들어 군납하기도 했다. 금성교와 금계교 사이 나주천변에는 1954년에 설립한 나주잠사주식회사가 있었다.

이같이 근대 시기에 동네와 나주천 사이에 공장들이 끼어들어 천변의 많은 부분을 차지하자 도시생활에서 나주천이 한 걸음 멀어졌다. 그래서 하천이나 운하가 도시생활의 중심이 되어 늘 사람들로 붐비고 도시에 활력을 불어넣는 유럽이나 중국 역사도시의 모습을 나주에서는 찾아볼 수 없게 되었다.

도시의 또 한 가지 선인 성벽은 1910년대에 거의 사라졌다. 일제는 도시를 점령하자마자 성벽을 헐고 성문들을 철거했다. 역사도시의 성벽은 종종 도시가 확장하면서 철거의 운명을 맞는데, 나주에서는 상징적 의미 말고는 철거 이유를 찾기 어렵다. 오늘날까지도 성벽이 장애가 될 만큼 나주의 도시 공간이 확장되지는 않았다. 일제는 굳이 성곽을 허물어뜨려 왜적에 대비한 '축성'의 상징적 의미를 삭제하려 했던 것이다.

현재 성벽의 모습을 확인할 수 있는 곳은, 옛 향교로 통하는 한적한 성문인 서문 주변 100여 m 구간이다. 큰 석재 사이에 잔돌을 끼워 성벽을 쌓음으로써 도시의 윤곽선이 이루어졌음을 실제로 확인할 수 있는 곳은 여기뿐이다. 집에 어울리지 않는 육중한 기단이나 두툼한 담장에서 또는 갑자기 불룩 솟은 텃밭 아래에서 수백 년 된 성벽의 돌들이 힘겹게 연명하고 있다.

나주를 아는 사람이라면 서문터 근처에서는 담벼락을 함부로 발로 차지 않는다. 허술해 보이는 그것에 쉽게 흔들리지 않을 역사의 무게가 있음을 알기 때문이다. 무심해 보이는 돌 한쪽에는, 1894년 어느 여름날 해질 무렵 끝내 성벽을 넘지 못한 동학농민군의 피가 묻어 있을지도 모른다.

성벽이 철거되자 주변 농촌에서 소작을 하던 가난한 사람들이 도시로 몰려들었다. 《전남사정지(全南事情誌)》 하권에 따르면, 1930년 나주지방의 농가 중 소작농과 자작 겸 소작농이 93%를 차지한다. 무언가 새로운 삶의 방도를 찾지 않으면 생계를 이어나갈 수 없는 빈곤상태에 있던 그들은 바뀌는 세상에 한 가닥 희망을 걸고 인근 대처인 나주읍으로 왔다. 당시 막 문을 연 공장들에서 노동자를 구한다는 소문을 접했기 때문이다. 수요공급의 법칙이 작동하는 도시로 모여든 소작농 출신 노동자들은 1931년에 합법적인 나주노동조합을 결성했는데 조합원이 200여 명이나 되었다. 한국 근대 사회의 이촌향도(離村向都)는 이렇게 시작되었다.

성벽을 깔고 앉은 나주의 집들 크고 작은 돌들로 쌓은 성벽을 기단 삼아 집을 지었다. 최근 성벽의 원형 복원에 희생되고 있는 이 집들은 천년 넘는 역사에서 '원형'은 과연 어느 시점의 것인지 묻고 있다.

갑자기 도시로 온 사람들이 집터를 찾기는 어려웠다. 겨우 그들이 찾아낸 것은 서문과 남문 쪽 마을 가장자리에 있는 좁고 긴 공터였다. 실낱같은 희망처럼 남아 있던 이 공터는 얼마 전 성벽이 있던 자리다. 그들은 그곳에 벌목당한 나무처럼 밑동만 남은 성벽을 기단 삼아 또는 담벼락 삼아 집을 지었다. 그래서 1~2m의 낮은 성벽 위와 그 안팎에 매우 좁은 집터의 띠가 만들어졌다. 성벽의 선은 기단과 담의 선으로 변하여 이제 그 정체를 알아보기 힘들다. 성벽을 깔고 앉은 이 특이한 달동네를 주변 동네 사람들은 '성갓'이라고 불렀다. '성의 갓'이라는 뜻으로 다소 낮게 보는 시선이 깔린 이름이다.

언제부턴가 '성갓'은 철거 중이다. 성벽의 원형을 복원하려는 사업 때문이다. 도시의 선을 되살리려는 뜻은 좋으나 성벽이 철거되기 이전, 곧 19세기 말의 모습 그대로 복원할 필요는 없다고 본다. 지금 남은 성벽의 모습, 곧 노동자 주택의 기단과 담이 된 성벽의 모습은 근대 시기 우리 사회의 아픔과 몸부림을 보여준다.

그것은 현재의 우리가 누구인지, 누구이어야 하는지를 말해주는 가치 있는 것이다. 따라서 다른 부분의 성벽은 복원하더라도 서문 근처에서 힘겹게 살아남은 성벽의 밑동은 살려서 주거의 일부로 유지하거나 주변을 조금 손질해서 도시역사박물관으로 만들면 좋으리라.

번듯한 역사, 지배권력의 유산만을 복원하고 실제로 도시에 살았던 많은 사람들이 남긴 일상의 역사는 쉽게 지워버리는 것이 어느새 하나의 관행이 되었다. 복고적 개발주의라고 할 수 있는 이런 방식은 문화의 진정한 역사성·장소성·일상성을 왜곡하거나 말살하는 결과를 낳는다. 생각해보라. 급하게 새로 쌓은 번듯한 성벽에서 어딘지도 모르고 어리둥절해 하는 돌들이 무엇을 말해줄 수 있는지. 여러 시대의 삶이 복잡다단하게 기록되어 있는, 무너져내린 성벽과 그 위의 집들처럼 새로 쌓은 돌들도 우리에게 진정한 이야기를 전해줄 수 있을까?

한 켜를 사이에 두고 공존하는 가로와 마을

동아시아에서 정치 중심지로 출발한 도시는 대체로 '주요 가로'라는 선(線)과 주거지인 '마을' 또는 '동네'라는 면(面)으로 구성된다. 면은 다시 골목이라는 가는 선들로 조직된다. 기본적으로 굵은 선은 공적 공간이고, 가는 선들로 조직되는 면은 사적 공간의 집합이다. 도시가 다 그런 것 아니냐고 할지 모르지만 유럽의 많은 도시들은 건물이 큰 중정을 둘러싸는 블록형으로 되어 있어서 굵은 선은 존재하나 가는 선들이 누비는 면은 존재하지 않는다. 〈베를린 천사의 시〉의 배경이 되는 베를린이 그런 도시의 전형이다. 그런 도시들에서 선, 곧 가로는 규모에 관계없이 모두 공적 공간이다.

이제 도시의 세 가지 선 가운데 마지막으로 가로가 들려주는 이야기에 귀 기울여보자. 현재 나주 도심에서 규모로 보아 가장 강력한 가로는 남쪽의 남고문과 북쪽의 대호제(大湖堤)를 잇는 중앙로다. 도심 북쪽 부분을 동서로 관통하는 1번 국도가 그보다 큰 길이지만 나주읍성 영역을 파괴하는 통과 도로인 그 길을 진정

성북동 골목 4m 폭의 너른 골목이지만 인접한 중앙로와 달리 조용하고 사적인 분위기다. 주 가로와 나란히 발달한 이면도로는 한국 역사도시의 특징적인 요소이다.

한 도시 가로라고 할 수는 없다. 중앙로와 달리 1번 국도가 건물들을 불러 모으지 못한 것은 이 때문이다.

    1947년 남고문에서 동문길까지 이어지던 중앙로가 확장되었고 근래에 와서 북쪽으로 똑바로 연장되어 지금 같은 곧고 너른 가로가 되었다. 그 과정에서 중앙로와 비교적 넓은 성북동 골목 사이에 8m가 채 안 되는 얇은 공간의 켜가 만들어졌다. 이 도시의 뒷골목에는 포도송이처럼 집들이 모여 동네를 이루고 있다. 그래서 도시 뒷골목은 공적 공간인 중앙로와 달리 다소 사적이고 공동체적인 성격을 띤다.

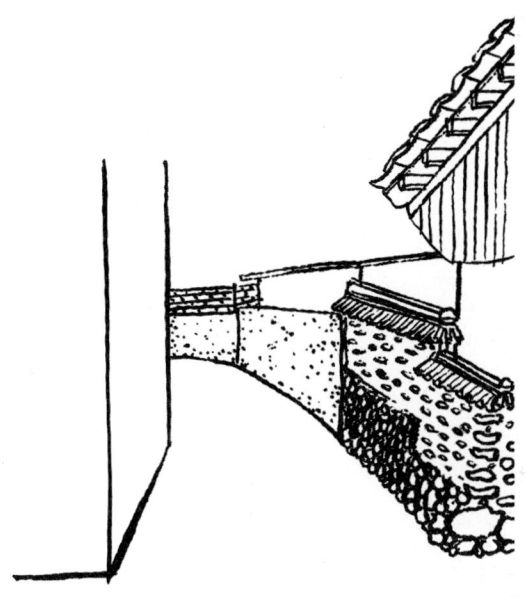

나씨 삼강문 뒤쪽 마을 진입부 골목을 따라 전통 토석담이 근대풍의 담으로 바뀐다. 마을에는 전통한옥과 근대의 양옥들이 공존한다.

마을이 도시의 중심 가로와 얇은 공간 켜를 사이에 두고 병존하므로 마을 사람들은 몇 발짝만 움직여도 중앙로나 나주천변으로 나와 도시의 분위기를 쐴 수 있다. 반대로 큰 가로에서 한 켜만 안으로 들어가면 공간이 갑자기 불규칙해지고 오래된 마을 분위기가 풍긴다. 마을에는 전통한옥과 근대의 양옥들이 공존한다. 집들을 경계 짓는 담도 적갈색 흙과 회색 돌이 조화를 이루는 전통 토석담과, 콘크리트블록이나 흙벽 위에 시멘트몰탈 뿜칠을 하고 윗부분에는 밝은 미색 페인트를 칠한 근대풍의 담이 콜라주를 이루고 있다. 향교길의 주병규 씨 댁에서 보듯, 간혹 전통과 근대가 뒤섞이기도 한다. 1970년경 금성산 자락의 산에서 소나무를 얻어 목수였던 주인이 직접 지은 한옥이지만 기와와 벽 등 표면은 온통 시멘트로 도배했다.

중앙로에 면한 '나씨 삼강문'은 나주 나씨 가문의 정려각(旌閭閣)으로, 도시 가로에 있기보다는 농촌의 마을 입구에 있을 법한 건물이다. 마을 입구가 도시 가로에 맞닿아 있어서 이런 색다른 장면이 만들어졌는데, 정려각 앞은 공적인 도시의 가로이고 뒤는 좀 더 사적인 마을이다. 정려각이라는 작은 건물이 딱딱하고 엄숙한 공기와 부드럽고 친근한 공기 사이를 중재하고 있다.

일상생활과 상업의 중심 가로인 동문길에서도 이것은 마찬가지다. 현재 동문길에서 가장 오래되고 멋있는, 꼭 세련된 노신사 같은 옛 나주금융조합 건물의 뒷문을 열고 나가면, 지금은 메워진 연못과 마당을 사이에 두고 앉은 소박한 가정집과 마주하게 된다. 화려한 상가들이 즐비한 동문길에서는 전혀 예상하지 못한 아

전통과 근대가 뒤섞인 주병규 씨 댁 전통한옥에 근대 마감 재료를 사용한 특이한 모습의 주택에서 유형의 지속과 재료의 변화를 볼 수 있다.

늑한 마을 분위기다. 동문길 건너, 남쪽으로 한 켜 들어가도 역시 마찬가지다. 나주의원으로 사용되고 있는 일제강점기의 큰 저택이 나오고 주변은 오래된 마을 그대로이다.

성의 남쪽 가운데 부분, 나주천에서 한 켜 물러난 곳에는 박경중가옥이 있다. 20세기 초에 현재의 모습을 갖춘 이 집은 안채·초당(草堂)·바깥사랑채·아래채·헛간채·바깥행랑채·문간채 등 모두 7동으로 이루어졌는데, 도시 주택이라고 볼 수 없을 정도로 너른 터를 차지하고 건물들을 여유 있게 배치했다. 현재 바깥사랑채는 음식점으로 쓰이고 있다. 사랑방 문을 닫고 돼지숯불구이·조기구이·된장찌개를 비롯해 갓김치·굴전·콩잎·청매실장아찌·묵은 김치 등 26가지 음식이 한상 가득한, 남도의 푸짐하면서도 깔끔한 백반을 맛볼 때, 나는 도시 공간에 있다기보다 한적한 전원마을에 와 있는 느낌을 받았다.

나주에는 유독 긴 골목길이 발달했다. 객사와 나주천 사이 중간쯤에 난 진고

교동1길의 마을 입구 마당 도시의 공적 공간에서 긴 골목이 이끄는 마을로 들어가는 지점이다. 도시 가로와 마을이 만나며 공간의 분위기가 바뀌는 곳이다.

샅은 골목치고는 좀 넓은 편인데, 동쪽으로 계속 이어져 결국은 동·서의 성벽을 잇는 징그럽게 긴 골목이다. 나주천에서 서쪽 성벽 바깥과 안쪽을 따라 남북으로 길게 나 있는 교동길과 서성문길도 이에 뒤질세라 1번 국도를 만날 때까지 끊이지 않고 이어진다. 또한 도시를 관통하는 1번 국도에서 한 켜 안으로 들어오면 비스듬한 '들독길'이 있다. 돌과 흙으로 쌓은 토석담이 좁은 골목을 따라 이어져서 인공 재료 일색인 현대도시의 가로와 달리 향토의 정서를 물씬 풍긴다.

마을의 긴 골목길을 통해 도시로 나오면 갑자기 탁 트여 개방감과 함께 긴장감이 느껴진다. 거꾸로 도시 가로에서 마을 골목길로 접어들면 아늑함과 안도감이 든다. 긴 골목은 이렇게 도시와 마을 사이를 완충해준다. 긴 골목을 벗어나 도시의 공적 공간으로 들어가는 지점, 곧 마을이 도시 가로와 만나는 지점은 공간의 분위기가 바뀌는 곳이다. 바다로 치면 한류와 난류가 만나는 곳이다. 나주천에서 서문 언저리 마을로 들어가는 교동1길 입구가 바로 그런 곳이다. 그곳에는 꽤 널찍한 마당이 조성되었고 마을의 당산나무였을 거목이 한 그루 서 있다. 그곳은 마을 사람들이 도시의 공적인 공간을 오가는 길에 잠시 머물러 교류하던 장소다. 그들은 꼭 누구를 만나지 않더라도 나무 그늘 아래서 머리에 손가락을 살며시 대고 앉아 도시에서 치러야 할 전투 같은 일들의 목록을 점검하며 마음을 가다듬곤 했으리라.

대로에 면해 아파트단지가 들어선 현대도시에서 우리들은 개방감과 아늑함, 공(公)과 사(私)의 분위기를 냉탕과 온탕 오가듯 끊임없이 이동하며 알게 모르게 스트레스를 쌓아간다. 그러나 나주에는 공간의 분위기가 서서히 바뀌는 긴 골목이 있고, 그 골목 입구에는 마을공동체의 사회적 공간이 있다. 이것들 덕에 도시 가로와 마을이라는 성격이 다른 두 공간이 원만하게 공존할 수 있었다.

연애의 파괴

나주에서는 골목을 고샅이라고 하는데, 고샅에는 각각 이름이 있다. 진고샅, 연애고샅……. 골목들이 다른 데서는 들을 수 없는 이야기를 담고 있기 때문이겠다. 이렇게 나주에서 골목은 물리적인 동선의 공간을 넘어 시민들의 삶과 기억의 한 부분을 이루는 인문학적인 공간이다.

2012년 3월 3일, 도시가 어둠에 잠기기 시작하자 답사객은 난처해졌다. 사진을 찍기도, 스케치를 하기도, 도시의 이야기를 듣기도 어려웠다. 가로는 한산해졌고 사람들은 종종걸음으로 마을로 사라져갔다. 돌아갈 마을이 없는 나는 골목 가운데서 가장 호기심을 발동시키는 연애고샅에 가보기로 했다. 나주 사람들은 고샅에서 어떻게 연애를 할까? 서로의 거리를 용납하지 않는 좁은 골목을 걷는 속도와 그들 마음 사이의 거리는 비례하리라. 아직 바깥에서 연애를 하기엔 쌀쌀한 날씨였지만 제법 높은 담들이 바람을 막아주는 고샅이라면 견딜 만할 것 같았다. 게다가 사랑하는 사람의 체온까지 더해진다면 아무 문제가 없겠지…….

연애고샅 입구에 다다르자 난데없이 객사인 금성관(錦城館) 쪽에서 싸늘한 바람이 불어왔다. 저녁을 먹고 산책하기 좋은 시간이었지만 연애고샅은 물론 금성관에도 사람 기척이 없었다. 금성관과 연애고샅 사이에 옹기종기 있던 집들은 철거되어버렸다. 흔히 보던 재개발 현장의 모습이었다. 4년 전에 왔을 때만 해도 서로 손을 잡듯 길게 이어져 연애 분위기를 만들어주던 담들도 사라졌다. 도시 곳곳에서 건물보다 오래 살아남은 담이지만 복원이라는 거대한 파괴의 힘을 이겨내지는 못했다. 담이 무너지자 도시의 찬 공기와 절제되지 않은 불빛이 바닥에 남은 골목의 흔적조차 지우고 있었다. 눈길처럼 희미한 골목을 따라 걷다 보니 나도 모르게 발걸음이 빨라져 135m의 긴 골목이 그렇게 짧게 느껴질 수가 없었다. '이제 나주 사람들 연애는 다했다.'

언제부턴가 우리 사회에는 기념비적이고 권위적인 역사의 장소에만 가치를 부여하는 풍조가 생겼다. 그것에 전시행정이 더해져 막연하게 과거의 어느 시점으로 돌아가려는 복원사업을 유행시키고 있다. 복원이라는 이름으로 오랫동안 시민들이 만들어온 도시의 장소들을 파괴하고 그곳에 서린 집단의 기억을 지운다. 문제는 아무리 복원을 잘 해도 복원된 시점을 살다간 사람들은 이미 도시에 존재하지 않는다는 데 있다. 100년을 뛰어넘는 복원은 천사의 기억을 되살릴 수는 있을지언정 도시에 사는 사람들의 기억을 되살리지는 못한다. 그래서 과거의 모습으로 복원된 장소는 천사가 아닌 우리 모두에게 언제나 낯설다.

객사와 경찰서

성벽으로 둘러싸인 읍성의 중앙, 남북·동서도로의 교차점에 북쪽을 면해 객사인 금성관이 남향을 하고 있다. 금성관은 조선 성종 6~10년(1475~1479)에 나주목사였던 이유인(李有仁)이 세운 건물로, 1603년과 1884년에 크게 손을 보았다. 일제강점기에는 내부를 고치고 유리문을 달아 군청사로 사용했으나 1976년에 복원했다. 1966년에 금성관의 정문인 망화루(望華樓)를 남산공원에 옮겨 세웠는데,

나주의 객사 금성관 왕권을 상징하는 이곳 객사에서 의병장 김천일이 임진왜란 때 출병식을 했고, 일본인이 명성황후를 시해했을 때에도 이곳에서 항일시위를 했다. ⓒ 김성철

최근 제자리에 2층 문루 형식으로 복원했다.

객사는 왕과 교통하는 곳이므로 읍성에서 독보적인 지위를 갖는다. 효종 6년(1655)에 나주목이 금성현으로 강등된 적이 있는데, 그 이유가 객사의 전패를 파손했기 때문이라는 사실은 객사의 중요성을 단적으로 말해준다. 이렇게 왕권을 상징하는 장소이기에 임진왜란 때 의병장 김천일은 객사 마당에서 출병식을 가졌다. 그리고 일본인이 명성황후를 시해했을 때는 이곳에 사람들이 모여들어 명성황후의 관을 모셔놓고 항일시위를 했다.

관아의 정문인 정수루(正綏樓)는 선조 36년(1603)에 지은 2층 누각이다. 나주목사가 이 문을 지나면서 '정(正)' 자를 보고 몸가짐을 바르게 하라고 이름을 그렇게 붙인 것 같다. 누각 위에는 큰 북이 달려 있는데, 6·25전쟁 전에 나주에서는 정수루의 북소리를 듣고 시간을 알았다고 한다. 이 문루는 1980년대까지 공연무대로 쓰이기도 했다.

ㄷ자형 주택인 내아는 조선시대 지방관리인 목사의 살림집 곧 사택이다. 1894년 동학농민전쟁 때 전봉준이 찾아와 집강소 설치를 거부하는 나주목사 민종렬과 담판을 지었으나 뜻을 이루지 못한 곳이기도 하다. 일제강점기 이후에는 군수의 살림집으로 사용했다. 목사의 집무공간인 동헌의 이름은 제금헌(製錦軒)이었다. 동헌은 내아의 동쪽에 있는 건물이라는 뜻인데, 객사의 남서쪽 앞, 현재의 매일시장 자리에 있었다.

조선시대에 왕권을 상징한 객사를 비롯해 지방 행정을 담당하던 시설들은 일제강점기에 식민통치를 위한 관청으로 사용된다. 객사는 군청으로, 내아는 군수의 관사로, 군사시설인 전라우영은 나주보통학교로 사용되었다. 일제 후반에는 객사를 제외한 시설들이 대부분 철거되고 일본식 건물들이 들어섰다.

일제강점기에 통치를 상징하는 시설이 객사에서 경찰서로 바뀐다. 아이의 울음을 그치게 하는 것이 곶감에서 순사로 바뀌기 시작한 1910년, 일제는 남쪽에서 객사로 이르는 가로의 입구, 성벽을 허문 자리에 벽돌조의 2층 건물을 세웠다. 건물의 위엄으로 보자면 금성관 발치에도 못 가지만, 전면에 포치(porch: 현관 부분)를 내민 정확한 좌우대칭의 외관으로 앞으로 펼쳐질 위압적인 권력 행사를 예고한 이 근대풍의 건물은 바로 나주경찰서였다.

나주경찰서 길 건너에는 일본인들을 위한 사찰인 본룡사(本龍寺)가 자리 잡았다. 그리고 경찰서가 지어진 지 채 10년도 안 되어 도시의 공식적인 정문인 남고문이 헐려나갔다. 그때부터 목포, 영산포에서 나주로 진입할 때 가장 먼저 눈에 들어오는 것은 경찰서와 본룡사였다. 건립 주체가 일본인이라는 공통점이 있을 뿐 성격이나 외관이 도저히 서로 어울릴 수 없는 이 두 건물은 한 쌍의 대문 기둥처럼 마주 서서 남고문을 대신하는 도시의 새로운 입구가 되었다. 사람들은 이 생경한 입구를 통해 도시를 드나들며 세상의 주도세력이 바뀌었음을 실감했을 것이다. 나주경찰서는 1982년 말, 더 이상 도시의 정문을 지키고 서 있을 필요가 없는 시대를 예견한 듯 성북동에 새로운 청사를 지어 이사 갔다.

서로 다른 시기의 정치적 공간, 세 개의 남북축

2007년 9월 말, 나는 핀란드 헬싱키대학에서 동아시아의 도시 공간에 대한 강연을 했다. 그때 동아시아의 역사도시에서 가장 강력한 선을 이루는 남북방향의 중심 가로는 본래 왕의 통치활동인 의례를 위한 동선의 공간 곧 정치적 공간이었으며, 상업 등 일상적인 도시생활이 일어나는 장소는 아니었다는 이야기를 했다.

강연이 끝나자마자 한 여학생이 와서 강연을 재미있게 들었다며 자신은 서울에서 시위가 일어나는 장소에 대한 논문을 준비하고 있다고 했다. 그러면서 시위도 정치적 활동인데 그것이 정치 관련 기구가 있는 곳이 아니라 큰 가로에서 일어나는 것이 흥미로웠는데 내 강의를 듣고 힌트를 얻었다고 했다.

나주에서도 남고문에서 시작해 객사에 이르는 남북방향의 길은 의식, 곧 정치활동의 중심축이었다. 전통사회에서는 남북축과 그것이 시작되는 남문이 일상적으로 활발히 사용되지는 않았다. 그것은 한성에서 내려와 새로 부임하는 나주 목사가 기수, 호위병, 아전, 노비, 악대 등을 거느리고 성대한 행렬을 이루며 행차하거나 상여가 떠날 때같이 특별한 의식이 있을 때 사용되었다. 그런데 1872년의 옛 지도에도 그리고 오늘날의 도심 지도에도 남문과 객사를 잇는 가로는 일직선이 아니다. 남고문에서 시작해 나주천을 건너 왼쪽으로 한 번, 그리고 객사 앞에서 다시 오른쪽으로 한 번 꺾어야 객사에 도달한다.

현재 상태라면 남고문과 객사가 옆으로 너무 벌어져 있어 그것들을 하나의 축으로 잇기 어렵다. 옛 지도를 보면 오히려 중앙로 서쪽에 난 금성길이 도시의 남북축으로 작용했을 것 같다. 옛 지도가 그려진 19세기 후반에는 객사 뒤로 금성길이 없었고, 남북축은 객사 서쪽으로 비켜 돌아 오늘날의 사매기길로 북문까지 연결되었던 것으로 보인다. 1929년 11월 27일, 나주의 어린 학생들은 놀랍게도 정확히 이 두 갈래의 길, 곧 금성길과 사매기길을 따라 시위를 벌였다.

그렇다면 남고문과 학교의 현재 위치는 잘못된 것이며, 본래는 서쪽 금성길 위에 있었던 것일까? 엄밀한 고증을 해봐야 정확히 답할 수 있겠지만 과거의 여러 문헌들을 살펴볼 때 한 가지 분명한 것은, 나주읍성이 여러 차례 확장되었다는

중앙로에서 바라본 남고문 남고문에서 동문길에 이르는 중앙로는 근대기에 정치적 성격을 갖는 남북축의 위상을 얻는다.
ⓒ 김성철

점이다. 따라서 도시가 동쪽으로 확장되면서 남북축도 동쪽으로 이동했다고 추정해볼 수 있다.

아무튼 현재의 남고문에서 동문길에 이르는 중앙로가 근대기에 정치적 성격을 갖는 남북축의 위상을 얻게 된 것은 분명하다. 이 가로변에 들어선 건물들의 성격이 그것을 말해준다. 이미 이 길가에는 '나씨 삼강문'이라는 정려각이 있었다. 나사침(羅士忱, 1526~1596)을 시작으로 3대에 걸친 충신, 효자, 열녀의 행적을 자랑스레 알리는 상징적인 건축물이다. 나사침은 많은 효자들이 그랬듯이 어머니에게 단지주혈(斷指注血: 손가락을 잘라 절명하려는 부모의 입에 피를 넣어드리는 일)을 한 효자이다. 이 이야기는 광해군의 명으로 《삼강행실도》가 증보될 때 기록되었다. 도시의 중심 도로에 면해 정려각이 세워지고 아직까지 자리를 지킬 수 있었던 것은, 전통사회 이데올로기가 가진 힘에 이 도시에서 나주 나씨가 갖는 위세가 더해진 결과이리라.

　1917년에 이 가로에 면해 나주곡물검사소가 설치되었다. 그것이 지금의 나주농산물품질관리원인데, 현재의 건물은 1977년에 새로 지은 것이다. 나주평야를 거느린 도시, 영산 수로의 하항(河港)으로서 농산물의 집산지여서 고려시대부터 세곡 집하장인 조창이 설치된 도시에 걸맞은 시설이라 할 수 있다. 그러나 다른 한편으로 그것은 수탈의 대상이 된 식민도시의 정치적 위상을 보여준다.

　예로부터 쌀은 정치적인 의미를 갖는 농산물이다. 그래서 쌀은 언제나 생산자를 떠나 권력의 중심부로 이동했는데 고려시대에는 개경으로, 조선시대에는 한양으로, 일제시대에는 일본으로 운송되었다. 조선총독부에서 조사한 자료를 보면, 1920~1924년에 나주·광주·장성·담양·함평·화순·영암·무안 등 영산강 지역의 연평균 쌀 생산량은 100만 석이 넘는다. 이 가운데 많은 양이 목포항을 통해 일본으로 반출되었다.

　해방이 된 다음 날에는 시민들이 쏟아져 나와 이 길을 가득 메웠다. 그리고 점차 세상이 바뀌어 전통의 가치가 희미해지고 미국의 종교가 선진국의 문명을 전했다. 1951년에는 상징적인 가로인 나주곡물검사소 건너편에 교회가 들어왔다. 그 교회는 과감하게도 근대기의 공장 굴뚝을 능가하는 높이의 종탑을 세웠다. 도심에서 남쪽을 바라볼 때 남고문의 지붕을 가리는 것은 이 교회의 종탑뿐이다. 이로부터 약 반세기 전인 1897년, 미국 남장로교 한국선교회에서 나주에 선교부를 개설하려 했으나 성안 사람들이 강하게 반대해 목포에 연 것을 생각하면 세상이 바뀌어도 크게 바뀐 것이다.

　한편 일제강점기에는 객사 자리에 지은 군청과 경찰서를 잇는 가로가 정치공간으로 변모한다. 이것은 금성길이나 중앙로와 달리 도시 남쪽에서 객사를 일직선으로 잇는다. 좀 더 직설적이고 근대적인 이 직선 가로는 일제의 억압을 상징한다. 당시 양 끝의 권력기관을 잇는 이 억압의 축을 마음 편히 걷기는 어려웠으리라. 해방을 맞기까지 그곳은 무거움과 긴장의 가로였음이 틀림없다. 그런데 현대에 이 직선 가로가 다시 한 번 정치활동의 동선이 된다. 1980년 광주항쟁 때이다. 그해 5월 21일, 나주 시민들은 나주경찰서와 길 건너편 무기고를 부수고 기관포,

소총, 수류탄 등을 탈취하여 계엄군과 맞서고 있는 광주 시민군에게 지원했다. 그리고 스스로 소총으로 무장한 채 주변 지역을 돌며 시위를 하여 전남 서남부 지역으로 시위가 확산되는 데 기여했다. 그때 수많은 차량과 시민들이 나주군청 곧 지금의 객사 앞에 집결했다.

활기찬 상업공간, 동문길

정기시장을 통해 물물교환 성격의 상업활동만 이루어지던 나주에 맨 처음 상점을 차린 사람은, 행상으로 자본을 축적한 일본인 사와이 마사노스케(澤井正之輔)였다. 그는 1910년대에 동점문과 매일시장을 잇는 동문길, 지금의 제일예식장이 있는 곳에 일용잡화·서적·의복 등을 취급하는 사와이상점을 열었다. 동문길은 본래 동문으로 연결되던 활꼴의 길 북쪽에 일제가 직선형으로 낸 신작로다. 목포와 광주 사이를 잇는 1등 도로였던 동문길에 상점들이 속속 들어서면서 상업은 도시의 중요한 활동이 되었다. 위압적인 권력기관이 압도했던 남북방향의 가로들과 달리 동문길에는 시간이 갈수록 사람들의 활기가 더해졌다.

  자석에 쇠붙이가 붙듯이 상점들이 속속 모여 동문길 양쪽에 나란히 들어섰다. 건물은 대부분 전통한옥과 다른 근대풍의 상자형이어서 새로운 가로 분위기가 조성되었다. 이렇게 과거 일상의 축이던 동문길은 점차 상업의 축으로 변모해 본정(本町)이라 불리는 도시의 중심 가로가 되었다. 한편 동문길의 한 켜 안쪽에는 여전히 기와와 초가지붕의 집들로 이루어진 마을이 있어 이곳에서도 도시 공간은 선과 면의 대비를 이루었다.

  동문길에 상점을 낸 사람들은 주로 일본인들이었다. 이는 그들이 공권력에 이어 도시의 상권마저 장악해나갔음을 의미한다. 이에 대응해 도시의 원주인들이 1929년에 나주협동상회를 열었는데, 건물도 일인 상점들에 밀리지 않는 2층 목조 건물이었다. 일본 자본의 잠식에 대항하기 위해 신간회(新幹會) 나주군 지부가 개설한 이 나주협동상회는 일본 중간상인을 배제하여 생산자와 소비자를 직접 연결하려는 소비조합 매장이었다.

　나주협동상회는 여러 한인들의 출자를 받아 '고권(股券)'이라는 주식을 발행하는 주식회사 형태로 운영되었다. 축음기, 음반, 모자, 의복, 완구, 학용품, 도자기, 식품, 화장품 등 갖가지 양품을 판매하는 이 대형 매장은 많은 한인들의 이용으로 영업이 잘 되었으나, 일본 상인들의 견제와 경찰의 이른바 표적 수사에 시달리다 10년째인 1938년 결국 폐점에 이르렀다.

　나주협동상회의 위치는 객사로 가는 남북방향 길과 동문길이 만나는 지점으로, 정치의 축이 상업의 축과 만나는 매우 중요한 장소다. 그곳의 중첩된 성격은 나주협동상회가 가졌던 정치적·상업적 성격을 그대로 반영한다.

　1930년대 들어 상점, 여관, 술집 등을 내는 조선인이 늘어났다. 이들의 점포는 주로 객사 서쪽 '사매기'라 불리는 남북방향 길가에 집중되었다. 이 길은 조선시대 객사에서 북문인 북망문으로 가는 간선로로, 장방청·관청·대동청·통인청·추청·연청·율생청·신청·교방청·관노청·고마청 등 각종 관청이 즐비했던 곳이다. 1923년 2월 20일(음력)에는 장날을 이용해 조선물산장려운동과 관련된 시위가 일어났던 곳이기도 하다. 현재 사매기길 남쪽 끝, 과거 동헌이 있던 나주읍내 장터 부근에는 서로 원조라고 뽐내는 나주곰탕 집이 여럿 있는데, 이런 분위기는 1930년대에 뿌리를 두고 있다. 이곳과 일본인 상업가로였던 동문길이 오늘날에도 나주에서 가장 번화한 곳이다.

　상업에는 금융이 따라갈 수밖에 없으므로 동문길에도 자연스레 금융시설들이 들어섰다. 중앙로 서쪽 동문길가의 옛 나주금융조합 건물과 동문길이 끝나는 매일시장 입구의 옛 금남금융조합 건물은, 20세기 초 상점들 사이에 우뚝 솟아 새로운 권위를 뽐냈던 금융시설의 모습을 보여준다. 1907년에 설립된 금남금융조합은 조합원이 1,200여 명이었으며, 예금 업무와 함께 농업자금과 상업자금 대출 업무를 했다고 한다.

　나는 동문길과 중앙로가 교차하는 중앙동 네거리에서 재미있는 현상을 하나 발견했다. 오랜 역사를 가진 동문길에 면한 상점들의 공간은 전면이 좁고 안으로 깊은 반면, 가로폭이 동문길의 2배 이상인 중앙로에 면한 상점들은 전면이 넓고

나주금융조합 건물 상업의 중심 가로인 동문길에서 가장 오래되고 멋있는, 꼭 세련된 노신사 같은 건물이다. 20세기 초에 상점들 사이에 우뚝 솟아 새로운 권위를 뽐냈던 금융시설의 모습을 보여준다.

얕아 속이 빤히 들여다보인다. 따라서 중앙로보다 동문길에 단위 길이당 서 있는 건물의 수가 많았다. 건물들이 중앙로보다 동문길을 선호한다는 말이다. 그 이유는 동문길이 상업성이 강한 가로이고 유동 인구가 많기 때문이다. 여기서 길의 규모가 아니라 성격이 건물의 입지와 공간구성을 지배함을 알 수 있다. 씨름선수가 그렇듯 도시의 길도 체구가 크다고 힘이 센 것은 아니다.

물길이 있어 시(詩)가 되는 도시

많은 현대도시들에서 집 밖은 도시고, 도시 안은 집이다. 그렇게 집과 도시가 직접 만난다. 그러나 집과 도시는 가까이하기엔 성격이 너무도 다르다. 집은 사적 공간이고 도시는 공적 공간이다. 우리가 가끔 잠옷 차림으로 도시 공간에 나온 황당한 사람들을 보게 되는 이유가 여기에 있다. 그 사람이 생각이 없어서일 수도 있지만 자신이 있는 곳이 공적인 공간인지 아니면 사적인 공간인지 구분할 겨를 없이 영역의 성격이 갑자기 바뀌기 때문이기도 하다.

역사도시 나주의 큰 미덕은 동네라는 공동체의 영역이 도시와 집 사이에서 그 둘을 연결하기도 하고 나누어주기도 한다는 점이다. 동네의 입구, 그리고 동네를 촘촘히 짜주는 골목은 집과 도시를 부드럽게 매개해주는 '사이공간'이다. 사람들은 동네를 상징하는 비각이나 상징목을 중심으로 만들어진 동네 입구에서 일상적으로 만나 공동체를 이룬다. 공동체에 속한 그들은 도시생활의 소외와 고독을 떨칠 수 있다.

나주천을 따라 개성 있는 동네들이 이어지는 나주에서 우리는, 개인이 도시에서 인간답게 사는 길은 동네라는 공동체를 이루어 사는 것임을 배운다. 그러나 지금 나주천변에는 활기가 없다. 빈터가 많아서다. 천변으로 서로 다른 색의 대문을 낸 집들이 차츰 그 빈 공간을 채워나간다면, 동네가 살아나고 나주천은 힘 있는 도시의 선으로 활기를 되찾을 것이다. 대문을 나온 사람들이 자기 동네 앞의 시내로 내려가 물의 흐름을 막고 있는 콘크리트보를 걷어내고 살아 있는 생태하천으로 꾸민다면, 어른들의 휴식과 아이들의 놀이공간으로 더없이 좋은 곳이 되리라. 그렇다면 머지않아 나주천은 서로 다른 동네만이 아니라 서로 다른 세대를 맺어주는 고리가 될 수 있다.

> 아이가 아직 아이였을 때, 팔을 흔들고 다니며, 시내가 강이 되고, 강이 되어 바다가 되었으면 했지. 아이가 아직 아이였을 때, 아이는 자기가 아이인지 몰랐고, 그에게 모든 것은 영혼이 있었고, 모든 영혼들은 하나였지.
> ―〈베를린 천사의 시〉 도입부에 인용된 페터 한트케(Peter Handke)의 시 〈유년기의 노래〉 중에서

나주천에서 어른들이 아이들에게, 또 그 아이들이 그들의 아이들에게 시내가 강이 되고 강이 바다가 되는 이야기를 해주는 도시가 그려진다. 그런 도시라면 천사들도 내려와 살고 싶어 하리라.

한국의 역사도시를 말한다

특집

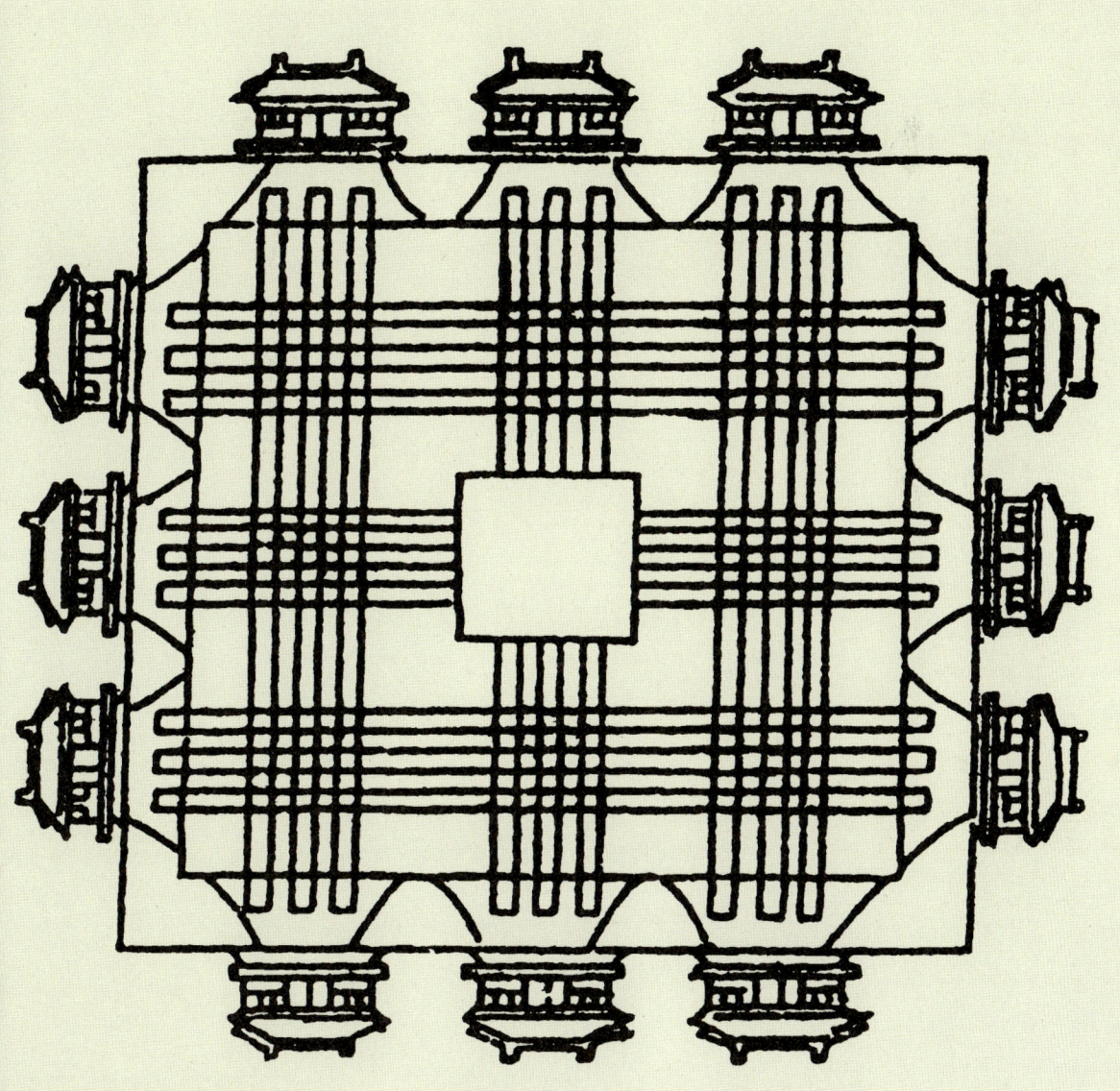

오늘날 우리는 '도시의 시대'에 살고 있다. 우리 사회는 서구에 비해 매우 짧은 시간에 도시화가 진행되어 지금은 서구 어느 나라 못지않게 도시화율, 곧 전체 인구에서 도시 인구가 차지하는 비율이 높다. 1970년에 한국 인구의 절반이 도시에 살았는데 2010년에는 십중팔구 도시에 산다. 이미 도시는 대부분의 생활이 일어나는 무대이며, 도시의 문제는 우리의 문제이고, 우리의 문제는 도시와 긴밀히 얽혀 있다.

그렇다면 도시란 무엇인가? '지방자치법'에서는 인구 5만 명 이상이 모여 사는 지역을 시라고 하지만, 일상적으로는 농어촌 전원 지역에 대비되는 읍이나 시 지역을 도시라고 한다. 학술적으로는 주변의 넓은 배후지를 조직하는 역할을 하는 중심적인 정주지를 도시라고 한다.

그런데 탈근대기 이후 전 세계적으로 국민국가의 개념이 약화되면서 그 자리를 도시가 차지하기 시작했다. 어느 지역이 살기 좋은지를 논하는 '삶의 질'에 관한 지표들을 측정하고 발표할 때도 이제는 국가 대신에 도시별로 한다. 지역의 정체성도 도시를 중심으로 이야기하고, 경쟁도 국가보다는 도시 사이에서 일어난다. 이렇게 탈근대기 인간의 생활과 문화는 대부분 도시 공간과 관련을 맺고 있다.

그러면 이런 도시를 우리는 잘 알고 있는가? 그리고 현재의 도시 모습에 만족하고 있는가? 20세기 후반 이래 우리들은 도시의 양적 성장에만 관심을 기울였지 그것의 역사와 문화, 그리고 그 공간과 우리의 삶이 주고받는 관계에 대해서는 그다지 큰 관심을 기울이지 않았다. 정작 도시에 살면서도 늘 전원생활을 꿈꾸며 자신의 삶이 영위되는 공간에 무관심하고 외면하기까지 한다. 휴일만 되면 대도시를 빠져나가는 차량 행렬이 그런 현실을 대변한다.

이렇게 실제 생활공간과 마음속 이상적인 공간이 따로 존재하는 상태에서는 자신의 도시에 소속감과 애정을 갖기 어렵다. 살고 있는 도시가 자신의 개인적·사회적 생활에 영향을 주고 있다면 그 도시를 이해하지 않고서는 자신을 온전히 이해할 수 없다. 또한 우리가 꿈꾸는 밝고 인간적인 삶은 그것을 지지하는 도시 공간을 갖추지 않고는 실현되기 어렵다. 양적인 성장에서 질적인 발전으로 지향점이 바뀌는 이 시대에 오랜 역사와 풍부한 문화를 담고 있는 역사도시를 이해하는 일이 중요한 이유가 바로 여기에 있다.

역사도시란 무엇인가?

전근대기부터 오랜 역사를 간직한 채 오늘날까지 살아 움직이는 도시를 '역사도시'라고 부른다. 현재를 사는 우리는 도시에서 일어난 역사적 사실을 통해 혹은 도시 공간에 남아 있는 오래된 건축물이나 장소를 통해 자신이 사는 도시가 역사도시임을 확인할 수 있다. 성벽이 드문드문 남아 있거나 기와지붕을 이은 성문이 높이 솟아 있다면, 도심에 옛 관아 건물이나 오래된 한옥들이 보인다면, 비록 다른 건물들이 대부분 회색의 상자 모양이더라도 그곳은 분명 긴 역사를 가진 도시이다.

이밖에도 역사도시와 근현대기에 조성된 신생 도시 사이에는 눈에 보이지 않는 차이가 있다. 역사도시의 어떤 장소에서는 긴 시간의 흐름 속에서 일정한 성격의 활동들이 지속적으로 일어난다. 그리고 그런 활동들을 통해 그 장소에는 일정한 성격의 기억이 새겨진다. 이런 집단 기억의 퇴적층은 도시의 장소에 그곳만의 특별한 분위기와 성격을 부여해주는데, 이것을 흔히 '장소성'이라고 한다. 도시 뒤쪽 산자락이나 높은 언덕이 여전히 신성한 장소로 여겨지고, 과거 장시가 열렸던 도시의 입구 또는 가로가 모이는 지점이 여전히 시장으로 사용되는 것은 장소성이 지속되는 예이다.

역사도시의 장소들에 새겨진 기억들을 엮으면 하나의 커다란 이야기가 되는데, 그것이 도시의 '서사'이다. 오늘날 역사도시를 사는 사람들은 그러한 서사구조 속에서 새로운 기억과 이야기를 만들어가는 또 다른 주인공들이다. 그들이 가끔 찾아가는 도심의 객사 건물에도, 일상적으로 걷는 골목에도 나름의 이야기가 깃들어 있다. 나주 도심의 '연애고샅'이라는 골목에서 보듯, 역사도시의 장소에는 그곳만의 이야기를 암시하는 이름이 붙기도 한다. 그래서 이 길을 걸을 때는 저 길을 걸을 때와 분위기가 다르고 느낌도 다르다.

역사도시를 탐사하고 이해하는 활동은 도시에 새겨진 이야기를 실제 무대에서 읽는 일이기도 하다. 마치 한 편의 문학작품을 읽는 것처럼. 그래서 도시를 '읽는다'는 표현은 적절하다. 우리는 도시의 이야기를 읽음으로써 그 무대인 도시 공간의 모습과 배경을 이해하고, 반대로 도시 공간을 살핌으로써 도시의 이야기를 추정하거나 꾸며볼 수 있다. 이것이 도시와 문학이 만나는 지점이다. 나 역시 이 책에 소개한 도시들을 답사할 때 먼저 그곳을 무대로 쓴 문학작품들을 찾아 감상했고, 그중 일부를 이 책의 곳곳에 인용했다. 그 문학작품들은 내가 도시 공간을 이해하는 데 큰 도움을 주었을 뿐 아니라, 건축학자와 문학가가 도시 공간이라는 동일한 텍스트를 서로 어떻게 읽어내는지, 그 차이와 같음을 발견하는 재미를 흠뻑 느끼게 해주었다.

이렇게 보니 역사도시는 하나의 훌륭한 텍스트이다. 해체철학자인 자크 데리다의 말대로 텍스트란 그 원본에 의미가 있는 것이 아니라 부단히 해석되는 대상일 뿐이다. 나 또한 하나의 텍스트로서 역사도시를 바라보고 현장에서 그 텍스트들을 꼼꼼히 읽으며 나름의 해석을 펼쳐본다. 결국 이런 다양한 해석들이 모여 도시의 이미지를 만들어내는 것이리라.

동아시아 문명 속의 한국·역사도시

역사도시는 그 지역에서 형성되고 발전해온 문명의 산물인 동시에 그 문명을 발전시킨 공간적 토대이기도 하다. 영어로 문명을 뜻하는 'civilization'의 라틴어 어원이 도시라는 뜻의 '키비타스(civitas)'인 점에서도 도시와 문명의 긴밀한 관계를 엿볼 수 있다. 무릇 문명이란 국가 단위로 형성·발전해온 것이 아니니 문명의 산물인 역사도시를 보는 시각 또한 국가의 틀 속에 갇혀서는 안 되리라. 따라서 한국의 역사도시 역시 한반도의 역사와 문화를 넘어 동아시아 문명 속에서 바라보아야 한다.

동아시아에서 대부분의 도시는 주변 지역을 통치하는 정치 혹은 행정의 중심지로 출발했다. 이 책에 소개한 9개 도시 가운데 군사도시였던 통영과 상업도시로 조성된 강경을 제외한 7개 도시는 모두 순수한 행정도시로 출발했다. 이들 7개 역사도시의 모습에서 조선시대부터 지속되어온 도시 공간의 틀을 확인할 수 있다. 물론 고려시대 이전에도 그 도시들은 도시적인 공간과 기능을 가졌을 테지만, 그 모습이 조선시대와 비슷했는지 아니면 크게 달랐는지 추정해볼 수 있는 문헌자료나 유구(遺構)가 거의 없다.

한편 조선시대에 그 도시들은 왕권을 집행하는 지방 행정의 중심지였으므로, 도시 공간을 새로 조성하거나 변경할 때 도성인 한양의 모습을 참조했으리라 여겨진다. 그렇다면 15세기 초에 한양을 조성할 때는 무엇을 모델로 했을까? 바로 당시 동아시아 문명을 주도한 중국의 도성제(都城制)로부터 영향을 받았다. 궁궐 앞 남북대로인 육조대로와 종묘, 사직 등 공공공간의 배치에서 그런 사실이 분명히 드러난다.

이러한 중국 도성제의 뿌리는 중국 고대의 제도를 기록한 《주례(周禮)》〈동

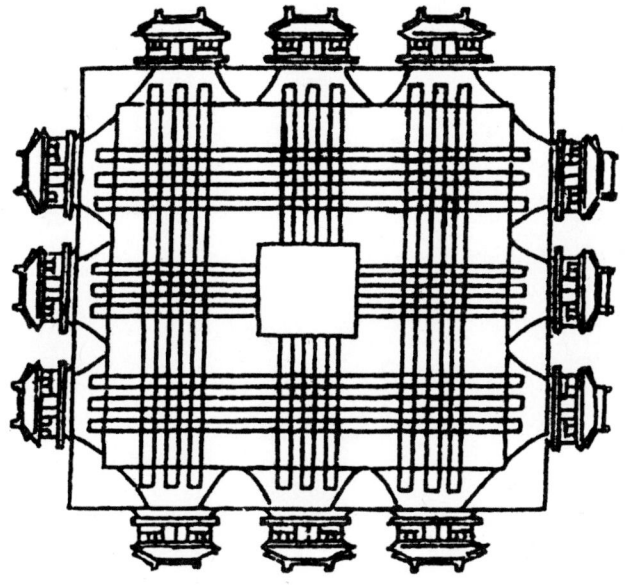

《주례》〈동관 고공기〉의 도성 도식 궁성을 중심으로 성벽을 두르고 동서·남북의 가로체계를 바탕으로 도시를 구성하는 방식을 보여준다. 동아시아에서는 행정도시를 조성할 때 이 도식을 모델로 삼았다.

관(冬官) 고공기(考工記)〉에 있는데, 그 책에 제시된 도시계획의 원리는 다음과 같다.

> 장인이 도성을 영건(營建)한다. 사방을 9리로 하고 각 면에는 3개의 문을 설치한다. 도성에는 남북·동서로 각각 9갈래의 길을 내고 길의 폭은 9궤(軌: 마차가 지나갈 수 있는 폭, 1궤는 8주척周尺)로 한다. 궁성을 중심으로 왼쪽에 조상에 제사하는 건축을, 오른쪽에 사직에 제사하는 건축을 둔다. 앞에 조정을, 뒤에 시장을 둔다. 시장과 조정의 면적은 각각 사방 100보(步)로 한다.(匠人營國, 方九里, 旁三門; 國中九經, 九緯, 經涂九軌. 左祖右社, 面朝後市, 市朝一夫.)

중국문화권의 많은 행정도시들이 어느 정도 비슷한 골격을 갖는 것은 《주례》 〈동관 고공기〉에 실린 도성 도식의 영향을 받았기 때문이다. 물론 동아시아 도시들이 이런 모델을 그대로 따른 것은 아니다. 이 모델을 충실히 따른 것으로 간주되는 당나라의 장안(長安: 현 시안西安)도 실제로는 궁성을 도시 중앙이 아니라 북

한양 도성의 불규칙한 성벽 한양 도성의 동쪽 끝에 있는 낙산에서 본 모습이다. 성벽이 뱀처럼 구불구불 내려와 평지에 있는 동대문과 만난다. ⓒ 안창모

쪽에 치우쳐 배치하는 등 그것을 상당히 변형했다. 특히 지형의 변화가 많은 한반도에서는 이 모델을 그대로 따르는 것이 사실상 불가능했다.

    진산이라 부르는 높은 산에 의지하고 교통로인 강을 앞에 둔 입지를 찾아 조성된 한국의 역사도시들은, 《주례》〈동관 고공기〉에 나타난 격자형의 기하학적 공간이 아니라, 지형에 순응하고 그것을 활용하여 특유의 유기적이고 동적인 공간을 마련했다. 성벽만 보아도 중국 시안이나 베이징의 성벽은 정확히 직사각형인 데 비해 한국 역사도시의 성벽은 일정한 형태를 이룬 경우가 거의 없다. 조선시대 도성이었던 한양의 성벽도, 지방 행정도시들의 성벽도 그랬다. 주변 산의 능선을 따라 성벽을 쌓았던 밀양, 그리고 물길을 따라 성벽을 쌓았던 충주에서 성벽이 얼마나 다양한 모습을 띠었는지 잘 살펴볼 수 있다. 도시의 주요 가로들도 정확히 남북·동서방향으로 나지 않고 자연스런 모양을 이루었다. 나주의 동서가로는 나주천을 따라, 안동의 동서가로는 영남산 자락의 흐름을 따라서 비스듬히

났다.

    이렇게 우리의 역사도시는 동아시아 문명 속에서 그 틀을 구축했지만 구체적인 도시 공간 조직은 현실 조건과 지역 문화를 반영했다. 그래서 지역마다 역사도시의 모습이 다르고, 그 안에 축적된 이야기도 모두 다르다. 그런 공간들 가운데서 오늘날 우리에게 여전히 의미 있고 감동을 주는 것들은 무엇일까? 그런 이야기들 가운데서 여전히 재미있고 교훈적인 것들은 무엇일까? 이 책에 소개한 9개 역사도시에서 그 해답의 실마리를 찾을 수 있다.

한국 역사도시가 걸어온 길

조선 전기에는 전국을 행정적으로 8도(道), 4부(府), 4대도호부(大都護府), 20목(牧), 43도호부, 82군(郡), 125현(縣)으로 나누었는데, 부·목·군·현의 청사가 있는 고을을 읍 또는 읍치라고 했다. 그중 성벽으로 둘린 부분을 읍성이라 했는데, 읍이 모두 읍성이었던 것은 아니다. 우리나라 도시사를 선구적으로 천착한 손정목 교수는 중종 25년(1530)에 간행된 《신증동국여지승람》을 통해 당시 읍성의 개수를 분석했는데, 329개의 고을 중 38%인 125개 고을에만 읍성이 있었다 한다.[16] 한편 조선 후기 영조 때 각 읍에서 편찬한 읍지를 모아 엮은 《여지도서(輿地圖書)》에 따르면, 전국 334개 고을 중 32.6%인 109개 고을에 읍성이 있었다. 절반도 안 되는 읍에만 성벽을 갖추었음을 알 수 있다. 대체로 방어의 필요성이 큰 읍을 읍성으로 만들었다.

    우리는 조선시대 읍성에서 한국 역사도시의 전근대기 모습을 그려낼 수 있다. 도시 공간을 답사하고 옛 문헌들을 참조하면 오늘날의 역사도시에서 읍성의 공간구조를 읽어내는 것이 그리 어렵지는 않다. 읍성의 중심에는 왕권을 상징하는 객사와 관청인 동헌을 비롯해 다양한 행정시설들이 있었다. 읍성의 정문인 남문과 객사를 잇는 남북방향의 가로는 도시의 중심축을 이루었다. 그것은 새로 부임하는 수령이 일행과 행차를 하는 등의 의식을 행하는 장소로서, 정치적인 의미를 갖는 의례의 축이었다. 이에 비해 일상생활의 축은 동문과 서문을 잇는 동서방향의 가로였다. 이 두 가로가 T자 또는 十자형으로 만나 읍성의 골격을 이루었다.

한편 임진왜란과 병자호란 이후 황폐해진 농토를 떠난 많은 사람들이 도회지로 몰려들면서 17세기 들어 도시의 상업 인구가 크게 늘어난다. 이에 대해 조선의 조정은 나라에서 허가하지 않은 점포인 난전(亂廛)을 금하는 '금난(禁亂)'이라는 규제를 통해 국가 조달 업무를 위한 시전상인을 제외하고는 상업행위를 모두 금했다. 그러나 상업의 물결은 더욱 거세져서 육의전을 제외한 모든 시전의 금난전권을 철폐했던 정조 15년(1791)의 신해통공(辛亥通共)으로 비로소 개인 상인의 시대가 열린다.

18세기에는 상업의 발달로 도시의 정치적 공간구조에 변화가 일어난다. 물자를 모아서 판매하거나 수공업 제품을 생산·판매하는 공간이 조성되고, 물자와 사람의 이동을 위한 공간이 중요하게 부각된다. 중국에 비해 500년 이상 늦은 시점이었지만 이렇게 한국의 역사도시에서도 개인의 상업활동이 활발해졌고, 도시의 성격도 행정 중심에서 행정과 상업이라는 2개의 축으로 확대되었다. 특히 일상적인 동선의 축이었던 읍성의 동서가로가 점포들이 빼곡히 늘어선 상업활동의 축이 되었다. 나주와 안동에서는 의례의 축인 남북방향 가로가 곧고 짧은 반면, 상업의 축인 동서방향 가로는 그보다 훨씬 길고 굴곡이 있다.

한편 근대기 한국 역사도시의 경관은 일본인들의 식민통치에 의해 크게 바뀐다. 읍성의 성벽이 철거되고, 왕권을 대행하던 관아 건물들은 철거되거나 식민통치를 위한 기관으로 바뀌었다. 주요 가로를 따라서는 서양의 고전주의 양식 건물들이 도입되었는데, 주로 식민지 경제를 위해 필요한 금융기관들이었다. 또한 골목을 따라서는 일식 주택들이 지어졌다. 도시의 주요 지점에 공원이 조성되고, 곳곳에 전에 없이 큰 공장 건물들이 들어섰다. 아름다운 곡선을 연출해내는 짙은 회색의 기와지붕 건물들이 모든 부위가 직선인 상자 모양의 건물들로 대체되었다. 결국 통일성 없이 혼란스런 도시 경관이 나타났을 뿐 아니라 장소성도 바뀌었다. 전근대기의 상징은 식민권력으로 해체되고 새로운 근대의 상징들이 들어섰다. 과거 왕권을 상징하는 읍성의 중심 시설이었던 객사가 식민교육을 위한 소학교로

안성의 중앙정미소 함석이라는 새로운 재료로 마감한 대형 목구조물이다. 1952년에 안성에서 가장 번화했던 상업가로에 지어진 이 건물은 역사도시의 가로 경관을 크게 바꾸어놓았다.

바뀐 것이 대표적인 예이다. 일제강점기에 한국 역사도시의 경관과 경제는 이렇게 식민지화되었다.

20세기 후반에 이르러 역사도시들은 재개발이라는 자본주의의 탐욕에 다시 한 번 일그러진다. 무분별한 재개발 광풍으로 단기간에 역사상 유례없는 도시 파괴가 일어났다. 겨우 반세기 동안 이루어진 기억 지우기를 통해 그토록 오랜 역사를 지닌 도시가 모두에게 낯선 곳이 되어버렸다. 그런 도시에 사는 사람들은 집단 기억상실증에 걸린 것처럼 자신의 과거를 확인할 길이 없다.

다행히 지방의 중소 역사도시들은 그런 재개발의 바람에 완전히 노출되지는 않았다. 한국 역사도시의 현재를 바탕으로 이 책을 쓸 수 있었던 것도 그 덕이다. 그러나 20세기 후반 들어 수도권에 인구가 과도하게 집중되면서 점점 인구가 준 지방의 역사도시들은 활기를 잃었다. 도심에도 여전히 단층집이 많고 빈집과 공터가 늘고 있다. 답사 중에 높은 곳에 올라가 도시를 내려다보면 급속히 탈모가 진행된 내 머리를 봤을 때처럼 허전함을 느낀다. 목욕탕 굴뚝이 아직도 가장 높은 구조물인 그런 역사도시들에서는 높은 밀도가 도시의 특성이라는 말이 무색해진다.

근대에 이르러 문화의 측면에서도 역사도시에 큰 변화가 있었다. 오늘날 도시는 문화를 생산하고 향유하는 장소로 인식되지만, 전근대기에 우리 도시는 문화의 산실 역할을 하지 못했다. 당시 문화는 도시와 거리를 두고 있는 향촌에서 문중을 중심으로 형성되었으며, 주로 관속(官屬)들이 거주했던 읍성은 문화를 생산하고 주도할 조건을 갖추지 못했다. 읍치로부터 떨어진 지역에서 씨족마을을 이루고 거주하던 양반층이 지식을 독점하고 이른바 고급문화를 주도했던 것이다. 이는 지배 엘리트 계층이 다른 계층들과 도시 안에 같이 거주함으로써 중세기에 이미 도시가 고급문화의 주 생산지가 되었던 서양의 상황과 대조된다. 그러나 근대기 이후 산업화 과정에서 많은 사람들이 농촌을 떠나 도시로 몰려들면서 상황은 바뀌었다. 이제 한국에서도 새로운 문화는 농촌이 아니라 도시에서 생성된다. 이렇게 한국에서 도시가 행정, 경제, 문화의 명실상부한 중심이 된 것은 그리 오래된 일이 아니다.

근대기를 거치며 한국의 역사도시가 문화의 중심이 되자 사람들은 도시를 문화예술가의 이름과 함께 기억하기도 했다. 고종석이 잘 정리한 대로,[17] 한 도시가 문화예술사에 이름을 올리는 것은 세 가지 가운데 하나다. 첫째는 그것이 유명한 예술가의 고향일 때, 둘째는 예술가의 활동무대였을 때, 셋째는 예술작품의 배경 또는 무대인 경우이다. 어떤 도시가 이들 세 가지 모두에 해당한다면 그보다 매력 있는 문화예술의 도시는 없을 것이다. 통영이 여기에 해당한다. 통영에서 작곡가 윤이상이 태어났고, 평남 평원 출신의 화가 이중섭이 활동했으며, 통영에서 태어난 박경리는 그곳을 무대로 소설《김약국의 딸들》을 썼다. 통영뿐만 아니라 다른 여러 역사도시에서도 문화예술 등 여러 분야에서 걸출한 인물들이 펼쳐온 흥미진진한 이야기를 들을 수 있다.

도시의 선과 면, 그리고 휴머니즘

오늘날 한국의 역사도시를 과연 일목요연하게 읽어낼 수 있을까? 이런 의문이 드는 이유는 하나의 텍스트라고 하기에는 도시 공간이 너무 혼란스럽고 복잡해 보이기 때문이다. 내 경험으로 보아도, 처음 도시에 갔을 때 그 공간이 명료하게 파악되었던 도시는 한 곳도 없다. 그래서 여러 차례 답사를 반복하며 이해와 해석의 실마리를 찾곤 했다. 어쩌면 이런 경험 때문에 한국의 역사도시를 읽는 유용한 틀의 필요성을 더욱 절감했는지도 모른다.

그런데 역사도시라면 공간을 읽는 틀 또한 도시의 역사, 그 생성과 진화의 역사에서 가져와야 하지 않을까? 그렇다면 우리의 역사도시를 동아시아라는 좀 더 넓은 시각에서 고찰할 필요가 있겠다.

일단 겉보기에 동아시아 도시는 서유럽 도시의 동질적인 모습과 크게 다르다. 전형적인 서유럽의 도시 공간은, 공적 공간인 너른 중정(中庭)과 그것을 둘러싸는 중고층 집합주거 복합건물(perimeter block housing)의 일정한 블록들로 이루어진다. 주요 가로와 그 안쪽 이면도로가 함께 격자를 이루며 집합주거 블록의 중정을 둘러싸는데, 규모나 용도에서 두 부류의 길들에 큰 차이가 나타나지 않는다. 두 부류의 길에 면한 건물들에서도 마찬가지다. 영화 〈베를린 천사의 시〉에 나오는 베를린이 그런 유럽 도시의 전형이다. 이와 달리 동아시아 도시에서는 주요 가로들에 의해 도시 공간이 블록으로 나뉘고, 블록 내부는 골목들로 조직된다. 여기서 두 부류의 길과 그 길에 면한 건물들에는 규모나 용도에서 큰 차이가 나타난다. 그래서 서구의 도시는 통일성이 강해 보이고 동아시아의 도시는 매우 복잡해 보인다.

이런 동아시아 도시 형태의 복잡성은 어디서 비롯된 것일까? 그것은 근대기 이후, 특히 20세기 후반의 도시 개발 과정에서 비롯된 혼란의 모습일까? 그간의 연구를 통한 나의 결론은, 20세기 후반의 원칙 없는 도시 개발이 그 정도를 더한 것은 틀림없지만, 동아시아 도시 형태의 복잡성은 근본적으로 장구한 도시 역사에 기원을 두고 있다는 것이다.

베를린 주요 가로에 면했건 이면도로에 면했건 건물의 규모에 큰 차이가 없어 도시 경관의 동질성이 강하다.

　다시 동아시아 도시들이 뿌리를 두고 있는《주례》〈동관 고공기〉의 모델로 돌아가보자. 그것은 주요 가로라는 선(線)과 그것들로 구획되는 블록, 곧 면(面)으로 구성되어 이원적인 공간구조의 씨앗을 가지고 있다. 그런데 주요 가로는 본래 일상생활의 장소가 아니라 의례와 상징의 장소였다. 의례와 상징은 지역적 특성을 갖는 것이 아니라 하늘과 땅을 연결하는 우주적인 커뮤니케이션을 뜻했다. 주요 가로 가운데 가장 중요한 것은 주작대로다. 자오선(子午線)과 중첩되는 선인 주작대로는 궁성과 하늘에 제사 지내는 원구(圜丘)를 잇는 의례의 축이다. 곧 통치자가 주작대로를 통과해서 원구에 이르러 거행하는 의례는 그가 하늘(자오

베이징 주요 가로변에는 고층건물이 즐비하나 그 안쪽에는 저층의 주거 건물들이 밀집해 있어 도시가 복잡해 보인다.

선)과 땅(의례의 축)을 매개하는 천자(天子)임을 드러내는 행위였다. 그밖에도 주요 가로는 다양한 의례와 공적인 활동의 장소로 활용되었다.

한편 '도시의 면'은 일상생활이 일어나는 거주의 장소로, 도시생활이 빚어내는 고유한 문화가 존재하는 곳이다. 그것은 도시 주거의 집합으로 이루어지며 골목으로 조직된다. 블록을 수놓는 이런 골목에서 도시의 공동생활이 일어난다. 주요 가로가 의례라는 공공의 활동이 일어나는 장소라면, 블록은 생활공동체의 활동이 일어나는 장소다. 따라서 지역의 정체성을 찾아볼 수 있는 곳은 주요 가로가 아니라 블록이다.

이같이 동아시아의 도시에서는 우주적 측면과 지역적 측면, 의례와 일상생활, 공적 활동과 사적·공동체적 활동이 각각 주요 가로와 블록을 기반으로 공존한다. 그런데 도시의 선과 면은 인접하면서도 서로 일상적으로 관련을 맺지 않고

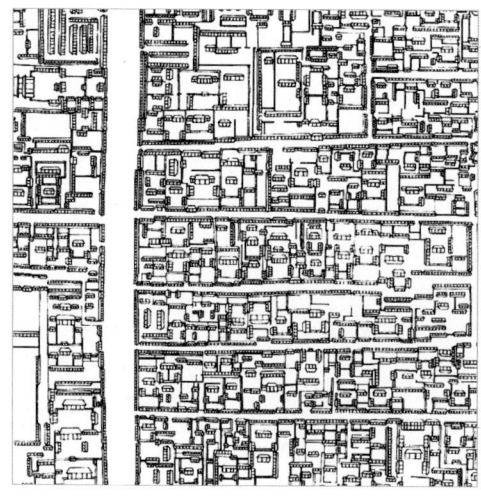

〈건륭경성전도(乾隆京城全圖)〉의 부분 18세기에 그려진 이 베이징 지도에서 도시의 면이 일정한 간격의 '후통'으로 조직된 모습을 볼 수 있다.

별도의 논리와 모습으로 존재한다. 이런 측면에서 동아시아의 도시 공간구조는 이원성을 갖는다.

한국의 역사도시를 보자. 현재 많은 도시의 주요 가로는 이미 고층의 업무 및 상업 건물들로 규정되고 있으며, 국제적인 또는 무국적의 대형 구조물로 채워져 있다. 이는 높은 밀도를 요하는 후기 자본주의 도시의 필연적인 결과이다. 그러나 이면도로인 골목은 아직 지역의 전통과 정체성을 가지고 있다. 이 책에 소개한 어느 도시를 가보더라도 큰길 안쪽으로 한 켜만 들어가면 분위기가 크게 바뀌면서 여전히 지역성이 강한 도시의 면이 펼쳐진다. 한국 역사도시의 독자적인 가능성과 정체성을 보여주는 부분은 바로 이곳, 도시의 면이다. 이런 관점에서 나주와 안동을 비교해보자.

나주는 주로 길게 이어지는 골목으로 도시의 면이 조직된 반면, 안동은 한쪽 끝이 막힌 짧은 막다른 골목들로 도시의 면이 조직되었다. 도시 중심부를 격자형으로 정비한 구획정리사업 이전에는 더 많은 막다른 골목들이 있었을 것이다. 이 두 도시의 비교에서 도시의 면을 조직하는 서로 다른 골목의 유형이 도시의 차이를 드러내준다는 사실을 알 수 있다.

동아시아 여러 도시들 중에서 한국의 역사도시가 갖는 두드러진 특징은 도시의 면이 불규칙하고 유기적인 골목으로 조직되었다는 점이다. 이는 베이징을 비롯한 중국 도시의 주거지가 '후통(胡同), 시앙(巷), 리롱(里弄)' 등으로 불리는 직선형의 통과 골목으로 일정하게 구성된 것과 대조된다. 유연하고 변화가 많은 공간으로 이루어진 한국의 역사도시는 도시 공간을 효율적으로 활용하는 데는 다소 불리하지만, 다양하고 변화무쌍한 공간을 통해 흥미진진한 경험을 할 수 있는 곳이다. 무엇보다도 우리는 그런 도시 공간에서 편안함을 느낀다. 한국 역사도시에서 느끼는 이런 인간적인 도시 공간의 분위기를 나는 '도시의 휴머니즘'이라고 표현한다. 도시의 휴머니즘은 도심에 사람들이 거주하는 것을 전제로 하는데, 도시 공간이 작은 규모의 공동체 영역으로 적절히 나뉘어 있을 때, 그리고 도시 공간이 '인간적인 척도'를 가질 때 비로소 이루어진다. 이에 대해서는 '안성' 편에서 상세히 논했다.

새로운 역사도시를 꿈꾸며

20세기 후반 이후 계속되고 있는 우리의 도시 재개발은 서구의 모델을 맹목적으로 추종하면서 개발과 보전을 양립할 수 없는 갈등과 대립의 행위로 만들고 있다. 큰 규모와 국제적인 양식의 새로운 건축물을 주요 가로를 따라 '선'으로 도입하는 데 그치지 않고 도시의 '면'까지 확산시킴으로써 사실상 도시 전체의 정체성을 파괴하고 있다.

이미 역사도시의 오래된 모습을 모두 지켜내는 것은 사실상 불가능한 상황이 되었다. 역사도시란 성장을 멈춘 도시가 아니라 부단히 진화하는 도시여야 하므로 그런 전면적인 보존이 바람직하지도 않다. 그럼 앞으로 역사도시는 어떻게 변화해가야 하는가? 그 바람직한 방향은 공간구조의 이원성을 따르는 것이라고 생각한다. 도시의 선을 따라 개발이 일어나도록 하고 골목과 주거로 구성되는 도시의 면을 지속시킨다면, 한국의 역사도시는 세계성과 지역성을 동시에 갖춘 현대도시로 발전해나갈 수 있을 것이다.

국가 간 경쟁보다 도시의 경쟁이 더욱 부각되고 있는 21세기에, 긴 역사를 통해 두터운 기억의 층과 흥미로운 이야기를 담고 있는 역사도시는 가장 경쟁력 있는 문화 콘텐츠가 될 것이다. 그런데 역사도시를 삶의 공간, 문화의 공간으로 볼 때 무엇보다 중요한 곳이 골목으로 조직된 공동체 영역, 곧 휴머니즘의 공간인 도시의 면이다. 도시의 선에서 분절된 면이 주거 기능을 유지한다면 한국의 역사도시 역시 인간적인 생활이 영위되는 삶터로, 또 문화의 산실로 지속될 수 있다.

이런 측면으로 볼 때 현재 한국의 역사도시에서 새로운 상황과 조건에 맞는 주거 유형이 없다는 것은 큰 문제이다. 과거의 지역 조건에 맞게 형성된 재래주택이 현대의 도시 구조와 생활을 담는 것은 이미 어려워졌고, 그 이후로도 특색 없는 양옥들만 지어졌을 뿐 역사도시다운 집들이 모색되지 못했다. 몇몇 역사도시에서는 이미 벌어진 일이지만, 한국사회의 가장 보편적인 주거 유형이 되어버린 아파트가 역사도시에 전면적으로 침범한다면 역사도시의 미래를 더 이상 논할 수 없을 것이다.

따라서 도시 조건에 맞는 주거 유형을 정립하는 일은 새로운 시대에 한국의 역사도시가 시급히 해결해야 할 중요한 과제이다. 나는 이 과제를 푸는 실마리를 역사도시의 현장에서 찾을 수 있었다. 안성에서는 가로를 따라 연속되는 문간채의 진화를 이해함으로써 저층 고밀도 중소도시에 적합한 '수평적인 주상복합 주거'의 씨앗을 발견할 수 있었다. 또한 통영에서 집 안에 서로 다른 높이의 마당을 갖는 경사지 주택들을 보며 지형 변화가 많은 한국 도시에 필요한 '경사지 주거'의 단서를 찾을 수 있었다. 이런 경험을 통해 모든 도시 이론은 현상에 바탕을 두어야 하며, 모든 도시 문제의 해법은 현장에 있다는 믿음을 갖게 되었다.

현대사회에서 도시는 소외의 장소, 인간을 파괴하는 범죄의 장소라는 부정적인 이미지를 갖는다. 미국의 저명한 도시학자이자 문명비평가인 루이스 멈퍼드(Lewis Mumford, 1895~1990)는 《역사 속의 도시(The City in History)》에서 "우리 시대에 도시를 발전시키기 위한 최우선의 조건은, 애초에 고대 도시 특히 모든 그리스 도시들에 내포되었던 본질적인 활동과 가치를 회복하는 것이다"라는 결론을 내렸다. 일찍이 1961년에 타락하는 미국 도시를 우려한 멈퍼드의 이 이야기를 떠올리며, 한국 역사도시의 '휴머니즘'에서 인류가 꿈꾸는 바람직한 도시의 대안을 찾을 수 있지 않을까 생각해본다. 오늘 한국의 역사도시들을 탐구하는 궁극적인 목적이 바로 여기에 있다.

키워드로 읽는 도시 답사 노하우

역사도시는 전근대 시기에 조성되어 근대기를 거쳐 현대까지 진화해온, 살아 있는 정치·산업·거주의 공간이다. 역사도시 답사는 현재의 공간과 장소에서 수백 년 혹은 천 년 이상 된 역사의 깊이를 느끼며 그곳에 겹겹이 깃든 이야기와 기억, 그리고 의미를 발견하는 일이다. 이렇게 오래된 공간과 장소의 구성, 형태, 그리고 디자인을 꼼꼼히 살펴 그곳의 이야기들과 관계 짓는 일을 '역사도시 읽기'라 부를 수 있겠다.

근대기 이후에 큰 변화를 겪은 역사도시에서 공간 질서와 논리를 한눈에 읽어내기는 어렵다. 막상 역사도시에 당도해보면 도시 공간이 매우 복잡하고 혼란스러워 보인다. 또한 그 도시가 그 도시 같아서 도대체 어디를 찾아가야 특유의 도시다움을 느낄 수 있을지 막막한 심정이 들기도 한다. 그러나 엉킨 실타래를 풀듯 차근차근 살피다 보면 어느덧 도시 공간의 큰 그림이 그려지고, 그 도시 특유의 개성 있는 공간들이 모습을 드러낸다.

여기서는 내 경험을 바탕으로 역사도시, 특히 행정 중심지로 출발한 역사도시의 답사 요령을 7가지 키워드로 정리해보려 한다. 물론 답사에 정석이 있는 것은 아니니 내 경험을 참고해서 독자들 나름의 답사 방법을 찾을 수 있기를 기대한다.

먼저 답사 순서를 생각해보자. 행정 중심지로 출발한 역사도시에서 오래된 공간은 객사와 동헌을 중심으로 한 과거 읍치 구역이다. 읍치의 경계에 성벽을 둘렀을 때 그곳을 읍성이라 부른다. 읍치 안에서 가장 높은 지점에 올라 도시 공간의 전모를 파악하고 대략의 동선을 그려보는 것으로 답사를 시작하면 어떨까? 그 다음 도시 공간으로 내려와 골격을 이루는 남북방향과 동서방향의 중심 가로를 천천히 걸으면서 과거 읍치의 전체적인 분위기를 파악하자. 그리고 주요 가로 안쪽 곳곳으로 들어가 역사적인 의미가 있거나 재미있는 공간과 장소들을 찾아 답사한다. 과거 읍치의 공간은 대개 걸어서 답사하는 것이 가능하다. 마지막으로는 읍치 바깥쪽에 있는 역사적 공간과 장소를 찾아보자. 도시의 역사를 말해주는 탑이나 불상, 관립 고등교육기관이었던 향교와 경치 좋은 곳에 자리한 누각, 그리고 도시생활에서 특별한 의미를 지니는 자연요소가 그 대상이다. 보행거리가 넘는 곳은 자전거를 이용해 답사하면 시간도 절약하고 볼거리도 놓치지 않을 수 있다.

중심

객사와 동헌 | 행정 중심지였던 역사도시의 중앙에는 많은 공공시설들이 있었다. 그중 가장 중요한 시설이 객사와 동헌이다. 객사의 가운데 부분인 정청(正廳)에 임금을 상징하는 '전(殿)' 자를 새긴 나무패를 모셔놓고, 수령이 매월 삭망(朔望)에 여기에 대고 배례를 올린다. 또한 중앙에서 관리가 출장 오면 정청 양쪽의 방에 묵는다. 이렇게 왕권을 상징하는 객사는 역사도시에서 가장 중요한 건물이었다.

동헌은 군수·현령 등의 지방관이 향리를 거느리고 공무를 보던 중심 관청으로, 오늘날의 군청이나 면사무소에 해당한다. 지방관 가족이 거주하는 사택인 내아의 동쪽에 위치한다 하여 동헌이라는 이름이 붙었다.

전근대기에 왕권을 상징하는 객사, 그리고 지방 행정의 중심인 동헌은 도시를 상징하는 시설이었다. 객사가 영빈관의 기능을 가져서 밀양처럼 경치 좋은 곳에 건립되기도 하지만, 일반적으로 객사와 동헌은 역사도시의 중앙부 또는 북쪽 중앙에 위치하고 그것들을 중심으로 도시 공간이 구성된다. 나주에서 잘 볼 수 있듯이, 역사도시에 복원된 객사와 동헌은 도심 경관에 중요한 역할을 하며 한국 전통건축의 아름다움을 뽐내고 있다.

경계

성벽과 그 흔적 | 모든 역사도시에 성벽이 있었던 것은 아니나 과거 읍치는 그 경계가 성벽으로 규정된 경우가 많았다. 밀양에서는 성벽 밖으로 해자(垓字)가 설치되었는데, 이렇듯 성벽은 도시 영역을 분

명히 규정하는 동시에 방어의 기능을 했다. 뒤로 진산에 의지하는 역사도시에서 성벽을 사각형으로 만드는 것은 거의 불가능한 일이었다. 그래서 지형의 흐름을 따라 부정형으로 축조된 성벽이 많았다. 동쪽 성벽을 부분적으로 복원해놓은 밀양에서 이런 유기적인 형태의 성벽을 잘 볼 수 있다.

성벽의 동서남북 4곳 또는 동·서쪽과 남쪽 등 3곳에 성문을 설치했고, 성문 바깥으로 그것을 감싸는 옹성을 설치했다. 성문들 가운데 도시의 공식 정문인 남문과 일상생활에서 주 출입구 역할을 하는 동문의 모습을 보면, 대개 높은 석축 위에 중층의 누각을 세워 그 위용을 자랑했다. 이에 비해 북문과 서문은 좀 더 간략한 형태로 지어졌다.

전근대기에 쌓은 성벽이 오늘날까지 온전히 남아 있는 도시는 없다. 대부분 20세기 초 일제강점기에 철거되었기 때문이다. 과거에 성벽이 있던 자리는 대개 주변보다 다소 높은 지형이 선형(線形)으로 이어진다. 많은 도시에서 성벽 자리를 따라 도로가 났는데, 나주나 통영 같은 도시에서는 축대로 전락하거나 밑동만 남아 살림집들을 떠받치는 초라한 성벽의 모습도 볼 수 있다. 드문드문 남은 흔적을 이어 옛 성벽을 선으로 온전하게 그어봄으로써 역사도시의 과거 모습과 그 규모를 짐작해볼 수 있다.

남북가로와 동서가로 | 전근대기에 조성된 도시의 축을 거닐어봄으로써 역사도시의 오래된 골격을 확인할 수 있다. 과거에는 읍성의 정문인 남문과 북문 또는 객사를 잇는 남북가로를 따라 관청이나 큰 규모의 건물들이 늘어서 있었다. 동문과 서문을 잇는 동서가로는 일상적인 동선의 축으로, 과거부터 그 도시에서 가장 번화한 상업가로였다. 나주에서 확인할 수 있듯이 일제강점기에 역사도시에 들어선 금융시설들, 그 신고전주의풍의 아름다운 근대 건축물을 볼 수 있는 곳도 이 상업가로다.

전근대기 역사도시의 축들은 근대에 들어 확장되거나 훨씬 너른 새로운 축이 이웃해 나란히 조성되면서 큰 변화를 겪는다. 이미 성벽이 철거된 상태에서 조성된 근대기의 축은 도시 영역을 넘어 인접 지역으로 이어졌다. 그리고 축이 이동함에 따라 도시의 상징 가로와 번화가도 이동했다. 나주와 전주, 안성 같은 도시에서 근대기에 도시의 축이 어떻게 이동하고 확장했는지 살펴봄으로써 역사도시의 성장을 또 다른 관점으로 이해할 수 있다.

흐름

지형과 물길 | 역사도시를 답사하다 보면 언덕을 오르락내리락할 때가 많다. 대개 표고가 높은 곳에는 객사나 종교시설 등 상징적인 건축물들이 위치한다. 또한 춘천과 통영처럼 언덕 전체가 주거지로 조성되는 예도 많은데, 이때 골목의 모양과 집들이 놓이는 방식은 등고선으로 나타나는 지형과 서로 긴밀히 관련을 맺는다. 이런 결과로 우리의 역사도시에서는 '제2의 자연'이라 부를 수 있을 만큼 자연스런 도시 마을이 탄생했다.

도시 공간에서 물길은 기본적으로 사람들에게 쾌적함을 선사하는 요소, 곧 어메니티(amenity)이다. 도심에서 잔물길은 도로를 확장하는 과정에서 대개 사라졌지만, 도심부나 도시 경계에 큰 물길이 있어 도시의 공간구성과 생활에 영향을 주는 역사도시가 많다. 통영은 도시의 앞쪽 경계가 바다이지만, 이 책에 소개한 아홉 도시 모두 그런 예이다. 과거에 교통로로 이용되었던 물길은 가로의 방향에 영향을 주어 딱딱한 격자형이 아닌 유기적인 가로체계를 만들어냈다.

물길을 따라 난 길을 걸으며 한쪽으로는 흐르는 물을, 다른 한쪽으로는 도시 공간을 바라보는 체험은 역사도시에서 누리는 최고의 낭만이자 여유다. 그런 길을 따라 산책하면서 물길과 도시 공간이 만나는 방식들을 살펴보자. 한국 역사도시가 자아내는 공간의 변화와 역동성은 많은 부분 도시 공간을 흐르는 지형과 물길 덕이다.

주거 유형

골목과 주택 | 남북·동서축과 같은 주요 가로 안쪽으로 조금만 들어가면 구불구불한 골목들이 수놓는 '도시의 면'이 펼쳐진다. 골목의 형태는 주거지를 관통하여 다른 길들과 만나는 통과 골목과 한쪽이 막힌 막다른 골목으로 나뉜다. 나주에서는 길게 이어지는 통과 골목이, 안동에서는 막다른 골목이 잘 발달했다. 특이하게도 밀양 삼문동에는 동그란 형태의 통과 골목

이 있다. 어느 형태이든 골목이 곧게 뻗어 있기보다는 대개 예측하기 힘든 부정형이어서 탐방객의 호기심을 끊임없이 자극하며 발길을 도시 공간 깊숙이 이끈다.

주택 접근로인 골목에는 주택들이 매달려 있다. 일정한 시기에 지어진 주택들은 대개 형태나 공간구성에서 공통적인 모습을 갖는데, 이는 도시 사람들이 마음속에 함께 공유했던 주거 유형이 있었기 때문이다. 역사도시의 주거 유형은 크게 전근대기의 한옥형 또는 재래주택형 주거, 그리고 근대기의 일식 주택과 양옥으로 나누어볼 수 있다. 재미있게도 안동 도심의 전통문화콘텐츠박물관 뒷길에는 한옥, 일식 주택, 양옥이 나란히 있어서 가로의 시간성을 느끼게 해준다.

주택과 접근로는 공간적으로 서로 긴밀히 연결되므로 그 둘을 따로 보지 말고 함께 유형적으로 파악하는 것이 중요하다. 골목과 함께 주택을 자세하게 살펴보면 그 도시에서만 볼 수 있는 특색 있는 형태나 공간구성을 발견하게 된다. 그러한 도시 특유의 주거 유형을 살피며 그것에 영향을 준 자연적·사회문화적 요인들을 추정해봄으로써 역사도시의 공간과 생활에 한 걸음 더 다가설 수 있다.

역사도시에는 순수 주거 용도의 건물도 있지만 상업 용도를 겸하는 주상복합 건물이 많다. 주거와 상업 용도를 수평적 또는 수직적으로 나누어 배치한 집들이다. 충주·안성·강경 등의 주상복합 건물에서 사적인 생활 영역을 확보한 과거의 방식을 살핌으로써, 앞으로 고밀도 도심에 적합한 다양한 주거 유형을 개발하는 데 귀중한 아이디어를 얻을 수 있다.

공동체 역사도시라는 지역 공동체는 몇몇 도시 마을로 구성되며, 다시 도시 마을은 여러 작은 공동체들로 이루어진다. 이들 세 단계의 공동체 공간을 찾아 공동체의 활동을 지지하거나 구성원을 배려한 개성 있는 공간과 재미있는 디자인을 발견해보자.

현대 대도시에서 거의 사라져버린 작은 공동체의 공간은 주택 접근로, 곧 골목을 공유하는 몇몇 집들이 모여서 이루는 공간이다. 충주나 나주에서 보듯, 공동 우물이나 마을 입구 마당이 이런 작은 공동체를 엮어주는 매개공간이 되기도 한다. 주민들이 일상적으로 접촉하는 공간에 잠시 머무르며 그 분위기와 느낌을 경험해보자. 그곳에서 현대도시에서는 느낄 수 없는 인간적인 분위기가 물씬 풍긴다면, 그 이유는 무엇일까?

인물

이야기와 장소 | 역사적인 인물들 특히 문화예술 분야에서 탁월한 업적과 이야기를 남긴 인물들이 거주하고 활동하던 장소를 찾아가보자. 그런 장소가 이미 문화관광의 대상지가 되어 널리 알려진 경우도 있지만, 내가 춘천에서 박수근과 권진규의 자취를 찾을 때 그랬듯이 보물찾기를 하듯 한참을 뒤져야 겨우 발견하는 경우도 많다. 미리 문헌자료를 찾아보고 현지에서 원로들의 말씀에 귀 기울이는 것은 그런 숨겨진 보물을 찾는 데 큰 도움이 된다. 그리고 동네 이름이 단서가 될 때도 많다.

현장에 남아 있는 인물들의 흔적과 체취를 확인하고 느끼는 과정에서 우리는 존재와 장소가 서로 분리될 수 없음을 깨닫는다. 소설이든 그림이든, 그 장소에서 탄생한 훌륭한 예술작품을 준비해 현장에서 감상하면 그 작품이 얼마나 사실적인가를 깨닫게 되고 더욱 큰 감동을 받는다. 또한 내가 도시 공간을 경험하고 느낀 방식과 예술가가 동일한 공간을 묘사한 방식에 어떤 공통점과 차이가 있는지 비교해보는 것도 흥미롭다. 많은 예술가들을 배출한 통영은 이런 방식으로 답사하기에 가장 좋은 도시이다.

꼭 역사적인 인물과 관련된 것이 아니어도 특별한 이야기를 간직한 장소들이 있다. 그런 장소에서 이야기의 단서를 찾는다면 더없이 좋겠지만, 실제 무대에서 이야기의 장면들을 상상하는 것만으로도 과거로 마음 여행을 떠날 수 있다.

수년간 역사도시를 답사하며 나는 차를 한 잔 마셔도 과거에 어떤 인물이 마셨던 찻집에서 마시고, 밥을 한 끼 먹어도 오래된 한옥을 잘 보전해서 쓰는 음식점에서 먹는 버릇이 생겼다. 역사적 장소와 기억의 흔적들이 눈에 보이지는 않으나 실재하는 '시간'이라는 존재를 확인시켜주고, 그 시간의 흐름 속에 내가 있음을 일깨워주기 때문이다. 한편, 그런 골목과 집들이 공사판의 먼지 속으로 사라지는 현장을 목격하면서 자연스레 역사도시의 앞날을 걱정하게 된다. 이 도시들은 100년 후에 어떤 모습일까? 우리 현대인들은 과연 어떤 도시 공간에서 어떤 이야기를 쓰며 살아가야 할 것인가?

 많은 사람들이 역사도시에서 아름답고 재미있는 공간, 인간적인 공간들을 만나고 그것들을 모아 좋은 도시의 모습을 마음속에 그려보기 바란다. 그리고 우리가 현재 살고 있는 도시를 그렇게 아름답고 살기 좋은 곳으로 바꾸어나가는 노력을 함께 시작하길 기대한다.

본문의 주

1 박경리, 《김약국의 딸들》, 나남, 2002, 12쪽.
2 이중환 지음, 이익성 옮김, 《택리지(擇里志)》, 을유문화사, 1993, 186쪽.
3 서정주, 《질마재로 돌아가다》, 미래문화사, 2001, 22~23쪽.
4 이외수, 《꿈꾸는 식물》, 해냄, 2010, 245~246쪽.
5 이규헌, 《사진으로 보는 근대 한국 上》, 서문당, 1986.
6 논산시지 편찬위원회, 《논산시지 2 — 역사와 문화유적》, 2005.
7 충청남도, 《사진으로 본 충남 100년》, 1999.
8 坂上富藏, 《江景事情》, 1928.
9 김선문, 〈강경의 성쇠과정과 도시구조에 관한 지리학적 연구〉, 공주사범대학 교육대학원 석사학위논문, 1986. 12, 71쪽.
10 논산시지 편찬위원회, 《논산시지 2 — 역사와 문화유적》, 2005, 238쪽.
11 이규헌, 《사진으로 보는 근대 한국 上》, 서문당, 1986.
12 김선문, 〈강경의 성쇠과정과 도시구조에 관한 지리학적 연구〉, 공주사범대학 교육대학원 석사학위논문, 1986. 12, 69쪽.
13 박용래, 《먼 바다》, 창비, 1984, 115쪽.
14 김사인, 《가만히 좋아하는》, 창비, 2006, 20~21쪽.
15 이병기, 《난초》, 미래사, 1991, 34쪽.
16 손정목, 〈조선사회의 도시의 구조와 발전〉, 《한국의 사회와 문화》 16집, 1991, 321쪽.
17 고종석, 《도시의 기억》, 개마고원, 2008, 56~57쪽.

참고문헌

- 강원도사 편찬위원회,《강원도사 1-3》, 2010.
- 고동환,〈조선후기 교통발달과 전국적 시장권의 형성〉,《문화역사지리》 8호, 한국문화역사지리학회, 1996. 9.
- 고수연·채병선,〈한옥주거문화의 보전·계승을 위한 한옥마을의 정비방향에 관한 연구〉,《한국도시설계학회 추계학술발표대회 논문집》, 한국도시설계학회, 2006. 11.
- 고은,《이중섭 평전》, 향연, 2004.
- 김사인,《가만히 좋아하는》, 창비, 2006.
- 김선문,〈강경의 성쇠과정과 도시구조에 관한 지리학적 연구〉, 공주사범대학 교육대학원 석사학위논문, 1986. 12.
- 김태영 원저, 안상정 편역,《안상정의 편역 안성기략》, 새로운사람들, 2008.
- 김태영 원저, 안상정 편역,《안상정의 편역 안성문화》, 창과샘, 2011.
- 나주시지 편찬위원회,《나주시지 1-4》, 2006.
- 남해경,〈전주한옥마을 주거건축 평면의 특징에 관한 연구〉,《한국주거학회 논문집》 21권 4호, 한국주거학회, 2010. 8.
- 노재현·신상섭,〈통시적 관점에서 본 한벽당의 변천과정〉,《한국조경학회지》 35권 6호, 한국조경학회, 2008. 2.
- 논산시지 편찬위원회,《논산시지 2 — 역사와 문화유적》, 2005.
- 류태수 편저,《사진으로 보는 통영 어제·오늘》, 1997.
- 머레이 북친 지음, 구승회 옮김,《휴머니즘의 옹호》, 민음사, 2002.
- 밀양지 편찬위원회,《밀양지》, 밀양문화원, 1987.
- 박경리,《김약국의 딸들》, 나남, 2002.
- 박용래,《먼 바다》, 창비, 1984.
- 박종채 지음, 박희병 옮김,《나의 아버지 박지원》, 돌베개, 1998.
- 박찬승,〈해방 전후 나주지방의 정치사회적 동향〉,《지방사와 지방문화 1》, 역사문화학회, 1998. 11.
- 뿌리깊은나무,《한국의 발견 — 강원도, 경기도, 경상남도, 경상북도, 전라남도, 전라북도, 충청남도, 충청북도》, 1984.
- 서정주,《질마재로 돌아가다》, 미래문화사, 2001.
- 손승광·김병진,〈나주 읍성지역의 공간구조와 성장질서에 관한 연구〉,《대한건축학회논문집》 22권 3호, 대한건축학회, 2006. 3.
- 손정목,〈조선사회의 도시의 구조와 발전〉,《한국의 사회와 문화》 16집, 1991.
- 심경호,《다산과 춘천》, 강원대학교 출판부, 1996.
- 안국진,〈1900~1945년 나주시 중·소규모 한식상가와 일식상가의 변천 비교연구〉, 명지대학교 대학

원 건축공학과 석사학위논문, 2001. 6.
- 안동군,《국역 영가지》, 1991.
- 안동시사 편찬위원회,《안동시사 1-5》, 1999.
- 안성군지 편찬위원회,《안성군지》, 1990.
- 안성시,《안성객사 해체·중건공사 보고서》, 2000.
- 엄흥섭,《퇴회》, 작가문화, 2003.
- 염영아,《한국의 종》, 서울대학교 출판부, 1991.
- 예명해,〈조선시대의 밀양 읍성에 관한 기초 연구(1)〉,《대한 국토·도시계획학회지 국토계획》 26권 2호, 대한 국토·도시계획학회, 1991. 5.
- 오광수,《박수근》, 시공아트, 2002.
- 이경찬,〈전주시가지 격자형 토지구획의 형태적 특성에 관한 기원론적 고찰〉,《대한 국토·도시계획학회지 국토계획》 32권 4호, 대한 국토·도시계획학회, 1997. 8.
- 이규헌,《사진으로 보는 근대 한국 上》, 서문당, 1986.
- 이병기,《난초》, 미래사, 1991.
- 이영,《충주발전사》, 1932.
- 이외수,《꿈꾸는 식물》, 해냄, 2010.
- 이정숙,〈진흥왕대 우륵 망명의 사회 정치적 의미〉,《이화사학연구》 30집, 이화여자대학교 이화사학연구소, 2003. 12.
- 이중환 지음, 이익성 옮김,《택리지(擇里志)》, 을유문화사, 1993.
- 이헌창,〈충청북도에서의 정기시 변천에 관한 기초적 연구〉,《중원문화논총》 4집, 충북대 중원문화연구소, 2000.
- 전재홍,〈쌀 관련 시설의 도시경관 변화에 대한 영향 연구〉, 한남대학교 대학원 건축공학과 박사학위논문, 2008. 2.
- 전주시사 편찬위원회,《전주시사》, 1986.
- 전주역사박물관,《지도로 찾아가는 도시의 역사 — 전주의 도시형성과 공간구조의 변화》, 2004.
- 정삼철 편역,《100년 전 충북의 옛 모습》, 충북학연구소, 2000.
- 조선총독부,《조선고적도보 1-15》, 1915~1935.
- 조용훈,〈경기도 안성 도시조직의 변화와 근대건축 조사연구〉,《한국건축역사학회 춘계학술발표대회 논문집》, 2002. 5.
- 최명희,《혼불 1-10》, 매안, 2009.
- 최석태,《황소의 혼을 사로잡은 이중섭》, 아이세움, 2001.
- 최수철·박찬일,《춘천 마음으로 찍은 풍경》, 문학동네, 2009.
- 최열,《권진규》, 마로니에북스, 2011.
- 충주시지 편찬위원회,《충주시지 상·중·하》, 2001.
- 충청남도,《사진으로 본 충남 100년》, 1999.
- 충청북도,《한국 충청북도 일반: 1909년도》, 1996.
- 통영시사 편찬위원회,《통영시지 상·하》, 1999.

- 한경대학교 건축학부,《안성 근현대 사진첩 II — 근현대 안성의 도시·건축》, 2008.
- 한필원·정지우,〈강경 도심 장옥형 주택의 유형적 특성 연구〉,《대한건축학회지회연합회 논문집》9권 2호, 대한건축학회지회연합회, 2007. 6.
- 坂上富藏,《江景事情》, 1928.
- Jacobs, Jane, *The Death and Life of Great American Cities*, Random House, 1961.
- Mumford, Lewis, *The City in History*, Harcourt, Brace & World, 1961.

찾아보기

ㄱ

가구전길 · 191
가내수공업 · 168, 316
가람 → 이병기
《가례집람》 · 168
가로공간 · 186
가로체계 · 97, 143, 291, 312, 343, 359
가실왕 · 247, 266
가야금 · 247, 254, 255, 266
가토 기요마사 · 255
가흥창 · 234
간이역 · 44
간창골 · 74, 75, 78, 82
간판 · 35, 38, 39, 65, 92~94, 115, 145, 146, 148, 226, 257, 309
감영 · 236, 270, 271, 283, 288
갑문 · 210, 211
갓방 · 69
강경공립상업학교 · 205
강경노동조합 · 210, 228, 229
강경보통학교 · 205, 225
강경상업고등학교 · 205
〈강경 시가도〉 · 204
강경시장 · 212~214
강경역 · 196, 202, 205, 211, 225
강경장 · 194, 213, 228

강경젓갈축제 · 229
강경중앙초등학교 · 205
강경천 · 195, 202, 204, 208, 219, 220
강경포구 · 209, 210, 212
강구안 · 80
강상고등학교 · 205
강원감영 · 122
강원도청 · 122, 123, 140
개경 · 86, 234, 236, 305, 330
개방성(감) · 112, 218, 299, 323, 324
개항 · 196
개화정책 · 118
객사 · 17, 18, 50, 67, 68, 73, 87, 97, 107, 110, 111, 113, 115, 123, 124, 158, 159, 169, 173, 179, 199, 200, 235, 241, 258, 271, 282, 287~291, 305, 306, 311, 313, 315, 322, 324~328, 330~332, 341, 345, 346, 356~359
객주 · 160, 207, 210, 212
거문고 · 247
거석문화 · 96
거점도시 · 48, 129, 234
〈건륭경성전도〉 · 352
건물의 간판화 · 39
건재 → 김천일
건지산 · 271
건축 유형 · 109, 189, 191
건축문화 · 11, 109, 110, 112
건축양식 · 114, 173, 190, 206, 225, 286

〈겨울연가〉 · 130, 145
격자(형) · 37, 69, 89, 143, 291, 312, 344, 349, 352, 359
견훤 · 86, 270, 280, 304
결절점 · 144
겹집 · 294
겹처마 · 221, 222, 252
경강 · 196
경계 · 8, 13, 24, 29, 42, 72, 92, 123, 130, 135, 150, 167, 209, 212, 241, 253, 257, 264, 276~278, 280, 282, 287, 290, 321, 356, 357, 359
경기선 · 177, 190
경기전 · 270~272, 290, 298
경남철도 경기선 · 177
경덕왕 · 16, 18, 270
경무당 · 50
경복궁 · 74, 313
경부선 · 30, 39, 160, 212
경사 주거지 · 82
경사지 주택 · 354
경사지붕 · 94, 200
경사진 골목 · 132, 137, 141, 154, 155, 221
《경세유표》 · 306
경제성 · 11, 104
경춘선 열차 · 128
경관 · 168
계립령 · 234
계명산 · 235, 236, 241, 250, 253, 258
계산동성당 · 284

찾아보기 **367**

계수관 · 270
계족산 · 235
고경명 · 309
고구려 고분 · 130
고니시 유키나가 · 255
고덕산 · 280
고딕건축 · 190
고려 무신난 · 22
《고려사》· 236
고리형 길 · 33, 68
고살 · 291, 298, 324
고슴도치섬 · 134
고전주의 · 205, 346
고종 · 112, 118, 124, 168, 242, 264, 272, 306
고창전투 · 117, 118
곤지산 · 271, 277, 287
〈골목안〉· 141
공간구성 · 59, 82, 167, 298, 333, 359, 360
공간구조 · 289, 291, 311, 345, 346, 350, 352, 353
공간 질서 · 356
공공건물 · 115, 189
공공공간 · 130, 134, 178, 215, 342
공공기관 · 115
공공미술 · 77
공공생활의 축 · 28
공공성 · 29
공공시설 · 32, 258, 357
공동공간 · 132
공동우물 · 360

공동체 공간(영역) · 182, 360
공민왕 · 18, 86~88, 109, 158
공방 · 49, 61
공설시장 · 243, 245, 252
〈공손수〉· 296
공양왕 · 16
공적 공간 · 176, 319, 320, 323, 334, 349
공지천 · 122, 123, 130, 131, 134
관광(객) · 12, 45, 48, 54, 94, 144, 173, 191, 227, 230, 261, 295, 297, 300
관사 · 50, 258, 327
관아 · 18, 28~30, 32, 45, 49, 74, 124, 143, 164, 179, 236, 241, 243, 326, 340, 346
관아골 · 236, 246, 251
관아공원 · 241, 242, 250, 251, 253, 254, 257
관아 복원사업 · 45
관주교 · 259
관지 · 87
광장 · 27, 132, 134, 147, 149, 150, 177, 214, 281
광주고등보통학교 · 310
광주여자고등보통학교 · 310
광주학생항일운동 · 310
광주항쟁 · 330
광한루 · 280
광해군 · 329
광해주 · 122
교통도시 · 48

교현천 · 12, 235, 241, 243, 246, 249, 253, 259, 262, 263
구들 · 66
《구름에 그린다》· 57
구릉도시 · 67
9주 · 122, 270
구포동성당 · 189, 190
구획정리사업 · 352
국가 지정 문화재 · 265
국립중앙박물관 · 313
국원경 · 234
국원소경 · 234
국제도시 · 112
국제마임축제 · 127, 134
국제만화축제 · 127
국제연극제 · 127
국제인형극제 · 127
군내장 · 183
군사도시 · 11, 48, 49, 55, 61, 74, 83, 342
궁궐 · 50, 124, 129, 281, 342
궁성 · 343, 350
궁예 · 304
궁중음악 · 248
권기 · 96
권벌 · 92
권상연 · 285
권오설 · 88
권진규 · 12, 135, 139~142, 361
권찬영 · 108, 109
권행 · 86, 96
극락전 · 88, 109

368

극적루 · 158
근대건축 · 206
근대도시 · 6, 37, 178, 196, 200, 226
근대성 · 295
근대의 상징 · 346
근대 주택 · 300
근대풍 · 72, 74, 143, 321, 327, 331
근대 한옥 · 252, 295
근대화 · 35, 188
근민헌 · 18
근원 · 57, 58
금강 · 194, 195, 201, 203, 208, 209, 212
금계교 · 316
금계천 · 314
금난전권 · 346
금남금융조합 · 332
금봉대로 · 263
금봉산 · 235
금성관 · 324~327
금성교 · 316
금성군 · 304
금성길 · 310, 328, 330
금성산 · 304, 305, 312, 314, 321
금융시설 · 332, 333, 358
기공비각 · 159, 176
기린로 · 280, 290
기린봉 · 271, 276, 290
기억상실 · 139
기억 지우기 · 347
기와집골 · 131, 143
기원의 장소 · 158

기하학 · 28, 37, 344
기호체계 · 294
기호학파 · 194
기회송림 · 23
김개남 · 287, 288
김관식 · 205
김대건 · 224
김사인 · 277, 278
김상옥 · 58, 59, 69
김선평 · 86, 108
《김약국의 딸들》· 48, 61, 72~74, 348
김여물 · 255
김자점 · 249
김장생 · 168, 169, 194
김종직 · 17, 92
김천일 · 304, 309, 326
김춘수 · 58, 59
김환기 · 65
《꿈꾸는 식물》· 148, 153

ㄴ

나무전길 · 191
나뭇가지형(길) · 58, 67~69
나바위 · 224
나사침 · 329
나씨 삼강문 · 321, 329
나전칠기 강습소 · 62, 66
나주고등학교 · 315
나주곡물검사소 · 330
나주곰탕 · 332

나주금융조합 · 321, 332, 333
나주 나씨 · 321, 329
나주노동조합 · 317
나주농업보습학교 · 310
나주목 · 306, 326
《나주목여지승람》· 309
나주보통학교 · 310, 327
나주부 · 306
나주 북문 밖 3층석탑 · 313
나주상공회 · 316
나주 서문 석등 · 313
나주소반 · 316
나주시청 · 304
나주역 · 309, 310
나주읍성 · 309, 319, 328
나주의원 · 322
나주잠사주식회사 · 316
나주주조합명회사 · 316
나주천 · 304, 305, 311~317, 321~323, 328, 334, 335, 344
나주초등학교 · 310
나주학생독립운동기념관 · 310
나주 학생시위 · 307
나주협동상회 · 331, 332
나 홀로 아파트 · 314
낙동강 · 16, 17, 21, 22, 39, 94, 97, 196
낙랑 · 154
낙안읍성 · 248, 306
〈낙원〉· 64
낙원공원 · 158, 175
난계 → 박연

찾아보기 **369**

남강 · 62, 309
남고문 · 305, 309, 313, 314, 319, 320, 327~330
남고산성 · 272, 280
〈남망산 오르는 길이 보이는 풍경〉 · 53, 63
남망산공원 · 58
남문루 · 11, 98
남부시장 · 275, 283
남북가로 · 289, 358
남북길 · 18, 28~30, 170
남북축 · 13, 113, 115, 258, 282, 288, 328, 329
남산공원 · 325
남선산업 · 220
남원 · 280
남인 · 92
남일당한약방 · 213~215, 228
남종삼 · 287
남천강 · 22, 42
남천교 · 31, 271, 277
남한강 · 234, 235, 243, 255, 265
《남행월일기》 · 297
낭만의 도시 · 127, 154
낭성 · 247
내부 마당 · 40, 217, 218
내삼문 · 18, 124
내아 · 18, 50, 124, 235, 326, 327
내헤홀 · 158
노국공주 · 86
노동자 주택 · 318
노베르그-슐츠 · 286

노천 어물전 · 80, 81
노회 · 108
녹음찻집 · 72
논산 명재고택 · 185, 187
논산천 · 195, 208
놋그릇 · 166
놋다리밟기 · 87, 113
농촌마을 · 73, 78, 306
누각 · 18, 22, 54, 99, 100, 158, 277, 278, 281, 286, 326, 357, 358
누리장터광장 · 245, 246
누정 · 278, 279
누하 진입 · 54
〈님쟝군전〉 · 248

ㄷ
다방 · 28, 40, 148, 226, 227, 229, 230, 252
다산 → 정약용
다양성 · 109, 116, 148~151
다카하시 정미소 · 210
단독주택 · 83, 216, 217
단발령 · 306
단호사 · 259
달동네 · 73, 318
달천 · 234, 235, 249, 258
달천강 · 255, 259
달천교 · 239
닭갈비골목 · 12, 142, 144~147, 149, 150, 154
닭실마을 · 92

당간지주 · 314
당산나무 · 246, 324
대관령 · 122
대구성 · 282
대도호부 · 87, 88, 122, 345
대동전기상회 · 230
대림산 · 250, 260
대림성 봉수대 · 235
대문간 · 32~34, 104, 185, 187, 300
대문산 · 254
대봉교 · 249, 250, 259, 262
대성알미늄 · 220, 228, 230
대신궁 · 258
대안탑 · 112
대원사 · 106, 107, 115, 259
대읍 · 270, 306
대장간 · 165, 166, 172, 173, 180, 187, 259
대장시 · 164, 196
《대지》 · 35
대청 · 111, 187, 277, 294, 295, 298
대포구 · 164, 196
대풍가 · 272
대향 → 이중섭
대호제 · 319
대홍천 · 195, 202, 204, 205, 208~213, 230
덕진제 · 271
덕흥창 · 234
데리다 · 57, 58, 341
도고 · 165
도구머리 · 12, 167~169

도기 · 159
도기서원 · 168
도산서당 · 108, 116, 297
도산서원 · 95
도성 · 73, 281, 342~344
도성제 · 342
도시 가로 · 12, 38, 66, 117, 142, 143, 147, 151, 218, 219, 312, 320, 321, 323, 324
도시 경관 · 38, 109, 226, 264, 346, 350
도시계획 · 102, 151, 154, 343
도시 공간(구조) · 6~8, 11, 12, 21, 23, 26~28, 32, 37, 40, 53, 65, 66, 69, 71, 97, 104, 113, 114, 116, 117, 119, 120, 122, 128, 131, 134, 154, 155, 158, 164, 167, 169, 174, 179, 181~185, 200, 219, 226, 228~230, 239, 240, 244, 247, 257, 270, 277, 289, 291, 294, 311, 315~317, 322, 328, 331, 334, 340~342, 345, 349, 352, 353, 356, 357, 359~362
도시 공동체 · 106, 133, 139, 245
도시 관광 · 191
도시 구조 · 354
도시 농업 · 262
도시 마을 · 135, 137~139, 141, 182, 359, 360
도시 문화 · 133, 240, 247, 265
도시 미관 · 104
도시생활 · 6, 26, 30, 71, 176, 283,

317, 328, 334, 351, 357
도시 시설 · 115, 226, 264
도시 영역 · 29, 135, 357, 358
도시의 면 · 351~354, 359
도시의 휴머니즘 · 12, 181, 182, 184, 191, 353
도시 조직 · 70, 182
도시 주거(유형) · 12, 182, 216, 217, 219, 351
도시 주택 · 322
도시 한옥 · 35, 141, 294, 299
도시화(율) · 23, 42, 253, 339
도심 거주 · 182, 186
〈도원〉 · 63, 64
도읍 · 270, 297
도교 · 65, 141, 217
도포서원터 · 130
도호부 · 122, 345
도회 · 99, 159, 194
독립운동 · 88, 119
돌당간 · 313, 314
동국 18현 · 272
《동국여지승람》 · 17
동도서기 · 221
동래성 · 29
동문고개 · 30
동문로 · 115, 117, 118
동서가로 · 344, 346, 358
동서길 · 18, 29
동서로 · 12, 169~173, 175, 179, 180, 184, 185, 187, 319, 343
동서축 · 200, 282, 359

동안강당 · 190
동양척식주식회사(동척) · 204, 205
동일성 · 57
동점문 · 305, 313, 315, 331
동종 · 11, 98~100
동충안길 · 65
동포루 · 49, 77
동피랑 · 11, 66, 73, 75~77, 79
동학농민군(동학군) · 284, 317
동학농민전쟁 · 18, 287, 327
동헌 · 17, 18, 28, 29, 87, 88, 94, 124, 158, 159, 235, 242, 258, 327, 332, 345, 356, 357
동홍리 새 동네 · 219, 220
두룡포기사비 · 49
두보 · 55
두부마을 · 187
둑밑길 · 26
둔황 · 254
뒷골목 · 277, 320
뒷마당 · 218
들독길 · 323
〈등전주만경대〉 · 272
뚝지먼당길 · 77

ㄹ

랜드마크 · 11, 54, 208, 222, 224, 289
로데오거리 · 148
로마 · 177
로마네스크(양식, 풍) · 189, 190, 285,

286
리롱 · 353

ㅁ
마을공동체 · 324
마을 입구(마당) · 321, 323, 360
마임 · 127, 134
막고굴 · 254
막국수 · 145, 146, 150
막다른 골목 · 11, 33, 68, 70, 89, 100
  ~106, 116, 117, 137, 139, 146,
  219, 291, 292, 307, 352, 359
〈막버스〉 · 225, 226
만경대 · 272
《만기요람》 · 167
만남의 광장 · 145
만리산 · 250, 264
만리재 · 263~265
만사드 지붕 · 200
망대 · 12, 135~142
〈망월〉 · 63
〈망월 2〉 · 63
망일루 · 54
망화루 · 325
맞배지붕 · 186, 259
매개공간 · 360
매곡교 · 284
매일시장 · 327, 331, 332
맥국 · 128, 154
먼당 · 77
멈퍼드 · 354, 355

멍에실 · 39
메디치 가 · 261
명견루 · 281
명동성당 · 284
명륜공민학교 · 173
명륜여중 · 173
명성황후 · 145, 326
명정골 · 59
모진강 · 129
목구조 · 217, 227, 299
목사골 · 309
목성동성당 · 107, 108
목성산 · 106, 108
목장 · 305, 314
목조건물 · 55, 109, 174, 205, 206,
  214, 227, 331
목포항 · 330
무라카미 규헤이 · 316
무봉사 · 17, 31
무오사화 · 92
무학교 · 243
무학시장 · 243, 252, 253
문간 · 137, 151, 185, 300, 301
문간채 · 12, 35, 166, 173, 184~188,
  190, 191, 322, 354
문경새재 · 86
문루 · 72, 88, 241, 281, 282, 313,
  325, 326
문묘 · 272
문소각 · 123, 124
문암서원터 · 130
문중 · 108, 278, 348

《문학》 · 201
문화공간 · 134, 191
문화공원 · 88, 94, 95, 113, 117
문화관광 · 58, 361
문화도시 · 248
문화예술의 도시 · 48, 348
문화유산 · 227
문화의 거리 · 113~115
문화재청 · 30, 227
문화 콘텐츠 · 354
미곡창고 · 211
《미국 대도시의 죽음과 삶》 · 154
미군부대 · 131, 152, 154
미내다리 · 194
미리미동국 · 16
미원탑 · 13, 287, 289
민간신앙 · 72
민두호 · 124
민속놀이 · 113
민종렬 · 327
밀산교 · 23
밀성군 · 16
〈밀양〉 · 16, 40
밀양강 · 11, 16, 17, 22~29, 31, 41,
  42, 44, 45
밀양교 · 28, 42, 43
밀양도자기 · 40
밀양아리랑 · 22
밀양역 · 27, 39, 44
밀양읍성 · 16, 17, 29
밀주 · 16, 200
밀주관 · 18

《밀주구지》·31
밀차·225

ㅂ

바다도시·67, 77
박경리·48, 58, 59, 61, 348
박경중가옥·322
박공·224
박범신·207
박사마을·151
박샘·244, 245
박수근·12, 65, 135, 138~142, 147, 361
박연·247
박용래·205, 225, 226
박준채·310
박지원·12, 165~167
반변천·94
반탄비파상·254
방수림·23
방위·33, 138
배다리·31, 42, 44
배산임수·73, 736
배후 도시·129
백남순·64
백마산성·248
백석·59, 62, 77, 82
백성관·173
뱃길·131, 194, 196
벅수·71~73
번영길·114, 118

범종·99, 100
법륜사·74
법원·32, 50, 58
법흥사지 7층전탑·87, 110~112, 117
베르몽·222
베를린·314, 315, 319, 349, 350
〈베를린 천사의 시〉·314, 315, 319, 334, 349
베이징·88, 344, 351~353
베키오 다리·261
벽돌조·75, 227, 327
변진 12국·16
별서·278
병고·50
병산서원·95
병선마당·54
병인박해·287
병인양요·242
병자호란·248, 346
보개면·176, 190
보두네·284
보전·353, 361
보존·40, 245, 247, 353
보차혼용 가로·179
보편성·115
보행 본능·11, 69, 71
보행전용 가로·113, 114
보행환경·180
복고적 개발주의·319
복잡성·349
복주·86, 200

본룡사·327
본원사·74
본정·216, 331
본정통·186, 217
본채·35, 36, 224
〈봄〉·140
봄내극장·134
봄의 도시·140, 155
〈봄이 오다〉·140
봉의산·122~124, 129, 131, 143
봉정사·88, 95, 109
봉화(대)·205, 208
부내장·113
부두·78, 79
부벽루·42
부석사·107
부속채·35, 36, 224
부신목·119
부영·271, 283
부정형·132, 358, 360
북망문·305, 313, 332
북악산·304
북옥감리교회·221, 222
북천강·23
북촌·74, 294
북친·135, 139
북포루·49, 79
북학파·165
북한강·122, 123, 128~130, 151, 152
불교·74, 98, 99, 106~108
브라운5번가·12, 129, 132, 142,

147~150, 154
블록(형) · 92, 118, 289, 319, 349~351
비각 · 176, 259, 334
비늘판벽 · 66, 218
비봉산 · 158, 159
비잔틴풍 · 285, 286
비장미 · 43, 256
비포장도로 · 59
뼈대구조 · 186, 221

ㅅ

사계 → 김장생
사고 · 270
사당 · 22, 86, 108, 117, 187, 258, 259, 270
사대부 · 278
4대 사화 · 92
사랑채 · 35, 187, 294
사림 · 92
사마교 · 306
사매기길 · 306, 310, 312, 328, 332
사명대사 · 43
사문교 · 31
사액서원 · 168
사와이 마사노스케 · 331
사와이상점 · 331
사이공간 · 32, 33, 300, 301, 334
사적 공간(영역) · 300, 319, 334
사직(단) · 123, 124, 158, 253, 258, 342, 343

사직대로 · 245, 258
사창고개 · 153
사창가 · 153
사창청 · 123
사천 · 235
사행천 · 22
사회생태학 · 135
사회적 공간 · 226, 245, 324
사회적 관계 · 35
삭주 · 122
산업화 과정 · 348
《산행일기》 · 122
살림집 · 18, 172, 219, 252, 278, 326, 327, 358
살림채 · 40, 185
《삼강행실도》 · 329
《삼국사기》 · 247, 248
《삼국유사》 · 291
삼도 수군통제영 · 48
삼랑사창 · 16, 17
삼랑장터 · 16
삼랑진 · 16, 27, 28
삼문송림 · 23
삼웃들 · 113
삼초대 · 260
삼충사 · 265
삼태사 · 96, 108
삼태사묘 · 86
상서문 · 281
상선 · 305, 311
상설시장 · 124, 164, 167, 244, 281, 283

상시장 · 212
상업가로 · 92, 113~115, 144, 174, 186, 191, 219, 298, 332, 347, 358
상업공간 · 13, 159, 164, 185~188, 214, 217, 236, 252, 331
상업도시 · 12, 48, 158~160, 163~167, 169, 172, 174, 175, 178, 183~185, 187, 191, 194, 200, 221, 228, 342
상업(활동)의 축 · 175, 331, 332, 346
상점주택 · 40, 182, 187, 188, 218
상징목 · 334
상하이 · 224
새남터 · 287
새마을운동 · 217
생태하천 · 278, 334
생활공동체 · 351
《서경》 · 313
서리 · 159, 170
서문고개 · 58
서문로 · 108, 115~118
서부대성로 · 151
서부시장(길) · 151~154
서사구조 · 341
서성문(길) · 305, 313, 323
서애 → 유성룡
서양 고전건축 · 124
서울장 · 160, 183
서원철폐령 · 168
서유구 · 183
서유대 · 54
서정주 · 136

서천교 · 284
서포루 · 49
서피랑 · 11, 62, 66, 68, 73~75, 77, 82
서학 · 288
서호 · 24
석장 · 305, 314
석조건물 · 109, 227
석주 → 이상룡
석증사 · 99
석탑 · 122, 141, 265
선비문화 · 92
선상 · 129, 311
선자청 · 283
선조 · 123, 168, 240, 309, 326
섬말(길) · 207, 209, 216, 229
성갈 · 318
성공회성당 · 255
성곽 · 240, 282, 290, 317
성내교 · 263
성덕대왕 신종 · 99, 100
성리학 · 88, 107~109
성문 · 18, 30, 88, 98, 199, 236, 242, 282~284, 313, 314, 317, 340, 358
성벽 · 6, 12, 13, 16~19, 29, 30, 40, 43, 51, 66, 67, 77, 88, 122, 123, 199, 236, 237, 239, 240, 243, 246, 248, 249, 259, 273, 276, 281, 282, 284, 287, 291, 294, 298, 306, 311~313, 315, 317~319, 322, 323, 325, 327, 340, 343~346, 356~358

성시 · 246, 281
성읍마을 · 240
성종(고려) · 306
성종(조선) · 16, 325
성주풀이 · 109, 110
성황굿(당) · 245
세병관 · 11, 48~50, 53~55, 61~63, 67, 71~75, 78, 82
〈세병마행〉 · 55
세입자 · 35
세조 · 99
세창 · 16, 17
세키노 다다시 · 44
소동파 · 24
소봉교 · 243
소안탑 · 112
소양강(댐) · 122, 123, 128~131, 151~153, 155
소양강문화제 · 127
소양정 · 130, 278
소포구 · 196
손안로 · 74
손자 · 56
《손자병법》'모공편' · 56
솟을대문 · 139
송상현 · 29
송시열 · 194
솔전 · 213
쇠전거리 · 183
수문로 · 174
수변공간 · 130, 249
수상교통 · 234

수약주 · 122
수운 · 129, 159, 210, 234
수직사 · 272
수직성 · 286
수청각 · 241~243
수춘관 · 123
수항루 · 49, 54
순대다리 · 261
순조 · 167, 306
숭늉골 · 183
숭보당 · 118
숲정이 · 271, 287
슈퍼블록 · 154
승광재 · 272
승암산 · 278
시간성 · 28, 29, 44, 95, 147, 360
시간의 회랑 · 11, 116~119
시간축 · 11, 27, 28
시안 · 112, 343, 344
시앙 · 353
시장(거리) · 13, 34, 35, 65, 119, 147, 151, 166, 167, 171, 172, 177, 178, 183, 191, 196, 207, 212~214, 225, 236, 246, 253, 261, 281, 283, 341, 343
시전상인 · 346
식민도시 · 330
식산은행 · 216, 252
신간회 · 331
신고전주의(풍) · 205, 206, 358
신도시 · 236, 277
《신증동국여지승람》· 345

찾아보기 **375**

신립 · 236, 251, 254, 255, 259
신방석 · 242
신사참배 반대운동 · 109
신성한 영역 · 270
신숭겸 장군묘 · 130
신여성 · 215
신연강 · 123, 130, 131
신유박해 · 285
신인도 · 158
신작로 · 27, 69, 164, 174, 331
신한옥 · 299
신해통공 · 346
《심상》· 226
12공방 · 49, 61, 69
12목 · 306
싸전 · 284
싸전거리(다리) · 163, 183, 186, 190, 284, 287
쌈지공원 · 71
씨족마을 · 348

ㅇ
아동산 · 16, 17, 30, 43
아랑사 · 22, 24
아르노 강 · 260
아북산 · 16, 18, 43
아사 · 305
아파트(단지) · 33, 66, 78, 103, 134, 138, 151, 184, 199, 252, 262, 263, 281, 299, 314, 324, 354
안동 권씨 · 86, 108

안동교회 · 108, 115
안동 김씨 · 87, 106~108
안동독립운동기념관 · 88
안동소주 · 118
안동시립민속박물관 · 88
《안동시사》· 92
안동식혜 · 118
안동역 · 95, 97, 105
안동 이천동 석불상 · 110
안동향교 · 106, 108, 118
안뒤산 · 73
안마당 · 105, 132, 165, 185, 187, 252, 253, 294, 295
안산 · 63, 312
안성교 · 179
안성도서관 · 173
안성맞춤대로 · 169, 172
안성보통학교 · 173
안성선 · 190
안성장 · 160, 166, 183
안성천 · 158, 159, 167, 168, 179, 183
안성판 · 168
안성향교 · 159
안채 · 35, 185~188, 191, 294, 298, 322
안향 · 107
암문 · 49
앞-뒤(의) 개념 · 73
앞마당 · 132, 213
야마모토 마사코 · 66
야문 · 18

야현 · 259
약막마을 · 249
약사고갯길 · 135, 136, 139
〈약속〉· 285
약전시장 · 30
양반가 · 291
양반고을(도시) · 11, 91, 117, 267
양옥 · 28, 58, 82, 94, 95, 102, 137, 186, 188, 218, 299, 321, 354, 360
양조장 · 215
양촌 · 201
양희 · 111
어메니티 · 208, 359
어제달천 충렬사비 · 258
어촌(마을) · 48, 53, 79, 82, 83, 196, 204
엄황 · 124
엄흥섭 · 201, 203~205, 207, 221
에도 · 102
에밀레종 · 99
에티오피아 참전비 · 130, 131
에펠탑 · 314
엔타블레이처 · 205
여성회관 · 258, 264
〈여일〉· 138, 140
《여지도서》· 345
여황로 · 62
여황산 · 11, 49, 53, 66, 73, 74
역도 · 236
역로 · 234
역사도시 · 5~8, 12, 13, 27, 30, 41, 42, 45, 56, 68, 69, 73, 86, 88, 93,

95~98, 102, 109, 112, 116, 135,
143, 146, 169, 173, 181, 182, 191,
199, 200, 214, 216, 220, 230, 234,
239, 240, 246, 247, 275, 276, 278,
283, 287, 291, 299, 304, 310, 317,
320, 328, 334, 340~342, 344~
349, 352~362

역사성 · 95, 118, 319

《역사 속의 도시》· 354

역사 지우기 · 173

역원 · 110

역전로 · 196

연기 · 57, 58

연립주택 · 216, 217

연속성 · 66, 113, 185, 186

연암 → 박지원

연애고샅 · 324, 325, 341

《열하일기》〈옥갑야화〉· 165

염장법 · 213

염정 · 211

염천 · 195

염촌 · 211

염해천 · 235

《영가지》· 88, 96, 97, 110

영가헌 · 88, 94, 96, 115

영금문 · 313

영남대로 · 243

영남로 · 158

영남루 · 17, 18, 22, 24, 28, 30, 41~
44, 278, 279

영남만인소 · 118

영남사 · 18, 31

영남산 · 344

영남학파 · 17, 92

영리청 · 74

영봉천 · 159

영산강 · 196, 304, 305, 311~313,
315, 330

영산포 · 311, 327

〈영웅본색〉· 266

영조 · 194, 259, 281, 345

영조척 · 88

예성 · 242

예성교 · 245

예종대왕 태실 · 270

예총회관 · 265

옛 한옥집 · 252

오다련 · 304

오대산 · 11, 98~100, 255

오더 · 205

오도양계 · 306

오득영 · 140

오만한 도시화 · 42

오명항선생 토적송공비 · 176

오목대 · 270~272, 276, 280, 284,
290, 298

오산학교 · 62, 64

오우삼 · 265, 266

5일장 · 243

5·18광주항쟁 · 289

오픈 스페이스 · 132

옥 · 235, 271

옥녀봉 · 195, 200, 202, 204, 205,
208, 212, 220, 221

옥천관 · 243

옥천역 · 190

온돌 · 188, 298

옹기전거리 · 183

옹성 · 282, 358

완사천 · 304

완산 · 270

완산교 · 284

완산주 · 270

완판 · 168

왕건 · 86, 93, 270, 304

왕산악 · 247

외래 풍경 · 12, 226, 230

외문루 · 235, 257

용두교 · 28, 42, 44

용두산 · 39

용산 · 250, 264, 265

용재 → 이종준

용추봉 · 315

우두산 · 124

우두주 · 122

우두촌 · 128

우라니와 · 217

우륵 · 12, 234, 244, 247, 248, 251,
254, 255

우물굿 · 245

우물마루 · 50

우백호 · 73, 75

우수주 · 122

우시장 · 34~36, 183, 284

우암 → 송시열

우왕 · 272

우전길 · 183
운주당 · 49, 50, 74
운흥동 5층전탑 · 87, 97, 111
웅부공원 · 87, 88, 113, 115, 117
〈워낭소리〉· 34, 35
원구 · 350
원근감 · 64
원도심 · 29
원산포 · 196
원형 · 30, 88, 243, 318
월당 → 최담
월당루 · 278
위계 · 32, 33, 67, 73, 160, 173, 200, 259, 284, 294
위봉문 · 124
위정척사 · 118
《위지》〈동이전〉· 16
유강렬 · 62
유교 · 106
〈유년기의 노래〉· 334
〈유밀주서사〉· 24
유방 · 272, 282
유성룡 · 96
유언호 · 166, 167
유주막다리 · 260
유진규 · 127
유치진 · 59, 72
유치환 · 57~59, 67, 71, 72
유항검 · 286
육당 → 최남선
육상교통 · 164, 234
육의전 · 124, 346

6·25전쟁 · 62, 97, 108, 123, 124, 131, 141, 152, 174, 205, 216, 218, 226, 227, 326
육조대로 · 342
윤영 · 165
윤이상 · 48, 58, 59, 348
윤이상기념관 · 58
윤지충 · 285, 286
율림 · 17, 31
을미사변 · 145
을사사화 · 92
을자강 · 22
음식의 거리 · 92, 93, 114, 118
읍성 · 29, 88, 114, 200, 236, 240, 241, 257, 258, 270, 276, 281, 283, 291, 306, 311, 314, 325, 326, 345, 346, 348, 356, 358
읍지 · 88, 93, 96, 345
읍치 · 200, 281, 345, 348, 356, 357
웅천강변 큰줄당기기 · 42
응향문 · 18
의례의 축 · 172, 175, 345, 346, 350, 351
의병(항쟁) · 123, 145, 146, 306, 309
의상 · 107
의성 김씨 종택 · 95
의식의 축 · 28, 68, 169, 172, 246
의암댐 · 130, 131
의암호 · 127, 130, 154
의주성 · 248
의친왕 · 272
이경준 · 48, 50

이고 · 110
이규보 · 297
2등로 · 59
이만손 · 118
이면도로 · 40, 320, 349, 350, 352
이명 · 110
이목대 · 270, 272, 280, 298
이문용 · 272
이병기 · 296
이상룡 · 88, 118
이상향 · 62, 64, 82
이석 · 272
이성계 · 270, 272
이순신 · 49, 56, 61
이슬람 · 281, 283
이승훈 · 64
이안사 · 272
이영도 · 72
이완용 · 284
이외수 · 127, 148, 153
이원성 · 352, 353
이원형 · 109
이유인 · 325
이육사 · 88
이인좌의 난 · 176
이종준 · 92
이중섭 · 11, 53, 59, 62~66, 72, 78, 82, 135, 140, 141, 348
이중환 · 128, 159, 194, 236
2차 자연 · 135, 137, 139
이촌향도 · 317
이항로 · 145

2호 연립주택 · 216
이화령 · 234
이황 · 92, 96, 108, 109, 116, 118, 130, 297
익명성 · 38, 39, 182
인간적인 척도 · 100, 183, 184, 353
인암사 · 99
인조 · 124, 248
일각대문 · 54
일상생활의 축 · 345
일상성 · 319
일식 건물 · 66, 80, 188
일식 상점주택 · 40
일식 주택 · 28, 94, 95, 186, 188, 252, 258, 346, 360
〈일요일이 오거던〉 · 136
일조권 · 79
1차 자연 · 135
임경업 · 12, 247~249, 251, 257~260
임경업사우 · 259
《임원십육지》 · 183
임이정 · 194
임진왜란 · 18, 29, 48, 111, 123, 168, 270, 283, 309, 313, 326, 346
임청각 · 87, 95, 110, 117, 118
임춘 · 22, 24

ㅈ

자래바위 · 249
자연경관 · 194, 265

자연지형 · 135, 138
자전거도로 · 260, 262
《자치통감강목》 · 168
작은 공동체(공간) · 66, 182, 360
장기로 · 174
장길 · 86
장대 · 123, 313
장마당 · 210, 214, 215, 228
장미촌 · 153
장소 마케팅 · 58
장소성 · 117, 319, 341, 346
장수루 · 143
장수왕 · 234
장승 · 72
장시 · 49, 80, 124, 158, 163, 164, 166, 167, 196, 283, 305, 311, 341
장시시장권 · 164
장안 · 165, 343
장옥형 주택 · 12, 216~220
장터 · 12, 35, 80, 124, 146, 168, 171, 172, 175, 207, 212, 213, 215, 217, 244, 283, 284, 332
재래시장 · 18, 28, 30, 146
재래주택(형) · 218, 251, 253, 354, 360
재실 · 272
저층 고밀도 · 354
〈적벽대전〉 · 265
전남제사창고주식회사 · 316
전도연거리 · 40
전동성당 · 284~287, 298
전라감사 · 283, 284, 288

전라감영 · 283
전라선 · 280
전라우영 · 310, 327
전봉준 · 287, 288, 327
전상국 · 127
〈전주〉 · 77, 78
전주감영 · 288
전주부성 · 282
전주부영(터) · 275, 283
전주부윤 · 283
전주사고 · 270
전주성 · 282
전주시청(사) · 275
전주역 · 275
전주읍성 · 287, 290, 294
전주 이씨 · 270
전주천 · 271, 272, 276~280, 283, 287, 290
전주 최씨 · 278
전주 한옥마을 · 276, 278, 292~294, 299~301
전주향교 · 271, 272
전탑 · 107, 110~112
전통건축 · 54, 115, 200, 224, 357
전통도시 · 13, 48, 270, 281, 284, 289
전통마을 · 73, 294, 298, 300
전통문화콘텐츠박물관 · 88, 115, 117, 360
전통한옥 · 28, 35, 103, 104, 118, 143, 187, 219, 276, 294, 297~300, 321, 322, 331

찾아보기 **379**

전패 · 326
전혁림 · 59
접근로 · 102, 104, 360
접근성 · 95, 172, 196
젓갈 · 209, 211, 213, 230
정구 · 96
정기시(장) · 163, 244, 283, 311, 331
정다운길 · 91, 105
정려각 · 321, 329
정렬비 · 258, 259
정몽주 · 272
정묘호란 · 248
정수루 · 326
정약용 · 122, 306
정조 · 80, 166, 258, 346
정주지 · 281, 339
정체성 · 114, 115, 185, 219, 339, 351~353
정치의 축 · 169, 173, 332
정치적 공간 · 13, 328
정해대재 · 282
정화왕후 · 304
제갈량 · 265
제금당 · 241~243
제금헌 · 327
제방 · 16, 24~27, 42, 45, 97, 204, 316
제비원 · 110
제승당 · 48
제이콥스 · 154
제포 · 311
조경묘 · 270, 271

조년 · 217
조립식 건물 · 299
조망권 · 79
조병로 · 242
《조선고적도보》· 44
조선물산장려운동 · 332
조선미술전 · 140
《조선왕조실록》· 270
《조선지광》· 201
조선총독부 · 44, 330
조양루 · 124
조운 · 16
조운제 · 234
조조 · 266
조창 · 16, 17, 234, 330
조탑동 5층전탑 · 110
조현명 · 281
종교 건물(시설) · 74, 109, 189, 264, 359
종대 · 278
종묘 · 124, 342
종법제도 · 107
종탑 · 189, 190, 200, 215, 222, 285~287, 314, 330
좌묘우사 · 124
좌청룡 · 66, 73, 75
주 가로 · 307, 320
주거 영역 · 300
주거 용도 · 187, 360
주거 유형 · 12, 186, 216, 217, 219, 354, 359, 360
주거지 · 32, 33, 73~75, 78, 79, 82,

102, 124, 132, 135, 136, 138, 146, 149, 191, 204, 212, 299, 319, 353, 359
《주례》〈동관 고공기〉· 342~344, 350
주봉 · 250, 264
주산 · 66, 73
주상복합 아파트 · 66
주소체계 · 68, 69
주요 가로 · 319, 344, 346, 349~353, 356, 359
주유 · 266
주자 · 278
《주자대전》· 168
주작대로 · 350
주척 · 343
주 축선 · 257
죽령 · 99, 234
죽림서원 · 194
죽산 · 160, 176, 186
중도 · 130
중심 가로 · 170
중심 도로 · 68, 124, 329
중심 시설 · 346
중심지 · 6, 11, 68, 86, 92, 107~109, 134, 142, 158, 168, 194, 196, 200, 216, 220, 234, 240, 243, 270, 283, 290, 306, 319, 342, 356, 357
중심축 · 41, 114, 143, 173, 179, 236, 291, 328, 345
중심 포구 · 195, 196
중앙로 · 11, 12, 18, 21, 27, 28, 30,

32, 40, 41, 44, 56, 69~71, 115, 118, 124, 129, 143~145, 148, 169, 173~175, 179, 180, 227, 228, 230, 312, 319~321, 328~330, 332, 333
중앙-주변의 개념 · 73
중앙초등학교 · 124, 212, 225, 230
중앙탑 · 262
중영 · 49, 71
중원 · 234
중원경 · 234
중원고구려비 · 234
중원관 · 241
중원민속보존회 · 245, 246
중원소경 · 234
중정 · 314, 319, 349
중진영 · 271
중차문 · 281
지과문 · 54
지구단위계획 · 297
지신밟기 · 244~245
지역성 · 11, 112~116, 118, 352, 353
〈지원의 얼굴〉· 142
진고샅 · 322, 324
진남문루 · 98, 99
진산 · 122, 129, 143, 158, 200, 240, 312, 314, 344, 358
진여원 · 100
진영 · 235, 305
진주성 · 309
진흥왕 · 234, 247, 248
집합주거 복합건물 · 349

ㅊ

차별성 · 119
차연 · 57, 58
차이 · 57, 58, 64, 67, 70, 73, 75, 112, 114, 151, 182, 225, 244, 263, 341, 349, 350, 352, 361
창원포 · 196
채동건 · 80
채운산 · 195, 201, 202, 204, 207
처형의 장소 · 285, 288
천마산성 · 248
청계천 · 278, 304
청남루 · 49, 67, 72
청령헌 · 235, 241~244
청마 → 유치환
청마거리 · 11, 67, 68, 71, 72, 75
청마문학관 · 57
청소년 문화의 집 · 149
청평댐 · 131
초가 · 18, 57, 74, 166, 186, 294
초록바위 · 13, 287, 288
초정 → 김상옥
초정김상옥거리 · 56, 69, 70
촉석루 · 18, 42
최남선 · 254, 255
최담 · 278
최명희 · 280, 291, 298
최명희길 · 300
최명희문학관 · 298
최유경 · 281
최익하 · 173
추화군 · 16

ㅊ

추화산 · 17, 18
축선 · 257, 288
축제 · 127, 128, 134
〈춘일〉· 140, 141
춘주 · 122, 200
춘천고등학교 · 153
춘천고보 · 141
춘천댐 · 131
춘천분지 · 155
춘천역 · 153, 154
춘천예술마당 · 134
춘천인형극장 · 134
춘천 7층석탑 · 122, 141
춘천향교 · 143
〈춘향전〉· 168
충렬사 · 49, 235, 249~251, 258, 259, 266
충렬왕 · 242
충무고등공민학교 · 75
충무공 · 49
충무시 · 49
충민 → 임경업
충북선 철도 · 253
충일중학교 · 264
충재 → 권벌
충주고등학교 · 258
충주농고 · 253, 260
《충주발전사》· 244
충주여자중학교 · 264
충주읍성 · 236, 240, 242, 244, 258, 264
충주장 · 243

찾아보기 **381**

충주천 · 12, 235, 240, 243, 246, 249, 253, 255, 258~261
충주축성사적비 · 242
충청감영 · 240
칙지헌 → 유언호
칠성포 · 196

ㅋ

카이저 빌헬름 기념교회 · 314
캠프 페이지 · 131, 152~154
쿨더삭 · 100

ㅌ

타자화 · 11, 30, 41, 42, 45
탄금대 · 235, 240, 248, 250, 251, 254~257, 263~266
〈탄금대기〉 · 254, 255
탄금대로 · 251, 253
탈근대(기) · 276, 295, 301, 339, 340
탑골공원 · 175
태백산맥 · 122
태봉 · 304
태사로 · 113, 115
태사묘 · 87, 94, 118
태안염전 · 210
태조(고려) · 86, 122, 234, 304
태조(조선) · 270
태조로 · 298
태종 · 122, 270, 272
태평시장길 · 210, 213

태평양전쟁 · 190, 316
《택리지》 · 128, 159, 194, 236, 304
테라스하우스 · 82
텍스트이론 · 57
토석담 · 321, 323
토지구획 · 294
통감부 · 145
통경축 · 262
통과 골목 · 102, 353, 359
통과 도로 · 319
통신시설 · 234
통영갓 · 62, 69
통영국민학교 · 50, 61, 79
통영국제음악제 · 60
통영나전칠기 · 62
〈통영-남행시초〉 · 77
통영문화원 · 75
통영소목 · 62
통영소반 · 62
통영시민문화회관 · 63
통영장터 · 80
통영중앙동우체국 · 71, 72
《통영지》 · 80
통영항 · 60, 75
통일성 · 33, 109, 147, 184, 185, 346, 349
통제사 · 48, 50, 54, 56, 61, 68, 80
통제영 · 48~50, 56, 61, 67, 74
퇴계 → 이황
〈퇴회〉 · 201, 221
특성화 거리 · 92
튼ㅁ자 한옥 · 252

ㅍ

파리 외방전교회 · 285
판동문 · 281
팔괘정 · 194
팔달로 · 288~290
8도 체제 · 122
8목 · 234, 306
팔영루 · 243
팔작지붕 · 50, 221, 222, 259
패서문 · 282
포구 · 12, 194~196, 225
포구도시 · 12, 225
포구시장권 · 164, 194, 220
포럼 · 177
포백척 · 17
포스트모던 · 116, 275, 276
포인트바 · 22
푸아스넬 · 284
풍남문 · 271, 275, 277, 282, 284, 286, 287, 290, 291, 294, 298
풍남제 · 298
풍물시장 · 243
풍수 · 33, 77, 178, 312
풍패 · 282
풍패지관 · 282
피렌체 · 260, 261

ㅎ

하마비 · 176
하시장 · 195, 204, 205, 207, 212, 213, 217

하야시 정미소 · 210
하항도시 · 196
하회마을 · 22, 95, 96
학교(鶴橋) · 305, 316, 328
한강 · 196, 248, 304
한강(寒岡) → 정구
《한국 충청북도 일반》 · 241, 243, 259
한벽교 · 280
한벽굴 · 280
한벽당 · 271, 276, 278~281
한벽루 · 280
한산도 · 48, 53, 54
한수산 · 127, 153
한스타일 · 270
한옥 · 12, 13, 30, 58, 93~95, 102~
    104, 107, 110, 115, 116, 118, 119,
    131, 185, 187~191, 212, 221,
    222, 243, 252, 257, 270, 272, 275,
    276, 279, 287, 290, 291, 294, 295,
    297~300, 321, 340, 360, 361
한옥마을 · 272, 273, 276, 278, 290
    ~300
한일은행 · 200, 204~206, 213~
    215, 220
한지 · 270, 278, 283
한트케 · 334
한호농공은행 · 216
함석골 · 183
항구도시 · 40, 59, 60
항저우 · 24
해로 유통권 · 195
해상교통 · 164, 195

해연로 · 196
해자 · 29, 30, 276, 357
해천 · 30
〈행복〉 · 72
행정도시 · 73, 158, 160, 164, 169,
    172, 174, 175, 184, 200, 342~344
행주형 · 178, 314
향교 · 17, 87, 97, 123, 124, 134,
    173, 235, 240, 305, 317, 357
향교길 · 321
〈향수〉 · 71
향청 · 241
향촌 · 348
향토역사관 · 71
허상 · 123
〈허생전〉 · 165, 167
허시 · 80
현대도시 · 33, 38, 45, 143, 154, 165,
    172, 278, 299~301, 306, 323,
    324, 333, 361
현장 · 112
현종 · 86, 305, 306
현판 · 54, 88, 282
혜종 · 304
《호구총수》 · 160
호남병원 · 204, 206
호남선 · 196, 202
호모 칼쿨루스 · 33
호반의 도시 · 127
호암지 · 258, 265
혼마치 → 본정
《혼불》 · 280, 291, 298

홍건족 · 86, 158
홍교길 · 216~219, 224
〈홍길동전〉 · 168
홍낙인 · 282
홍봉주 · 287
홍상수 · 127
홍예문 · 281
홑집 · 294
화교소학교 · 255, 266
화서 → 이항로
화엄사상 · 107
화천댐 · 131
환경심리학 · 297
황금정 · 204, 205
황산 · 194, 204, 272
황산서원 · 194
황산시장 · 214
회랑 · 80, 279, 280
효종 · 306, 326
후쿠로코지 · 102
후통 · 352, 353
휴머니즘 · 12, 13, 181~184, 191,
    349, 353~355
휴양도시 · 48
〈흘러간 마을〉 · 201
〈흰 소〉 · 65

오래된 도시의 골목길을 걷다
다시 가보고 싶은 그곳, 매혹적인 지방도시 순례기

지은이 | 한필원

1판 1쇄 발행일 2012년 10월 22일
1판 3쇄 발행일 2018년 5월 28일

발행인 | 김학원
편집주간 | 김민기 황서현
기획 | 문성환 박상경 임은선 김보희 최윤영 전두현 최인영 이보람 정민애 이문경 임재희 이효온
디자인 | 김태형 유주현 구현석 박인규 한예슬
마케팅 | 이한주 김창규 김한밀 윤민영 김규빈 송희진
저자·독자 서비스 | 조다영 윤경희 이현주 이령은(humanist@humanistbooks.com)
스캔·출력 | 이희수 com.
용지 | 화인페이퍼
인쇄 | 청아문화사
제본 | 정민문화사

발행처 | (주)휴머니스트 출판그룹
출판등록 | 제313-2007-000007호(2007년 1월 5일)
주소 | (03991) 서울시 마포구 동교로23길 76(연남동)
전화 | 02-335-4422 팩스 | 02-334-3427
홈페이지 | www.humanistbooks.com

ⓒ 한필원, 2012

ISBN 978-89-5862-548-3 03810

● 이 도서의 국립중앙도서관 출판시도서목록(CIP)은 e-CIP홈페이지(http://www.nl.go.kr/ecip)와 국가자료공동목록시스템(http://www.nl.go.kr/kolisnet)에서 이용하실 수 있습니다.(CIP제어번호: CIP2012004746)

만든 사람들

기획 | 최세정 최인영(iy2001@humanistbooks.com)
편집 | 김수영
디자인 | 민진기디자인

● 이 책은 저작권법에 따라 보호받는 저작물이므로 무단전재와 무단복제를 금합니다.
● 이 책의 전부 또는 일부를 이용하려면 반드시 저자와 (주)휴머니스트 출판그룹의 동의를 받아야 합니다.